## 興味を広げる・深める！

# 歴史

6年

### 卑弥呼《ひみこ》

弥生《やよい》時代

2世紀末～3世紀前期

邪馬台国《やまたいこく》の女王として、30あまりの国々を従《したが》える。3世紀の日本を記した「魏志《ぎし》倭人伝《わじんてん》」にも登場。魏《ぎ》（昔の中国《ちゅうごく》）に使いを送り、親魏倭王《しんぎわおう》の称号《しょうごう》と多くの銅鏡を授《さず》かる。

### 聖徳太子《しょうとくたいし》

飛鳥《あすか》時代

574～622

推古天皇《すいこてんのう》の摂政《せっしょう》（天皇の政治を助ける役職）となって、冠位十二階《かんいじゅうにかい》や十七条《じゅうしちじょう》の憲法《けんぽう》を制定。遣隋使《けんずいし》を派遣《はけん》したり、法隆寺《ほうりゅうじ》（奈良《なら》県）をはじめ多くの寺院を建立《こんりゅう》したりした。

### 小野妹子《おののいもこ》

飛鳥《あすか》時代

6～7世紀

聖徳太子《しょうとくたいし》の命を受け、遣隋使《けんずいし》となる。隋《ずい》（昔の中国《ちゅうごく》）の皇帝《こうてい》・煬帝《ようだい》に、「日出《ひい》ずる処《ところ》の天子《てんし》、書《しょ》を日没《ひぼっ》する処《ところ》の天子《てんし》に致《いた》す」という内容の手紙をわたし、対等な外交をしようとした。

### 中大兄皇子《なかのおおえのおうじ》

飛鳥《あすか》時代

626～671

蘇我《そが》氏をたおし、中臣鎌足《なかとみのかまたり》とともに、天《てん》皇《のう》中心の国づくり（大化《たいか》の改新《かいしん》）を始める。中大兄皇子は後に天智天皇《てんじてんのう》となった。

### 中臣鎌足《なかとみのかまたり》

飛鳥《あすか》時代

614～669

蘇我《そが》氏をたおし、中大兄皇子《なかのおおえのおうじ》とともに、天皇《てんのう》中心の国づくり（大化《たいか》の改新《かいしん》）を始める。中臣鎌足は後に藤原鎌足《ふじわらのかまたり》となった。

### 聖武天皇《しょうむてんのう》

奈良《なら》時代

701～756

仏教を深く信仰《しんこう》し、各地に国分寺《こくぶんじ》をつくらせる。また、東大寺《とうだいじ》（奈良《なら》県）を建てて、大仏を建立《こんりゅう》した。愛用品の多くは、東大寺にある正倉院《しょうそういん》に納《おさ》められている。

### 行基《ぎょうき》

奈良《なら》時代

668～749

渡来人《とらいじん》（中国《ちゅうごく》や朝鮮《ちょうせん》半島から日本へ移り住んだ人）の子孫といわれ、土木技術にすぐれていた。橋や道路の工事を指導したほか、東大寺《とうだいじ》（奈良《なら》県）の大仏の建立《こんりゅう》に協力した。

### 鑑真《がんじん》

奈良《なら》時代

688～763

唐《とう》（昔の中国《ちゅうごく》）から日本にわたってきた僧《そう》。何度も渡航《とこう》に失敗し、6度目にようやく成功したが、そのときには両目の視《し》力《りょく》を失っていた。仏教の戒律《かいりつ》を伝え、唐《とう》招提寺《しょうだいじ》（奈良《なら》県）を建てた。

### 藤原道長《ふじわらのみちなが》

平安《へいあん》時代

966～1027

有力な貴族《きぞく》として、政治を動かした。4人のむすめを天皇《てんのう》のきさきとし、天皇が幼《おさな》いときは摂政《せっしょう》、成人後は関白《かんぱく》という位につき、摂関《せっかん》政治を行った。

### 紫式部《むらさきしきぶ》

平安《へいあん》時代

10世紀後期～11世紀前期

天皇《てんのう》のきさきとなった藤原道長《ふじわらのみちなが》のむすめに、深い知識をもっていることから、教育係として仕えた。貴族《きぞく》の光源氏《ひかるげんじ》を主人公とした「源氏物語《げんじものがたり》」を書いた。

### 清少納言《せいしょうなごん》

平安《へいあん》時代

10世紀後期～11世紀前期

一条天皇《いちじょうてんのう》のきさきに、教育係として仕えた。宮廷《きゅうてい》で見聞きしたことをいかし、随《ずい》筆《ひつ》（形にとらわれず、自分の経験や思いなどを自由に書いた文章）の「枕草子《まくらのそうし》」を書いた。

## 平清盛《たいらのきよもり》

平安《へいあん》時代

1118～1181

平治《へいじ》の乱《らん》（武士の平氏《へいし》と源氏《げんじ》の戦い）に勝ち、政治の実権《じっけん》をにぎった。武士として初めて、太政大臣《だいじょうだいじん》となった。宋《そう》（昔の中国《ちゅうごく》）との貿易（日宋《にっそう》貿易）を進めた。

**使い方** 切り取り線にそって切りはなしましょう。
白紙のカードには、あなたの好きな歴史人物についてまとめてみましょう。

**説　明**

## 源義経《みなもとのよしつね》

平安《へいあん》時代

1159～1189

源頼朝《みなもとのよりとも》の弟で、「戦いの天才」といわれた。一《いち》の谷《たに》の戦い（兵庫《ひょうご》県）などで、平氏《へいし》と戦い、壇《だん》ノ《の》浦《うら》の戦い（山口《やまぐち》県）で、平氏をほろぼした。のちに、頼朝と対立した。

## 源頼朝《みなもとのよりとも》

鎌倉《かまくら》時代

1147～1199

鎌倉《かまくら》（神奈川《かながわ》県）に鎌倉幕府《かまくらばくふ》を開き、初代将軍《しょうぐん》となった。国ごとに守護《しゅご》（警察《けいさつ》のようなもの）と地頭《じとう》（年貢《ねんぐ》のとりたてなどをする人）を置き、全国支配の基礎《きそ》を固めた。

## 北条時宗《ほうじょうときむね》

鎌倉《かまくら》時代

1251～1284

鎌倉幕府《かまくらばくふ》の執権《しっけん》（将軍《しょうぐん》を助ける役職）をつとめた。元寇《げんこう》（元《げん》のこうげき）を、二度にわたって退《しりぞ》けた。元のこうげきに備え、博多湾《はかたわん》（福岡《ふくおか》県）に石塁《せきるい》（防塁《ぼうるい》）を築いた。

## 足利義満《あしかがよしみつ》

室町《むろまち》時代

1358～1408

室町幕府《むろまちばくふ》の３代将軍《しょうぐん》。明《みん》（昔の中国《ちゅうごく》）との貿易を行って、大きな利益を得た。文化や芸術を保護し、14世紀の終わりには、京都《きょうと》の北山《きたやま》に金閣《きんかく》を建てた。

## 足利義政《あしかがよしまさ》

室町《むろまち》時代

1436～1490

足利義満《あしかがよしみつ》の孫で、室町幕府《むろまちばくふ》の８代将軍《しょうぐん》。京都《きょうと》で応仁《おうにん》の乱《らん》が起こると幕府の力は弱まっていき、政治から身を引いた義政は、15世紀の終わりに、京都《きょうと》の東山《ひがしやま》に銀閣《ぎんかく》を建てた。

## 雪舟《せっしゅう》

室町《むろまち》時代

1420～1506

禅宗《ぜんしゅう》（仏教の一つ）の僧《そう》で、寺で修行《しゅぎょう》しつつ、絵を学んだ。明《みん》（昔の中国《ちゅうごく》）へわたって、すみ絵（水墨画《すいぼくが》）の技法を学び、帰国後、日本独特の水墨画を芸術として大成させた。

## フランシスコ＝ザビエル

室町《むろまち》時代

1506～1552

キリスト教を広めるために、スペインからやって来た宣教師《せんきょうし》。同じころ、スペインやポルトガルから鉄砲《てっぽう》も伝わった。

## 織田信長《おだのぶなが》

安土桃山《あづちももやま》時代

1534～1582

尾張《おわり》（愛知《あいち》県）の戦国大名《だいみょう》で、室町幕府《むろまちばくふ》をほろぼした。鉄砲《てっぽう》を用い、武田《たけだ》氏を長《なが》篠《しの》の戦い（愛知《あいち》県）で破った。また、商人たちが自由に商売できるしくみを整えた（楽市《らくいち》・楽座《らくざ》）。

## 豊臣秀吉《とよとみひでよし》

安土桃山《あづちももやま》時代

1537～1598

尾張《おわり》（愛知《あいち》県）の戦国武将《ぶしょう》で、天下統一《てんかとういつ》をした。検地《けんち》（田畑の面積、しゅうかく量などを調査）と刀狩《かたながり》（百姓《ひゃくしょう》から武器を取り上げる）を行い、身分を区別した。

## 徳川家康《とくがわいえやす》

江戸《えど》時代

1542～1616

豊臣秀吉《とよとみひでよし》の死後、関ヶ原《せきがはら》の戦い（岐阜《ぎふ》県）に勝ち、江戸幕府《えどばくふ》を開いた。大名《だいみょう》を、親《しん》藩《ばん》（親せき）、譜代《ふだい》（昔からの家来）、外《と》様《ざま》（それ以外の家来）に分けて、全国を支配した。

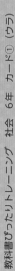

## 近松門左衛門《ちかまつもんざえもん》

江戸《えど》時代

1653~1724

歌舞伎《かぶき》（演劇《えんげき》）や人形浄瑠璃《にんぎょうじょうるり》（人形を使った演劇）の脚本《きゃくほん》を書いた。元禄《げんろく》文化（大阪《おおさか》・京都《きょうと》を中心に栄えた町人文化）を代表する人物。「曾根崎心中《そねざきしんじゅう》」などの作品が有名。

## 歌川広重《うたがわひろしげ》

江戸《えど》時代

1797~1858

風景画を得意とした、浮世絵師《うきよえし》。江戸《えど》から京都《きょうと》までの、東海道の名所をえがいた「東海道五十三次《とうかいどうごじゅうさんつぎ》」は、浮世絵《うきよえ》（多色刷りの版画）として発売され、町人から人気を得た。

## 本居宣長《もとおりのりなが》

江戸《えど》時代

1730~1801

国学《こくがく》（仏教などが伝わる前の日本人の考え方を明らかにする学問）を学び、研究した国学者。日本最古の歴史書「古事記《こじき》」を研究し、「古事記伝《こじきでん》」にまとめた。

## 杉田玄白《すぎたげんぱく》

江戸《えど》時代

1733~1817

医者で、辞典もないまま、オランダ語の医学書を、前野良沢《まえのりょうたく》らとほん訳《やく》。「解体新書《かいたいしんしょ》」として、出版《しゅっぱん》した。オランダ語で西洋の文化を学ぶ蘭学《らんがく》の基礎《きそ》を築いた。

## 伊能忠敬《いのうただたか》

江戸《えど》時代

1745~1818

商人だったが、50才から天文学や測量学を学んだ天文・地理学者。日本全国を歩き、測量して、正確な日本地図づくりにはげんだ。地図は忠敬《ただたか》の死の3年後、完成した。

## ペリー

江戸《えど》時代

1794~1858

1853年、アメリカから軍艦《ぐんかん》（黒船《くろふね》）で、浦賀《うらが》（神奈川《かながわ》県）に来た使節。鎖国《さこく》をしていた江戸幕府《えどばくふ》に開国を求めた。1854年、日本はアメリカと日米和親条約《にちべいわしんじょうやく》を結んだ。

## 西郷隆盛《さいごうたかもり》

明治《めいじ》時代

1827~1877

薩摩藩《さつまはん》（鹿児島《かごしま》県）の武士。長州藩《ちょうしゅうはん》（山口《やまぐち》県）の木戸孝允《きどたかよし》と薩長同盟《さっちょうどうめい》を結び、倒幕《とうばく》を進めた。新政府の指導者になったが、辞任。西南《せいなん》戦争を起こし、新政府軍に敗れた。

## 大久保利通《おおくぼとしみち》

明治《めいじ》時代

1830~1878

明治維新《めいじいしん》で活やくした薩摩藩《さつまはん》（鹿児島《かごしま》県）出身の武士。新政府に入り、廃藩置県《はいはんちけん》（藩をやめ、県にする）、地租改正《ちそかいせい》（土地の税金を変える）などを進めた。

## 福沢諭吉《ふくざわゆきち》

明治《めいじ》時代

1834~1901

人間の自由と平等の考え方を説いた「学問のすゝ《す》め」を書いた。欧米《おうべい》の文化を積極的に取り入れようとする文明開化《ぶんめいかいか》のなか、「学問のすゝ《す》め」は多くの人に読まれた。

似顔絵をかいてみよう

名前

行ったこと

似顔絵をかいてみよう

名前

行ったこと

似顔絵をかいてみよう

名前

行ったこと

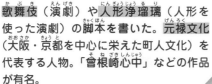

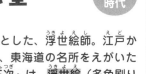

## 津《つ》田《だ》梅《うめ》子《こ》

明治《めいじ》時代

1864～1929

満6才のとき、初めての女子留学生としてアメリカにわたった。留学生活は十数年にわたった。帰国後、女子英学塾《じょしえいがくじゅく》（今の津田塾《つだじゅく》大学）をつくり、英語教育の発《はっ》展《てん》につくした。

## 大《おお》隈《くま》重《しげ》信《のぶ》

明治《めいじ》時代

1838～1922

国会設立に先立ち、イギリスにならった立憲改進党《りっけんかいしんとう》をつくった。その後、日本で初めての政党内閣《せいとうないかく》（政党の党首が首相《しゅしょう》になる内閣）をつくり、内閣総理大臣となった。

## 板《いた》垣《がき》退《たい》助《すけ》

明治《めいじ》時代

1837～1919

自由民権《みんけん》運動（国会の開設や憲法《けんぽう》を定めることを求める運動）を指導した。運動は全国に広まり、国会の開設が約束されると、それに備え、自由党《じゆうとう》をつくった。

## 伊《い》藤《とう》博《ひろ》文《ぶみ》

明治《めいじ》時代

1841～1909

ドイツの憲法《けんぽう》を学び、大日本帝国憲法《ていこくけんぽう》をつくった。天皇《てんのう》から任命された内閣《ないかく》総理大臣が内閣を組織し、行政を担当《たんとう》する内閣制度をつくった。初代内閣総理大臣。

## 陸《む》奥《つ》宗《むね》光《みつ》

明治《めいじ》時代

1844～1897

外務大臣として、イギリスと交渉《こうしょう》。1894年、日本にいる外国人を日本の法《ほう》律《りつ》で裁判《さいばん》できないという領事裁判権《りょうじさいばんけん》（治《ち》外法権《がいほうけん》）をなくすことに成功した。

## 小《こ》村《むら》寿《じゅ》太《た》郎《ろう》

明治《めいじ》時代

1855～1911

外交官として、不平等な条約の改正をめざし、アメリカと交渉《こうしょう》。1911年、関税《かんぜい》自主権《じしゅけん》（自分の国で輸入品に自由に税をかける権利《けんり》）の回復に成功した。

## 与《よ》謝《さ》野《の》晶《あき》子《こ》

明治《めいじ》時代

1878～1942

大阪《おおさか》府出身の歌人。日露《にちろ》戦争（1904～1905年）のとき、戦場にいる弟を思って、「君死《きみし》にたまふことなかれ」という詩を発表した。戦争反対の気持ちを表した。

## 野《の》口《ぐち》英《ひで》世《よ》

大正《たいしょう》時代

1876～1928

伝染病《でんせんびょう》研究所に入り、細菌学《さいきんがく》の研究にはげんだ。アメリカにわたり、へび毒《どく》の研究で評価を受けた。アフリカに行き、黄《おう》熱病《ねつびょう》の研究に取り組むが、自身も感染《かんせん》して亡《な》くなった。

似顔絵をかいてみよう

名前

行ったこと

## 平塚《ひらつか》らいてう

大正《たいしょう》時代

1886～1971

女性の地位を上げる運動を進めた。当時、女性には選挙権《せんきょけん》が認《みと》められていなかった。市川房枝《いちかわふさえ》らと新婦人協会《しんふじんきょうかい》をつくり、婦人《ふじん》参政権《さんせいけん》のかくとくをうったえた。

似顔絵をかいてみよう

名前

行ったこと

似顔絵をかいてみよう

名前

行ったこと

# もくじ

**社会6年**
東京書籍版
新しい社会

**教科書ぴったりトレーニング**

▶3分でまとめ動画



せんたく がついているところでは、教科書の選択教材を扱っています。学校での学習状況に応じて、ご利用ください。


【写真提供】 ColBase（https://colbase.nich.go.jp）／Image : TNM Image Archives／Kobe City Museum / DNPartcom／朝日新聞社提供／飛鳥園／尼崎市役所／安養院 / Gakken写真資料／大阪市立図書館デジタルアーカイブより一部改変／沖縄県公文書館／共同通信社／玉泉寺ハリス記念館／熊本博物館／公益財団法人　平木浮世絵財団／皇居三の丸尚蔵館収蔵／高台寺／コーベット・フォトエージェンシー／国立公文書館／国立国会図書館ウェブサイト／さいたま市／堺市提供／佐賀県提供／佐野市郷土博物館／三内丸山遺跡センター／時事通信フォト／慈照寺／写真 / 小学館／ジャパンアーカイブス／衆議院憲政記念館所蔵／神護寺／田原市博物館／伊能忠敬記念館 所蔵／千葉市立加曽利貝塚博物館／長興寺（豊田市）所蔵／東京大学史料編纂所／東京大学法学部附属明治新聞雑誌文庫／東京都江戸東京博物館 / DNPartcom／唐招提寺／東大寺／徳川美術館所蔵　©徳川美術館イメージアーカイブ / DNPartcom／内藤昌 復元©安土城郭資料館所蔵／内藤記念くすり博物館／長崎歴史文化博物館／日光東照宮　宝物館／日本近代史研究会／日本製鉄株式会社 九州製鉄所　所蔵／藤田美術館／便利堂／毎日新聞社提供／港区立郷土歴史館／本居宣長記念館／文部科学省ホームページ（https://www.mext.go.jp/）／郵政博物館／立命館大学ＡＲＣ所蔵／鹿苑寺 蔵／早稲田大学図書館／国連広報センター／公益財団法人　柿衛文庫／PPS通信社／京都国立博物館／千曲市教育委員会／奈良文化財研究所／美術同人社／福岡市埋蔵文化財センター

ぴったり1
# 準備

3分でまとめ

1．わたしたちの生活と政治

## 1 わたしたちのくらしと日本国憲法《けんぽう》①

学習日　　月　　日

めあて
わたしたちのくらしと政治・日本国憲法の関係について考えよう。

教科書 政 6～13ページ　答え 2ページ

次の（　　）に入る言葉を、下から選びましょう。

### 1 身のまわりにある政治と政治の役割《やくわり》

教科書 政 6～7 ページ

**わたしたちのくらしを支えるしくみ**

- （①　　　　）とは、みんなが安心してくらせるように必要なことを決め、実行すること。
- 政治では、（②　　　　）が基本となっている。いろいろな人たちの願いを実現するために、クラス、地域《ちいき》の自治会、市議会、国会などで、話し合いが行われる。

政治は、人々のくらしや願いと結びついて、行われているよ。

### 2 くらしの中の日本国憲法／日本国憲法の考え方

教科書 政 8～11ページ

**くらしの中の日本国憲法**

- まちにくらす人々の願いを実現し、すべての国民が豊かにくらせるように、国や国民生活の基本を定めたものが（③　　　　）である。
- 国の**政治**やくらしの中にある取り組みの多くは、**日本国憲法**にもとづいて行われる。
- 日本国憲法は、日本のきまりの中で最高のもので、国の法律《ほうりつ》や地方の条例はすべて、これにもとづいてつくられている。

**ワンポイント　日本国憲法の三つの原則**

- 二度と戦争を起こさないという人々の願いにもとづいてつくられた日本国憲法は、1946年11月３日に公布され、1947年５月３日に施行《しこう》された。
- 日本国憲法は、主に人権《じんけん》の保障《ほしょう》と国の政治のしくみについて定めている。

日本国憲法の三つの原則

- **国民**（④　　　　）…国の政治のあり方を国民が決めること。
- （⑤　　　　）**の尊重《そんちょう》**…国民だれもがもっている自分らしく生きる権利《けんり》を尊重すること。
- **平和主義**…悲惨《ひさん》な（⑥　　　　）を二度とくり返さないこと。

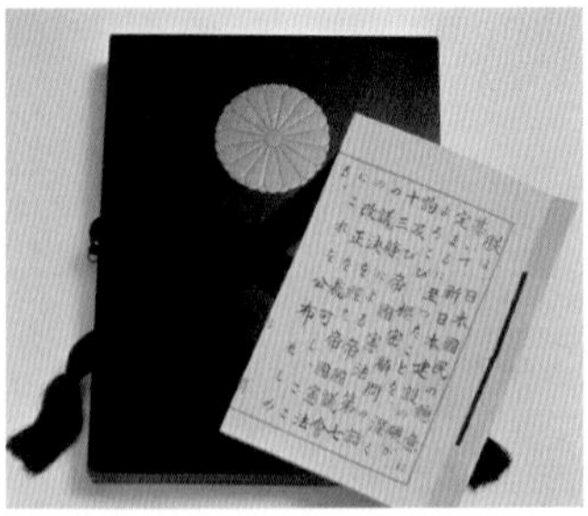

日本国憲法の原本

**くらしと日本国憲法のつながり**

- 18才になって選挙に行き、投票することで政治に参加すること。
- （⑦　　　　）を自由に選んで働くこと。
- わたしたちが学校で使う（⑧　　　　）が全員に無償《むしょう》で配られること。

選んだ言葉に✔

| | | | |
|---|---|---|---|
| □話し合い | □基本的人権 | □教科書 | □仕事 |
| □日本国憲法 | □主権《しゅけん》 | □政治 | □戦争 |

# 練習

学習日　　月　　日

**ぴたトリビア**

現在では、日本国憲法が公布された11月３日は文化の日、施行された５月３日は憲法記念日とされ、国民の祝日となっています。

教科書　㊜６～13ページ　答え　２ページ

## 1 次の図を見て、図中の（　　）にあてはまる言葉を、[　　]から選びましょう。

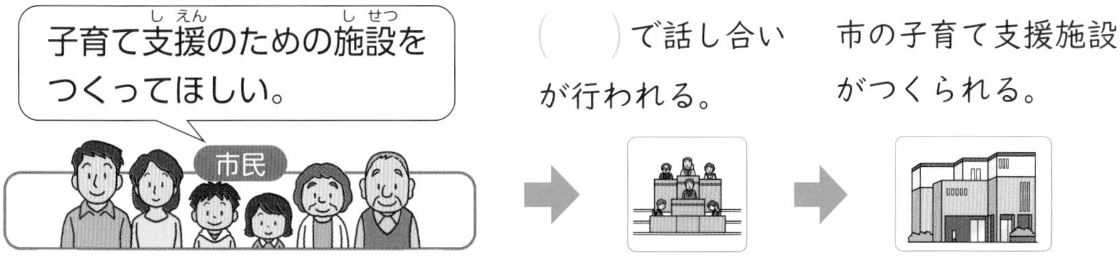


クラス　　自治会　　市議会

（　　　　　　）

## 2 日本国憲法について、次の問いに答えましょう。

(1)　次の文は、日本国憲法について説明したものです。文中の①～③にあてはまる言葉を、[　　]からそれぞれ選びましょう。

日本国憲法は、日本のきまりの中で（①）のもので、国の（②）や地方の（③）はすべて、日本国憲法にもとづいてつくられる。

最高　　条例　　宣言《せんげん》　　法律　　唯一《ゆいいつ》

①（　　　　　）　②（　　　　　）　③（　　　　　）

(2)　日本国憲法の三つの原則について、次の①～③の説明として正しいものを、それぞれ線で結びましょう。

① 基本的人権の尊重　・　　・  ㋐国の政治のあり方を国民が決めることだよ。

② 国民主権　・　　・  ㋑もう二度と戦争はくり返さないということだよ。

③ 平和主義　・　　・  ㋒国民だれもがもつ、自分らしく生きる権利を尊重することだよ。

(3)　次の文は、日本国憲法の構成について説明したものです。文中の（　　）にあてはまる言葉を書きましょう。

（　　　　　）

日本国憲法の本文は、前文と11章103条から構成され、（　　）と国の政治のしくみに関わることを主な内容としている。

**ヒント**

❶ クラスではクラスの行事など、自治会ではその地域に住む人たちのくらしに関係すること、市議会ではその市に住む人たちのくらしに関係することが話し合われます。

1．わたしたちの生活と政治

# 1 わたしたちのくらしと日本国憲法《けんぽう》②

学習日　　月　　日

めあて
国民主権、基本的人権の尊重とはどのようなものか理解しよう。

教科書 ㊣14〜17ページ　答え 3ページ

次の（　　）に入る言葉を、下から選びましょう。

## 1 くらしの中の国民主権《しゅけん》

教科書 ㊣14〜15ページ

### ✪ 豊かなくらしを実現するしくみ

- 地域《ちいき》をよりよくするために、市民ひとりひとりが行動することを（①　　　　　　）という。市の議会は市民の意見を反映《はんえい》して条例をつくることができる。
- 情報を知る権利《けんり》を保障《ほしょう》する（②　　　　　　）や、選挙で代表者を選ぶ権利を保障する選挙での投票の制度などは、市民の意見を政治に反映させるしくみの代表例である。

### ✪ 政治に参加する権利

- **国民主権**…日本国憲法の三つの原則の一つで、国の政治のあり方を最終的に決定する権利が国民にあること。
- 国民主権にもとづき、国民は政治に参加する権利である（③　　　　　　）をもつ。国会議員を選挙で選ぶこと、地方公共団体の条例の改正、最高裁判所《さいばんしょ》の裁判官として適しているかを判断すること、憲法改正を決める国民投票などが代表的な権利である。

### ✪ 日本国憲法と天皇《てんのう》

- 日本国憲法で天皇は、日本の国や国民のまとまりの象徴《しょうちょう》（しるし）で、政治については権限《けんげん》をもたないとされている。天皇は、内閣《ないかく》の助言と承認《しょうにん》にもとづいて日本国憲法に定められている仕事である（④　　　　　　）を行う。

## 2 くらしの中の基本的人権《じんけん》の尊重《そんちょう》

教科書 ㊣16〜17ページ

### ✪ 基本的人権の尊重

- 国や地方公共団体は、基本的人権の尊重のためにさまざまな取り組みを行っている。くらしの中で、すべての人にとって使いやすい形や機能を考えたデザインである（⑤　　　　　　）のものがみられる。

高齢者《こうれいしゃ》、障《しょう》がい者だけでなく、外国人住民の人権の尊重も大切なことだよ。

### ワンポイント 国民の権利《けんり》と義務

| | |
|---|---|
| 権利 | 思想や学問の自由（第19・23条）、働く人が団結する権利（第28条）、<br>個人の尊重、法の下《もと》の平等（第13・14条）、教育を受ける権利（第26条）、<br>政治に参加する権利（参政権《さんせいけん》）（第15条）、（⑥　　　　　　）や集会の自由（第21条）、<br>裁判を受ける権利（第32条）、仕事について働く権利（第27条）、<br>居住や移転、（⑦　　　　　　）を選ぶ自由（第22条）、<br>健康で文化的な生活を営む権利（生存《せいぞん》権）（第25条） |
| 義務 | 子どもに（⑧　　　　　　）を受けさせる義務（第26条）、仕事について働く義務（第27条）、<br>（⑨　　　　　　）を納《おさ》める義務（第30条） |

選んだ言葉に ✔

| | | | | |
|---|---|---|---|---|
| □税金 | □言論《げんろん》 | □教育 | □参政権 | □情報公開制度 |
| □職業 | □自治 | □ユニバーサルデザイン | | □国事行為《こくじこうい》 |

ぴったり2

# 練習

学習日　　月　　日

ぴたトリビア

ユニバーサルデザインの例として、シャンプーとリンスの容器が区別できるように、シャンプーの容器には「きざみ」がつけられています。

教科書　㊎14～17ページ　　答え　3ページ

## 1 国民主権について、次の問いに答えましょう。

(1) 右の図の①は、豊かなくらしを実現するために、市がもっている情報を、市民からの請求《せいきゅう》により提供《ていきょう》する制度です。この制度を何といいますか。

（　　　　　　　）制度

(2) 市長や市議会議員などの代表者を投票して選ぶなどの政治に参加する権利を何といいますか。

（　　　　　　　）

(3) 次の①～③にあてはまる言葉を答えましょう。

日本国憲法を改正するかどうかは、国民の（①）によって最終的に決められるよ。

日本国憲法では、天皇は、日本の国や国民のまとまりの（②）だよ。

地方公共団体の首長・議員の選挙、（③）の改正などを請求することができるよ。

①（　　　　　　）　②（　　　　　　）　③（　　　　　　）

(4) 天皇が内閣の助言と承認にもとづいて行う、日本国憲法に定められている右の資料のような仕事を何といいますか。

（　　　　　　　）

○ 国会を召集《しょうしゅう》すること。
○ 衆議院《しゅうぎいん》を解散すること。
○
○ 外交の文書を認《みと》めること。

## 2 次の①～⑦の中で、国民の権利にあたるものにはアを、国民の義務にあたるものにはイを書きましょう。

①（　　）子どもに教育を受けさせる
②（　　）働く人が団結する
③（　　）言論や集会の自由
④（　　）健康で文化的な生活を営む
⑤（　　）税金を納める
⑥（　　）政治に参加する
⑦（　　）教育を受ける

ヒント　2 ⑤　税金を納めること（納税《のうぜい》）は、国民がはたさなければならないことです。

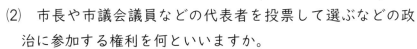

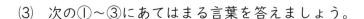

ぴったり1 準備

学習日　月　日

1．わたしたちの生活と政治

# 1　わたしたちのくらしと日本国憲法《けんぽう》③

めあて

平和主義について理解し、平和のためにわたしたちができることを考えよう。

教科書　㊷18～23ページ　答え　4ページ

次の（　　）に入る言葉を、下から選びましょう。

## 1　くらしの中の平和主義

教科書　㊷18～19ページ

ワンポイント　日本国憲法と平和主義

- 戦争への反省から、日本国憲法では**平和主義**の考えを具体的に記している。
- 憲法前文には平和へのちかいが、第９条には外国との争いごとを（①　　　　）で解決しない、そのための（②　　　　）をもたないことが記されている。
- 広島《ひろしま》と長崎《ながさき》に（③　　　　）を落とされた日本は、世界でただ一つの被爆《ひばく》国として、核兵器《かくへいき》をなくすために（④　　　　）をかかげている。
- 日本の平和と安全を守るための（⑤　　　　）は、大規模《だいきぼ》な自然災害が起きたときなどに国民の生命や財産を守る活動をしている。

非核三原則《ひかくさんげんそく》

核兵器を「もたない、つくらない、もちこませない」

### 平和のための取り組み

- 兵庫《ひょうご》県尼崎《あまがさき》市では、**原子爆弾《ばくだん》（原爆《げんばく》）**を体験した方たちが、戦争の悲惨《ひさん》さと平和の尊《とうと》さなどを伝えるために、小学校などでその体験を語りつぐ「（⑥　　　　）」を行っている。
- 地域《ちいき》総合センターなどで、平和について考えるための映画《えいが》の上映会《じょうえいかい》やパネル展《てん》などを行っている。

元浜緑地《もとはまりょくち》公園にある世界平和の鐘《かね》

## 2　「平和学習の街ヒロシマ」を訪《たず》ねて　ひろげる

教科書　㊷22～23ページ

### 平和記念式典

- 1945年８月６日に原爆が投下された（⑦　　　　）市にある平和記念公園では、毎年８月６日に原爆でなくなった人を慰霊《いれい》する平和記念式典が行われ、「平和への（⑧　　　　）」が読み上げられる。

### ヒロシマからの平和発信

- 小学校では、平和記念資料館の見学や語《かた》り部《べ》活動を通して、原爆のおそろしさや平和の大切さを学習する。
- 子どもたちは８月６日の夜、ピースキャンドルを持ち寄って平和をいのるなどの活動を行う。

原爆ドーム

＊1996年に世界文化遺産《いさん》に登録

| 選んだ言葉に✔ | | | | |
|---|---|---|---|---|
| | □武力 | □自衛隊 | □誓《ちか》い | □原子爆弾（原爆） |
| | □非核三原則 | □語り部活動 | □戦力 | □広島 |

学習日　　月　　日

ぴたトリビア

2023年５月に広島県で行われた国際会議のときに、アメリカ・イギリスなどの首脳が平和記念公園を訪《おとず》れました。

教科書　政18〜23ページ　答え　4ページ

## 1 次の問いに答えましょう。

⑴　次の文中の①〜③にあてはまる言葉を、あとの［　］からそれぞれ選びましょう。

世界でただ一つの（①）で、戦争で大きな被害《ひがい》を受けた日本は、日本国憲法の（②）で平和へのちかいが、第９条で外国との争いごとを武力で解決しないこと、そのための（③）をもたないことが明らかにされている。

被爆国　第25条　前文　原爆　独立国　戦力

①（　　　　）　②（　　　　）　③（　　　　）

⑵　非核三原則について、次の①、②にあてはまる言葉を書きましょう。

（①）を「もたない、（②）、もちこませない」

①（　　　　）　②（　　　　）

## 2 右の年表を見て、次の問いに答えましょう。

| 年 | 主なできごと |
|---|---|
| 1945 | （①）、広島市に原爆投下<br>８月９日、（②）市に原爆投下 |
| 1946 | 日本国憲法公布 |
| 1947 | 平和祭式典を実施《じっし》、広島市長が平和宣言《せんげん》を発表 |
| 1949 | 平和記念公園の建設決定 |
| 1985 | 核兵器廃絶《はいぜつ》広島平和都市宣言を決議 |
| 1996 | （③）、世界文化遺産に登録 |

⑴　年表中の①に入る月日には、現在、広島市の平和記念公園で平和記念式典が行われています。この月日を書きましょう。（　　　　）月（　　　　）日

⑵　年表中の②には、広島市以外に原子爆弾（原爆）が落とされた都市が入ります。この都市の名前を書きましょう。（　　　　）

⑶　年表中の③の、平和都市広島のシンボルとして世界文化遺産に登録された建物は何ですか。

（　　　　）

⑷　次の文は、広島市内の小学校で平和を築くために行っている活動を説明したものです。文中の①、②にあてはまる言葉を、あとの［　］からそれぞれ選びましょう。

・「こどもピースサミット」や平和学習を経て、平和記念式典で読む「（①）」の言葉をみんなで考える。
・毎年、平和記念式典が行われた日の夜に（②）を持ち寄って平和をいのる。

ピースキャンドル　平和への誓い　各国のコインやメダル

①（　　　　）　②（　　　　）

ヒント　2 ⑶　平和都市広島のシンボルで、国内外から毎年多くの人が訪れます。

ぴったり3
# 確かめのテスト

1．わたしたちの生活と政治

## 1 わたしたちのくらしと日本国憲法《けんぽう》

時間 30 分

／100

合格 80 点

教科書 政 6～23ページ　答え 5ページ

### 1 日本国憲法について、次の問いに答えましょう。 1つ5点（30点）

(1) よく出る 次の表中の①～③にあてはまる日本国憲法の三つの原則をそれぞれ書きましょう。

| 原則 | 取り組み |
|---|---|
| ①（　　） | ⓐ選挙に行って投票し、自分たちの代表者を選ぶ。 |
| ②（　　） | 駅などの公共施設《しせつ》に、ⓑバリアフリートイレが設置されている。 |
| ③（　　） | 図書館などで、ⓒ戦争の悲惨《ひさん》さや平和の尊《とうと》さを伝えるためのパネル展《てん》などが行われる。 |

(2) 下線部ⓐについて、国民が選挙などを通じて国の政治に参加する権利《けんり》を何といいますか。

（　　）

(3) 下線部ⓑについて、すべての人にとって使いやすい形や機能を考えたデザインを何といいますか。

（　　）

(4) 下線部ⓒについて、大規模《だいきぼ》な自然災害が起きたときの活動など、日本の平和と安全を守るうえで重要な役割《やくわり》を果たしている組織《そしき》を何といいますか。

（　　）

### 2 右の図を見て、次の問いに答えましょう。 ＊(2)は２つで完答　１つ５点（25点）

(1) 次の①～④の文にあてはまるものを、図中の㋐～㋗からそれぞれ選びましょう。

① たつやさんは、小学校を卒業した後、中学校に入学した。

② さやかさんのお兄さんは、18才になったので、選挙で投票を行った。

③ よしこさんのお姉さんは、大学を卒業した後、高校の先生になった。

④ さとしさんの好きなゲームを、お父さんが買ってあげたとき、消費税をはらった。

①（　　）　②（　　）

③（　　）　④（　　）

⬆ 国民の権利と義務

(2) 国民の義務にあたるものを、㋐～㋗から２つ選びましょう。

（　　）（　　）

## 3 次の文のうち、正しいものには○を、まちがっているものには×をつけましょう。

1つ4点（20点）

①（　　）日本国民は、内閣《ないかく》に指名された国会議員を国民の代表者とする。

②（　　）日本国民は、地方公共団体に対して、首長や議員の選挙や条例の改正、首長や議員をやめさせる請求《せいきゅう》ができる。

③（　　）日本国民は、裁判《さいばん》官が最高裁判所の裁判官として適しているかを判断する。

④（　　）憲法を改正するかどうかは、最終的に国民投票で決める。

⑤（　　）天皇の主な仕事は国事行為《こくじこうい》とされ、国会の召集《しょうしゅう》、衆議院《しゅうぎいん》の解散などを国民の助言と承認《しょうにん》にもとづいて行う。

## 4 次の「平和への誓《ちか》い」の一部を読んで、あとの問いに答えましょう。

1つ5点（25点）

私《わたし》たちには使命があります。
あの日、ⓐ広島《ひろしま》で起きた悲惨な出来事。
そのことを知り、ⓑ被爆《ひばく》者の方々の思いや願いを聞き、考え、平和の尊さや大切さを、世界中の人々や次の世代に伝えなければならないのです。
昭和《しょうわ》20年（1945年）8月6日午前8時15分。…（中略）…
悲しみや苦しみを抱《かか》えながらも、被爆者の方々は生きることを決して諦《あきら》めず、
共に支え合い、ⓒ広島の町の復興《ふっこう》に向け立ち上がりました。…（中略）…
誰《だれ》もが幸せに暮《く》らせる世の中にすることを、私たちは絶対に諦めたくありません。
ⓓ争いのない未来、そして、この世界に生きる誰もが、心から平和だと言える日を目指し、努力し続けます。
広島で育つ私たちは、ⓔ使命を心に刻《きざ》み、この思いを次の世代へつないでいきます。

令和《れいわ》3年（2021年）8月6日

(1)　下線部ⓐについて、1945年8月6日に広島に落とされたものは何ですか。

（　　　　）

(2)　よく出る　下線部ⓑについて、世界でただ一つの被爆国である日本がかかげている、核兵器《かくへいき》を「もたない、つくらない、もちこませない」という原則を何といいますか。

（　　　　）

(3)　下線部ⓒについて、地域《ちいき》をよりよくするために、まちづくりに参加するなど、ひとりひとりが行動することを何といいますか。

（　　　　）

(4)　下線部ⓓについて、外国との争いごとを武力で解決しないこと、そのための戦力をもたないことを定めている日本国憲法の条文は第何条ですか。

第（　　　　）条

記述　(5)　できたらスゴイ！　下線部ⓔについて、わたしたちの使命とはどのようなことですか。簡単《かんたん》に書きましょう。

思考・判断・表現

（　　　　　　　　　　　　　　　　　　）

ふりかえり　3がわからないときは、4ページの1にもどって確認《かくにん》してみよう。

# 2 国の政治のしくみと選挙①

3分でまとめ

学習日　月　日

◎めあて
税金・国会・内閣の働きを理解し、選挙のしくみについて理解しよう。

教科書 ㊣24～29ページ　答え 6ページ

次の（　　）に入る言葉を、下から選びましょう。

## 1 選挙のしくみと税金の働き

教科書 ㊣24～25ページ

### ✪ 選挙のしくみ

- **選挙**とは、わたしたちの意見を政治に反映《はんえい》させてくれる代表者を決めること。日本国民で（①　　　）以上の人が選挙で投票できる。
- 選挙は、候補者《こうほしゃ》の中から国会議員を選ぶ国の選挙と、候補者の中から都道府県知事・都道府県議会議員と市区町村長・市区町村議会議員を選ぶ地方の選挙に分けられる。

### ✪ 税金の働き

- 国や都道府県、市区町村による公共サービスや公共施設《しせつ》にかかる費用には、**税金**が多く使われている。
- 国の税金は、国民の代表者である国会議員によって、その集め方や使い方が決められる。日本の国の予算では、税金のみで支出をまかなえず、収入《しゅうにゅう》の約３分の１を借金である（②　　　）で補《おぎな》っていることが問題になっている。

## 2 国会の働き

教科書 ㊣26～27ページ

### ✪ 国会の主な仕事

- **国会**は日本国憲法《けんぽう》で、国権《こっけん》の最高機関であって、国の唯一《ゆいいつ》の（③　　　）である。**衆議院《しゅうぎいん》**と（④　　　）の二つの議院で、国の政治の方向を話し合い、（⑤　　　）によって決めている。
- 国会は、法律《ほうりつ》の制定、内閣総理大臣《ないかく》の指名、予算の議決、条約の承認《しょうにん》、弾劾裁判所《だんがいさいばんしょ》の設置、憲法改正の発議などを行う。

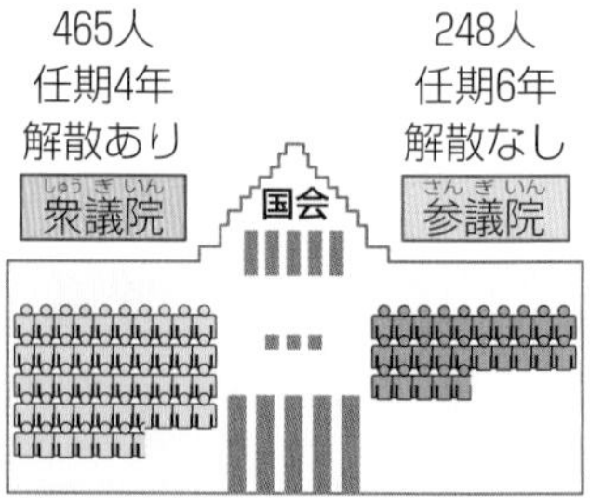

⬆ 国会のしくみ*2023年現在

## 3 内閣の働き

教科書 ㊣28～29ページ

### ✪ 内閣の主な仕事

- 国会で選ばれた（⑥　　　）（首相）を中心とする**内閣**は、法律や予算にもとづいて、国民の大多数の意見である（⑦　　　）に耳をかたむけて、国民のための仕事を行う。実際の仕事は省や庁《ちょう》が行う。
- 内閣総理大臣は専門《せんもん》的な仕事を担当《たんとう》する（⑧　　　）（大臣）を任命して、大臣たちと会議（**閣議《かくぎ》**）を開いて、政治の進め方や行い方（行政）などを話し合う。

選んだ言葉に✔

| | | | |
|---|---|---|---|
| □公債金《こうさいきん》 | □参議院 | □18才 | □内閣総理大臣 |
| □国務大臣 | □世論《せろん》《よろん》 | □多数決 | □立法機関 |

学習日　　月　　日

ぴたトリビア

現在の国会議事堂は、1920（大正《たいしょう》9）年1月に建設が始まり、1936（昭和《しょうわ》11）年11月に完成しました。

教科書　政24～29ページ　答え　6ページ

## 1 税金について説明した次の文のうち、正しいものには○を、まちがっているものには×をつけましょう。

①（　　　　）公共サービスや公共施設には多くの税金が使われている。
②（　　　　）学校など教育にかかる費用には税金は使われていない。
③（　　　　）ものを買ったときに、税金を負担《ふたん》することになっている。

## 2 次の文と図を見て、答えましょう。

国の法律や政治の方向は国会の二つの話し合いの場で慎重《しんちょう》に決められる。

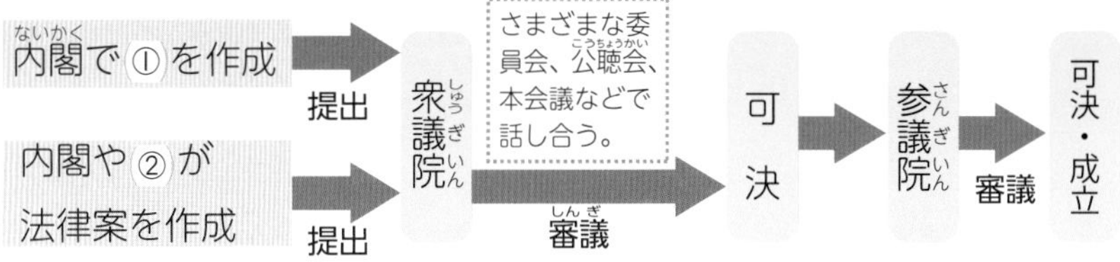


⑴　国会の働きに関する上の図中の①、②にあてはまる言葉を、［　　］からそれぞれ選びましょう。

予算　　条例　　国会議員　　地方議員

①（　　　　　　）　②（　　　　　　）

⑵　衆議院と参議院についてまとめた右の表中の①～③にあてはまる言葉や数字を書きましょう。

①（　　　　　　）②（　　　　　　）③（　　　　　　）

| | 衆議院 | 参議院 |
|---|---|---|
| 定数 | 465人 | 248人 |
| 任期 | 4年 | ①年 |
| 解散 | ② | ③ |

*2023年現在

⑶　次の①～④のうち、国会の働きにあてはまるものを2つ選び、○をつけましょう。

①（　　　　）外国と条約を結ぶ。
②（　　　　）弾劾裁判所を設置する。
③（　　　　）憲法の改正を国民に提案する。
④（　　　　）国務大臣を選ぶ。

## 3 右の図を見て、次の問いに答えましょう。

⑴　右の図中の①にあてはまる言葉を書きましょう。

（　　　　　　　　）

⑵　①のもとで実際の仕事を受けもつのは、省と何でしょう。

（　　　　　　　　）

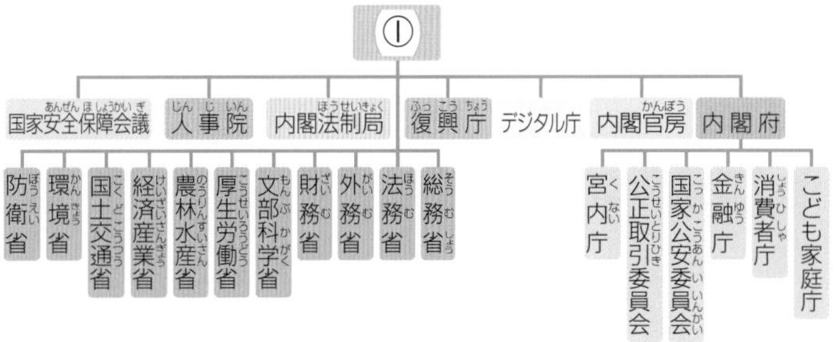


⑶　内閣総理大臣と国務大臣が政治の進め方などを話し合う、全員一致《いっち》を原則とする会議のことを何といいますか。

（　　　　　　　　）

ヒント　2 ⑶④　国務大臣を選ぶのは、国会で選ばれた内閣の中心となる人物です。

ぴったり1 **準備**

1．わたしたちの生活と政治

# 2 国の政治のしくみと選挙②

学習日　　月　　日

めあて：裁判所の仕事とわたしたちの関わりについて考えよう。

教科書 ㊇30～33ページ　答え 7ページ

次の（　　）に入る言葉や数字を、下から選びましょう。

## 1 裁判所《さいばんしょ》のはたらき／三権分立《さんけんぶんりつ》のしくみ

教科書 ㊇30～31ページ

### ✪ 裁判所の仕事

- **裁判所**は、争いや事故、犯罪《はんざい》などが起こったときに、法律《ほうりつ》にもとづき問題を解決し、国民の権利《けんり》を守っている（司法）。
- 国民は、だれでも（①　　　　　）をもっており、判決に不服がある場合、同じ事件について（②　　　　　）回まで裁判を受けられる。
- 人々の間に起きた争いなどについては、原告側と被告《ひこく》側に分かれて裁判を行って判決を出す。罪を犯した疑《うたが》いのある人については、有罪か無罪かの裁判を行って判決を出す。
- （③　　　　　）…刑罰《けいばつ》が重い犯罪の裁判に、選挙権《せんきょけん》をもっている人の中から、くじで選ばれた（④　　　　　）が裁判員として加わる制度。裁判官とともに有罪か無罪か、有罪の場合どのくらいの刑《けい》にするかを判断する。

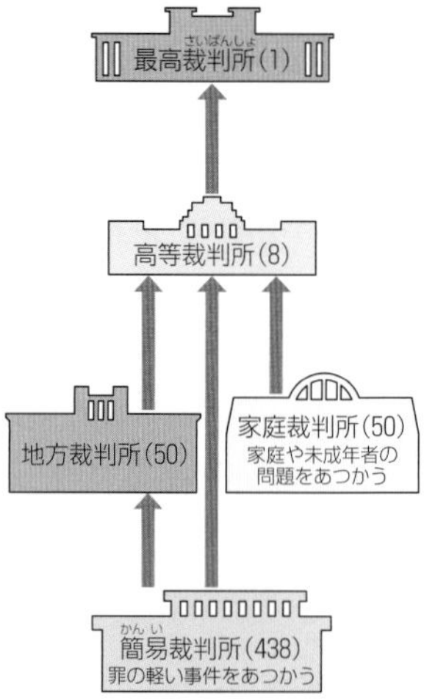


裁判のしくみ
＊（　）内の数字はそれぞれ裁判所の数。

### ワンポイント 三権分立

- 裁判所は、法律や政治が憲法《けんぽう》に違反《いはん》していないかを調べる。
- （⑤　　　　　）を国会、（⑥　　　　　）を内閣、（⑦　　　　　）を裁判所がもつことで（**三権分立**）、権力が一か所に集中して、行き過ぎが生じないようなしくみになっている。

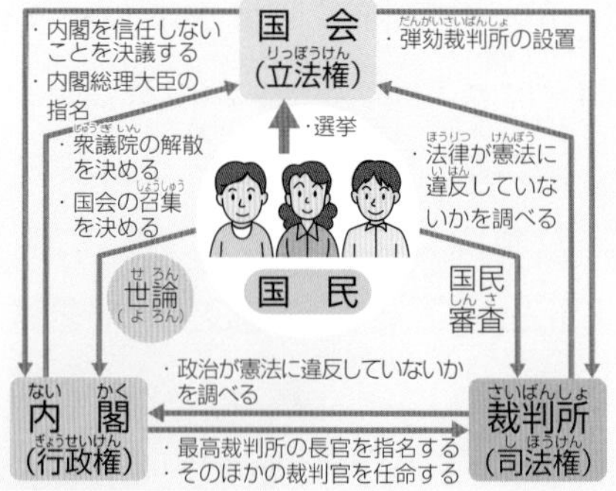


三権分立の関係図

## 2 なごや子ども市会 ひろげる

教科書 ㊇32～33ページ

### ✪ なごや子ども市会の目的

- 愛知《あいち》県名古屋《なごや》市の議会（名古屋市会）が毎年開いている。市内の小学校５・６年生が参加し、自分の住むまちの議会を実際に体験することで、（⑧　　　　　）や議会の仕事、しくみに対する理解を深めることを目的としている。

### ✪ 東日本大震災《ひがしにほんだいしんさい》の被災《ひさい》地との交流

- 2012年度から岩手《いわて》県陸前高田《りくぜんたかた》市の子どもたちと交流をはじめ、2019年の「子ども市会」本会議でも子どもひとりひとりの思いをこめたメッセージを送ることが決まった。

| 選んだ言葉に✔ | | | |
| --- | --- | --- | --- |
| □3 | □司法権《しほうけん》 | □市役所 | □裁判員《さいばんいん》制度 |
| □行政権《ぎょうせいけん》 | □立法権《りっぽうけん》 | □国民 | □裁判を受ける権利 |

ぴったり2

# 練習

学習日　　月　　日

**ぴたトリビア**

国民が裁判に参加する制度は、アメリカ・イギリスでは陪審《ばいしん》制、ドイツ・フランスでは参審制といいます。

教科書　㉈30〜33ページ　答え　7ページ

## 1 裁判所について、次の問いに答えましょう。

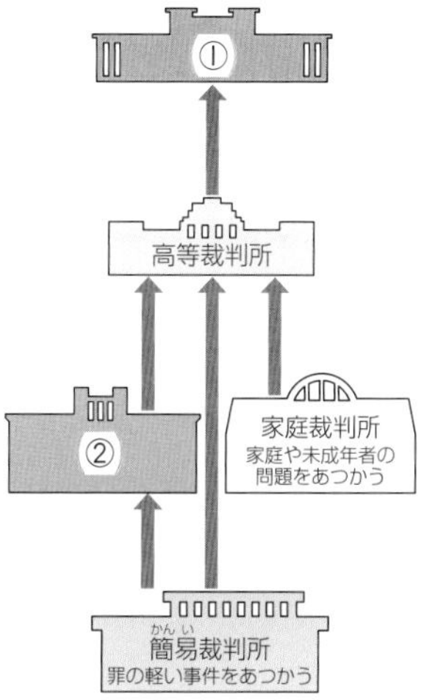


(1) 右の図中の①、②にあてはまる言葉を書きましょう。

①(　　　　　　)　②(　　　　　　)

(2) 国民の感覚や視点《してん》を裁判に生かすことを目的とする、国民が裁判員として裁判に参加する制度を何といいますか。

(　　　　　　)

(3) 裁判の結果、裁判所が出した判断を何といいますか。

(　　　　　　)

## 2 国の政治に関する右の図を見て、次の問いに答えましょう。

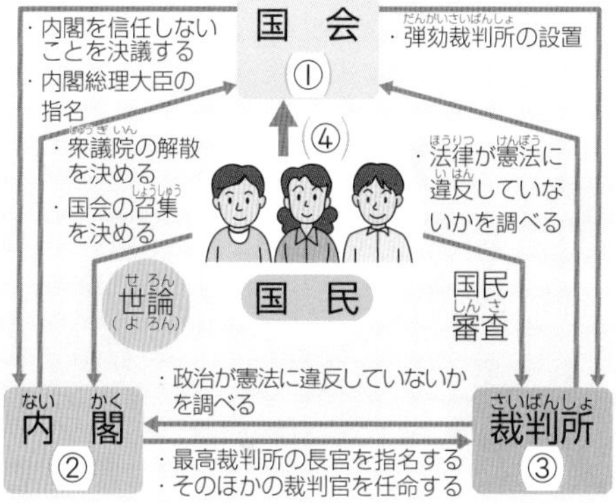


(1) 図中の①〜③にあてはまる言葉を書きましょう。

①(　　　　　　)
②(　　　　　　)
③(　　　　　　)

(2) 図中の④にあてはまる言葉を、〔　〕から選びましょう。

(　　　　　　)

〔 任命　　選挙　　判決 〕

(3) 右の図のように、国の重要な役割を、国会・内閣・裁判所に分担《ぶんたん》しているしくみを何といいますか。

(　　　　　　)

(4) 国民は何によって内閣に対してえいきょうをあたえているか、図中の言葉を使って書きましょう。

(　　　　　　)

## 3 「なごや子ども市会」の活動について、①〜③の説明として正しいものを、それぞれ線で結びましょう。

① 所信表明　・　　・  ㋐子ども議員は六つのテーマについてそれぞれ事前に話し合うよ。

② 委員会　・　　・  ㋑委員会ごとに意見を発表し、陸前高田市の子どもたちにメッセージを送ることが決まったよ。

③ 本会議　・　　・  ㋒子ども議長、副議長の選挙のときには、立候《りっこう》補《ほ》した理由を話すよ。

ヒント　❷ (2) 国民が国会議員を選ぶのは、政治に参加する大事な権利です。

# 2 国の政治のしくみと選挙

時間 30 分　／100　合格 80 点

教科書 政24〜33ページ　答え 8ページ

## 1 よく出る 右の表を見て、次の問いに答えましょう。 1つ5点（25点）

(1) 表中の①〜③にあてはまる言葉を、[　　]からそれぞれ選びましょう。 技能

4年　6年　18才　20才　衆議院《しゅうぎいん》

①(　　　　)
②(　　　　)
③(　　　　)

| ［議院］ | （①） | 参議院《さんぎいん》 |
|---|---|---|
| ［議員定数］ | 465名 | 248名 |
| ［任期］ | 4年 | （②） |
| ［投票できる人の年令］ | 18才以上 | （③）以上 |
| ［解散］ | あり | なし |

*2023年現在

(2) 投票して議員を選ぶことを何といいますか。

(　　　　)

(3) 表中の①と参議院の二つの話し合いの場があり、国の政治の方向を話し合って多数決で決める機関を何といいますか。

(　　　　)

## 2 右の図を見て、次の問いに答えましょう。 1つ5点（25点）

(1) 内閣《ないかく》の最高責任者である内閣総理大臣が、任命した国務大臣と開く会議を何といいますか。

(　　　　)

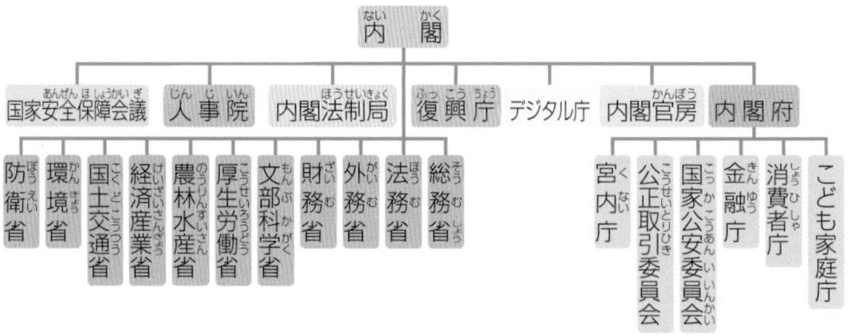


(2) 内閣が国会に提出するのは、法律案と何ですか。

(　　　　)

(3) 右の図中の「ものを買ったとき」に負担《ふたん》する税金を何といいますか。

(　　　　)

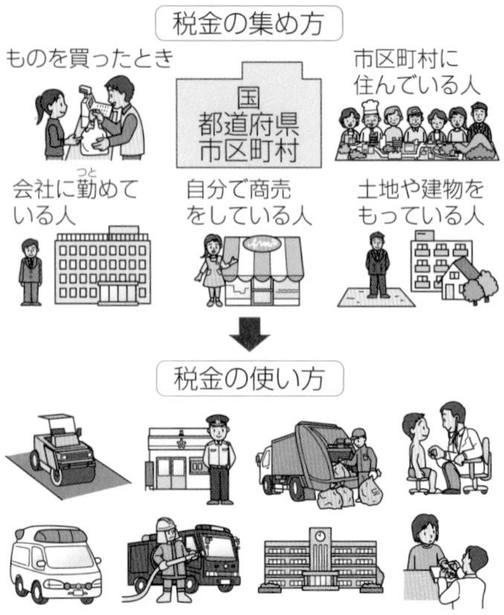


(4) 右の図中の「会社に勤《つと》めている人」が納《おさ》める税金を何といいますか。

(　　　　)

記述 (5) できたらスゴイ！ もし税金がなかったらどのようなことが起こると考えられますか。右の図を参考にして、考えられることを書きましょう。 思考・判断・表現

(　　　　)

## 3 裁判《さいばん》のしくみについて、次の問いに答えましょう。

1つ5点（25点）

(1) 右の図中の、①にあてはまる裁判所《さいばんしょ》を書きましょう。

（　　　　　）

(2) できたらスゴイ! 国民が、裁判員《さいばんいん》として裁判に参加する制度を裁判員制度といいますが、この制度の目的を説明した次の文中の（　　）にあてはまる言葉を書きましょう。

> 裁判員制度は、国民が主権者《しゅけんしゃ》として裁判に関心をもつこと、国民の感覚や視点《してん》を（　　　　　　　　　　）などを目的としている。

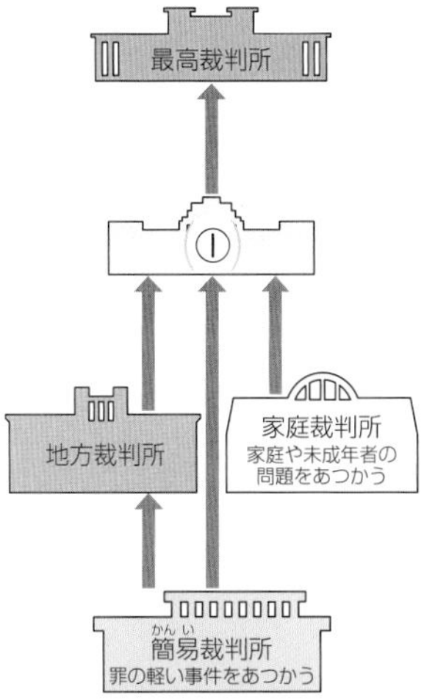


裁判のしくみ

記述 (3) 裁判の判決に不服がある場合は、3回まで裁判を受けられる制度がありますが、この制度の目的を簡単《かんたん》に書きましょう。

思考・判断・表現

（　　　　　　　　　　　　　　　　　　　　　　　　）

(4) 次の文中の①、②にあてはまる言葉を、［　　］からそれぞれ選びましょう。

> 国民はだれでも裁判を受ける（①）をもっていて、裁判所は争いや事故、犯罪《はんざい》などが起こったときに、（②）にもとづいて解決を図る。

［ 法律　国会　多数決　権利《けんり》　判決 ］

①（　　　　　）　②（　　　　　）

## 4 右の図を見て、次の問いに答えましょう。

1つ5点（25点）

(1) よく出る 図のように国の重要な役割《やくわり》を分担《ぶんたん》するしくみを何といいますか。

（　　　　　）

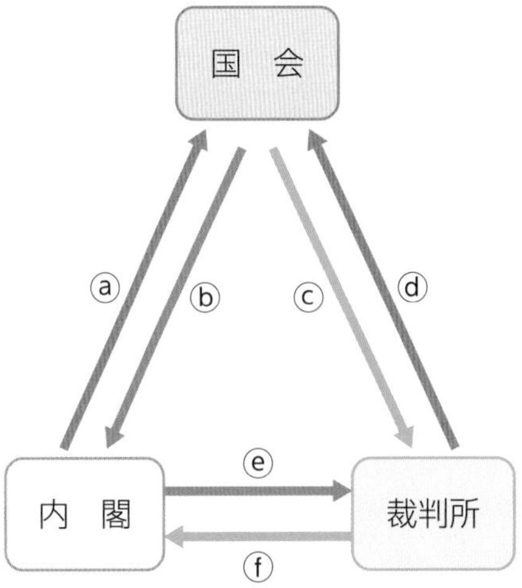


(2) 次の①～③は、図中のⓐ～ⓕのどの矢印にあたりますか。記号で答えましょう。　技能

① 内閣を信任しないことを決議する。（　　）

② 最高裁判所の長官を指名し、そのほかの裁判官を任命する。（　　）

③ 弾劾《だんがい》裁判所を設置する。（　　）

(3) 裁判所の役割であるものを、㋐～㋒から選びましょう。

㋐ 国会の召集《しょうしゅう》を決める。

㋑ 政治が憲法《けんぽう》に違反《いはん》していないかを調べる。

㋒ 内閣総理大臣を指名する。

（　　）

ふりかえり ❸(1)がわからないときは、12ページの❶にもどって確認《かくにん》してみよう。

ぴったり1 準備

せんたく

1. わたしたちの生活と政治

# 3 子育て支援《しえん》の願いを実現する政治①

3分でまとめ

学習日　月　日

めあて
わたしたちの願いがどのように実現されるのかを理解しよう。

教科書 政36～39ページ　答え 9ページ

次の（　　）に入る言葉を、下から選びましょう。

## 1 わたしたちの願いと子ども家庭総合センター

教科書 政36～37ページ

### 子育てをしている人々の願い

- 働きながら子どもを産み育てる人が増えており、子育てをしている年代の人々の多くが市などによる（①　　　　　）を願っている。
- 子育てをしている人々の願いを受けて、国、都道府県、市区町村がさまざまな支援を行っている。

**子育て支援の願い**

- 子育ての相談窓口《まどぐち》の設置
- 保育園の充実《じゅうじつ》
- 子どもが遊べる施設《しせつ》の充実

### さいたま市子ども家庭総合センター「あいぱれっと」

- 埼玉《さいたま》県さいたま市には、（②　　　　　）のさいたま市子ども家庭総合センター「あいぱれっと」が設置されている。
- 係の人に子育て相談ができる総合案内・なんでも子ども相談窓口、小さな子どもが遊べるぱれっとひろば、中学生や高校生が勉強・交流できる場所などがある。

ぱれっとひろば

## 2 市役所の働き

教科書 政38～39ページ

### さいたま市と「あいぱれっと」

- 「あいぱれっと」の運営は、**市役所**の部署《ぶしょ》のうち（③　　　　　）が担当《たんとう》している。
- 子育てに関する計画は国の法律《ほうりつ》などにもとづいて進められる。

### 市役所の取り組み

- 市民の要望が市長や市役所に伝えられると、市役所で（④　　　　　）も加わって市内に**子育て支援**の施設を建てる計画を立てる。
- 市役所がつくった計画案は（⑤　　　　　）に提出され、そこで賛成の（⑥　　　　　）がなされると、市役所は施設の建設を始める。公共施設の建設にはたくさんのお金が必要であるため、市役所は国や県に**補助金《ほじょきん》**の（⑦　　　　　）を行う。

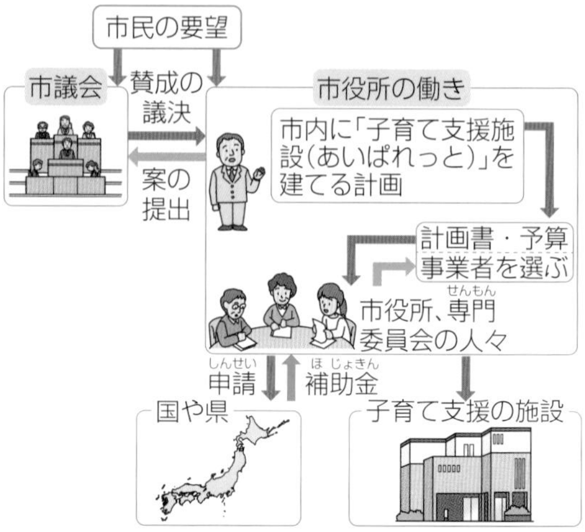


子育て支援の施設の建設に向けた市役所の動き

選んだ言葉に ✓

| | | | |
|---|---|---|---|
| □子育て支援 | □専門家《せんもんか》 | □議決 | □公共施設 |
| □子ども未来局 | □市議会 | □申請《しんせい》 | |

学習日　月　日

ぴたトリビア

2023年4月には、子育てやいじめなどの子どもを取り巻《ま》く問題を解決するための行政機関として、こども家庭庁《ちょう》が設置されました。

教科書　政36～39ページ　答え　9ページ

## 1 埼玉県さいたま市の子ども家庭総合センター「あいぱれっと」について、次の問いに答えましょう。

(1)「あいぱれっと」について説明した次の文中の①、②について、{　} の中の正しい言葉を◯で囲みましょう。

現在、働きながら子どもを産み育てている人が①{増えて・減って}いる。特に②{10代・40代}までの市民の子育て支援に力を入れてほしいという願いを受けて、市によって「あいぱれっと」がつくられた。「あいぱれっと」は赤ちゃんや小さな子どもだけでなく、中学生・高校生も利用している。

(2) 次の①～③にあてはまる言葉を、あとの［　］からそれぞれ選びましょう。

「あいぱれっと」は市がつくった（①）だから、だれでも利用できるよ。

子育てをしている人は、窓口で係の人に子育てに関する（②）が受けられるよ。

中学生や高校生が（③）や交流しているところを見かけるよ。

［勉強　相談　公共施設］

①（　　　　）②（　　　　）③（　　　　）

## 2 右の年表を見て、次の問いに答えましょう。

(1) 下線部ⓐについて、計画案の作成を担当するのはどこですか。

（　　　　）

(2) 下線部ⓑについて、市が建物をつくるときに、国や県などが市にわたすお金を何といいますか。

（　　　　）

| 年 | 主なできごと |
|---|---|
| 2009 | つくるための話し合いが始まる |
| 2011 | ⓐ施設の計画の案を作成 |
| | 市議会での話し合い |
| | 案について市民から意見を集める |
| 2015 | ⓑ建物をつくる工事が始まる |
| 2017 | 建物が完成する |
| 2018 | オープンする |

↑あいぱれっとができるまで

ヒント　2 (1) 町や村では役場といわれるのが一般《いっぱん》的です。

ぴったり1 **準備**

せんたく

1. わたしたちの生活と政治

# 3 子育て支援《しえん》の願いを実現する政治②

学習日　　月　　日

めあて
わたしたちが納めた税金がどのように使われているか考えよう。

教科書 ㊐40〜45ページ　答え 10ページ

次の(　　　)に入る言葉を、下から選びましょう。

## 1 市議会の働き

教科書 ㊐40〜41ページ

### ✪ 市議会の仕事

- **市議会**…市議会議員が、市の仕事を進めていくために必要なことを話し合って決定するところ。市議会での最後の決定を議決といい、(①　　　　　　)で決まる。

**市議会の仕事**

- 条例の制定、改正、廃止《はいし》の決定
- 市の予算の決定
- 市の税金の決定
- 国会や関係省庁《しょうちょう》に意見書を出す
- 市の仕事が正しく行われているかチェックする　など

市民と市議会と国の政治のつながり

- 首長である(②　　　　　　)や市議会議員は選挙で選ばれ、政治を任された市民の代表である。選挙には25才以上の人が立候補《りっこうほ》できる。
- 市民は選挙のほか、市議会に意見や希望を述べる(③　　　　　　)、議会の話し合いを許可を得て聞く(④　　　　　　)などを通じて、市議会にえいきょうをあたえる。

## 2 税金の働き／川口《かわぐち》市の福祉《ふくし》事業　ひろげる

教科書 ㊐42〜45ページ

### ✪ 税金の使い道

- 国民には(⑤　　　　　　)の義務があり、市は、住民や会社などから**税金**を集め、多くの人が必要とする(⑥　　　　　　)な事業を行う。
- 市が事業に使うお金には、税金のほかに国や県から受ける(⑦　　　　　　)などがある。
- 市は予算を使って、子育て支援《しえん》、高齢者福祉《こうれいしゃふくし》、学校教育の充実《じゅうじつ》、道路や公園の整備など、多くの人が必要としている公共的な事業を行う。

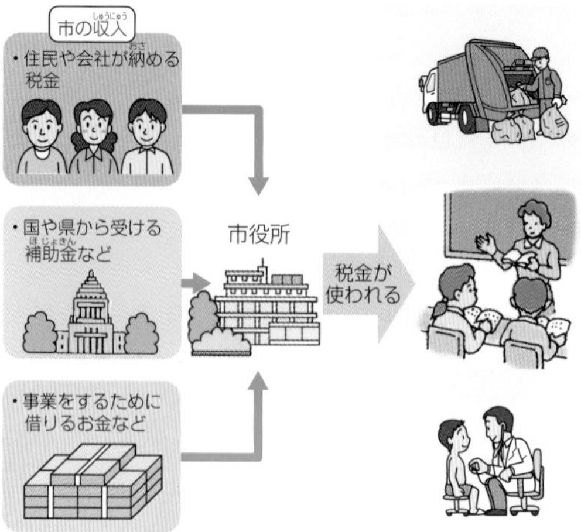


### ✪ 川口市の福祉事業

- 埼玉《さいたま》県川口市は(⑧　　　　　　)や障《しょう》がいのある人たちが、地域《ちいき》の中で支え合い、安心して幸せにくらせるまちをめざして、さまざまな福祉事業を行っている。

国や県からの補助金もあるんだね。

| 選んだ言葉に✔ | | | | |
| --- | --- | --- | --- | --- |
| | □請願《せいがん》 | □公共的 | □お年寄り | □納税《のうぜい》 |
| | □傍聴《ぼうちょう》 | □多数決 | □補助金《ほじょきん》 | □市長 |

ぴたトリビア

子どもでも、消費税のほか、貯金などの利子、なくなった人の財産を相続する場合などに税金がかかります。

教科書 政40～45ページ　答え 10ページ

## 1 市議会やその仕事について説明した次の文中の①～⑤にあてはまる言葉を、［　］からそれぞれ選びましょう。

(1) 市議会議員は、(①)の住民の選挙によって選ばれる。

(2) 市議会議員の選挙に立候補できる年令は(②)である。

(3) 市議会は、市のきまりである(③)を制定、改正、廃止する。

(4) 市議会議員は、市の仕事が正しく行われているかを(④)し、市だけで解決できない問題について県や国に働きかける。

(5) 市民は、市議会に請願をしたり、議会の話し合いを(⑤)したりすることができる。

［　条例　　25才以上　　傍聴　　18才以上　　チェック　］

①(　　　　)　②(　　　　)　③(　　　　)

④(　　　　)　⑤(　　　　)

## 2 次の問いに答えましょう。

(1) 2023年度のさいたま市の収入《しゅうにゅう》と支出を示した右のグラフ中の①～③にあてはまる言葉を書きましょう。

①(　　　　)

②(　　　　)

③(　　　　)

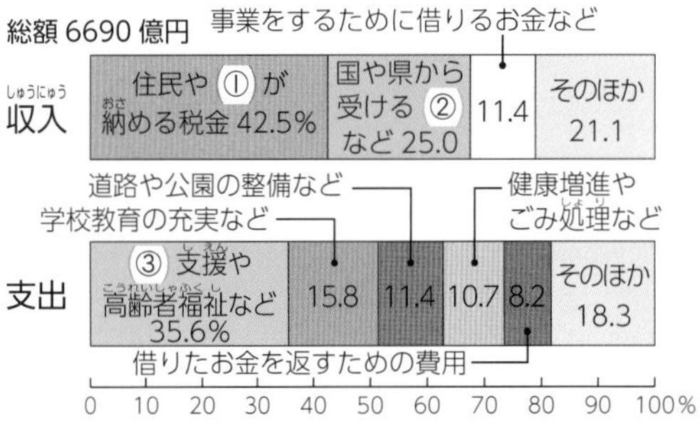


(2) 右上のグラフを見て、税金について説明した次の文中の①、②について、｛　｝の中の正しい言葉を◯で囲みましょう。

小学生も、ものを買うときに税金である消費税を負担《ふたん》している。さいたま市の場合、市の収入の①｛ 半分・4分の1 ｝近くが市民の税金であり、税金が何に使われているかを知っておくことが大切である。また、市の税金の使い道は②｛ 市長・市議会 ｝によって決められる。

(3) 税金について説明した次の文のうち、正しいものには○を、まちがっているものには×をつけましょう。

①(　　) 納税《のうぜい》は、日本国憲法《けんぽう》で国民の権利《けんり》とされている。

②(　　) 学校など教育に関することには、税金が使われている。

③(　　) ごみの処理《しょり》や道路の建設には、税金が使われていない。

(4) 次の文について、｛　｝の中の正しい言葉を◯で囲みましょう。

川口市では、「いつまでも安心して幸福にくらせるまち」「すべての人がかがやくまち」をめざして、社会福祉センターを建設するなどの｛ 福祉・開発 ｝事業を行っている。

ヒント　1 (5)「請願」は意見や希望を述べることで、⑤は議会を知るために市民ができるもう一つのことです。

ぴったり1 準備

3分でまとめ

せんたく

1．わたしたちの生活と政治

# 3 震災復興《しんさいふっこう》の願いを実現する政治①

学習日　　月　　日

めあて
東日本大震災発生直後にどのような対応がとられたか学ぼう。

教科書 政46～49ページ　答え 11ページ

次の（　　）に入る言葉を、下から選びましょう。

## 1 東日本大震災《ひがしにほんだいしんさい》の発生

教科書 政46～47ページ

### ✪ 東日本大震災

⬆ 大震災直後の気仙沼《けせんぬま》の様子

- 2011（平成《へいせい》23）年３月11日午後２時46分、宮城《みやぎ》県沖を（①　　　　）とする巨大地震《きょだいじしん》が発生し、（②　　　　）、宮城県、福島《ふくしま》県、茨《いばら》城《き》県などで大きな被害《ひがい》が出た。
- 地震の震度は７、（③　　　　）は9.0で、地震後の（④　　　　）によってまちはかいめつ状態になった。多くの住民が家族や家を失い、（⑤　　　　）での生活を続けることになった。その後も強い余震《よしん》が何度もあった。
- 家の建て直し、仕事の再開などの被災《ひさい》した人々の切実な願いもあり、気仙沼市では、地盤沈《じばんちん》下《か》した（⑥　　　　）の復旧のためにかさ上げが行われた。大震災から３か月後にはかつおの水あげが始まった。
- 現在では、がれきの撤去《てっきょ》、建物や道路の整備が進み、観光客がおとずれるまでになった。

## 2 東日本大震災への緊急《きんきゅう》対応

教科書 政48～49ページ

### ✪ 宮城県気仙沼市の対応

- 大地震の直後に（⑦　　　　）を設けて、避難所《ひなんじょ》の開設や被害状況《ひがいじょうきょう》の確認《かくにん》などを指示した。
- 避難した住民のための水、食料、仮設トイレなどを、宮城県や災害時相互応援《そうごおうえん》協定を結んでいる他県の市などに手配を要請《ようせい》した。

### ✪ 宮城県の対応

- 情報収集を行うとともに、自衛隊に災害時の派遣《はけん》を要請した。
- （⑧　　　　）を適用して、必要な物資を被災地《ひさいち》に送る準備をした。

### ✪ 国（政府）の対応

- 災害対策《たいさく》基本法にもとづき緊急災害対策本部を設置し、自衛隊の派遣人数の増員や、他国への救助要請、物資などの準備を進めた。
- 全国の消防署《しょうぼうしょ》から（⑨　　　　）を派遣させた。

選んだ言葉に✔

□震源《しんげん》　□避難所　□マグニチュード　□災害救助法　□魚市場
□津波《つなみ》　□岩手《いわて》県　□災害対策本部　□緊急消防援助《えんじょ》隊

学習日　　月　　日

**ぴたトリビア**

東日本大震災が発生したときには、20をこえる国・地域《ちいき》、国際機関の支援チームが被災地をおとずれました。

教科書　㊙46～49ページ　答え　11ページ

## 1 次の問いに答えましょう。

(1) 東北《とうほく》地方を中心に大きな被害が出た東日本大震災が起こったのは2011年の何月何日ですか。

（　　　　　）月（　　　　　）日

(2) 東日本大震災の地震の後に起きて、まちをかいめつ状態にした災害を何といいますか。

（　　　　　）

(3) 大きな地震の後に続いて起きる地震を何といいますか。（　　　　　）

(4) 気仙沼市の魚市場がかさ上げする原因となったできごとを何といいますか。

（　　　　　）

(5) 大震災から３か月後に気仙沼港で水あげが始まった魚は何ですか。（　　　　　）

## 2 災害から人々を助ける政治の働きをまとめた次の図や文中の①～④にあてはまる言葉を書きましょう。

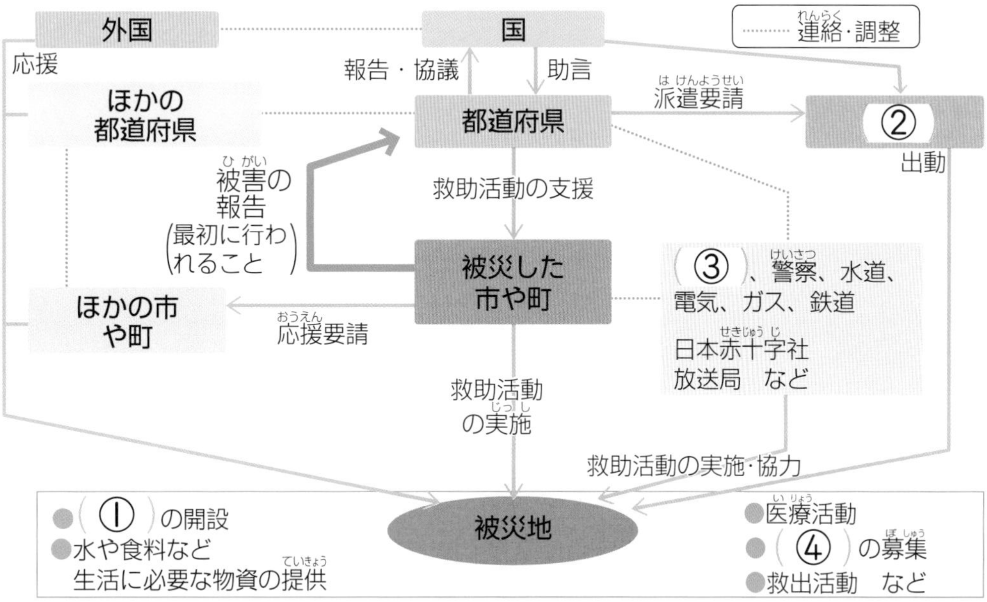


東日本大震災のとき、市、県、国が法律《ほうりつ》にもとづいてさまざまな取り組みを行った。気仙沼市は、災害対策本部を設け（①）の開設などを指示したほか、避難した住民のための水、食料、仮設トイレなどを、宮城県や災害時相互応援協定を結んでいる他県の市などに要請した。

宮城県は、（②）に災害時の派遣を要請した。

国（政府）は、緊急災害対策本部を設置して他国への救助要請、物資などの準備を進めた。また、全国の（③）から緊急消防援助隊を派遣させた。

このほかにも、全国からかけつけた（④）がたき出しなどを行った。

①（　　　　　）　②（　　　　　）
③（　　　　　）　④（　　　　　）

**ヒント** 2 ② 被災した人々の救命・救出やがれきの撤去作業などの活動を行います。

ぴったり1 準備

せんたく

1．わたしたちの生活と政治

# 3 震災復興《しんさいふっこう》の願いを実現する政治②

学習日　　月　　日

めあて
復旧・復興と未来に向けたまちづくりのための取り組みを学ぼう。

教科書 政50～53ページ　答え 12ページ

次の（　　）に入る言葉を、下から選びましょう。

## 1 復旧・復興に向けた国の支援《しえん》

教科書 政50～51ページ

### 国（政府）の支援

- 東日本大震災《ひがしにほんだいしんさい》のときには、国（政府）は**復旧**を進めるために、（①　　　　　）で第一次補正《ほせい》予算を成立させ、仮設住宅《じゅうたく》の建設、水道、ガス、電気などの（②　　　　　）の復旧、がれきの撤《てっ》去《きょ》や処理《しょり》など、まちの整備を進めた。
- 大震災からの**復興**をすみやかに進めるために、（③　　　　　　　　　）を成立させ、この法律《ほうりつ》にもとづいて、復興を計画的に進めるために（④　　　　　）が設置された。

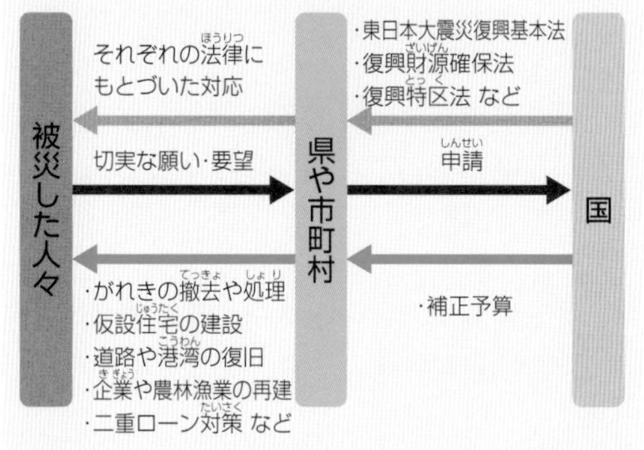

復旧・復興に向けた政治の働き

- 被災地《ひさいち》の復旧・復興は、国会で決められた予算や法律にもとづいて、県や市が具体的な取り組みを行う。
- 国の予算は、働く人の収入《しゅうにゅう》にかかる税金である所得税、ものを買ったときにかかる税金である（⑤　　　　　）、会社のもうけにかかる税金など、国民や会社などから集められた税金が使われる。なお、大震災からの復興のために、復興特別税が設けられている。

## 2 市や市民の取り組み

教科書 政52～53ページ

### 気仙沼《けせんぬま》市の取り組み

- 市役所の役割《やくわり》…市民とともにまちについて考え、（⑥　　　　　）を県や国に伝えるなどして、市民の願いを実現すること。
- 大震災からの復興をめざす気仙沼市は、「（⑦　　　　　）と生きる」を合い言葉に気仙沼市震災復興計画つくった。これにもとづき、住宅、道路の整備、気仙沼大島《おおしま》大橋の設置などを行い、災害に強く、水産業という（⑧　　　　　）を生かした**まちづくり**を進めている。
- 震災からの復興だけではなく、人口の減少という課題に対応して、気仙沼市に移住してきた若者《わかもの》が運営する気仙沼市移住・定住支援センターや、震災の教訓を未来へ伝えるため、2019年に防災にかかわる活動拠点《きょてん》として「気仙沼市東日本大震災遺構《いこう》・伝承館《でんしょうかん》」が設置された。2021年には復興祈念《きねん》公園が開園した。

| 選んだ言葉に✓ | | | | |
|---|---|---|---|---|
| | □復興庁《ふっこうちょう》 | □国会 | □特色 | □ライフライン |
| | □消費税 | □要望 | □海 | □東日本大震災復興基本法 |

ぴったり2

# 練習

学習日　　月　　日

ぴたトリビア

2012年2月10日に設置された復興庁は2021年3月末廃止予定でしたが、引き続き支援が必要だとして、2031年3月31日まで延長されました。

教科書　政50～53ページ　答え　12ページ

## 1 次の問いに答えましょう。

(1) 次の文中の①、②にあてはまる言葉を書きましょう。

（①）は道路やライフラインなどを修復すること、（②）は被災地域が活力をとりもどして再生を目指すことをいう。（①）・（②）は、国会で決められた法律や予算にもとづいて、県や市が具体的な取り組みを行う。東日本大震災からの（②）は東日本大震災復興基本法の基本理念にもとづいて進められている。

①（　　　　　　）
②（　　　　　　）

(2) 右の説明文にあてはまる言葉を①、②に書きましょう。

①（　　　　　　）　東日本大震災からの復興を計画的に進めるために、2012年にできた役所のことだね。

②（　　　　　　）　2011年5月に、仮設住宅の建設、ライフラインの復旧やがれきの撤去などを進めるために第一次補正予算を成立させる話し合いが行われたよ。

## 2 気仙沼市の復興に向けた取り組みの流れを示した下の図を見て、次の問いに答えましょう。

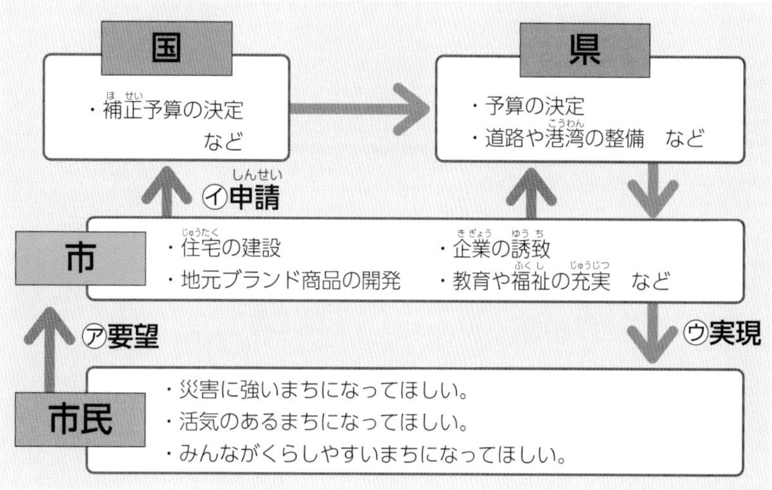


(1) 次の説明にあてはまるものを、図中の㋐～㋒からそれぞれ選びましょう。

①（　　）市が国に支援をしてもらうためにする。

②（　　）計画にそって復興を進めていく。

③（　　）市民の願いを市に伝える。

(2) 気仙沼市は、震災前から続く課題の解決のために、水産資源《しげん》を生かした商品や観光メニューの開発、移住の支援などに取り組んでいます。その課題とは何ですか。

（　　　　　　）の減少

ヒント　2 (1) 市民の願いをかなえるには、国や県の支援も必要になります。

ぴったり3 確かめのテスト

せんたく

1．わたしたちの生活と政治

# 3 子育て支援《しえん》の願いを実現する政治

時間 15分　／50　合格 40点

教科書 政36〜45ページ　答え 13ページ

**1** **右の図を見て、次の問いに答えましょう。**　1つ5点（25点）

(1) 図中の①、②にあてはまる言葉を書きましょう。

①（　　　　　　）②（　　　　　　）

(2) 市議会の仕事にあたるものを、㋐～㋔から２つ選びましょう。

㋐ 国会議員の選挙を行うこと。

㋑ 法律《ほうりつ》をつくること。

㋒ 条例を制定すること。

㋓ 市議会議員の話し合いで市長を選ぶこと。

㋔ 市の予算を決めること。

（　　　　）（　　　　）

記述 (3) できたらスゴイ! 市民が市議会を傍聴《ぼうちょう》することにはどのような役割がありますか。簡単《かんたん》に書きましょう。

思考・判断・表現

（　　　　　　　　　　　　　　　　　　　　）

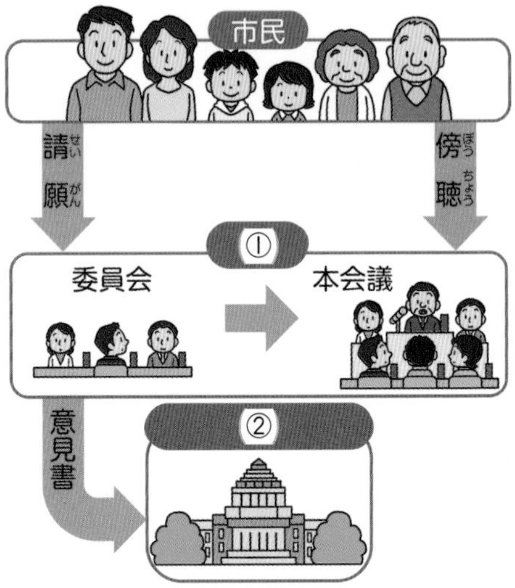


市民と市議会と国の政治のつながり

**2** **さいたま市子ども家庭総合センター「あいぱれっと」の建設費用などについてまとめた次の図や文中の①～⑤にあてはまる言葉を書きましょう。**　1つ5点（25点）

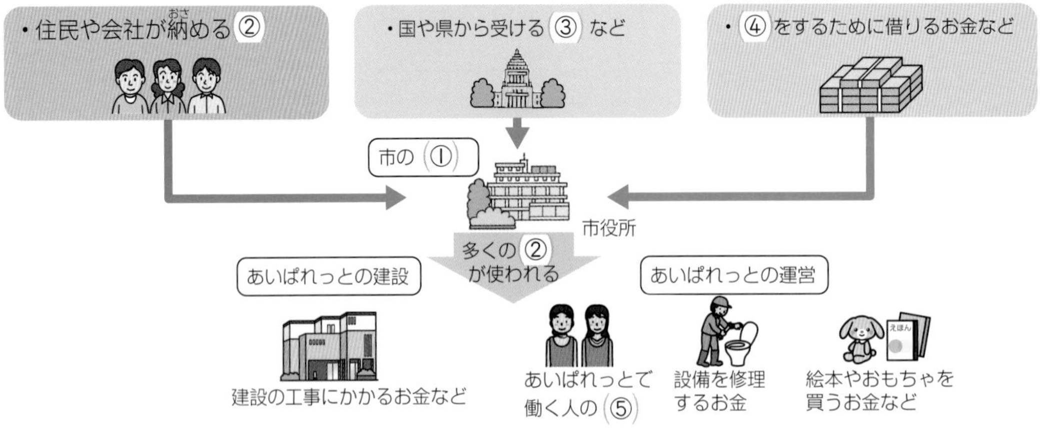


市の①は、市が仕事を進めるためのお金で、②は市の①の一部である。④とは市の仕事のことで、②や④のために借りるお金、国や県から受ける③などが市の①となる。公共的な④であるあいぱれっとの建設や運営には多くの②が使われており、その一部はあいぱれっとで働く人の⑤となっている。

①（　　　　　）②（　　　　　）③（　　　　　）

④（　　　　　）⑤（　　　　　）

ふりかえり　1(2)がわからないときは、18ページの1にもどって確認《かくにん》してみよう。

ぴったり3 **確かめのテスト**

せんたく

1. わたしたちの生活と政治

# 3 震災復興の願いを実現する政治

時間 15分

／50

合格 40点

教科書 (政)46～53ページ　答え 13ページ

## 1 次の文を読んで、あとの問いに答えましょう。

1つ5点（25点）

2011年3月11日、巨大《きょだい》な地震《じしん》が発生し、岩手《いわて》県、宮城《みやぎ》県、福島《ふくしま》県、茨城《いばらき》県などで大きな被害《ひがい》が出た。特に地震の後に起きた津波《つなみ》によって深刻《しんこく》な被害となった。

大地震の直後から国や地方公共団体が緊急《きんきゅう》対応を行った。宮城県気仙沼《けせんぬま》市は災害対策《たいさく》本部を設けて、（①）を開設し、水、食料、仮設トイレなどの手配を他県の市などに要請《ようせい》した。宮城県は自衛隊に災害時の（②）を行い、（③）を適用して被災地《ひさいち》に必要な物資を送った。国は（④）を設置したほか、復旧・復興に向けて必要な法律や予算を成立させた。

(1) 下線部の大きな災害を何といいますか。

（　　　　）

(2) 文中の①～④にあてはまる言葉を、［　　］からそれぞれ選びましょう。

［ 緊急災害対策本部　　避難所　　災害救助法　　派遣要請 ］

①（　　　　）

②（　　　　）

③（　　　　）

④（　　　　）

## 2 東日本大震災《ひがしにほんだいしんさい》からの復旧・復興に向けた政治の働きを表した右下の図を見て、次の問いに答えましょう。

1つ5点（25点）

(1) よく出る 右の図中の①～④にあてはまる言葉を、［　　］からそれぞれ選びましょう。

［ 道路　　予算　　がれき　　復興 ］

①（　　　　）

②（　　　　）

③（　　　　）

④（　　　　）

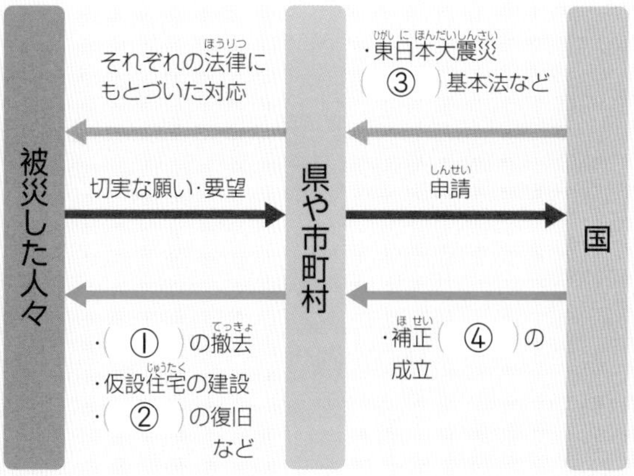


(2) 被災した人々が復旧を願っていたライフラインとは、どのようなものをさしますか。具体例をあげて簡単に書きましょう。

思考・判断・表現

（　　　　）

ふりかえり ②(1)がわからないときは、22ページの①にもどって確認《かくにん》してみよう。

2. 日本の歴史

# 1 縄文《じょうもん》のむらから古墳《こふん》のくにへ①

めあて
縄文時代の人々がどのような生活を送っていたか理解しよう。

教科書 歴 4～9ページ　答え 14ページ

次の（　　）に入る言葉を、下から選びましょう。

## 1 年表の見方を知ろう

教科書 歴 4～5ページ

ワンポイント 年表の見方

- （①　　　　　）…イエス・キリストが生まれたと考えられた年を西暦《せいれき》１年とする。
- （②　　　　　）…100年ごとをひとまとめに表す。西暦１年から100年までが１世紀。
- （③　　　　　）…日本の歴史では、国の政治が行われた場所などをもとに時代を区切り、名前がつけられている。
- **等尺年表《とうしゃく》**…それぞれの時代がどのくらいの長さなのかを示している。

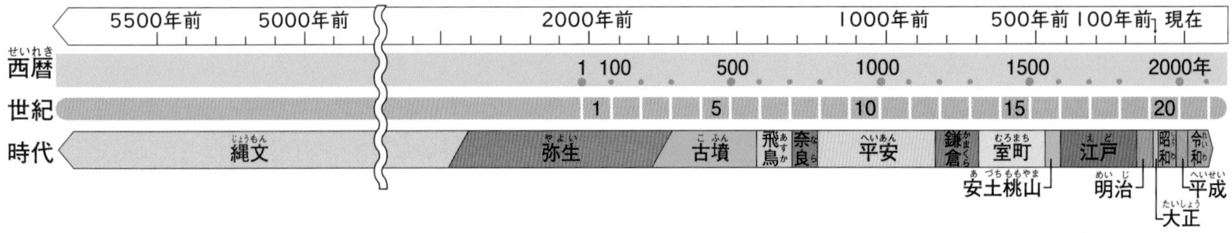


## 2 大昔のむらのくらし

教科書 歴 8～9ページ

### 人々のくらし

- 青森県《あおもり》にある（④　　　　　）遺跡《いせき》は、約5500年前の人々が集まって定住していた遺跡である。
- 人々は（⑤　　　　　）に家族４～５人で住んでいた。
- 人々は動物や魚をとったり、木の実や貝などを手に入れて、くらしていた。
- （⑥　　　　　）…人々が、貝がらや動物の骨《ほね》、土器《どき》のかけらなどを捨《す》てていた遺跡。東京都《とうきょう》の大森《おおもり》貝塚などが代表例。
- 豊かな自然のめぐみなどをいのって土偶《どぐう》がつくられた。

復元された大型掘立柱《ほったてばしら》建物

三内丸山《さんないまるやま》遺跡

### さまざまな道具

- 人々は生活に使う道具を、石や木、動物の（⑦　　　　　）や角でつくっていた。
- **縄文土器《じょうもん》**…食べ物のにたきやたくわえの器《うつわ》として使われた、表面に（⑧　　　　　）の文様《もんよう》がつけられている土器。そのため、このころを（⑨　　　　　）時代といい、１万年近くも続いた。

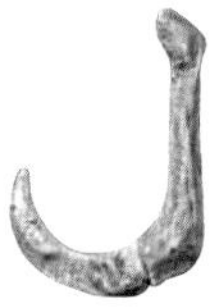

つり針《ばり》
（長さ約４cm）

| 選んだ言葉に✔ | | | | | |
|---|---|---|---|---|---|
| | □貝塚《かいづか》 | □三内丸山 | □西暦 | □骨 | □たて穴住居 |
| | □縄目《なわめ》 | □縄文 | □世紀 | □時代 | |

ぴったり2
# 練習

学習日　　月　　日

ぴたトリビア

三内丸山遺跡からは、遠くはなれた所で産出《さんしゅつ》する石器の材料《ざいりょう》であった黒《こく》曜石《ようせき》が出土しており、日本各地と交易《こうえき》していたことがわかります。

教科書　歴 4～9ページ　答え　14ページ

## 1 次の年表について、あとの問いに答えましょう。

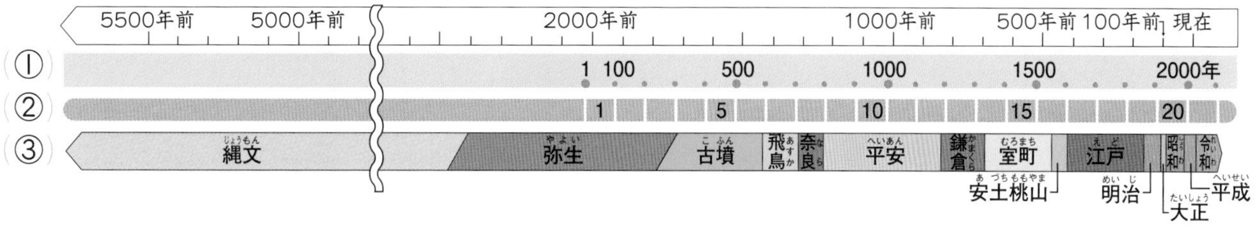


(1) 年表中の①～③の言葉の説明として正しいものを、それぞれ線で結びましょう。

① 西暦 ・　　・ ㋐100年ごとをひとまとめに表している。

② 世紀 ・　　・ ㋑イエス・キリストが生まれたと考えられた年を1年としている。

③ 時代 ・　　・ ㋒日本の歴史では、国の政治が行われた場所などをもとに区切り、名前をつけている。

(2) 上の年表を参考にして、次の年の世紀と時代を書きましょう。

① 101年 → (　　　　)世紀 → (　　　　)時代

② 752年 → (　　　　)世紀 → (　　　　)時代

## 2 右の図を見て、次の問いに答えましょう。

(1) 人々がおもに動物をとってくらしていた季節を書きましょう。(　　　　)

(2) 人々は春から夏にかけて魚をとっていましたが、どのような道具を使っていましたか。(　　　　)

(3) (2)の道具は何からつくられていましたか。[　　]から選びましょう。(　　　　)

木　石　動物の骨　土器

(4) 図中の㋐は、この時代の人々が住んでいた住居です。住居の名前を書きましょう。(　　　　)

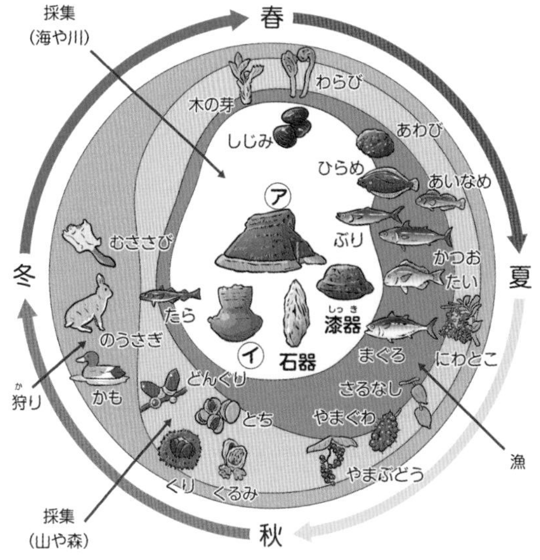


縄文時代の人々の1年の生活

(5) 図中の㋑は、食料のにたきや保存《ほぞん》のために使われていたものです。表面の縄目の文様が特ちょうのこの土器の名前を書きましょう。(　　　　)

ヒント　1 (2)　1世紀は1～100年、4世紀は301～400年のように、100年ごとをひとまとまりと考えます。

ぴったり1 準備

2. 日本の歴史

# 1 縄文《じょうもん》のむらから古墳《こふん》のくにへ②

学習日 月 日

めあて
米づくりが始まったことにより、どのような変化があったかを理解しよう。

教科書 歴10〜17ページ　答え 15ページ

次の（　　）に入る言葉や数字を、下から選びましょう。

## 1 板付遺跡《いたづけいせき》と米づくり

教科書 歴10〜15ページ

### ワンポイント 米づくりの始まり

- **米づくり**は、1万年ほど前に（①　　　　）で始まり、日本に伝わった。
- 福岡《ふくおか》県の板付遺跡は、今から約（②　　　　）年前の遺跡で、米づくりが行われていた。
- **むら**の人々は（③　　　　）を中心に、力を合わせて米づくりを行った。
- 西日本を中心に米づくりが広がっていった時代を（④　　　　）時代といい、このころ使われていた土器《どき》を**弥生《やよい》土器**という。

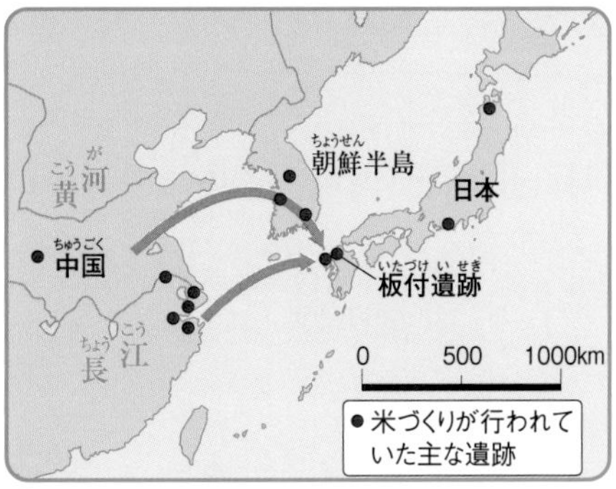

米づくりの伝わった道

### 米づくりに使う道具

- 稲《いね》の穂《ほ》をかり取るために（⑤　　　　）が、田を耕すために木製のくわが使用された。

## 2 むらからくにへ

教科書 歴16〜17ページ

### 人々の生活の変化

- 佐賀《さが》県の（⑥　　　　）遺跡は、弥生時代後期の遺跡で、集落のまわりが二重の堀《ほり》やさくで囲まれていた。大陸から伝わったと思われる鉄器・青銅器、南方の貝でつくったうで輪、中国《ちゅうごく》製の貨幣《かへい》などが出土した。

中国や沖縄《おきなわ》などかなり広い範囲《はんい》で交易を行っていたことがわかるね。

- 弥生時代には、倉庫にたくわえられた食料や、米づくりに必要な田や用水などをめぐって（⑦　　　　）の間で争いが起こった。
- 生活が安定してむらが大きくなると、むらの指導者は、むらを支配する豪族《ごうぞく》となり、その中からまわりのむらを従《したが》えて**くに**をつくり、（⑧　　　　）とよばれる人も現れた。各地の王や豪族たちは、大陸の技術や文化を積極的に取り入れ、くにづくりに役立てた。

### 中国の古い時代の本に書かれている日本

- 倭《わ》（日本）では男性が王を務めていた。（⑨　　　　）で争いが続くと、女王として（⑩　　　　）が立ち、30ほどのくにを従えた。
- **邪馬台国《やまたいこく》**の女王**卑弥呼《ひみこ》**は、中国に使いを送り、中国の皇帝《こうてい》から倭王《わおう》の称号《しょうごう》を授《さず》けられた。

選んだ言葉に✔

□卑弥呼　□弥生　□中国　□指導者　□邪馬台国
□吉野ヶ里《よしのがり》　□王　□むらとむら　□石包丁《いしぼうちょう》　□2300

ぴったり2
# 練習

学習日　　月　　日

ぴたトリビア

邪馬台国の卑弥呼について記述があるのは、中国の古い時代の本（「魏《ぎ》志《し》倭《わ》人伝《じんでん》」）の中だけです。日本の資料には記述がありません。

教科書 歴10〜17ページ　答え 15ページ

## 1 次の文を読んで、あとの問いに答えましょう。

米づくりは（①）ほど前に（②）で始まり、日本では西日本から各地に広がった。米は保《ほ》存《ぞん》ができ栄養もあるので、人々の生活は安定していった。米づくりの道具として、稲の穂をかる（③）や田を耕す木製の（④）などが使用された。この時代を（⑤）時代という。

(1) ①にあてはまる言葉を、［　］から選びましょう。（　　）

1000年　5000年　1万年　3万年　5万年

(2) ②にあてはまる国名を書きましょう。（　　）

(3) ③にあてはまる道具名を書きましょう。（　　）

(4) ④にあてはまる道具名を書きましょう。（　　）

(5) ⑤にあてはまる時代を書きましょう。（　　）

## 2 右の写真を見て、次の問いに答えましょう。

復元された吉野ヶ里遺跡

(1) 吉野ヶ里遺跡の集落のまわりは、大きな二重の堀やさくで囲まれていましたが、それはどのような理由からですか。㋐〜㋓から選びましょう。（　　）

㋐ 食料を食いあらす動物を防ぐため。

㋑ 外の敵が侵入《しんにゅう》できないようにするため。

㋒ 大きな津波《つなみ》からむらを守るため。

㋓ むらの人々が逃《に》げないようにするため。

(2) 吉野ヶ里遺跡からは、大陸から伝わったと思われる鉄器や南方の貝でつくったうで輪などが出土しています。このことからどのようなことがわかりますか。簡単《かんたん》に書きましょう。

（　　）

(3) 米づくりが広がるにつれて、社会の様子も変わっていきました。次の文中の①〜③にあてはまる言葉を書きましょう。

米づくりがさかんになり、たくわえられた食料や田、用水をめぐってむらとむらとの間で争いが起こるようになった。しだいにむらの指導者は強い力をもち、むらを支配する（①）となった。強いむらは、まわりのむらを従えてくにへと発展《はってん》し、その中から（②）とよばれる人が現れた。各地の（①）や（②）はくにづくりのために、大陸の進んだ（③）や文化を積極的に取り入れた。

①（　　）　②（　　）　③（　　）

ヒント　2 (1) むらとむらの間で、たくわえられた食料や田、用水などをめぐる争いが起こりました。

# 1 縄文《じょうもん》のむらから古墳《こふん》のくにへ③

学習日　　月　　日

めあて
大和朝廷が支配を広げていく様子を理解しよう。

教科書 歴18～21ページ　答え 16ページ

次の（　　）に入る言葉を、下から選びましょう。

## 1 巨大古墳と豪族《ごうぞく》

教科書 歴18～19ページ

**ワンポイント** 古墳の成り立ち

- **古墳**…３～７世紀ごろに、各地に勢力を広げ、くにをつくりあげた王や豪族の（①　　　　）。
- 大阪府《おおさかふ》堺《さかい》市の百舌鳥《もず》古墳群の一つである仁徳天皇陵《にんとくてんのうりょう》古墳（大仙《だいせん》古墳）は、５世紀につくられた日本最大の（②　　　　）で、古墳の表面にはたくさんの（③　　　　）が並《なら》べられていた。また、内部には遺体《いたい》をほうむる部屋《へや》である石室《せきしつ》がつくられた。

仁徳天皇陵古墳

- 古墳を築くには技術者を指図し、多くの人々を働かせる大きな力が必要であった。
- 古墳は九州《きゅうしゅう》地方から東北《とうほく》地方にまで広がった。各地に古墳がつくられた時代を（④　　　　）時代という。

## 2 大和朝廷《やまとちょうてい》（大和政権《せいけん》）による統一

教科書 歴20～21ページ

### 大和朝廷の出現

- 今の（⑤　　　　）地方には大きな前方後円墳《ぜんぽうこうえんふん》がたくさんあり、この地域《ちいき》に早くから大きな力をもった豪族（王）たちがいたことがわかる。
- ４世紀ごろに奈良盆地《ならぼんち》を中心とする大和《やまと》地方に、豪族たちが（⑥　　　　）（後の天皇《てんのう》）を中心とする**大和朝廷**（大和政権）をつくった。

前方後円墳の分布

### 大和朝廷の広がり

- ５～６世紀には、九州地方から（⑦　　　　）地方南部までの豪族や王たちを従《したが》えた。
- ５世紀後半の大和朝廷の大王であった「ワカタケル大王」の名を刻《きざ》んだ刀剣《とうけん》が、埼玉《さいたま》県と熊本《くまもと》県の前方後円墳から見つかった。
- 中国《ちゅうごく》や朝鮮《ちょうせん》半島から日本列島へわたってきて住みついた（⑧　　　　）は、建築や土木工事などの進んだ技術を日本にもたらした。

### 神話《しんわ》に書かれた国の成り立ち

- ８世紀前半、天皇の命令でつくられた「（⑨　　　　）」や「日本書紀《にほんしょき》」には、神々の子孫が日本の各地を統一していった話などがのっている。
- 各地の人々の生活や自然の様子を記した「風土記《ふどき》」も８世紀につくられた。

選んだ言葉に✓
□古事記《こじき》　□はにわ　□古墳　□墓　□大王《おおきみ》
□近畿《きんき》　□前方後円墳　□東北　□渡来人《とらいじん》

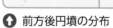

ぴたトリビア

中国や朝鮮半島から移り住んだ渡来人は、機織《はたお》りや焼き物などの進んだ技術だけではなく、漢字や儒学《じゅがく》、仏教《ぶっきょう》なども伝え、朝廷の中で活躍《かつやく》しました。

教科書　(歴)18〜21ページ　答え　16ページ

## 1 右の写真とデータを見て、次の問いに答えましょう。

(1) 右の写真は5世紀につくられた日本最大の古墳です。この古墳の名前を書きましょう。
(　　　　　　　　)

(2) この古墳の形を何といいますか。
(　　　　　　　　)

(3) この古墳はどこにありますか。都道府県名を書きましょう。
(　　　　　　　　)

(4) 遺跡のまわりにたくさん並べられていたものの名前を書きましょう。
(　　　　　　　　)

(5) 次の文は、右のデータから読み取れる内容をまとめたものです。文中の①～④にあてはまる言葉を、[　　]からそれぞれ選びましょう。

データ

| | |
|---|---|
| ●工事期間 | 15年8か月 |
| ●動員人数 | のべ680万7千人 |
| ＊1か月25日、1日8時間働いたとして計算 | |
| ●総費用 | 796億円 |
| ●(4)の製作費 | 60億5千万円 |
| ＊現在のお金の価値《かち》で計算 | |

巨大な墓をつくるためには、すぐれた(①)を指図し、多くの人々を(②)働かせる必要があった。その(③)はばく大《だい》で、王が(④)をもっていたことがわかる。

費用　　技術者　　大きな力　　長期間

①(　　　　)　②(　　　　)
③(　　　　)　④(　　　　)

## 2 次の文は、ある勢力によって国土が統一されていく様子を書いたものです。文を読んで、あとの問いに答えましょう。

今の近畿地方に大きな力をもった王や豪族が現れ、それぞれのくにを治めていた。その中で奈良盆地を中心とする(①)地方に大きな力をもつ勢力が現れた。(②)世紀ごろには豪族たちの中心となって(①)朝廷という政府をつくり、その王は(③)（後の天皇）とよばれた。その後、(①)朝廷は力を広げ、(④)地方から東北地方南部までの王や豪族たちを従えるようになった。

(1) 文中の①～④にあてはまる言葉や数字を書きましょう。
①(　　　　)　②(　　　　)
③(　　　　)　④(　　　　)

(2) この時代、中国や朝鮮半島から日本列島にわたって住みついた人々を何といいますか。
(　　　　　　　　)

ヒント
1 (4) 聖《せい》なる場所を示すためや古墳の土がくずれないために置かれたといわれています。
2 (2) 彼らは大陸の進んだ技術や文化を日本に伝えました。

ぴったり3
# 確かめのテスト

2．日本の歴史
## 1 縄文《じょうもん》のむらから古墳《こふん》のくにへ

時間 30 分
／100
合格 80 点

教科書 歴 4～21ページ　答え 17ページ

### 1 よく出る 次の絵を見て、あとの問いに答えましょう。　1つ3点（30点）

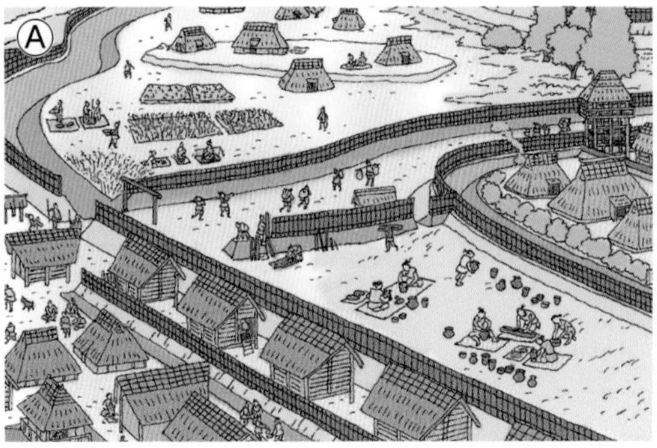

(1) Ⓐ、Ⓑは縄文時代と弥生《やよい》時代のどちらの様子をあらわしていますか。

Ⓐ（　　　）　Ⓑ（　　　）

(2) 次の各文は、どの時代を説明していますか。Ⓐ・Ⓑで答えましょう。どちらの時代にもあてはまらないものには×をつけましょう。

①（　　　）西日本を中心に米づくりが広がった。
②（　　　）米づくりはまだしておらず、動物や魚をとったり、木の実をとったりしていた。
③（　　　）大和《やまと》地方に大きな力をもつ国が現れた。
④（　　　）石包丁《いしぼうちょう》や木製のくわを使っていた。
⑤（　　　）石皿とすり石のように、生活に必要な道具を、石・木・骨《ほね》でつくっていた。
⑥（　　　）祭りには青銅器の一つである銅鐸《どうたく》が使われた。
⑦（　　　）渡来人《とらいじん》が建築など大陸の進んだ技術を伝えた。
⑧（　　　）表面に縄目《なわめ》の文様《もんよう》がある土器《どき》をにたきなどに使っていた。

### 2 次の文を読んで、あとの問いに答えましょう。　1つ5点（20点）

（①）が始まったことによって、人々の生活は安定してむらは大きくなったが、むらとむらとの間で争いが起こるようになった。むらの指導者は、強い力をもってむらを支配する（②）になり、さらに（②）の中にはまわりのむらを従《したが》える（③）とよばれる人も現れた。

(1) 文中の①～③にあてはまる言葉を書きましょう。

①（　　　）　②（　　　）　③（　　　）

(2) 下線部について、争いが起こるようになった理由を、㋐～㋓から選びましょう。

（　　　）

㋐ 人口が減って、働く人が少なくなったから。
㋑ 食料をたくわえる倉庫がなかったから。
㋒ 米づくりに必要な田や用水、鉄の道具を独占《どくせん》したいと思ったから。
㋓ 大陸からやって来た人々が近くに住むようになったから。

## 3 次の資料を読んで、あとの問いに答えましょう。

1つ4点（24点）

倭《わ》（日本）の国の王は、もとは男性が務めた。従えていたくにぐにが争いを起こし、戦いが続いたので、相談して、（①）という女性を王に立てた。（①）は、よく（②）をして、人々をひきつけるふしぎな力をもっていた。(中略《ちゅうりゃく》)
また、（①）は（③）に使いを送り、おくり物をしたので、（③）の皇帝《こうてい》は、そのお返しに（①）に（④）の称号《しょうごう》をあたえ、織物や（⑤）などを授《さず》けた。

(1) 資料中の①～⑤にあてはまる言葉を、[　]からそれぞれ選びましょう。 技能

銅の鏡　中国《ちゅうごく》　うらない　倭王《わおう》　卑弥呼《ひみこ》

①（　　）②（　　）③（　　）
④（　　）⑤（　　）

(2) 下線部の国の名前を書きましょう。（　　）

## 4 次の文と地図を見て、あとの問いに答えましょう。

1つ4点、(3)6点（26点）

埼玉《さいたま》県の（①）古墳と熊本《くまもと》県の（②）古墳から、大和朝廷《やまとちょうてい》（大和政権《せいけん》）の（③）であった「ワカタケル（③）」の文字が刻《きざ》まれた刀剣《とうけん》が発見された。

(1) 文中の①～③にあてはまる言葉を、[　]からそれぞれ選びましょう。

大仙《だいせん》　江田船山《えたふなやま》　大王《おおきみ》　稲荷山《いなりやま》
豪族《ごうぞく》　王

①（　　）
②（　　）
③（　　）

前方後円墳《ぜんぽうこうえんふん》の分布

(2) 「ワカタケル大王」は、いつごろの人ですか。数字を書きましょう。

（　　）世紀後半

記述 (3) 2つの刀剣の発見から、この時代の大和朝廷の勢力がどの程度であったことがわかりますか。「九州《きゅうしゅう》」、「東北《とうほく》」という言葉を使って、簡単《かんたん》に書きましょう。 思考・判断・表現

（　　）

(4) 大和朝廷は、大陸の進んだ技術や文化を積極的に取り入れて、勢力を広げていきましたが、技術や文化を日本にもたらした、中国や朝鮮《ちょうせん》半島から日本列島へわたって住みついた人々を何といいますか。（　　）

ふりかえり　4(3)がわからないときは、30ページの2にもどって確認《かくにん》してみよう。

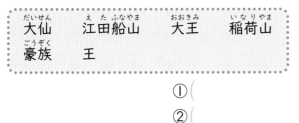

# 2 天皇《てんのう》中心の国づくり①

3分でまとめ

学習日　　月　　日

めあて
どのようにして天皇中心の国づくりが進められていったのかを理解しよう。

教科書 歴24～27ページ　答え 18ページ

次の（　　）に入る言葉を、下から選びましょう。

## 1 聖徳太子《しょうとくたいし》の国づくり

教科書 歴24～25ページ

### 新しい国づくり

- 7世紀のころから、大王《おおきみ》は（①　　　　　　）とよび名が変わっていった。
- 天皇の政治を助ける役職についた**聖徳太子**は（②　　　　　　）とともに天皇中心の新しい国づくりにあたった。
- そのころ、中国《ちゅうごく》は（③　　　　　　）によって統一され、皇帝《こうてい》中心の政治のしくみが整い、文化も栄えていた。

**ワンポイント　聖徳太子の政治**

- 隋《ずい》の進んだ制度や文化、学問を取り入れるために、遣隋使《けんずいし》として（④　　　　　　）らを隋に送った。
- 家柄《いえがら》によらず、能力や功績《こうせき》で役人に取り立てるために（⑤　　　　　　）を、政治を行う役人の心構えを示すために（⑥　　　　　　）を定めた。
- 法隆寺《ほうりゅうじ》などを建てて、仏教の教えを広めようとした。

聖徳太子

## 2 大化《たいか》の改新《かいしん》と天皇の力の広がり

教科書 歴26～27ページ

### 大化の改新

- **大化の改新**…聖徳太子の死後、蘇我《そが》氏の勢力が強くなると、（⑦　　　　　　）（後の天《てん》智《じ》天皇）と**中臣鎌足《なかとみのかまたり》**（後の**藤原鎌足《ふじわらのかまたり》**）は、645年に蘇我氏をたおして、天皇中心の国づくりを始めた。
- 都から全国へ支配を広げていくしくみを整備し、年号を定め、豪族《ごうぞく》が支配していた土地や人々を国のものとした。
- 強力な豪族は**貴族《きぞく》**（位の高い役人）として、地方の豪族は役人として、政治に参加した。
- 日本で最初の本格的な都として、（⑧　　　　　　）が飛鳥《あすか》（奈良《なら》県）につくられた。

### 国を治めるための法律《ほうりつ》

- 8世紀の初めに、中国にならって（⑨　　　　　　）をつくり、天皇を中心とした全国を支配するしくみを整えた。
- 人々は（⑩　　　　　　）といった税を納《おさ》めたり、都や九州《きゅうしゅう》を守る兵士の役を務めたりした。
- 今でいう手紙や書類のかわりに、木簡《もっかん》という木の札が使われた。

稲《いね》の収穫《しゅうかく》高の約3％を納《おさ》める。
租《そ》
織物や地方の特産物を納める。
調《ちょう》
年間に10日都で働くかわりに、布を納める。
庸《よう》

律令《りつりょう》制による人々の負担《ふたん》

選んだ言葉に✔

| | | | | |
|---|---|---|---|---|
| □隋 | □十七条《じゅうしちじょう》の憲法《けんぽう》 | □律令 | □小野妹子《おののいもこ》 | □冠位十二階《かんいじゅうにかい》 |
| □天皇 | □租《そ》・調《ちょう》・庸《よう》 | □中大兄皇子《なかのおおえのおうじ》 | □蘇我氏 | □藤原京《ふじわらきょう》 |

**ぴたトリビア**

現在の「令和《れいわ》」まで、日本では248個の年号が使われてきました。一番最初の年号は645～650年に使われた「大化《たいか》」です。

教科書 歴24～27ページ　答え 18ページ

## 1 次の問いに答えましょう。

(1) 大王は７世紀のころから何とよび名が変わりましたか。（　　）

(2) 聖徳太子が行ったことがらを、㋐～㋖から３つ選びましょう。（　　）（　　）（　　）

㋐ 遣隋使を送った。
㋑ 蘇我氏をたおした。
㋒ 冠位十二階を定めた。
㋓ 大仏《だいぶつ》をつくる命令を出した。
㋔ 天皇中心の国づくりにあたった。
㋕ 都を藤原京に移した。
㋖ 遣唐使《けんとうし》を送った。

(3) 聖徳太子が定めた、右の条文などからなる役人の心構えを示したものの名前を書きましょう。（　　）

| | |
|---|---|
| 第１条 | 人の和を第一にしなければなりません。 |
| 第２条 | 仏教をあつく信仰しなさい。 |
| 第３条 | 天皇の命令は、必ず守りなさい。 |

(4) 仏教をあつく信仰《しんこう》していた聖徳太子が奈良《なら》県斑《いか》鳩《るが》町に建てた寺の名前を書きましょう。（　　）

(5) 中国の進んだ制度や文化を取り入れるため、聖徳太子により使者として中国につかわされた人物の名前を書きましょう。（　　）

## 2 次の文を読んで、あとの問いに答えましょう。

聖徳太子の考えを受けつぎ、中大兄皇子（後の天智天皇）と（①）は、ⓐ（②）氏をたおして、中国（唐《とう》）から帰国した留学生や留学僧《そう》らとともに天皇を中心とする国づくりを始めた。８世紀初めには、ⓑ国を治めるための法律もできあがり、ⓒ人々はさまざまな税を納めた。また、都には日本各地からたくさんの（③）が運ばれ、天皇を中心とする国づくりを支えた。

(1) 文中の①～③にあてはまる言葉を、［　］からそれぞれ選びましょう。

［ 大伴《おおとも》　産物　中臣鎌足　蘇我 ］

①（　　）②（　　）③（　　）

(2) 下線部ⓐの改革《かいかく》を何といいますか。（　　）

(3) 下線部ⓑの法律を何といいますか。（　　）

(4) 下線部ⓒについて、人々はどのような負担をしましたか。税の種類を３つ書きましょう。（　　）（　　）（　　）

(5) (4)のうち稲《いね》の収穫《しゅうかく》高の約３％を納めるのは、何という税ですか。(4)の３つの税から１つ選んで書きましょう。（　　）

**ヒント**
1 (4)　この寺は、現存《げんそん》する世界最古の木造建築です。
2 (4)　都に納める税を運ぶとき、荷札として木簡が使われることがありました。

# 2 天皇《てんのう》中心の国づくり②

めあて
聖武天皇の政治と仏教の関係について理解しよう。

教科書 歴28～33ページ　答え 19ページ

次の（　　）に入る言葉を、下から選びましょう。

## 1 仏教の力で国を治める／大仏《だいぶつ》をつくる

教科書 歴28～31ページ

### 奈良《なら》の新しい都

- 710年、**藤原京《ふじわらきょう》**の後に、奈良に（①　　　　　　　）という新しい都がつくられた。
- 都は道路で碁盤《ごばん》の目のように区切られ、天皇、貴族《きぞく》、下級役人などがくらした。

**ワンポイント　聖武《しょうむ》天皇の政治**

- 平城京《へいじょうきょう》に都が移った後、病気の流行や、全国各地での災害や反乱《はんらん》で社会全体に不安が広がった。**聖武天皇**は政治を安定させるために、次々と都を移した。さらに、この不安を（②　　　　　　）の力でしずめようとした。
- 741年には全国に（③　　　　　　　）を建てる命令を出した。

### 大仏づくり

- 743年、聖武天皇は大仏をつくる詔《みことのり》（天皇の命令）を出した。
- 大仏は、全国の国分寺《こくぶんじ》の中心である（④　　　　　　）に置かれた。
- 全国から集められた農民などの人々が、**大仏づくり**のために働いた。
- 僧《そう》の（⑤　　　　　　）は、弟子《でし》たちとともに大仏づくりに協力した。
- 大仏づくりには、すぐれた技術をもつ**渡来人《とらいじん》**たちも活やくした。

大仏

## 2 大陸の文化を学ぶ

教科書 歴32～33ページ

### 唐《とう》への使者

- 聖武天皇は、皇帝《こうてい》中心の政治のしくみや**大陸の文化**を学ばせるために、唐《とう》（中国《ちゅうごく》）へ（⑥　　　　　　　）を送った。
- 東大寺《とうだいじ》にある（⑦　　　　　　　）には、日本へもたらされた大陸の文化をうかがえる品物や、聖武天皇の愛用の品、大仏開眼《だいぶつかいげん》に使われた筆などが納《おさ》められている。
- 聖武天皇は、日本に正式な仏教を広めるために、中国から（⑧　　　　　　）という僧を招いた。

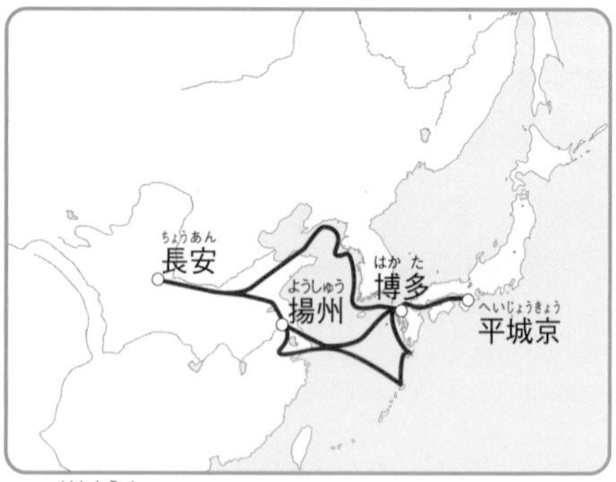


遣唐使《けんとうし》の行路

### 命がけの来日

- **鑑真《がんじん》**は日本への渡航《とこう》に何度も失敗し、失明しながらも、６回目にやっと来日に成功した。
- 鑑真は（⑨　　　　　　）を建て、仏教の発展《はってん》に大きな役割《やくわり》を果たした。また、薬草の知識も広めた。

鑑真

選んだ言葉に ✓

- □国分寺
- □遣唐使
- □仏教
- □平城京
- □東大寺
- □唐招提寺《とうしょうだいじ》
- □正倉院《しょうそういん》
- □鑑真
- □行基《ぎょうき》

ぴたトリビア

大仏づくりでは、のべ260万人以上の人々が働きましたが、当時の日本の人口は約600万人前後といわれています。

教科書　歴28〜33ページ　答え　19ページ

## 1 右の聖武天皇の年表を見て、次の問いに答えましょう。

(1)　下線部ⓐについて、平城京の説明としてまちがっているものを、㋐〜㋒から選びましょう。（　　）

㋐　藤原京の後に奈良につくられた都である。

㋑　道路で碁盤の目のように区切られていた。

㋒　貴族や下級役人は都に住まなかった。

(2)　年表中の①、②にあてはまる言葉を書きましょう。

①（　　）　②（　　）

(3)　次の文は、下線部ⓑ、ⓒが行われた理由について説明したものです。文中の（　）にあてはまる言葉を書きましょう。

> 病気の流行や、全国各地での災害や反乱で社会全体に不安が広がっていた。聖武天皇はこの不安を（　　）の力でしずめようとした。

| 年 | 主なできごと |
| --- | --- |
| 701 | 文武《もんむ》天皇の子として生まれる |
| 710 | 都がⓐ平城京（奈良県）に移る |
| 724 | 天皇の位につく |
| 741 | ⓑ（①）を建てる詔を出す |
| 743 | ⓒ（②）をつくる詔を出す |
| 747 | ⓓ奈良で（②）づくりが始まる |
| 752 | （②）開眼式《かいげんしき》 |
| 756 | なくなる |

聖武天皇の年表

(4)　下線部ⓓについて、弟子とともにこれに協力した僧の名前を書きましょう。

（　　）

## 2 右の地図と写真を見て、次の問いに答えましょう。

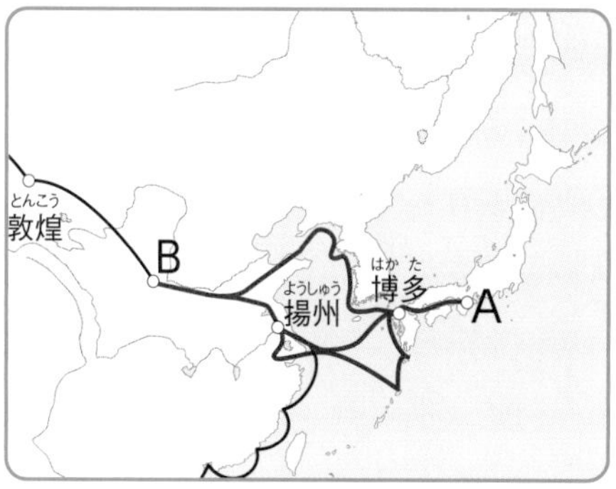


(1)　地図中の――線の交通路は、何を表していますか。

（　　）の行路

(2)　地図中のAの都、Bの都市名を書きましょう。

A（　　）　B（　　）

(3)　聖武天皇は、なぜ唐（中国）へ使者を送ったのですか。その理由を、㋐〜㋓から選びましょう。（　　）

㋐　新しい米づくりの方法を学ぶため。

㋑　大陸の政治のしくみや新しい文化を学ぶため。

㋒　鉄製の武器のつくり方を学ぶため。

㋓　日本の特産物を売りこむため。

(4)　大陸から日本にもたらされた宝物《ほうもつ》は、東大寺のどこに納められましたか。

（　　）

(5)　日本へ渡来した右の像の人物の名前を書きましょう。（　　）

(6)　(5)の人物は、日本に何をもたらしましたか。２つ書きましょう。

正式の（　　）・（　　）の知識

ヒント
1 (1)　藤原京は飛鳥《あすか》時代、平城京は奈良時代、平安京《へいあんきょう》は平安時代の都です。
2 (4)　この建物は、校倉造《あぜくらづくり》という方法でつくられています。

2．日本の歴史

# 3 貴族《きぞく》のくらし

学習日　月　日

めあて
平安時代の藤原氏による政治と、日本風の文化について理解しよう。

教科書 歴36～40ページ　答え 20ページ

次の（　　）に入る言葉を、下から選びましょう。

## 1 貴族と藤原道長《ふじわらのみちなが》

教科書 歴36～37ページ

### 平安《へいあん》時代の政治

- 平城京《へいじょうきょう》から平安京（京都《きょうと》府）に都が移された。
- 平安時代になると一部の有力な**貴族**が、朝廷《ちょうてい》の政治を動かすようになった。
- その中でも中臣鎌足《なかとみのかまたり》の子孫である（①　　　　）が、むすめを天皇《てんのう》のきさきにして、天皇とのつながりを深めていった。
- 「もち月の歌」をよんだ（②　　　　）のころが、藤原氏の勢力が最もさかんであった。

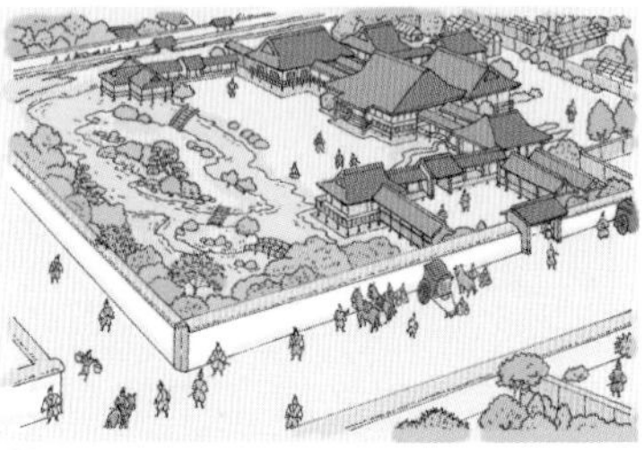

都の貴族のやしきの様子（想像図）

**ワンポイント　貴族のくらし**

- 貴族は（③　　　　）の広いやしきに住んでいた。
- 豪華《ごうか》な食事をし、（④　　　　）や蹴鞠《けまり》などを楽しんだ。
- 貴族は年中行事などの儀式《ぎしき》をとり行うことが多かったので、深い教養や作法などを身につけ、この時代の文化をつくった。

## 2 貴族のくらしの中から生まれた文化／今に伝わる年中行事《ねんじゅうぎょうじ》

教科書 歴38～40ページ

### 日本風の文化

- （⑤　　　　）…894年の遣唐使《けんとうし》の停止後に発展《はってん》した、中国文化のえいきょうを受けながら、これまでの大陸風の文化とはちがう、美しくてはなやかな**日本風の文化**。
- 貴族のゆうがなくらしの中で、男性の束帯《そくたい》、女性の十二単《じゅうにひとえ》という服装《ふくそう》が生まれた。
- 貴族は、琴《こと》、琵琶《びわ》、笛《ふえ》をたしなみ、囲碁《いご》、双六《すごろく》、蹴鞠、乗馬を楽しんだ。
- 漢字からできたかな文字には、漢字をくずしてつくられた（⑥　　　　）と、漢字の一部を省略してつくられたカタカナがある。
- かな文字を使うことで、人々が自分の気持ちを細かく表現できるようになると、**紫式部《むらさきしきぶ》**の「（⑦　　　　）」や（⑧　　　　）の**随筆《ずいひつ》**「枕草子《まくらのそうし》」など、朝廷に仕える女性たちによって多くの文学作品がつくられた。
- 貴族の生活ぶりをえがいた大和絵《やまとえ》が生まれた。

### 季節の変化とともに決まった時期に行われる行事

- 貴族のくらしは、（⑨　　　　）が中心だった。
- お正月の行事や端午《たんご》の節句、七夕《たなばた》、京都の賀茂祭《かもまつり》など、平安時代の行事が現在まで続いているものもある。

京都の賀茂祭（葵祭《あおいまつり》）

選んだ言葉に✔

□藤原氏　□ひらがな　□年中行事　□和歌　□寝殿造《しんでんづくり》
□国風《こくふう》文化　□清少納言《せいしょうなごん》　□藤原道長　□源氏物語《げんじものがたり》

# ぴったり2 練習



**ぴたトリビア**

もち月の歌は、右大臣藤原実資《うだいじんふじわらのさねすけ》の日記「小右記《しょうゆうき》」の中にしょうかいされています。

教科書　歴36〜40ページ　答え　20ページ

## 1 右の絵と歌を見て、次の問いに答えましょう。

この世をば
わが世とぞ思ふ《う》もち月の
かけたることも
なしと思へ《え》ば

(1) 右下の歌は、右上の人物がよんだものです。この人物の名前を書きましょう。（　　　　）

(2) 歌の意味として正しいものを、㋐〜㋓から選びましょう。（　　）

㋐ この世のことは思うようにはいかない。
㋑ この世のことは天皇の思いのままである。
㋒ この世のことはすべてわたしの思い通りになる。
㋓ この世のことはすべて仏の力による。

(3) 平安時代に朝廷の政治を動かしていたのは、どのような人々ですか。書きましょう。（　　　　）

(4) (3)の中でも特に有力な力をもっていた中臣鎌足の子孫の一族を何といいますか。（　　　　）

(5) (4)が大きな力をもつようになった理由を、簡単《かんたん》に書きましょう。

（　　　　　　　　　　　　　　　　）

(6) 次の二人の会話中の①、②について、｛　｝の中の正しい言葉を◯で囲みましょう。

(3)の人々は①｛寝殿造・正倉院｝のやしきでくらしていたんだね。広い庭や池まであって、力の大きさがわかるよ。

(3)のゆうがなくらしの中で、②｛束帯・十二単｝とよばれる男性の服装が生まれたね。

## 2 右の資料を見て、次の問いに答えましょう。

| | | | | | |
|---|---|---|---|---|---|
| 安 | → あ | → あ | 阿 | → ア |
| 以 | → い | → い | 伊 | → イ |
| 宇 | → う | → う | 宇 | → ウ |
| 衣 | → え | → え | 江 | → エ |
| 於 | → お | → お | 於 | → オ |

(1) 漢字から日本独自の文字がつくられました。何といいますか。（　　　　）

(2) 漢字をくずしてつくられた文字を何といいますか。（　　　　）

(3) 漢字の一部を省略してつくられた文字を何といいますか。（　　　　）

(4) 「源氏物語」と「枕草子」の作者をそれぞれ書きましょう。

源氏物語（　　　　）　枕草子（　　　　）

**ヒント** 1 (2) 歌には、「わたしの心はあの満月のように満ち足りている」という意味があります。

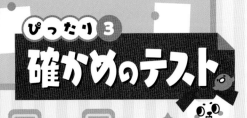

2．日本の歴史

# 2 天皇《てんのう》中心の国づくり
# 3 貴族《きぞく》のくらし

時間 30 分　／100　合格 80 点

教科書 歴24〜40ページ　答え 21ページ

## 1 右の資料を読んで、次の問いに答えましょう。　1つ3点（27点）

第1条　人の（①）を第一にしなければなりません。
第2条　（②）をあつく信仰《しんこう》しなさい。
第3条　（③）の命令は、必ず守りなさい。
第12条　地方の（④）が勝手に、みつぎ物を受け取ってはいけません。

(1)　右の資料の名前を書きましょう。
（　　　　　　）

(2)　次の文は、資料が定められた目的を説明したものです。文中の①、②にあてはまる言葉を書きましょう。

政治を行う（①）の（②）を示すため。

①（　　　　　　）　②（　　　　　　）

(3)　資料中の①〜④にあてはまる言葉を、［　　］からそれぞれ選びましょう。　技能

役人　天皇　和　仏教　豪族《ごうぞく》

①（　　　　）　②（　　　　）
③（　　　　）　④（　　　　）

(4)　聖徳太子《しょうとくたいし》が目指した国づくりについて、次の文中の（　　）にあてはまる言葉を書きましょう。

（　　　　　　）を中心とした新しい国づくり。

(5)　聖徳太子の考えを受けついだ中大兄皇子《なかのおおえのおうじ》らが行った国づくりを何といいますか。
（　　　　　　）

## 2 よく出る 次の図を見て、あとの問いに答えましょう。　1つ3点（21点）

Ⓐ 年間に（①）日都で働くかわりに、布を納《おさ》める。

Ⓑ 織物や地方の特産物を納める。

Ⓒ 稲《いね》の収穫《しゅうかく》高の約（②）％を納める。

(1)　8世紀初め、国を治めるために、中国《ちゅうごく》にならって新たに法律《ほうりつ》がつくられました。この法律を何といいますか。漢字2字で書きましょう。
（　　　　　　）

(2)　上のⒶ〜Ⓒは、国を支える税の種類を表しています。Ⓐ〜Ⓒの税の名前を、［　　］からそれぞれ選びましょう。

調《ちょう》　庸《よう》　租《そ》

Ⓐ（　　　　）　Ⓑ（　　　　）　Ⓒ（　　　　）

(3)　図中の①、②にあてはまる数字を書きましょう。
①（　　　　）　②（　　　　）

(4)　日本各地から運ばれてくる産物を管理するために、使われていた木の札を何といいますか。
（　　　　　　）

## 3 次の資料は、743年に出された詔《みことのり》です。これを読んで、あとの問いに答えましょう。

1つ4点（24点）

> わたしは、人々とともに（①）の世界に近づこうと思い、金銅《こんどう》の（②）をつくることを決心した。国中の銅を用いて（②）をつくり、大きな山をけずって仏堂を建て、（①）の教えを広めよう。（後略）。

(1) 下線部について、「わたし」とはだれのことですか。天皇の名前を書きましょう。

（　　　　）天皇

(2) 資料中の①、②にあてはまる言葉を書きましょう。 **技能**

①（　　　　）　②（　　　　）

(3) (2)の②づくりに協力し、「菩薩《ぼさつ》」とよばれた僧《そう》の名前を書きましょう。（　　　　）

(4) (2)の②づくりには、大陸や朝鮮《ちょうせん》半島からやってきたすぐれた技術をもつ人々も活やくしました。この人々のことを何といいますか。（　　　　）

(5) (2)の②開眼《かいげん》に使われた筆などが保管されている倉庫の名前を書きましょう。

（　　　　）

## 4 平安《へいあん》時代にはどのような文化が生まれたか、話し合っています。次の会話を読んで、あとの問いに答えましょう。

1つ4点（28点）

平安時代には、貴族《きぞく》のくらしを通して、ⓐ美しく、はなやかな文化が生まれたんだね。

中国文化のえいきょうを受けながら、これまでとはちがうⓑ日本独自の文化が発展《はってん》していったのね。

このころの貴族たちのくらしの中心であった[　　　]を、きちんと行うことはとても大切なことだったんだね。

(1) 下線部ⓐについて、次の文中の①～④にあてはまる言葉を書きましょう。

> 貴族の服装《ふくそう》…男性の束帯《そくたい》や女性の（①）
> 絵…貴族の生活をえがいた（②）
> 文学作品…紫式部《むらさきしきぶ》の「（③）」、（④）の「枕草子《まくらのそうし》」

①（　　　　）
②（　　　　）
③（　　　　）
④（　　　　）

記述 (2) できたらスゴイ！ かな文字の発明は、どのような効果をもたらしましたか。「表現」という言葉を使って簡単に書きましょう。 **思考・判断・表現**

（　　　　）

(3) 下線部ⓑについて、この文化の名前を書きましょう。

（　　　　）

(4) 会話中の[　　　]にあてはまる言葉を書きましょう。

（　　　　）

ふりかえり　4(1)がわからないときは、38ページの2にもどって確認《かくにん》してみよう。

この本の終わりにある「夏のチャレンジテスト」をやってみよう！

# 4 武士の世の中へ①

学習日　　月　　日

めあて
平氏や源氏が行った武士の政治を理解しよう。

教科書 歴44～49ページ　答え 22ページ

次の（　　）に入る言葉を、下から選びましょう。

## 1 武士の登場と武士のくらし／平氏《へいし》による政治の始まり

教科書 歴44～47ページ

### 武士の登場

武士のやかたの様子（想像図）

- 地方の有力な農民や、都から派遣《はけん》された役人の中から、自分の（①　　　　）や富を守るために、（②　　　　）にはげみ、**武士**となる人々が現れた。
- 武士は、武芸を職業として、朝廷《ちょうてい》や貴族《きぞく》に仕え、合戦や警《けい》備《び》などにあたった。
- 武士のやかたは自分の領地が見わたせる場所に建てられ、一族や家来たちは武士のやかたの近くに住んだ。

### 平氏による武士の政治

平清盛

- 武士は一族のかしらを中心に（③　　　　）をつくった。
- **武士団**の中でも、**源氏《げんじ》**と（④　　　　）の勢いが強かった。
- 源氏は東国《とうごく》（東日本）に、**平氏**は西国《さいごく》（西日本）に勢力をのばした。
- 保元《ほうげん》の乱《らん》、平治《へいじ》の乱の結果、（⑤　　　　）を中心とした平氏が源氏をおさえ、藤原《ふじわら》氏にかわって政治を行った。
- **平清盛《たいらのきよもり》**は、武士として初めて太政大臣《だいじょうだいじん》になった。
- 平清盛は、むすめを天皇《てんのう》のきさきにし、その子どもを天皇に立てた。それにより、平氏一族が朝廷の中で重い役について、力をもつようになった。
- 平氏は、中国《ちゅうごく》（宋《そう》）との貿易をさかんに行い、大きな利益を上げた。
- 平氏は、政治を思うままに動かしたため、貴族やほかの武士たちの反発をかった。

## 2 源氏が平氏に勝利する

教科書 歴48～49ページ

### 源平《げんぺい》の戦い

源頼朝

- 平治の乱で敗れ、伊豆《いず》（静岡《しずおか》県）に流されていた（⑥　　　　）は、**北条《ほうじょう》氏**や東国の武士たちと、平氏をたおすために立ち上がった。
- **源頼朝《みなもとのよりとも》**の弟の**源義経《みなもとのよしつね》**は平氏を西国に追いつめ、（⑦　　　　）（山《やま》口《ぐち》県）でほろぼした。
- 源頼朝は、自分に従う武士（御家人《ごけにん》）を地方の**守護《しゅご》**や（⑧　　　　）に任命し、勢力をのばしていった。
- 守護は軍事や警察《けいさつ》を、**地頭《じとう》**は土地の管理や年貢《ねんぐ》（税）の取り立てなどを行った。
- 源頼朝は、1192年、朝廷から武士のかしらとして（⑨　　　　）に任じられた。
- 鎌倉《かまくら》（神奈川《かながわ》県）に（⑩　　　　）を開き、武士の政権《せいけん》が始まった。

選んだ言葉に ✔

| | | | | |
|---|---|---|---|---|
| □壇ノ浦《だんのうら》 | □地頭 | □源頼朝 | □鎌倉幕府《かまくらばくふ》 | □平氏 |
| □武芸 | □征夷大将軍《せいいたいしょうぐん》 | □武士団 | □領地 | □平清盛 |

学習日　　月　　日

**ぴたトリビア**

源氏は白旗、平家は赤旗と、色で敵味方を見分けていたことが、運動会で分かれる紅白の起源《きげん》といわれています。

教科書 歴44～49ページ　答え 22ページ

## 1 次の会話について、あとの問いに答えましょう。

ⓐ武士は、自分の（①）が見わたせる場所にやかたを建てて住んでいたよ。（②）や家来たちも近くに住んでいたそうだよ。

武士は、武器の手入れや（③）の訓練、馬の世話などをして、ⓑ常に戦いに備えていたんだね。

(1) 会話中の①～③にあてはまる言葉を、[　]からそれぞれ選びましょう。

武芸　領地　一族　貴族

①（　　）②（　　）③（　　）

(2) 下線部ⓐについて、武士が一族のかしらを中心につくった集団を何といいますか。

（　　）

(3) 下線部ⓑについて、常に戦いに備えていたのはなぜですか。簡単《かんたん》に書きましょう。

（　　）

## 2 次の文を読んで、あとの問いに答えましょう。

ⓐ平氏との戦いに敗れ、伊豆に流された（①）は、34才のとき、ⓑ平氏をたおすために兵をあげた。（①）の弟の（②）は、源氏の軍を率いて平氏を西国に追いつめ、ⓒ1185年に平氏をほろぼした。

(1) 文中の①、②にあてはまる言葉を書きましょう。

①（　　）②（　　）

(2) 下線部ⓐについて、武士として初めて太政大臣になった人物の名前を書きましょう。

（　　）

(3) 下線部ⓑについて、このとき、①とともに兵をあげた勢力を、２つ書きましょう。

伊豆の豪族《ごうぞく》の（　　）　東国の（　　）

(4) 下線部ⓒについて、(1)の②はどこで平氏をほろぼしましたか。地名を書きましょう。

（　　）

(5) 1192年、(1)の①が朝廷から任じられた役職の名前を、漢字５字で書きましょう。

（　　）

**ヒント**
1 (3) 武士たちのいちばんの願いが何であるかを考えましょう。
2 (4) 一ノ谷《いちのたに》の戦い、屋島《やしま》の戦いのあとの最後の戦いの場所（山口県）です。

# 4 武士の世の中へ②

学習日　月　日

めあて
源頼朝と武士の関係、また元寇について理解しよう。

教科書 歴50～53ページ　答え 23ページ

次の（　　）に入る言葉を、下から選びましょう。

## 1 頼朝《よりとも》が東国《とうごく》を治める

教科書 歴50～51ページ

ワンポイント 頼朝の政治

- 頼朝は、家来になった（①　　　　　）（**御家人《ごけにん》**）に先祖《せんぞ》からの（②　　　　　）の所有を認《みと》め、手がらを立てた武士には、新しい領地をあたえた。
- この頼朝の「（③　　　　　）」に対し、武士たちは「（④　　　　　）」をちかい、戦いが起こればすぐに鎌倉《かまくら》にかけつけた。

幕府と武士の関係

### 北条氏《ほうじょう》の政治

- 源氏《げんじ》の将軍《しょうぐん》は３代で絶えたが、北条氏が将軍を助ける（⑤　　　　　）の職につき、幕府《ばくふ》の政治を引きついだ。
- 西国《さいごく》に勢力をもっていた朝廷《ちょうてい》は、幕府をたおす命令を全国に出した。
- これに対し、**北条政子《まさこ》**は頼朝の**ご恩《おん》**を説き、武士の団結をうったえた。
- 幕府のもとに集まった武士たちは朝廷の軍を破り、幕府の力は西国までおよぶようになった。これを（⑥　　　　　）という。
- この後、（⑦　　　　　）（武士の裁判《さいばん》の基準となる法律《ほうりつ》）がつくられ、北条氏による幕府の支配力はさらに強くなっていった。

北条政子

## 2 元《げん》の大軍がせめてくる

教科書 歴52～53ページ

### ２度にわたる襲来《しゅうらい》（元寇《げんこう》）

- （⑧　　　　　）は、アジアからヨーロッパに大《だい》帝国《ていこく》を築き、元という国をつくって中国《ちゅうごく》を支配した。
- 朝鮮《ちょうせん》を従《したが》えたあと、日本も従えようとして、使者を何回も送ってきた。
- **執権《しっけん》**の（⑨　　　　　）は、元の要求を退《しりぞ》け、九《きゅう》州《しゅう》の武士たちを集め、戦いに備えた。
- 武士たちは、元軍の集団戦術や（⑩　　　　　）（**てつはう**）に苦しみながらも、**一所懸命《いっしょけんめい》**戦い、元軍を引きあげさせた。

元との戦い

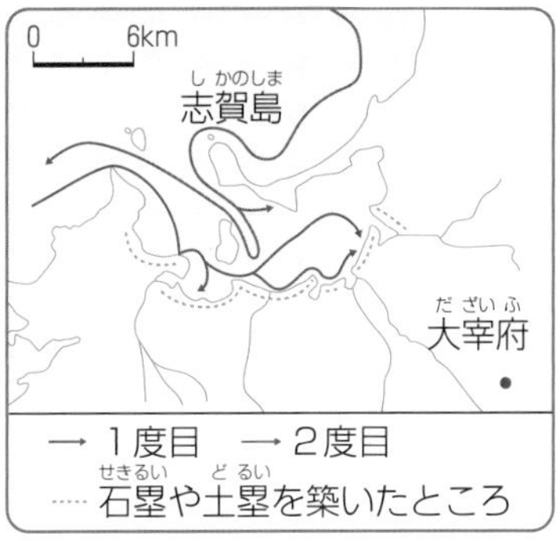

元軍の進路

### 幕府への不満

- 幕府が、手がらを立て活やくした御家人たちに対して、新しい領地をあたえることができなかったことなどから、武士の不満が大きくなり、ご恩と奉公《ほうこう》の関係がくずれていった。

| 選んだ言葉に✔ | | | | |
|---|---|---|---|---|
| □執権 | □モンゴル | □武士 | □承久《じょうきゅう》の乱《らん》 | □北条時宗《ほうじょうときむね》 |
| □領地 | □御成敗式目《ごせいばいしきもく》 | □奉公 | □火薬兵器 | □ご恩 |

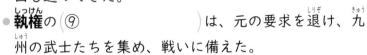

学習日　　月　　日

ぴたトリビア

元軍は、1281年の２度目の襲来のときに大きな被害《ひがい》を受け、暴風雨により10万人、船4000そうあまりが海に沈《しず》みました。

教科書　歴50〜53ページ　答え　23ページ

## 1 右の図を見て、次の問いに答えましょう。

幕府と武士の関係

⑴　右の図は、幕府と武士の関係を表しています。図中のⒶ、Ⓑにあてはまる言葉を書きましょう。

Ⓐ（　　　　　）　Ⓑ（　　　　　）

⑵　Ⓐについて、武士たちは源頼朝に対して次のことを行いました。文中の（　　）にあてはまる言葉を書きましょう。（　　　　　）

・いったん戦いが起これば、「いざ（　　）」とかけつけ、幕府のために戦った。
・戦いのないときは、（　　）や京都《きょうと》を守る役を務めた。

⑶　Ⓑについて、源頼朝は武士に対して次のことを行いました。文中の（　　）にあてはまる言葉を書きましょう。（　　　　　）

源頼朝は、家来になった武士に先祖からの（　　）の所有を認めた。また、手がらを立てた武士には新しい（　　）をあたえた。

⑷　源氏の将軍は３代で絶え、幕府の政治は北条氏に引きつがれました。このとき、北条氏がついた将軍を助ける職の名前を書きましょう。（　　　　　）

⑸　幕府をたおす命令を朝廷が出したために起こった戦いの名前を書きましょう。

（　　　　　）

⑹　1232年、武士の裁判の基準となる法律がつくられました。この法律の名前を書きましょう。

（　　　　　）

## 2 右の絵を見て、次の問いに答えましょう。

⑴との戦い

⑴　武士が戦っている相手は、どこの国の兵士ですか。当時の国名で書きましょう。

（　　　　　）

⑵　⑴の国を立てた民族の名前を書きましょう。

（　　　　　）

⑶　⑴が日本にせめてきたときの鎌倉幕府の執権はだれですか。

（　　　　　）

⑷　絵には武士が苦しみながら戦っている様子がえがかれています。武士たちを苦しめた火薬兵器の名前を書きましょう。（　　　　　）

⑸　武士たちは、恩賞《おんしょう》を得るために、必死で戦いました。このことから生まれた言葉を漢字４字で書きましょう。（　　　　　）

ヒント
1 ⑶　幕府と武士の関係は、土地を中心に成り立っていました。
2 ⑷　この火薬兵器は当時の日本にはなく、武士たちはおどろきました。

# 5 今に伝わる室町《むろまち》文化

学習日　　月　　日

**めあて**
室町文化の特色について理解しよう。

教科書 歴56～61ページ　答え 24ページ

次の（　　）に入る言葉を、下から選びましょう。

## 1 足利義政《あしかがよしまさ》が建てた銀閣《ぎんかく》

教科書 歴56～57ページ

**ワンポイント** 室町時代の文化

- 14世紀中ごろ、鎌倉幕府《かまくらばくふ》がたおれると、（①　　　　）が京《きょう》都《と》に室町幕府を開いた。
- ３代将軍《しょうぐん》（②　　　　）の時代は幕府の力が最も強く、中国《ちゅうごく》（明《みん》）との貿易で経済《けいざい》がさかんになり、はなやかな文化が栄えた。
- **足利義満《あしかがよしみつ》**は、**金閣《きんかく》**を建てた。
- ８代将軍（③　　　　）は、**銀閣**や東求堂《とうぐどう》を建てた。
- **足利義政**の時代には、洗練《せんれん》された深みのある文化が栄えた。
- 東求堂の部屋には、（④　　　　）やふすま、たたみ、違《ちが》い棚《たな》などがみられる。
- （⑤　　　　）…住宅《じゅうたく》の中で客をもてなすための専用《せんよう》の部屋のつくりとして発達した。日本の文化に合っており、現在の和室に引きつがれている。

金閣

書院造《しょいんづくり》の部屋（東求堂）

## 2 新しい文化が生まれる／室町文化と現在のつながり

教科書 歴58～61ページ

### 新しい文化

- 中国から伝えられた**すみ絵**（水墨画《すいぼくが》）は、独特の画法を生み出した（⑥　　　　）によって、芸術として大成された。
- 室町時代には、（⑦　　　　）も広まり、静かに楽しむための茶室もつくられた。

雪舟《せっしゅう》がえがいたすみ絵（天橋立図《あまのはしだてず》）

- 書院造の床《とこ》の間《ま》をかざる（⑧　　　　）もさかんになった。
- 枯山水《かれさんすい》という、石と砂《すな》で山や水などを表す様式の石庭《せきてい》がつくられるようになった。龍安寺《りょうあんじ》の石庭が代表的である。

### 守り伝えられる伝統

- 伝統芸能である（⑨　　　　）は、**観阿弥《かんあみ》・世阿弥《ぜあみ》**父子によって大成された。
- 民衆《みんしゅう》の生活や感情を日常の会話で表現した（⑩　　　　）が、民衆に広まった。
- 生活面では、１日３回の食事習慣、しょうゆや砂糖《さとう》の使用なども見られるようになった。

選んだ言葉に✔

| | | | | |
|---|---|---|---|---|
| □茶の湯 | □書院造 | □足利義政 | □狂言《きょうげん》 | □障子《しょうじ》 |
| □足利尊氏《たかうじ》 | □生け花 | □足利義満 | □雪舟 | □能《のう》 |

学習日　月　日

**ぴたトリビア**

室町時代は明との貿易がさかんで、中国の禅宗《ぜんしゅう》のえいきょうを強く受けていました。禅宗の僧《そう》は通訳《つうやく》や外交官の仕事をしていたようです。

教科書　㊩56〜61ページ　答え　24ページ

## 1 次の写真を見て、あとの問いに答えましょう。

Ⓐ

Ⓑ

Ⓒ

(1) Ⓐ〜Ⓒの建物の名前を書きましょう。

Ⓐ(　　　　)　Ⓑ(　　　　)　Ⓒ(　　　　)

(2) ⒶとⒷ・Ⓒの建物を建てた人物の名前を書きましょう。

Ⓐ(　　　　)　Ⓑ・Ⓒ(　　　　)

(3) 次の会話の内容は、Ⓐ〜Ⓒのどの建物のことですか。Ⓐ〜Ⓒからそれぞれ選びましょう。

①(　　)

障子やたたみがあって、現在の和室に似ているね。

②(　　)

金が全体にはられていて、はなやかでごうかだなあ。

③(　　)

Ⓐに比べて、とても落ち着いた印象があるね。

(4) Ⓒについて、このような部屋のつくりを何といいますか。(　　　　)

## 2 次の文や写真を見て、あとの問いに答えましょう。

鎌倉時代に中国から伝わった(①)は、室町時代に独特の画法を生み出した(②)によって、芸術として大成された。室町時代の文化としては、ほかに茶を楽しむ(③)や床の間をかざる生け花がある。また、日本を代表する伝統芸能などが生まれたのも室町時代である。

↑(②)

(1) 文中の①〜③にあてはまる言葉を書きましょう。

①(　　　　)　②(　　　　)　③(　　　　)

(2) 観阿弥・世阿弥父子によって大成された芸能を何といいますか。(　　　　)

(3) 日常の会話をせりふとして使い、民衆の生活などを題材にした劇《げき》を何といいますか。

(　　　　)

**ヒント**　❷ (1)②　代表作として、国宝《こくほう》「天橋立図」や重要文化財「四季花鳥《しきかちょう》図」などがあります。

# 4 武士の世の中へ
# 5 今に伝わる室町《むろまち》文化

時間 30分　　／100　　合格 80点

教科書 歴44～61ページ　答え 25ページ

## 1 よく出る 右の年表を見て、次の問いに答えましょう。

(1)(4)1つ3点、(2)4点、(3)6点（28点）

| 年 | 主なできごと |
| --- | --- |
| 1159 | 平治《へいじ》の乱（源氏《げんじ》が平氏《へいし》との戦いに敗れる） |
| 1160 | 源 頼朝《みなもとよりとも》が（①）へ流される |
| 1167 | ⓐ平清盛《たいらのきよもり》が（②）になる |
| 1172 | ⓑ清盛がむすめを天皇《てんのう》のきさきにする |
| 1180 | ⓒ頼朝が兵をあげる |
| 1185 | 屋島《やしま》の戦い<br>（③）で平氏をほろぼす<br>諸国《しょこく》に（④）・地頭《じとう》を置く |
| 1192 | 頼朝が征夷大将軍《せいいたいしょうぐん》になる |

(1)　年表中の①～④にあてはまる言葉を、[　　]からそれぞれ選びましょう。

守護《しゅご》　伊豆《いず》　壇ノ浦《だんのうら》　太政大臣《だいじょうだいじん》

①（　　　）　②（　　　）
③（　　　）　④（　　　）

(2)　下線部ⓐについて、清盛はある国との貿易を行い、大きな利益をあげました。その国の名前を書きましょう。

（　　　）

記述 (3)　下線部ⓑについて、天皇との結びつきを強めた平氏一族はどうなりましたか。簡単《かんたん》に書きましょう。

思考・判断・表現

（　　　）

(4)　下線部ⓒについて、頼朝とともに立ちあがった人々を、[　　]から2つ選びましょう。

藤原《ふじわら》氏　北条《ほうじょう》氏　天皇家　東国《とうごく》の武士

（　　　）（　　　）

## 2 右の図を見て、次の問いに答えましょう。

1つ4点、(3)6点（18点）

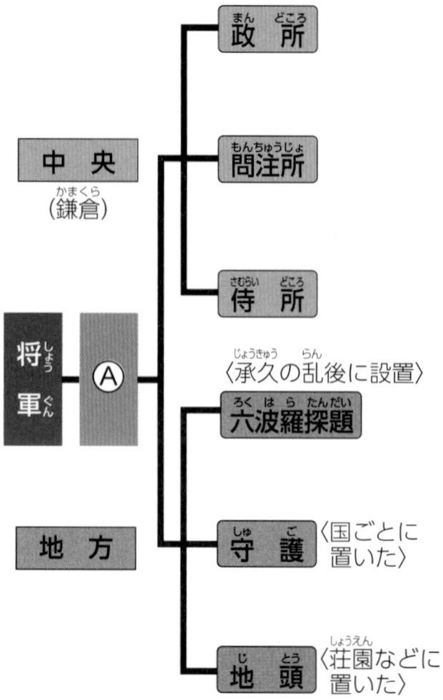


鎌倉幕府《かまくらばくふ》のしくみ

(1)　源氏の将軍《しょうぐん》が3代で絶えたあと、幕府《ばくふ》の政治を引きついだ一族の名前を、[　　]から選びましょう。

藤原氏　蘇我《そが》氏　北条氏　足利《あしかが》氏

（　　　）

(2)　(1)がついた職は、図中のⒶにあたります。この職の名前を書きましょう。（　　　）

記述 (3)　(2)の職は何を行うものですか。簡単に書きましょう。

思考・判断・表現

（　　　）

(4)　御家人《ごけにん》の土地の所有争いなどをめぐる裁判《さいばん》を行う機関はどこですか。図中から選びましょう。

（　　　）

## 3 次の資料を読んで、あとの問いに答えましょう。　1つ3点（24点）

（①）どのが（②）をほろぼして幕府を開いてから、その（③）は、山よりも高く、海よりも深いほどです。（③）に感じて名誉《めいよ》を大切にする武士ならば、よからぬ者をうちとり、幕府を守ってくれるにちがいありません。

(1) 資料中の①～③にあてはまる言葉を書きましょう。

①（　　　　）　②（　　　　）　③（　　　　）

(2) この資料は、朝廷《ちょうてい》から、幕府をたおせという命令が出たときに、武士の動揺《どうよう》をおさえるため、団結をうったえたものです。これをうったえた右の人物の名前を書きましょう。（　　　　）

(3) (2)のうったえの後の戦いでは、朝廷と幕府のどちらが勝利しましたか。（　　　　）

(4) (3)の朝廷と幕府の戦いを何といいますか。（　　　　）

(5) 右の図は、幕府と武士の関係を示しています。図中の①、②にあてはまる言葉を書きましょう。　**技能**

①（　　　　）　②（　　　　）

幕府と武士の関係

## 4 右の写真と絵を見て、次の問いに答えましょう。　1つ4点、(3)6点（30点）

(1) 右の写真は、東求堂《とうぐどう》の部屋です。Ⓐ、Ⓑの名前を、［　　］からそれぞれ選びましょう。

たたみ　　ふすま　　違《ちが》い棚《だな》　　障子《しょうじ》

Ⓐ（　　　　）　Ⓑ（　　　　）

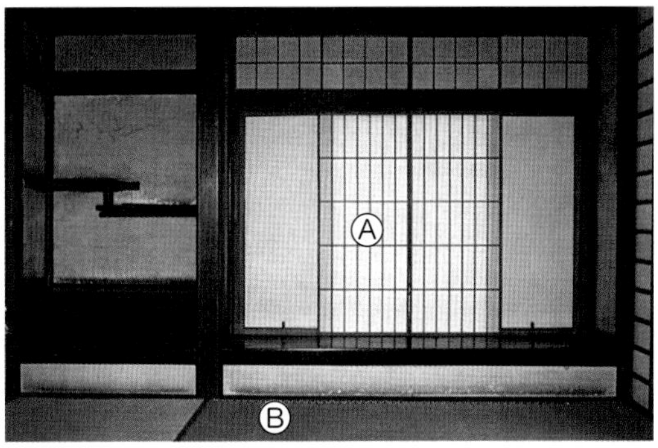


東求堂の部屋

(2) 写真のような部屋のつくりを何といいますか。（　　　　）

記述 (3) この様式は、現在の和室に似ています。この様式が現在まで受けつがれてきた理由を簡単に書きましょう。　**思考・判断・表現**

（　　　　　　　　　　　　　　　　）

(4) 右の絵は田植えの様子をえがいたものです。絵の右上におどっている人々がいますが、何をおどっていますか。（　　　　）

田植えの様子

(5) できたらスゴイ！ (4)を取り入れて発展《はってん》した猿楽《さるがく》は伝統芸能として、現在まで受けつがれてきました。次の文中の①、②にあてはまる言葉を書きましょう。

猿楽の歌や舞《まい》は（①）として確立し、猿楽のこっけいな物まねは（②）として確立した。

①（　　　　）
②（　　　　）

ふりかえり　4(3)がわからないときは、46ページの1にもどって確認《かくにん》してみよう。

ぴったり1 準備

2. 日本の歴史

# 6 戦国《せんごく》の世から天下統一《てんかとういつ》へ①

学習日 月 日

めあて
戦国大名の登場とヨーロッパとの関わりについて理解しよう。

教科書 歴64～69ページ　答え 26ページ

次の（　　）に入る言葉を、下から選びましょう。

## 1 戦国大名《だいみょう》の登場／天下統一を進めた二人の武将《ぶしょう》

教科書 歴64～67ページ

### 戦国時代

- 室町幕府《むろまちばくふ》の力がおとろえると、（①　　　　　）とよばれる武将が、勢力を争う戦国時代になった。
- 戦いは各地でくり広げられ、このような時代が、15世紀半ばから（②　　　　　）ほど続いた。
- 戦国大名の中から**天下統一**を目指して大きな力を発揮《はっき》したのが（③　　　　　）である。
- **鉄砲《てっぽう》**は、種子島《たねがしま》（鹿児島《かごしま》県）に流れ着いたポルトガル人によって、初めて日本に伝えられ、その後、堺《さかい》（大阪《おおさか》府）などで大量につくられるようになった。
- **織田信長《おだのぶなが》**は、長篠《ながしの》の戦いで、（④　　　　　）という外国から入ってきた武器を使い、武田《たけだ》軍の騎《き》馬《ば》隊に勝利した。

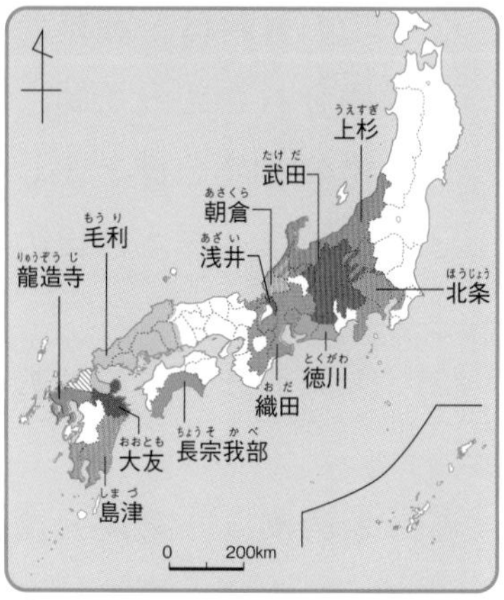

1570年ごろの各地の主な戦国大名

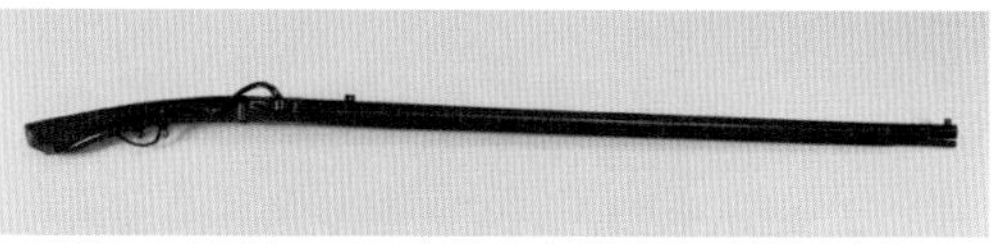
鉄砲（火縄銃《ひなわじゅう》）

**ワンポイント　天下統一を目指した武将**

- 天下統一を目指した武将たちは、室町幕府や朝廷《ちょうてい》に自分の力を認《みと》めてもらうために（⑤　　　　　）へと向かった。
- 織田信長は、京都《きょうと》の近くの尾張《おわり》（愛知《あいち》県）を拠点《きょてん》としていたので、有利であった。
- しかし、天下統一を目前にして、家来の**明智光秀《あけちみつひで》**におそわれて自害《じがい》した。
- 織田信長のあとをついだのが、同じく家来の（⑥　　　　　）であった。
- **豊臣秀吉《とよとみひでよし》**は、1585年に関白《かんぱく》となり、1590年に全国を統一した。

## 2 ヨーロッパ人の来航

教科書 歴68～69ページ

### 世界とのつながり

- 戦国時代、日本に（⑦　　　　　）やポルトガルから宣教師《せんきょうし》や貿易船がやってきて、ヨーロッパの進んだ文化や品物をもたらした。
- （⑧　　　　　）は、鹿児島《かごしま》に上陸し、（⑨　　　　　）の教えを西日本を中心に広めて、**キリスト教**を信じる戦国大名も現れた。
- 堺《さかい》（大阪《おおさか》府）などの港町《みなとまち》は、スペインやポルトガルとの（⑩　　　　　）で大いに栄えた。
- ヨーロッパからもたらされた鉄砲や文化は、戦国大名の戦い方などを大きく変化させた。

南蛮《なんばん》貿易の様子

選んだ言葉に✓

| | | | | |
|---|---|---|---|---|
| □100年 | □京都 | □織田信長 | □スペイン | □フランシスコ・ザビエル |
| □戦国大名 | □鉄砲 | □豊臣秀吉 | □キリスト教 | □南蛮貿易 |

ぴたトリビア

宣教師たちは、教会、病院をつくるなど、慈善《じぜん》事業にも熱心でした。17世紀初めにはキリスト教の信者が30万人を超えたといわれています。

教科書　歴64～69ページ　答え　26ページ

## 1 次の会話と絵を見て、あとの問いに答えましょう。

右の絵は、ⓐ（①）・徳川《とくがわ》連合軍と（②）軍の戦いをえがいた屏風絵《びょうぶえ》だね。

右と左の軍でⓑ武器や戦い方がちがうよ。どちらが勝ったのかな。

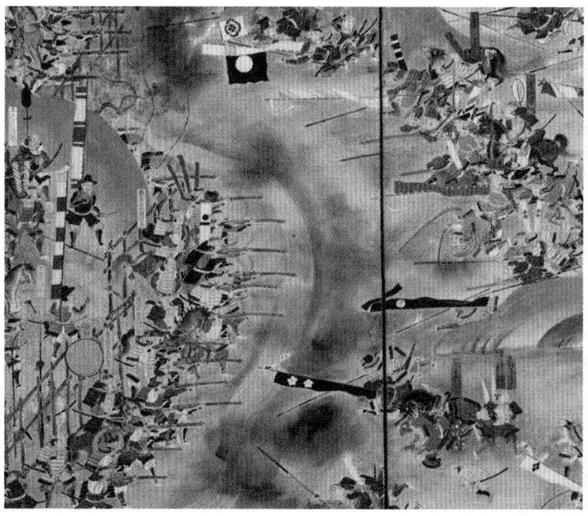

(1)　会話中の①、②にあてはまる言葉を書きましょう。

①（　　　　　）　②（　　　　　）

(2)　下線部ⓐについて、この戦いの名前を、［　　］から選びましょう。（　　　　　）

壇ノ浦《だんのうら》の戦い　　長篠の戦い　　桶狭間《おけはざま》の戦い

(3)　下線部ⓑに「武器や戦い方がちがう」とありますが、それぞれの武器や戦い方のくふうを簡単《かんたん》に書きましょう。

右の軍（　　　　　　　　　　）

左の軍（　　　　　　　　　　）

(4)　絵の左の軍が使った武器は、どこの国の人によって、日本のどこの島へ初めて伝えられましたか。　国（　　　　　）　場所（　　　　　）

(5)　この戦いは、どちらの勝利で終わりましたか。（　　　　　）

## 2 右の絵を見て、次の問いに答えましょう。

⬆ (1)貿易の様子

(1)　堺や長崎《ながさき》などの港を中心に、ヨーロッパから鉄砲や火薬などがもたらされた貿易を何といいますか。（　　　　　）貿易

(2)　(1)の貿易で日本にやってきたのは、どこの国の人々ですか。２つ書きましょう。

（　　　　　）（　　　　　）

(3)　次の文中の①、②にあてはまる言葉を書きましょう。

宣教師の（①）は鹿児島に来て、西日本を中心にキリスト教の教えを広めた。次第に信者の数が増えていき、キリスト教を信じる（②）も現れた。

①（　　　　　）　②（　　　　　）

ヒント

1 (5)　絵にえがかれている武器の威力《いりょく》によって、勝敗が決まりました。

2 (3)　ヨーロッパの国々が世界に進出した目的を考えましょう。

2．日本の歴史

# 6 戦国《せんごく》の世から天下統一《てんかとういつ》へ②

めあて
織田信長と豊臣秀吉の政治を理解しよう。

教科書 歴70～73ページ　答え 27ページ

次の（　　）に入る言葉を、下から選びましょう。

## 1 天下統一をめざした織田信長《おだのぶなが》

教科書 歴70～71ページ

### ✪ 織田信長の勢力拡大《かくだい》

- 尾張《おわり》（愛知《あいち》県）の小さな大名だった信長は、（①　　　　）で今川《いまがわ》氏を破り、武力による天下統一へと動き出した。
- 堺《さかい》（大阪《おおさか》府）などの（②　　　　）を支配し、豊かな資金で武器をそろえていった。
- 将軍《しょうぐん》の足利《あしかが》氏を京都《きょうと》から追放し、室町幕府《むろまちばくふ》をほろぼして勢力を拡大した。
- 京都に近い（③　　　　）（滋賀《しが》県）に城《しろ》を築き、城下町《じょうかまち》に家来を住まわせ、天下統一への拠点《きょてん》とした。
- 仏教勢力をおさえる一方、キリスト教は保護した。

織田信長

安土城（復元模型《もけい》）

### ✪ 城下町の様子

- 安土《あづち》の城下町では、商工業をさかんにするため、だれでも商売ができるよう（④　　　　）とし、市場の税や関所《せきしょ》をなくした。
- 信長は、天下統一の途中《とちゅう》、家来の**明智光秀《あけちみつひで》**に（⑤　　　　）でおそわれ自害《じがい》した。

## 2 豊臣秀吉《とよとみひでよし》による政治

教科書 歴72～73ページ

### ✪ 豊臣秀吉の天下統一

- 秀吉は、尾張の身分の低い武士の子として生まれ、のちに信長に仕え、有力な武将《ぶしょう》となっていった。
- 信長を自害に追いこんだ明智光秀をたおした秀吉は関白《かんぱく》になり、全国の大名の力や仏教勢力をおさえ、（⑥　　　　）をなしとげた。
- 秀吉は（⑦　　　　）を築いて、政治の拠点とした。
- 大阪中心の物資の流れをつくり、金や銀の（⑧　　　　）を支配してばく大な財力をたくわえた。

豊臣秀吉

### ✪ 秀吉の政策《せいさく》

- 収入《しゅうにゅう》を確かなものにするため田畑の広さや土地のよしあし、耕作している人などを調べる（⑨　　　　）を行った。
- **百姓《ひゃくしょう》**が反抗《はんこう》できないように、（⑩　　　　）を出し刀などの武器を取り上げ、武士と百姓・町人《ちょうにん》の身分を区別した。
- 武士が世の中を支配するしくみを整えていった。
- 中国《ちゅうごく》（明《みん》）を征服《せいふく》しようと、朝鮮《ちょうせん》に２度大軍を送ったが、秀吉が途中《とちゅう》で病死したことで日本軍は引きあげた。

検地《けんち》の様子（想像図）

選んだ言葉に✔

- □安土　□天下統一　□鉱山　□桶狭間《おけはざま》の戦い　□検地
- □商業都市　□大阪城《おおさかじょう》　□刀狩令《かたながりれい》　□本能寺《ほんのうじ》　□楽市《らくいち》　楽座《らくざ》

学習日　月　日

ぴたトリビア

秀吉による朝鮮での戦いのとき、大名が朝鮮から連れてきた焼き物職人によって、有田《ありた》焼などのすぐれた焼き物がつくられるようになりました。

教科書　歴70〜73ページ　答え　27ページ

## 1 次の文は、右下の絵を説明したものです。これを読んで、あとの問いに答えましょう。

信長は、京都に近い（①）に城を築き、天下統一の拠点とした。城下町には（②）を住まわせ、商人を集め、道路を整備し、琵琶湖《びわこ》とつながる水路をつくり、商工業をさかんにした。

(1) 文中の①、②にあてはまる言葉を、□からそれぞれ選びましょう。

農民　大阪　家来　安土

①（　　　）②（　　　）

城下町の様子（想像図）

(2) 下線部について、信長は、城下町ではだれでも商売ができるようにしました。この政策を何といいますか。

（　　　）

(3) 信長は、商工業をさかんにするため、(2)の政策のほかにもこれまでのしくみを大きく改めています。どのようなことをしたのか、簡単《かんたん》に書きましょう。

（　　　）

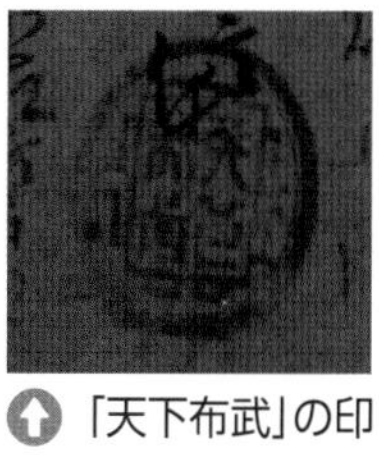
「天下布武」の印

(4) 信長は、「天下布武《てんかふぶ》」の印を使っていました。この印は、何をもって天下を統一しようとしていたことの表れですか。（　　　）

## 2 右の絵を見て、次の問いに答えましょう。

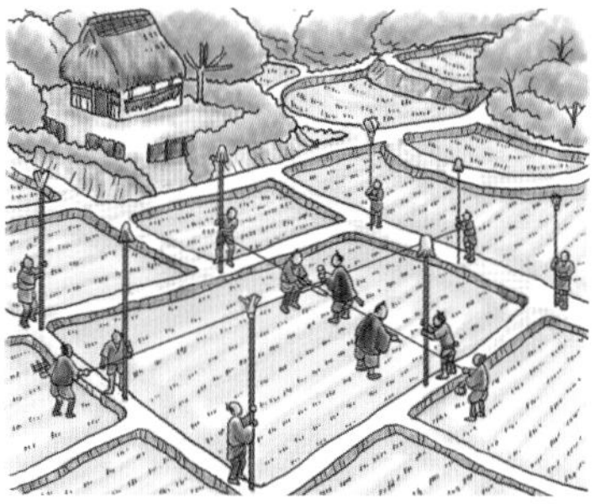

(1) 絵は何をしている様子か、書きましょう。

（　　　）

(2) (1)はだれによって行われましたか。人物の名前を書きましょう。

（　　　）

(3) (1)はどのようなことを調べているのですか。次の文中の①、②にあてはまる言葉を書きましょう。

村ごとの田畑の広さや土地の（①）、（②）している人の名前などを調べている。

①（　　　）②（　　　）

(4) (2)の人物は、(1)のほかにも、百姓たちにある命令を出しました。この命令の名前を書きましょう。

（　　　）

(5) (4)の命令の目的を簡単に書きましょう。

（　　　）

ヒント
1 (1)①　京都に近く、琵琶湖につながる水路のある場所です。
2 (1)　この調査によって、収入を確かなものにしようとしました。

2. 日本の歴史

# 6 戦国《せんごく》の世から天下統一《てんかとういつ》へ

時間 30 分　　／100　　合格 80 点

教科書 歴64～73ページ　答え 28ページ

## 1 次の会話を読んで、あとの問いに答えましょう。

1つ3点（18点）

信長《のぶなが》も秀吉《ひでよし》も ⓐ新しいきまりをつくって、政治の力で人々を従《したが》わせたのではないかな。

信長は ⓑ1575年、□を使って武田《たけだ》軍との戦いに勝ち、武力でほかの戦国大名《だいみょう》をおさえて領地を増やしていったんだね。

この時代の ⓒ日本と外国の関係はどのようなものだったのか、調べてみよう。

(1) 下線部ⓐについて、信長と秀吉は新しいきまりをつくって、天下統一を目指しました。信長のつくっただれでも商売ができるしくみ、秀吉が行った領地にある田畑のよしあしなどを調べることを、それぞれ何といいますか。

信長（　　　　）
秀吉（　　　　）

(2) □に入る言葉を漢字２字で書きましょう。（　　　　）

(3) 下線部ⓑについて、この戦いの名前を書きましょう。（　　　　）

(4) 信長は、武力で天下を統一しようという強い意志を、ある言葉として印にこめました。この言葉を漢字４字で書きましょう。（　　　　）

(5) 下線部ⓒについて、スペインやポルトガルなどとの貿易によって、堺《さかい》や長崎《ながさき》などの港町《みなとまち》は大いに栄えましたが、これらの国との貿易を何といいますか。（　　　　）

## 2 よく出る 次の各文について、信長にあてはまるものにはAを、秀吉にあてはまるものにはBを書きましょう。

1つ3点（30点）

(1)（　　　）明智光秀《あけちみつひで》をたおして、有力な戦国大名になった。
(2)（　　　）当時強い力をもっていた仏教勢力を、武力で従わせた。
(3)（　　　）キリスト教を保護して、京都《きょうと》に教会堂を建てることを許した。
(4)（　　　）大阪《おおさか》城を築き、政治の拠点《きょてん》とした。
(5)（　　　）収入《しゅうにゅう》を確実にするために、土地の調査を始めた。
(6)（　　　）将軍《しょうぐん》の足利《あしかが》氏を京都から追放し、室町幕府《むろまちばくふ》をほろぼした。
(7)（　　　）百姓《ひゃくしょう》たちから武器を取り上げ、反抗《はんこう》できないようにした。
(8)（　　　）琵琶湖《びわこ》とつながる水路をつくり、交通の便をよくした。
(9)（　　　）安土城《あづちじょう》を築き、城下町に家来を住まわせた。
(10)（　　　）明《みん》を征服《せいふく》するために、２度にわたって朝鮮《ちょうせん》に大軍を送った。

## 3 次の資料は秀吉が出した命令です。資料を読んで、あとの問いに答えましょう。

1つ3点、⑶1つ4点（26点）

一　諸国《しょこく》の ① が、 ② 、やり、鉄砲《てっぽう》などの武器を持つことを、かたく禁止する。武器をたくわえ、年貢《ねんぐ》を出ししぶり、 ③ をくわだてて領主に反抗する者は、厳《きび》しく処《しょ》ばつされる。
一　取り上げた ② などは、京都に新しくつくる大仏《だいぶつ》の ④ などにする。 ① は仏のめぐみを受けて、この世ばかりか、死んだ後も、 ⑤ だろう。

⑴　資料中の①～⑤にあてはまる言葉を、［　　］からそれぞれ選びましょう。　技能

救われる　一揆《いっき》　百姓　くぎ　刀　商人　苦しむ

①（　　）　②（　　）　③（　　）
④（　　）　⑤（　　）

⑵　資料の命令の名前を書きましょう。（　　）

⑶　検地《けんち》と⑵の命令によって、社会はどのように変わりましたか。まちがっているものを、㋐～㋔から２つ選びましょう。

（　　）（　　）

㋐　武士と、百姓・町人《ちょうにん》という身分が区別され、身分の固定化がはかられた。
㋑　百姓は武器を差し出すことをこばみ、領主を追放して自治《じち》を行うようになっていった。
㋒　百姓は、村に住み、農業や林業、漁業などに専念《せんねん》するようになった。
㋓　武士になる百姓が続出した。
㋔　百姓が年貢を確実に納《おさ》めるようになり、政権《せいけん》が安定していった。

## 4 右の地図を見て、次の問いに答えましょう。

1つ4点、⑶6点（26点）

⑴　地図中のⒶ、Ⓑの国名を書きましょう。

Ⓐ（　　）
Ⓑ（　　）

⑵　Ⓐ、Ⓑといった国は、日本に何をもたらしましたか。㋐～㋓から２つ選びましょう。

（　　）（　　）

㋐　火薬　　㋑　ふすま
㋒　鉄砲　　㋓　ひらがな

記述　⑶　できたらスゴイ！　Ⓐ、Ⓑといったヨーロッパの国々が世界に進出した目的を簡単《かんたん》に書きましょう。

（　　）

⑷　右の人物は、鹿児島《かごしま》に上陸した宣教師《せんきょうし》です。この人物の名前を書きましょう。（　　）

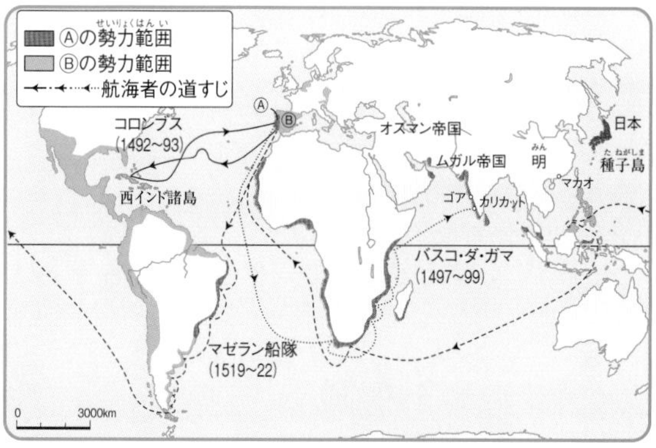

16世紀当時の世界とのつながり

思考・判断・表現

ふりかえり　❸⑶がわからないときは、52ページの❷にもどって確認《かくにん》してみよう。

2. 日本の歴史

# 7 江戸幕府《えどばくふ》と政治の安定①

学習日　　月　　日

めあて
江戸幕府の成立と幕府による支配の安定を理解しよう。

教科書 歴76〜79ページ　答え 29ページ

次の（　　）に入る言葉を、下から選びましょう。

## 1 徳川家康《とくがわいえやす》と江戸幕府

教科書 歴76〜77ページ

### 江戸幕府の成立

- **徳川家康**は、（①　　　　）（愛知《あいち》県）の小さな大名《だいみょう》の子として生まれた。
- 武将《ぶしょう》として勢力をのばし、豊臣秀吉《とよとみひでよし》に協力した。
- 関東《かんとう》の有力な大名となった家康は、秀吉の死後、（②　　　　）の戦い（岐阜《ぎふ》県）で勝利した。
- 家康は、1603年、朝廷《ちょうてい》から（③　　　　）に任じられ、**江戸幕府**を開いた。

〔総石高　約2470万石〕

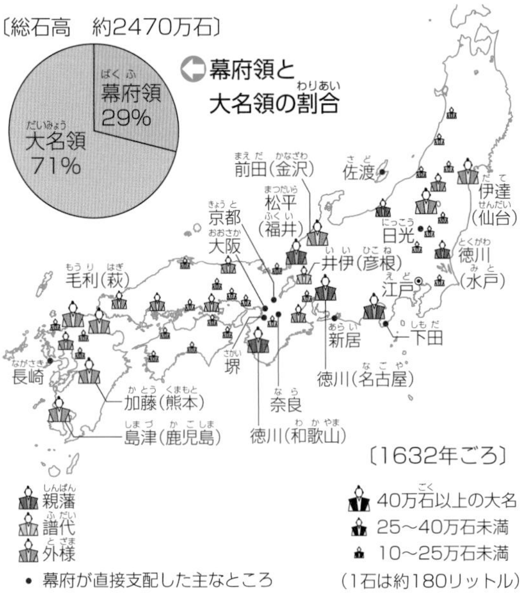


幕府領と大名領の割合《わりあい》

主な大名の配置　＊（　）は主な城下町《じょうかまち》を表す。

### 大名の配置

- 家康は全国の大名を３つに分け、重要な場所、江戸から遠くはなれた場所と、それぞれの配置をくふうした。
- 親藩《しんぱん》…徳川家の親せき。
- （④　　　　）…古くからの徳川家の家来。
- （⑤　　　　）…**関ヶ原《せきがはら》の戦い**後に徳川家に従《したが》った大名。
- 1615年、豊臣《とよとみ》氏をほろぼし、全国に（⑥　　　　）を出して、大名が住む城《しろ》以外は壊《こわ》すよう命じた。重要な都市や鉱山があるところは、幕府が直接支配した。

## 2 将軍《しょうぐん》による支配の安定

教科書 歴78〜79ページ

### ワンポイント 大名の取りしまり

- 徳川家康と秀忠《ひでただ》は、全国の大名を取りしまるため（⑦　　　　）というきまりを定めた。
- 秀忠の息子の（⑧　　　　）は、**武家諸法度《ぶけしょはっと》**に**参勤交代《さんきんこうたい》**の制度を加えた。
- 家康をまつる栃木《とちぎ》県の（⑨　　　　）を大規《だいき》模《ぼ》に建て直し、幕府の力を見せつけた。
- 江戸城《えどじょう》を大はばに改修して、全国支配の拠点《きょてん》とした。
- **徳川家光《いえみつ》**のころまでに、武家諸法度に反したという理由で、多くの大名が（⑩　　　　）や領地をかえられる処分《しょぶん》を受けたことで、将軍の力がますます強くなった。

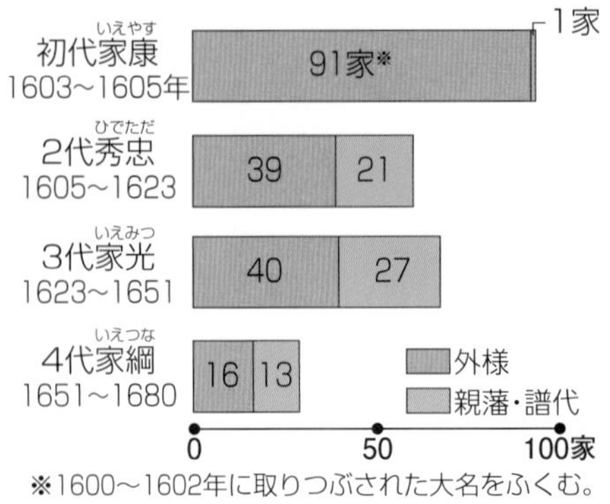


※1600〜1602年に取りつぶされた大名をふくむ。

取りつぶされた大名

### 世の中の安定

- 徳川家光のころ、江戸幕府のしくみが確立され、安定した世の中がおとずれた。

選んだ言葉に✔

| | | | | |
|---|---|---|---|---|
| □外様《とざま》 | □一国一城令《いっこくいちじょうれい》 | □武家諸法度 | □譜代《ふだい》 | □取りつぶし |
| □三河《みかわ》 | □関ヶ原 | □征夷大将軍《せいいたいしょうぐん》 | □徳川家光 | □日光東照宮《にっこうとうしょうぐう》 |

ぴったり2
# 練習

学習日　　月　　日

ぴたトリビア

幕府は豊臣秀頼《ひでより》が再建した方広寺《ほうこうじ》の鐘《かね》の「国家安康《こっかあんこう》」の文字が、家康をのろったものと言いがかりをつけ、大阪《おおさか》の陣《じん》を起こす口実にしました。

教科書　歴76～79ページ　　答え　29ページ

## 1 次の会話と地図について、あとの問いに答えましょう。

家康は、ⓐ大名を３つに分けているけど、配置にどのようなⓑくふうをしていたのかな。

ⓒ幕府が直接支配したところにも、なにか意味がありそうだね。

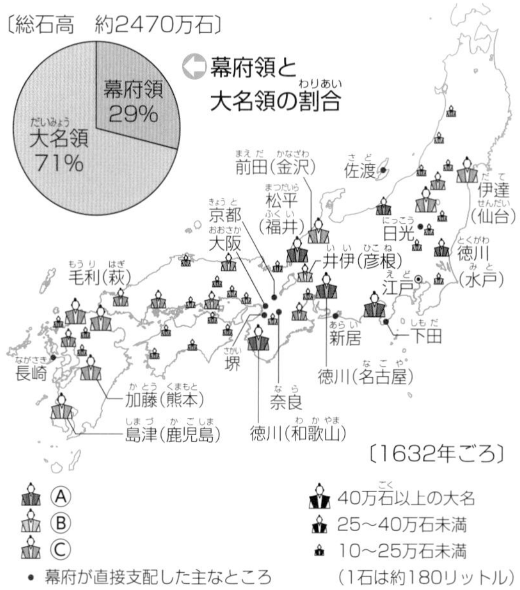


(1)　下線部ⓐについて、地図中のⒶ～Ⓒにあてはまる大名を書きましょう。

Ⓐ(　　　　)　Ⓑ(　　　　)

Ⓒ(　　　　)

(2)　Ⓐ～Ⓒの大名の説明として正しいものを、㋐～㋒からそれぞれ選びましょう。

Ⓐ(　　　)　Ⓑ(　　　)　Ⓒ(　　　)

㋐　古くからの徳川家の家来。　　㋑　関ヶ原の戦い後に徳川家に従った大名。

㋒　徳川家の親せき。

(3)　下線部ⓑについて、地図中のⒸは、どのような場所に配置されていますか。簡単《かんたん》に書きましょう。

(　　　　　　　　　　　　　　　　　　　　)

(4)　下線部ⓒについて、幕府はどのような場所を直接支配しましたか。簡単に書きましょう。

(　　　　　　　　　　　　　　　　　　　　)

## 2 次の文中の①～⑤にあてはまる言葉や数字を、□からそれぞれ選びましょう。

徳川家康と２代将軍秀忠は、(①)というきまりを定めて大名を取りしまった。このきまりに反した大名は、(②)を受けた。３代将軍(③)のころまでに(②)を受けた大名は、(④)家をこえ、将軍の力はますます強くなった。また、(③)は、家康をまつる(⑤)(栃木県)を大規模に建て直し、大名を引き連れて参拝《さんぱい》した。

取りつぶし　　武家諸法度　　徳川家光　　日光東照宮　　200　　500

①(　　　　)　②(　　　　)　③(　　　　)

④(　　　　)　⑤(　　　　)

ヒント　1 (3)　Ⓒは、江戸から見て、どのような場所に配置されているか、地図から読み取りましょう。

ぴったり1 **準備**

学習日　月　日

2．日本の歴史

# 7 江戸幕府《えどばくふ》と政治の安定②

めあて
江戸幕府が定めた参勤交代の制度と、江戸時代の人々のくらしを理解しよう。

教科書 歴80～83ページ　答え 30ページ

次の（　　）に入る言葉や数字を、下から選びましょう。

## 1 大名《だいみょう》の取りしまりと参勤交代《さんきんこうたい》

教科書 歴80～81ページ

### 参勤交代の制度

- **徳川家光《とくがわいえみつ》**が将軍《しょうぐん》のころ、大名が（①　　　　）と江戸の間を行き来する**参勤交代**を制度として定めた。
- 大名は（②　　　　）年おきに江戸のやしきに住むように命じられ、将軍への服従《ふくじゅう》の態度を示した。
- 大名の（③　　　　）は江戸のやしきでくらすことが義務づけられた。

参勤交代の様子

**ワンポイント　大名の負担《ふたん》と参勤交代の効果**

- 大名にとって、参勤交代で領地と江戸を行き来することや、江戸での生活には多くの費用がかかり、大きな負担だった。
- 幕府からさまざまな（④　　　　）を命じられ、その費用や労力も負担した。
- 幕府は、江戸と各地を結ぶ（⑤　　　　）をはじめとする主な道路を整備した。
- 街道には、参勤交代の行列だけでなく旅人や飛脚《ひきゃく》も行き来し、宿場町《しゅくばまち》が栄え、江戸の文化が各地に広まった。

## 2 人々のくらしと身分

教科書 歴82～83ページ

### 江戸時代の社会

- 社会は、武士、百姓《ひゃくしょう》、町人《ちょうにん》のほか公家《くげ》や宗教《しゅうきょう》者など、さまざまな（⑥　　　　）の人々によって構成されていた。
- 城下町《じょうかまち》に、武士や町人が集められるなど、**身分**によって住む場所が決められていた。
- 町人地では、町人たちが、商業や手工業などさまざまな仕事を営んだ。

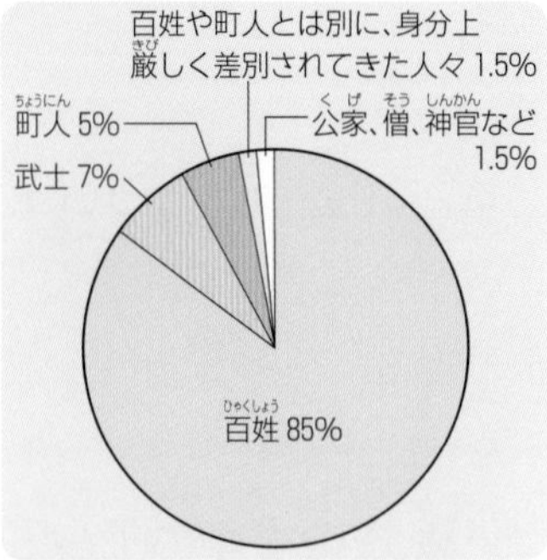


身分ごとの人口の割合《わりあい》
＊江戸時代の終わりごろ

### 百姓の生活

- 江戸時代の百姓は、全人口の（⑦　　　　）%以上をしめていた。
- 百姓は、有力者である（⑧　　　　）（庄屋《しょうや》）を中心に、自分たちで村を運営した。
- 幕府や藩《はん》は、こうした村のしくみを利用して（⑨　　　　）をつくらせて、重い年貢《ねんぐ》（税）や役《やく》（力仕事）を課した。
- 百姓は、このような状況《じょうきょう》の中でも、（⑩　　　　）の改良や肥料のくふうをして、農業技術を進歩させた。百姓や町人とは別に、厳《きび》しく差別されてきた身分の人々もいたが、差別の中でも社会を支える仕事にはげんだ。

選んだ言葉に✔

| | | | | |
|---|---|---|---|---|
| □農具 | □五人組《ごにんぐみ》 | □名主《なぬし》 | □1 | □80 |
| □領地 | □五街道《ごかいどう》 | □妻と子ども | □身分 | □土木工事 |

ぴたトリビア

100万石《ごく》の加賀藩《かがはん》（石川《いしかわ》県）は、藩の力を示す意味もあって、参勤交代のときには非常に長い行列で江戸に入りました。

教科書　歴80～83ページ　答え　30ページ

## 1 次の資料と絵を見て、あとの問いに答えましょう。

一　大名は、毎年４月に［　　　］すること。近ごろは、［　　　］の人数が多すぎるので、少なくすること。

(1)　上の資料は、従来の武家諸法度《ぶけしょはっと》に加えられた条文です。どの将軍のときに加えられたものですか。人物の名前を書きましょう。
（　　　　　）

(2)　右上の絵は、文中の［　　　］にあてはまる言葉を表しています。その言葉を、［　　］から選びましょう。
（　　　　　）

使節派遣《しせつはけん》　参勤交代　江戸視察《えどしさつ》　表敬訪問《ひょうけいほうもん》

(3)　(2)の制度によって、大名は何年おきに領地と江戸を往復することになりましたか。
（　　　　　）

(4)　(2)の制度によって、大名の妻と子どもに義務づけられた内容を、簡単《かんたん》に書きましょう。
（　　　　　　　　　　　　　　　　　　　　）

(5)　この当時、(4)以外で大名が負担させられていたことはどのようなことですか。簡単に書きましょう。
（　　　　　　　　　　　　　　　　　　　　）

## 2 右のグラフを見て、次の問いに答えましょう。

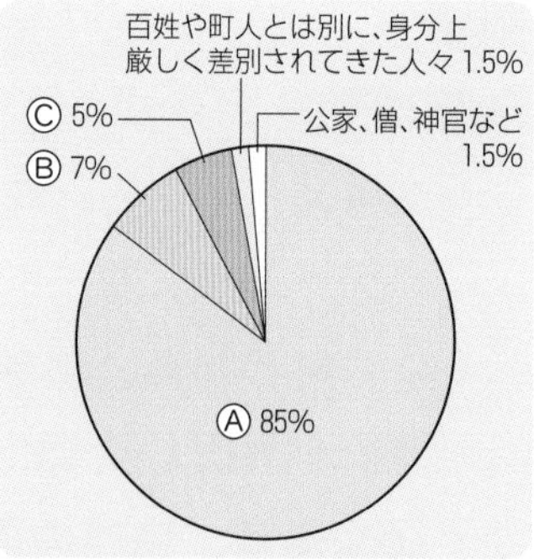


身分ごとの人口の割合
※江戸時代の終わりごろ

(1)　グラフ中のⒶ～Ⓒにあてはまる身分を書きましょう。
Ⓐ（　　　　　）　Ⓑ（　　　　　）
Ⓒ（　　　　　）

(2)　Ⓐの人々は有力者を中心に、自分たちで村を運営していました。この有力者のことを何といいますか。
（　　　　　）

(3)　幕府や藩は、こうした村のまとまりを利用して、あるしくみをつくらせました。その名前を書きましょう。
（　　　　　）

(4)　当時は、身分によって住むところが決められていましたが、ⒷやⒸの人々はどこに集められてくらしていましたか。［　　］から選びましょう。
（　　　　　）

門前町《もんぜんまち》　宿場町　城下町　港町《みなとまち》

ヒント
1 (5)　こうした負担によって、大名の力がずいぶんと弱められました。
2 (4)　政治・経済《けいざい》の中心である地域《ちいき》を考えましょう。

ぴったり1 準備

2．日本の歴史
# 7 江戸幕府《えどばくふ》と政治の安定③

学習日　月　日

めあて
鎖国までの流れと、江戸時代の琉球と蝦夷地について理解しよう。

教科書 歴84～87ページ　答え 31ページ

次の（　　）に入る言葉を、下から選びましょう。

## 1 キリスト教の禁止と鎖国《さこく》　教科書 歴84～85ページ

### キリスト教の禁止

- 幕府は初め、大名《だいみょう》や商人に許可状（（①　　　　　））をあたえて外国との貿易をさかんにした。その結果、東南《とうなん》アジアの各地には（②　　　　　）がつくられた。
- しかし、国内にキリスト教の信者が増えていくと、幕府は信者たちが幕府の命令に従《したが》わなくなることを心配して、キリスト教を禁止し信者を取りしまった。
- 宣教師《せんきょうし》や貿易船の出入りを制限し、日本人の海外渡航《とこう》や海外からの帰国も禁止した。
- （③　　　　　）一揆《いっき》…キリスト教の信者を中心に3万人以上の人々が、重い年貢《ねんぐ》の取り立てに反対して起こした一揆。徳川家光《とくがわいえみつ》は、大軍を送ってこの一揆をおさえた。

### 鎖国への道

- （④　　　　　）で信者をさがし出し、キリスト教を厳《きび》しく取りしまった。
- 貿易の相手を、キリスト教を広めるおそれのないオランダと中国《ちゅうごく》に限定した。貿易船の出入りを長崎《ながさき》に限って認《みと》め、オランダとは（⑤　　　　　）で、中国とは唐人《とうじん》（中国人）やしきで貿易を行った。
- このような政策《せいさく》は、のちに**鎖国**とよばれた。

絵踏《えふ》みの様子

- 以後の貿易は、幕府が貿易で得られる利益や海外からの情報をほぼ独占《どくせん》する形となった。

## 2 江戸時代の琉球《りゅうきゅう》と蝦夷地《えぞち》　ひろげる　教科書 歴87ページ

### 琉球王国

- 室町《むろまち》時代のころ、琉球王国は、日本、中国、朝鮮《ちょうせん》、東南アジアの国々との貿易で栄えていた。
- 江戸時代初め、琉球は（⑥　　　　　）に征服《せいふく》されたが、幕府が異国《いこく》と見なしたため、中国との貿易は続けた。
- 薩摩藩《さつまはん》は、琉球の国王や幕府の将軍《しょうぐん》がかわるごとに、琉球の（⑦　　　　　）を江戸に連れて行き、将軍にあいさつさせた。

首里城《しゅりじょう》（復元、写真は2003年）

### 蝦夷地

- 江戸時代、蝦夷地とよばれた北海道《ほっかいどう》には（⑧　　　　　）の人々が住み、狩《か》りや漁で得たものを日本や中国の商人と取り引きしていた。
- 17世紀半ば、不正な取り引きを行った（⑨　　　　　）に対して、アイヌの人々は**シャクシャイン**を中心に戦いを起こした。

選んだ言葉に✓

| | | | | |
|---|---|---|---|---|
| □薩摩藩 | □松前《まつまえ》藩 | □使節 | □出島《でじま》 | □朱印状《しゅいんじょう》 |
| □アイヌ | □絵踏み | □日本町《にほんまち》 | □島原《しまばら》・天草《あまくさ》 | |

ぴったり2

# 練習



ぴたトリビア

朝鮮とは、対馬藩《つしまはん》（長崎《ながさき》県）を通じて貿易や外交が行われ、将軍がかわると数百人の使節団が江戸をおとずれました。

教科書　歴84～87ページ　答え　31ページ

## 1 右の年表を見て、次の問いに答えましょう。

| 年 | 主なできごと |
| --- | --- |
| 1612 | ⓐ（①）を禁止する |
| 1616 | ヨーロッパ船の来航を（②）、平戸《ひらど》に制限する |
| 1624 | スペイン船の来航を禁止する |
| 1635 | 日本人の海外渡航･帰国を禁止する |
| 1637 | ⓑ（③）一揆が起こる |
| 1639 | ポルトガル船の来航を禁止する |
| 1641 | ⓒ平戸のオランダ商館を（④）に移す |

(1) 年表中の①～④にあてはまる言葉を、［　］からそれぞれ選びましょう。

出島　長崎　島原・天草　キリスト教

①（　　）②（　　）
③（　　）④（　　）

(2) 1612年以前、幕府は外国との貿易を保護していました。貿易を行う大名や商人にあたえていたものは何ですか。

（　　）

(3) 下線部ⓑについて、この一揆の中心となったのはどんな人々でしたか。

（　　）

(4) 下線部ⓑの後、(1)の①をいっそう厳《きび》しく取りしまるために行われたことを書きましょう。

（　　）

(5) 下線部ⓒについて、これによって幕府の政策は完成しました。この政策はのちに何とよばれましたか。漢字２字で書きましょう。

（　　）

## 2 次の文と地図を見て、あとの問いに答えましょう。

Ⓐ　室町時代のころ、（①）は、日本や中国をはじめアジアの国と貿易をして栄えた。江戸時代初め、（②）に征服されたが幕府が異国と見なしたため、中国との貿易を続けた。
Ⓑ　江戸時代、（③）とよばれていた土地には、（④）の人々が狩りや漁でくらし、日本や中国と取り引きをしていた。

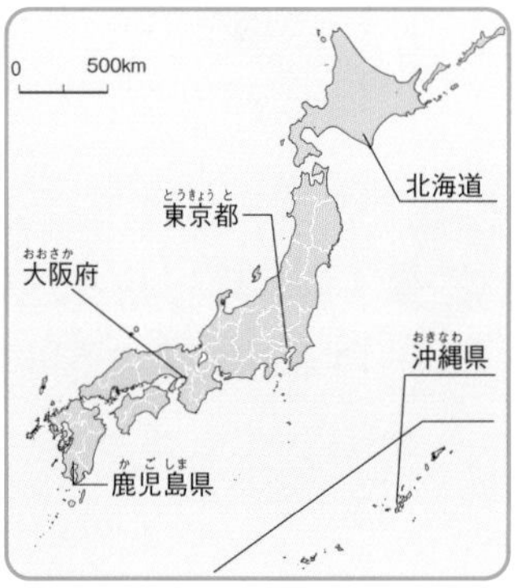


(1) 文中の①～④にあてはまる言葉を、［　］からそれぞれ選びましょう。

蝦夷地　薩摩藩　琉球王国　アイヌ

①（　　）②（　　）
③（　　）④（　　）

(2) Ⓐ、Ⓑの文は、地図中のどの地域《ちいき》を指していますか。地名を書きましょう。

Ⓐ（　　）
Ⓑ（　　）

ヒント　2 (2)Ⓑ　(1)の④の人々が、どこに住んでいたかを考えましょう。

2. 日本の歴史

# 7 江戸幕府《えどばくふ》と政治の安定

時間30分 ／100 合格80点

教科書 歴76～87ページ　答え 32ページ

**1** 次の歌には、3人の武将《ぶしょう》の天下統一《てんかとういつ》の様子がよまれています。歌を読んで、あとの問いに答えましょう。　(1) 1つ3点、(2) 1つ4点（18点）

「(①)がつき　羽柴《はしば》がこねし　天下もち　すわりしままに　食ふ《(う)》は(②)」

(1) 歌の中の①・②にあてはまる武将の名字を書きましょう。

①(　　　　)　②(　　　　)

(2) 次の①～③の仕事を果たした武将の名前を書きましょう。

① 天下を取るチャンスを最後までじっと待ち、250年以上続く幕府を開いた。　(　　　　)

② 新しい武器や戦い方を用いて、武力で天下統一を進めた。　(　　　　)

③ 検地《けんち》や刀狩《かたながり》など、知恵《ちえ》を働かせて、社会のしくみをつくった。　(　　　　)

**2** よく出る 右の年表を見て、次の問いに答えましょう。　(1)1つ4点、(2)・(3)5点（22点）

(1) 年表中の①～③にあてはまる言葉を、[　　]からそれぞれ選びましょう。

武家諸法度《ぶけしょはっと》　キリスト教　鎖国《さこく》

①(　　　　)　②(　　　　)　③(　　　　)

(2) 下線部ⓐについて、この戦いは、どのような戦いといわれましたか。　(　　　　)

記述 (3) 下線部ⓑについて、幕府は何を心配してこれを行いましたか。簡単《かんたん》に書きましょう。　思考・判断・表現

(　　　　)

| 年 | 主なできごと |
|---|---|
| 1600 | ⓐ関ヶ原《せきがはら》の戦い |
| 1603 | 江戸幕府が開かれる |
| 1612 | ⓑ(①)を禁止する |
| 1615 | (②)を定める |
| 1623 | 家光《いえみつ》が3代将軍《しょうぐん》になる |
| 1635 | (②)を改め、参勤交代の制度を加える |
| 1636 | 各大名《だいみょう》に江戸城《えどじょう》の修理を命じる |
| 1641 | (③)が完成する |

## 3 右の資料を読んで、次の問いに答えましょう。

1つ3点、⑵・⑸6点（30点）

⑴　1615年、父の家康《いえやす》とともに右の法令を定めた人物の名前を書きましょう。（　　　）

記述 ⑵　右の法令は、どのような目的で定められたものですか。簡単に書きましょう。　思考・判断・表現

（　　　　　　　　　　　　　　　）

⑶　資料中の①～④にあてはまる言葉を、［　］からそれぞれ選びましょう。　技能

［　結婚《けっこん》　　参勤交代　　幕府　　修理　］

①（　　　）　②（　　　）

③（　　　）　④（　　　）

**法令（部分要約）**

一＊大名は、毎年4月に（①）すること。近ごろは、（①）の人数が多すぎるので、少なくすること。

一　自分の領地の城《しろ》を（②）する場合、届《とど》け出ること。

一　将軍の許可なしに、大名の家どうしで（③）してはいけない。

一＊すべて（④）の法令に従《したが》い、全国どこでもそれを守ること。

（＊印は、家光のとき加えた）

⑷　⑶の①の制度の内容として正しいものを、㋐～㋓から選びましょう。（　　）

㋐　大名は、つねに江戸に住み、幕府の職につかなければならない。

㋑　大名は、１年おきに領地と江戸との間を行き来しなければならない。

㋒　大名の妻子は、領地のやしきでくらさなければならない。

㋓　大名は、将軍に土木工事を任せることができる。

⑸　法令に従わなかった場合、大名は幕府から処分《しょぶん》を受けました。どのような処分か、書きましょう。（　　　）

## 4 次の文と絵を見て、あとの問いに答えましょう。

1つ3点、⑶・⑷5点（30点）

　幕府は鎖国の間も、外国と交流をしていた。オランダ・中国《ちゅうごく》とは（①）で貿易をし、朝鮮《ちょうせん》とは（②）を通じて貿易が行われていた。

　また、琉球《りゅうきゅう》は（③）に征服《せいふく》された後も、中国との貿易を続け、蝦夷地《えぞち》では（④）がアイヌの人々と交易を行っていた。

⑴　文中の①～④にあてはまる言葉を書きましょう。

①（　　　）②（　　　）③（　　　）④（　　　）

⑵　よく出る　右上の絵は、⑴の①の港につくられた人工の島です。名前を書きましょう。

（　　　）

記述 ⑶　できたらスゴイ！　鎖国の中でも、オランダ・中国が貿易を許された理由を、簡単に書きましょう。

思考・判断・表現

（　　　　　　　　　　　　　　　）

⑷　鎖国によって、幕府は何をほぼ独占《どくせん》しましたか。（　）にあうように２つ書きましょう。

●貿易で得られる（　　　）　●海外からの（　　　）

ふりかえり　3⑷がわからないときは、58ページの1にもどって確認《かくにん》してみよう。

2．日本の歴史

# 8 町人《ちょうにん》の文化と新しい学問①

めあて
江戸や大阪のまちの様子や、歌舞伎や浮世絵の流行を理解しよう。

教科書 歴90〜93ページ　答え 33ページ

次の（　　）に入る言葉を、下から選びましょう。

## 1 江戸《えど》や大阪《おおさか》のまちと人々のくらし

教科書 歴90〜91ページ

### 江戸・大阪の繁栄《はんえい》

- 平和が続き、社会が安定するにともなって、江戸や大阪のまちは、政治や経済《けいざい》の中心地としてにぎわった。
- 各藩《かくはん》の大名《だいみょう》やしきが置かれた江戸は、武士や町人などで、人口が100万人になった。
- 大阪は「（①　　　　　）」といわれ、全国から米や産物が集められ、多くのものが江戸に運ばれた。
- 商業が発達し、武士以外にも文化や学問に親しむ人々が現れた。

江戸の両国橋《りょうごくばし》付近の様子

**ワンポイント　新しい文化や学問**

- （②　　　　　）という演劇《えんげき》が人気を集め、芝居《しばい》小屋は町人でにぎわった。
- （③　　　　　）という多色刷りの版画も人々の間で流行した。
- （④　　　　　）や**国学《こくがく》**という学問が広まり、**杉田玄白《すぎたげんぱく》**や**本居宣長《もとおりのりなが》**らが活やくした。

## 2 人々が歌舞伎《かぶき》や浮世絵《うきよえ》を楽しむ

教科書 歴92〜93ページ

### 芝居見物

- 江戸時代中ごろから、芝居見物は人々の楽しみとなり、芝居小屋は大いににぎわっていた。
- **歌舞伎**や（⑤　　　　　）は人気を集め、作者である（⑥　　　　　）は、「曽根崎心中《そねざきしんじゅう》」や「冥途《めいど》の飛脚《ひきゃく》」などで力をつけてきた町人のすがたや義理人情をえがき、人々に親しまれた。

歌舞伎を楽しむ人々

### 多色刷り版画

- **浮世絵**は、大量に刷られて安く売られたので、多くの人々が買い求めた。
- （⑦　　　　　）が東海道《とうかいどう》の名所風景をえがいた「（⑧　　　　　）」は、みやげとしても買い求められ、多くの人々の手にわたった。
- 名所風景をえがいた浮世絵の流行には、力をつけた町人や百姓《ひゃくしょう》たちがお寺や神社へのお参りの旅に行けるようになったことが背景《はいけい》にあった。
- 浮世絵は、ゴッホなどのヨーロッパの有名な画家にもえいきょうをあたえた。

選んだ言葉に✔

| | | | |
|---|---|---|---|
| □浮世絵 | □歌舞伎 | □天下の台所 | □近松門左衛門《ちかまつもんざえもん》 |
| □歌川広重《うたがわひろしげ》 | □蘭学《らんがく》 | □人形浄瑠璃《にんぎょうじょうるり》 | □東海道五十三次《とうかいどうごじゅうさんつぎ》 |

ぴったり2

# 練習

学習日　　月　　日

ぴたトリビア

歌舞伎の始まりは、出雲《いずも》の阿国《おくに》による「かぶき踊《おど》り」とされ、約400年の歴史をもっています。

教科書　歴90～93ページ　　答え　33ページ

## 1 次の問いに答えましょう。

(1) ①～③の説明として正しいものを、それぞれ線で結びましょう。

① 蘭学・国学　・　　・

㋐芝居小屋の前に人がたくさん集まって、にぎわっているね。

② 歌舞伎　・　　・

㋑多色刷りの版画は、あざやかできれいだね。海外の人にも鑑賞《かんしょう》されたそうだよ。

③ 浮世絵　・　　・

㋒この時代、杉田玄白や本居宣長が活やくしたんだね。

(2) 江戸時代中ごろからさまざまな文化や学問がさかんになった理由を、㋐～㋒から選びましょう。（　　）

㋐ 海外に派遣《はけん》されていた人たちが、新しい文化を持ち帰ったから。

㋑ 平和が続き、社会が安定してきたから。

㋒ ききんが続き、不安をふき払《はら》う新しい文化が求められたから。

(3) 江戸時代中ごろ、江戸の人口はどのくらいでしたか。（　　）

(4) 全国から産物が集められた大阪は、何とよばれていましたか。

（　　）

## 2 右の絵を見て、次の問いに答えましょう。

Ⓐ

Ⓑ

(1) 歌舞伎や人形浄瑠璃の作者である、Ⓐの人物の名前を書きましょう。

（　　）

(2) Ⓐの作品ではないものを、㋐～㋒から選びましょう。

（　　）

㋐ 曽根崎心中　　㋑ 冥途の飛脚　　㋒ 源氏物語《げんじものがたり》

(3) 風景・名所をえがいたⒷの作品名を、［　］から選びましょう。

（　　）

長篠合戦図屛風《ながしのかっせんずびょうぶ》　　天橋立図《あまのはしだてず》　　東海道五十三次

(4) Ⓑの浮世絵をえがいた人物の名前を書きましょう。

（　　）

ヒント

1 (2) いろいろな人が文化に親しめる社会でした。

2 (3) 江戸日本橋《にほんばし》から京都三条大橋《きょうとさんじょうおおはし》までの全55枚の名所風景画です。

2．日本の歴史

# 8 町人《ちょうにん》の文化と新しい学問②

学習日　　月　　日

めあて
蘭学や国学がどのような学問なのかを理解しよう。

教科書 歴94～99ページ　答え 34ページ

次の（　　）に入る言葉を、下から選びましょう。

## 1 新しい学問・蘭学《らんがく》

教科書 歴94～95ページ

### 医学の発達

- （①　　　　）により、ヨーロッパの新しい知識や技術を学ぶ機会は少なかったが、江戸《えど》時代の中ごろには洋書の輸入ができるようになり、西洋の学問である（②　　　　）を学ぶ人々が増えた。
- 小浜藩《おばまはん》（福井《ふくい》県）の医者（③　　　　）や中津《なかつ》藩（大分《おおいた》県）の医者**前野良沢**《まえのりょうたく》らは、オランダ語の医学書を苦心してほん訳《やく》し、「（④　　　　）」と名づけて出版した。

杉田玄白《すぎたげんぱく》

### その他の学問

- 医学のほかにも、ヨーロッパの地理学や天文学、兵学などの新しい知識や技術を役立てようとする人々が現れた。
- 佐原《さわら》（千葉《ちば》県）の名主《なぬし》だった（⑤　　　　）は、全国を測量して日本地図の作成にこうけんした。

伊能忠敬《いのうただたか》

## 2 国学《こくがく》の発展《はってん》と新しい時代への動き／江戸時代の武士の学校 ひろげる

教科書 歴96～99ページ

### 国学の広がり

- **蘭学**に加え、古くからの日本人の考え方を研究する学問である（⑥　　　　）が広がっていった。
- （⑦　　　　）は、35年間「古事記《こじき》」の研究に力をつくし**「古事記《こじき》伝《でん》」**を完成させた。
- **国学**の考え方が広まるにつれ、天皇《てんのう》を尊《とうと》いものとし、政治の現状《げんじょう》を批判《ひはん》する人も現れた。

本居宣長《もとおりのりなが》

### 政治改革《かいかく》への動き

- 江戸時代後半になると、大きなききんが起こり、物価も上がって、**百姓一揆**《ひゃくしょういっき》や（⑧　　　　）が全国各地で起きた。
- 元大阪《おおさか》の役人だった（⑨　　　　）は、人々を救おうとしない役人を批判し、反乱《はんらん》を起こした。
- 幕府《ばくふ》や藩に問題解決の力がなくなってきたことで、長州《ちょうしゅう》藩（山口《やまぐち》県）や薩摩《さつま》藩（鹿児島《かごしま》県）などでは、藩の政治を改革する動きが出てきた。

打ちこわしの様子

### 教育の普及《ふきゅう》

- 全国で藩校《はんこう》や私塾《しじゅく》、（⑩　　　　）がさかんにつくられた。

| 選んだ言葉に✓ | | | | | |
|---|---|---|---|---|---|
| | □国学 | □打ちこわし | □本居宣長 | □大塩平八郎《おおしおへいはちろう》 | □鎖国《さこく》 |
| | □蘭学 | □杉田玄白 | □解体新書《かいたいしんしょ》 | □伊能忠敬 | □寺子屋《てらこや》 |

ぴたトリビア

江戸時代のききんでは、18世紀後半の天明《てんめい》のききんがいちばんひどく、90万人以上の人々が飢《う》えでなくなったといわれています。

教科書 歴94～99ページ　答え 34ページ

## 1 次の文を読んで、あとの問いに答えましょう。

Ⓐ　小浜藩の医者で、満足な辞書もない時代に、苦心してオランダ語の医学書をほん訳した。４年の間に11回も書き改めて、出版にこぎつけた。

Ⓑ　佐原の名主で、江戸で新しい学問を学んだ。72才までの間に全国を測量し、74才でなくなってしまったが、友人や弟子《でし》たちが引きついだ日本地図の作成は1821年に完成した。

(1)　Ⓐ、Ⓑの文にあてはまる人物の名前を書きましょう。

Ⓐ(　　　　　)　Ⓑ(　　　　　)

(2)　Ⓐといっしょにほん訳に力をつくした、中津藩の医者の名前を書きましょう。

(　　　　　)

(3)　Ⓐと(2)の二人がほん訳して、出版した本の名前を書きましょう。

「(　　　　　)」

(4)　右の写真は、Ⓑが測量に使用した羅針盤《らしんばん》という道具です。これは何をする道具ですか。㋐～㋒から選びましょう。

(　　　)

㋐　方角を測る。

㋑　星の位置を測り、緯度《いど》を計算する。

㋒　きょりを測る。

(5)　この時代には、ⒶやⒷのように西洋の学問を学ぶ人だけでなく、古くからの日本人の考えを知ろうとする学問も広まりました。この学問を何といいますか。

(　　　　　)

## 2 右の絵を見て、次の問いに答えましょう。

(1)　絵は、ききんや物価の上昇《じょうしょう》で生活が苦しくなった百姓や町人たちが、米屋をおそっている様子をえがいています。このような行動を何といいますか。

(　　　　　)

(2)　武士の中にも、町人たちを助けようと、役人たちを批判し、反乱を起こした人がいました。反乱を起こした元大阪の役人の名前を書きましょう。

(　　　　　)

(3)　人々は新しい政治について考えるようになり、藩の政治を改革する動きが出てきました。そのような動きが高まった藩を２つ書きましょう。

(　　　　　)　(　　　　　)

ヒント　1 (5)　本居宣長は「古事記」の研究にはげみました。

ぴったり3

# 確かめのテスト

2．日本の歴史

## 8 町人《ちょうにん》の文化と新しい学問

時間 30分

／100

合格 80点

教科書 歴90〜99ページ　答え 35ページ

**1 次の文と絵を見て、あとの問いに答えましょう。** 1つ5点（30点）

平和が続き、社会が安定するにともなって、江戸《えど》や大阪《おおさか》のまちは、政治や（　　）の中心地として大いに発展《はってん》した。町人の中にも、文化や学問に親しむ人々が現れるようになった。

Ⓐ

↑大阪を出る船の様子

Ⓑ

↑芝居小屋の様子

(1) （　　）にあてはまる言葉を、書きましょう。（　　　　）

(2) 当時、江戸の人口は、どのくらいでしたか。［　　］から選びましょう。（　　　　）

1万人　10万人　100万人　1000万人

(3) Ⓐの絵は、(1)の中心地としてにぎわった大阪の様子です。全国各地から産物が集まった大阪は、何とよばれていましたか。書きましょう。（　　　　）

(4) Ⓑの絵は、人々でにぎわっている芝居《しばい》小屋の様子です。芝居小屋では、人々の人気を集めた演劇《えんげき》が上演されていました。その演劇を2つ書きましょう。

（　　　　）（　　　　）

(5) 多くの人々に親しまれた、多色刷りの版画を何といいますか。

（　　　　）

**2 よく出る 次の文にあてはまる人物を、［　　］からそれぞれ選びましょう。** 1つ5点（25点）

(1) 人々の人気を集めていた演劇の作者で、歴史上の物語や実際の事件を題材に、約150編の脚本《きゃくほん》を書いた。代表作に「曽根崎心中《そねざきしんじゅう》」がある。（　　　　）

(2) 江戸の下級武士に生まれ、絵の勉強をして人気の絵師になった。「東海道五十三次《とうかいどうごじゅうさんつぎ》」をえがいた。（　　　　）

(3) 元大阪の役人で、天保《てんぽう》の大ききんのとき、まちの人々を救おうとしない役人たちを批判《ひはん》し、反乱《はんらん》を起こした。（　　　　）

(4) 佐原《さわら》の名主《なぬし》で、50才のときに家業を息子にゆずり、江戸で天文学や測量技術を学んだ。72才までの間に全国を測量し、日本地図の作成にこうけんした。（　　　　）

(5) 国学《こくがく》を学び、「古事記《こじき》」の研究に全力を注ぎ、35年かけて「古事記伝《こじきでん》」を完成させた。のちに、社会や政治にも関心を広げ、統治者の心構えを説いた。（　　　　）

本居宣長《もとおりのりなが》　伊能忠敬《いのうただたか》　歌川広重《うたがわひろしげ》　近松門左衛門《ちかまつもんざえもん》
杉田玄白《すぎたげんぱく》　葛飾北斎《かつしかほくさい》　大塩平八郎《おおしおへいはちろう》　前野良沢《まえのりょうたく》

学習日　月　日

## ❸ 右の絵を見て、次の問いに答えましょう。

1つ5点、(4)8点（23点）

Ⓐ

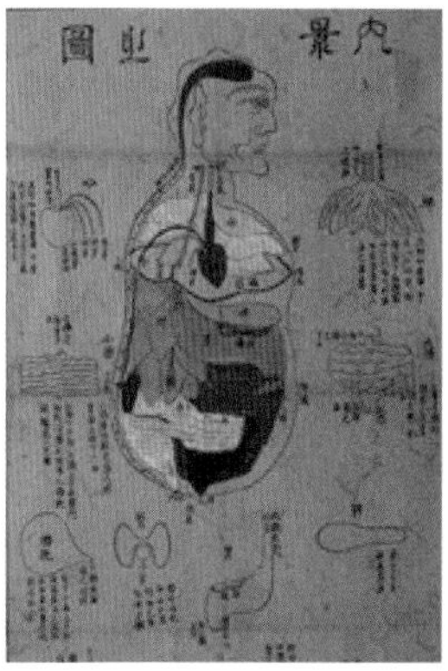

Ⓑ

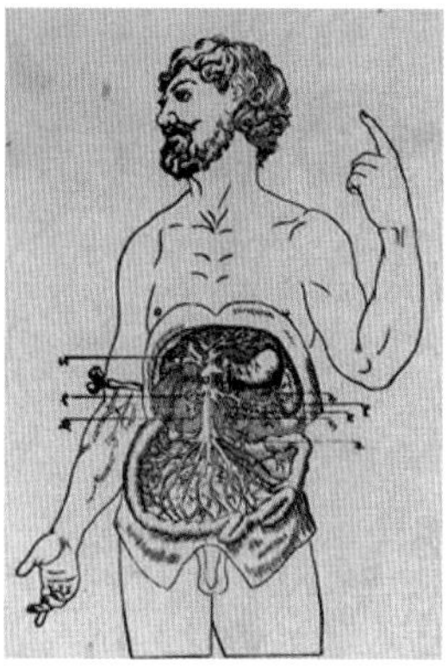

(1) 右の２つの解剖《かいぼう》図《ず》は、当時使われていた中国《ちゅうごく》の医学書と、オランダ語の医学書をほん訳《やく》した本にのっている図です。中国の医学書の図にあてはまるものを、Ⓐ・Ⓑから選びましょう。

（　　　）

(2) 杉田玄白や前野良沢らがオランダ語の医学書を苦心してほん訳し、出版した本の名前を書きましょう。

「（　　　　　）」

(3) 杉田玄白が、ほん訳の苦労や人体の解剖を初めて見学したときの感動を記した本の名前を書きましょう。

「（　　　　　）」

記述 (4) できたらスゴイ! 蘭学《らんがく》を学んだ人たちの中には、幕府《ばくふ》のある動きに対する批判をしたために、厳《きび》しくばっせられた人もいました。幕府のどのような動きを批判したのですか。「外国船」という言葉を使って、簡単《かんたん》に書きましょう。

思考・判断・表現

（　　　　　　　　　　　　　　　　　　）

## ❹ 右のグラフと絵を見て、次の問いに答えましょう。

1つ5点、(3)7点（22点）

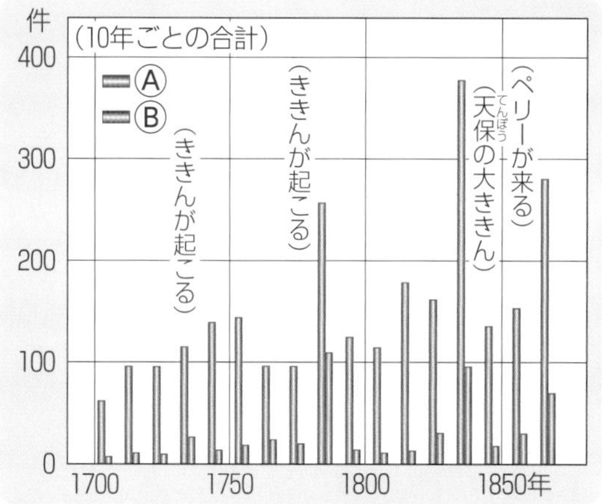

(1) グラフ中のⒶは、何が起こった件数を示していますか。（　　　）

(2) Ⓑの絵は、町人たちが米屋をおそっている様子で、グラフ中のⒷと同じものを指しています。こうした行動を何といいますか。

（　　　）

記述 (3) ⒶやⒷが起こる主な原因をグラフを参考に、簡単に書きましょう。

思考・判断・表現

（　　　　　　　　　　）

(4) ⒶやⒷに関連するできごととして正しいものを、㋐～㋓から選びましょう。（　　）

㋐ 幕府や藩《はん》は社会の問題を次々に解決していった。

㋑ 岡山《おかやま》藩は財政が豊かだったので、ⒶやⒷは起こらなかった。

㋒ 長州《ちょうしゅう》藩や薩摩《さつま》藩などでは、藩の政治を改革《かいかく》する動きが起こった。

㋓ 武士の中には、幕府や藩を批判する人はいなかった。

ふりかえり ❹(3)がわからないときは、66ページの❷にもどって確認《かくにん》してみよう。

ぴったり1 準備

3分でまとめ

2. 日本の歴史

# 9 明治《めいじ》の国づくりを進めた人々①

学習日 月 日

めあて
江戸から明治への変化や明治維新を進めた人々を理解しよう。

教科書 歴102～105ページ　答え 36ページ

次の(　　)に入る言葉を、下から選びましょう。

## 1 江戸《えど》から明治へ

教科書 歴102～103ページ

### 学校の変化

- 江戸時代の末ごろの(①　　　　　)と明治時代初めの小学校では、学ぶ様子がことなっている。
- 明治時代の小学校の先生は、(②　　　　　)を着て、頭の毛も短く切っていた。

### まちの変化

- 乗り物として、(③　　　　　)や人力車《じんりきしゃ》が走っている。
- まちを照らす(④　　　　　)ができている。
- 外国の文化や制度を取り入れていき、わずか20～30年で政治や外交、まちの様子が大きく変化した。
- こうした大きな変化を(⑤　　　　　)とよんでいる。

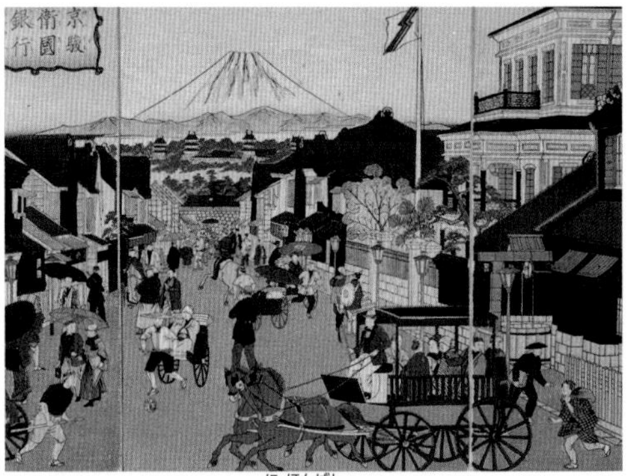

明治時代初めの日本橋《にほんばし》近くの様子

## 2 若《わか》い武士たちが幕府《ばくふ》をたおす

教科書 歴104～105ページ

**ワンポイント　ペリー来航**

- 1853年、アメリカ合衆国《がっしゅうこく》から**ペリー**が4せきの軍艦《ぐんかん》を率いて浦賀《うらが》（神奈川《かながわ》県）に現れ、幕府に(⑥　　　　　)を求めた。
- 幕府は翌《よく》1854年、(⑦　　　　　)を結んで国交を開き、鎖国《さこく》の状態が終わった。
- 1858年、(⑧　　　　　)をアメリカと結び、さらに多くの国々とも条約を結んだ。
- 外国との貿易は、国内の物価を急上昇《じょうしょう》させ、町人《ちょうにん》や下級武士の生活を苦しめた。

ペリー

### 江戸幕府の終わり

- 外国との差を実感した長州藩《ちょうしゅうはん》の**木戸孝允《きどたかよし》**や薩摩《さつま》藩の**西郷隆盛《さいごうたかもり》**、**大久保利通《おおくぼとしみち》**らは、強い国づくりを進めるため、幕府をたおし新しい政府をつくる運動を始めた。
- 15代将軍《しょうぐん》(⑨　　　　　)は、1867年に政権《せいけん》を朝廷《ちょうてい》に返し、260年余り続いた江戸幕府は終わった。
- 新政府軍と旧幕府軍の間に戦いが起こったが、新政府軍が勝利した。
- 新政府は1868年、**明治天皇《てんのう》**の名で政治の方針《ほうしん》である(⑩　　　　　)を定め、新しい時代が始まった。

選んだ言葉に✓

| | | | | |
|---|---|---|---|---|
| □開国 | □ガス灯《とう》 | □徳川慶喜《とくがわよしのぶ》 | □明治維新《いしん》 | □五箇条《ごかじょう》の御誓文《ごせいもん》 |
| □馬車 | □寺子屋《てらこや》 | □洋服 | □日米和親条約 | □日米修好通商条約 |

ぴったり2

# 練習

学習日　　月　　日

ぴたトリビア

貿易などを通じて長州藩、薩摩藩と交流があった坂本龍馬《さかもとりょうま》は、犬猿《けんえん》の仲《なか》といわれた両藩の同盟《どうめい》をうながしました（薩長《さっちょう》同盟）。

教科書 歴102～105ページ　答え 36ページ

## 1 右の絵を見て、次の①～⑥にあてはまる言葉を、[　　]からそれぞれ選びましょう。

Ⓐと Ⓑの絵を見比べると、江戸時代末ごろの（①）と明治時代初めの（②）では、学ぶ様子がまったくちがうね。

Ⓑの絵の明治時代の（②）の先生は（③）を着て、頭の毛も（④）切っているね。

明治時代になると、まちの様子が洋風になっているね。Ⓒの絵では（⑤）が走ったり、通りには（⑥）ができたりしているよ。

短く　馬車　小学校　ガス灯
洋服　寺子屋

①（　　　）　②（　　　）
③（　　　）　④（　　　）
⑤（　　　）　⑥（　　　）

Ⓐ

Ⓑ

Ⓒ

## 2 右の絵を見て、次の問いに答えましょう。

2度目の来航の様子

(1) 1853年、アメリカ合衆国の使者として浦賀にやって来た人物の名前を書きましょう。（　　　）

(2) アメリカの使者は、日本に何を求めましたか。（　　　）

(3) 1854年、日本は何という条約を結んで国交を開き、鎖国の状態を終えましたか。（　　　）

(4) (3)に加え、1858年にアメリカと結んだ条約の名前を書きましょう。（　　　）

(5) この当時、幕府をたおし新しい政府をつくろうとした長州藩の人物の名前を書きましょう。（　　　）

(6) 倒幕《とうばく》の動きに対して、朝廷に政権を返した15代将軍の名前を書きましょう。（　　　）

(7) 1868年、新政府が明治天皇の名で定めた政治方針を何といいますか。（　　　）

ヒント
1 ③、④ 服装《ふくそう》や髪型《かみがた》などに注意して比べてみましょう。
2 (6)「大政奉還《たいせいほうかん》」といわれ、260年余り続いた江戸幕府が終わりました。

2. 日本の歴史

# 9 明治《めいじ》の国づくりを進めた人々②

めあて
明治政府が行ったさまざまな改革や明治時代の人々の生活の変化を理解しよう。

教科書 歴106〜109ページ　答え 37ページ

次の（　　）に入る言葉を、下から選びましょう。

## 1 大久保利通《おおくぼとしみち》と明治新政府の改革《かいかく》

教科書 歴106〜107ページ

ワンポイント　さまざまな改革

- 政府は、大名《だいみょう》の領地である藩《はん》と領民を天皇《てんのう》に返させる（①　　　　　）を実施《じっし》した。
- 1871年、政府は藩を廃止《はいし》し、新たに県や府を置き、政府が任命した役人に治めさせる（②　　　　　）を行い、国の体制を整えた。
- （③　　　　　）や**木戸孝允**《きどたかよし》らは、工業をさかんにし、強い軍隊をもつこと（**富国強兵**《ふこくきょうへい》）に力を入れ、ヨーロッパの国々に追いつこうとした。
- 1871年、**大久保利通**らは欧米視察《おうべいしさつ》に出発し、近代的な政治制度や工業を約２年にわたり調査。帰国後、近代的な工業をさかんにする（④　　　　　）の方針《ほうしん》のもと、外国人技師を招き、製糸、紡績《ぼうせき》、兵器製造などで国が運営する官営《かんえい》工場を開いた。

官営富岡《とみおか》製糸場（群馬《ぐんま》県）

- 近代的な軍隊をつくるために（⑤　　　　　）を出し、20才になった男子に３年間軍隊に入ることを義務づけた。
- 国の収入《しゅうにゅう》を安定させるため、（⑥　　　　　）を行って土地に対する税のしくみを改め、土地の価格の３％の税を現金で納《おさ》めさせた。

## 2 新しい世の中の文化や生活

教科書 歴108〜109ページ

### 人々の生活の変化

- 明治時代になると、西洋の考え方がしょうかいされ、西洋の制度や技術も導入された。
- （⑦　　　　　）として、西洋風なものに人気が集まった。
- 福沢諭吉《ふくざわゆきち》は「学問のすゝ《(す)》め」を書き、人間は生まれながらにして平等であると説いた。

鉄道の開通

- 国民は平等であるとして、江戸《えど》時代の身分制度が改められ、職業や住む場所の自由な選択《せんたく》が認《みと》められた。
- 身分制度のもとで苦しめられていた人々も、法令により制度の上では平等とされた。
- 電報や郵便《ゆうびん》の制度が整い、新橋《しんばし》・横浜《よこはま》間に（⑧　　　　　）が開通した。

### 教育政策《せいさく》

- 1872年に（⑨　　　　　）が公布され、６才以上の男女が小学校に通うことが定められた。
- 政府は、西洋の学問や政治のしくみを学ばせるため、**津田梅子**《つだうめこ》などの留学生を海外に送った。

選んだ言葉に✔
- □地租改正《ちそかいせい》
- □文明開化《ぶんめいかいか》
- □鉄道
- □徴兵令《ちょうへいれい》
- □学制《がくせい》
- □版籍奉還《はんせきほうかん》
- □廃藩置県《はいはんちけん》
- □大久保利通
- □殖産興業《しょくさんこうぎょう》

**ぴたトリビア**

政府は1871年に廃藩置県を行い、全国261の藩を廃して府県を置きました。まず全国３府302県が置かれ、同年末までに３府72県となりました。

教科書 歴106〜109ページ　答え 37ページ

## 1 次の問いに答えましょう。

(1) 次の①〜④は、明治新政府が行った改革を表しています。①〜④の説明として正しいものを、それぞれ線で結びましょう。

① 富国強兵　・　・　㋐国の収入を安定させるために、土地に対する税のしくみを改めた。

② 殖産興業　・　・　㋑近代的な工業を始めるために、外国の機械を買い、技師を招いて、官営工場を開いた。

③ 徴兵令　・　・　㋒20才になった男子に、３年間、軍隊に入ることを義務づけた。

④ 地租改正　・　・　㋓ヨーロッパ諸国《しょこく》に追いつくため、経済《けいざい》力と軍事力の強化に重点を置いた。

(2) 殖産興業について、政府が模範《もはん》的な製糸場として群馬県につくった工場で、現在、世界文化遺産《いさん》に登録されている工場の名前を書きましょう。（　　　　）

(3) 地租改正について、税は現金で納めることになりました。その割合《わりあい》は、最初、土地の価格の何％でしたか。数字を書きましょう。（　　　　）％

## 2 右の年表を見て、次の問いに答えましょう。

(1) 年表中の①〜③にあてはまる言葉を、□からそれぞれ選びましょう。

学制　鉄道　郵便

①（　　　　）
②（　　　　）
③（　　　　）

| 年 | 主なできごと |
| --- | --- |
| 1869 (明治２) | パンの店ができる |
| | 公衆《こうしゅう》電報が始まる |
| 1870 | 日刊新聞の発行 |
| 1871 | （①）制度が始まる |
| 1872 | （②）が開通する |
| | ガス灯《とう》がつく |
| | （③）が公布される |
| | 「学問のすゝ《(す)》め」が出版される |
| | 太陽暦《たいようれき》を取り入れる |

(2) 明治時代になると、欧米に追いつこうとする意識が、生活や文化の面におよび、西洋風のものがもてはやされました。これを何とよびますか。（　　　　）

(3) 江戸時代の身分制度が改められ、国民は何を自由に選べるようになりましたか。１つ書きましょう。（　　　　）

ヒント　1 (2) フランス人の技師を招き、1872年、群馬県に工場が完成しました。

ぴったり1 準備

2. 日本の歴史

# 9 明治《めいじ》の国づくりを進めた人々③

学習日　　月　　日

めあて
自由民権運動の広がりや、大日本帝国憲法制定までの流れを理解しよう。

教科書 歴110～113ページ　答え 38ページ

次の（　　）に入る言葉を、下から選びましょう。

## 1 板垣退助《いたがきたいすけ》と自由民権《じゆうみんけん》運動

教科書 歴110～111ページ

### ✪ 政府への不満

- 政府の改革《かいかく》により、収入《しゅうにゅう》を失い、苦しい生活を強いられた士族《しぞく》たちは、各地で反乱《はんらん》を起こした。
- 1877年、（①　　　　）を中心に、士族最大の反乱である（②　　　　）が起こった。
- 反乱はおさえられ、以降《いこう》は、武力による反乱から（③　　　　）での主張に変わっていった。

⬆ 西南《せいなん》戦争

### ✪ 国会開設への動き

- 政府の指導者だった（④　　　　）らは、国会を開くことを主張し、人々の間にも政治参加の要求が高まってきた。
- 国会を開き、憲法《けんぽう》をつくることなどを求める動きは、（⑤　　　　）として各地に広がった。
- 政府はさまざまな条例（法律《ほうりつ》）を定めて、演説会や新聞などを厳《きび》しく取りしまったが、1881年、ついに政府は、1890年に国会を開設することを約束した。

⬆ 演説の中止を求める警察官《けいさつかん》

## 2 伊藤博文《いとうひろぶみ》と国会開設、大日本帝国《ていこく》憲法

教科書 歴112～113ページ

### ✪ 国会開設の準備

- **板垣退助**は自由党《じゆうとう》、（⑥　　　　）は立憲改進党《りっけんかいしんとう》をつくり、国民の意見を反映《はんえい》した政治を行う準備をした。
- 一方、政府の中心的人物であった（⑦　　　　）は、皇帝《こうてい》の権力《けんりょく》が強いドイツの憲法を学んで帰国した。

**ワンポイント　憲法制定と国会開設**

- **伊藤博文**は、まず行政《ぎょうせい》を担当《たんとう》する内閣《ないかく》制度をつくり、明治天皇《てんのう》から初代内閣総理大臣に任命された。
- 1889年、天皇が国民にあたえるという形で、（⑧　　　　）が発布《はっぷ》された。
- この憲法では、国を治める主権《しゅけん》や、軍隊を率い、条約を結ぶ権限《けんげん》は天皇にあるとされた。
- 国会は貴族院《きぞくいん》と（⑨　　　　）からなり、衆議院《しゅうぎいん》議員は国民の選挙で選ばれた。
- 一定の税金を納《おさ》めた25才以上の男子だけに、（⑩　　　　）があたえられた。
- 1890年、初めての選挙が行われ、第1回の国会が開かれた。

| 選んだ言葉に✔ | | | | | |
|---|---|---|---|---|---|
| | □大隈重信《おおくましげのぶ》 | □伊藤博文 | □選挙権《せんきょけん》 | □衆議院 | □自由民権運動 |
| | □西郷隆盛《さいごうたかもり》 | □西南戦争 | □言論《げんろん》 | □板垣退助 | □大日本帝国憲法 |

学習日　　月　　日

ぴたトリビア

さまざまな憲法草案《そうあん》が作成されましたが、その中でも五日市《いつかいち》憲法は、全204条のうち150条が基本的人権《じんけん》についてふれたものでした。

教科書 歴110～113ページ　答え 38ページ

## 1 右の絵と写真を見て、次の問いに答えましょう。

Ⓐ

(1) Ⓐの絵は、1877年に起きた士族による最大の反乱をえがいています。反乱の名前を書きましょう。

(2) Ⓐの反乱ではだれが中心となりましたか。中心人物の名前を書きましょう。

(3) 武力による反乱がしずめられ、世の中はどのように変わりましたか。㋐～㋓から選びましょう。

㋐ 政府の方針《ほうしん》どおりに従《したが》うようになった。

㋑ 武力ではなく、言論で主張するようになった。

㋒ 武力による反政府活動が増えていった。

㋓ 士族以外の者も武力を備えるようになった。

Ⓑ

(4) 国会を開くことを主張した、Ⓑの人物の名前を書きましょう。

(5) 国会を開き、憲法をつくることなどを求める運動のことを何といいますか。

## 2 右の絵を見て、次の問いに答えましょう。

(1)の発布

(1) 右の絵は、1889年に憲法が発布されたときの様子をえがいています。このとき発布された憲法を何といいますか。

(2) (1)はドイツの憲法を学んだ人物を中心につくられました。この人物の名前を書きましょう。

(3) (1)では国を治める主権はだれがもつとされましたか。

(4) (3)のもつ権限をほかに２つ書きましょう。

(5) 当時の衆議院の選挙権をもつ者の条件を、㋐～㋒から選びましょう。

㋐ 一定の税金を納めた25才以上の男子

㋑ 一定の税金を納めた25才以上の女子

㋒ 一定の税金を納めた25才以上の男女

ヒント　2 (2) この人物は、初代内閣総理大臣に任じられました。

## 2．日本の歴史
# 9 明治《めいじ》の国づくりを進めた人々

時間 30分
／100
合格 80点

教科書 歴102～113ページ　答え 39ページ

## 1 よく出る 右の年表を見て、次の問いに答えましょう。
1つ3点、⑷ 6点（27点）

| 年 | 主なできごと |
|---|---|
| 1853 | （①）が浦賀《うらが》に来る |
| 1854 | アメリカと（②）を結ぶ |
| （Ⓐ） | ⓐ日米修好通商条約を結ぶ |
| | 四か国と同様の条約を結ぶ |
| 1866 | ⓑ薩長同盟《さっちょうどうめい》が成立 |
| 1867 | ⓒ幕府《ばくふ》が政権《せいけん》を朝廷《ちょうてい》に返す |
| 1868 | 新政府軍と旧幕府軍が戦う |
| | 明治天皇《てんのう》の名で（③）を定める |

⑴ 年表中の①～③にあてはまる言葉を書きましょう。

①（　　　　）
②（　　　　）
③（　　　　）

⑵ ⑴の②によって、日本のどのような状態が終わりましたか。

（　　　　）

⑶ 年表中のⒶにあてはまる年代を、西暦《せいれき》で書きましょう。

（　　　　）

記述 ⑷ 下線部ⓐについて、外国との貿易が始まり、日本国内はどのようになりましたか。

思考・判断・表現

（　　　　）

⑸ 下線部ⓑについて、犬猿《けんえん》の仲《なか》といわれた薩摩藩《さつまはん》と長州《ちょうしゅう》藩の同盟《どうめい》を取りもった人物の名前を書きましょう。（　　　　）

⑹ 下線部ⓒについて、このときの15代将軍《しょうぐん》の名前を書きましょう。（　　　　）

## 2 明治新政府の改革《かいかく》をまとめた右の図を見て、次の問いに答えましょう。
1つ3点（24点）

⑴ 図中の①～⑤にあてはまる言葉を、［　　］からそれぞれ選びましょう。

技能

| | | |
|---|---|---|
| 徴兵令《ちょうへいれい》 | 地租改正《ちそかいせい》 | 廃藩置県《はいはんちけん》 |
| 学制《がくせい》 | 富国強兵《ふこくきょうへい》 | 殖産興業《しょくさんこうぎょう》 |

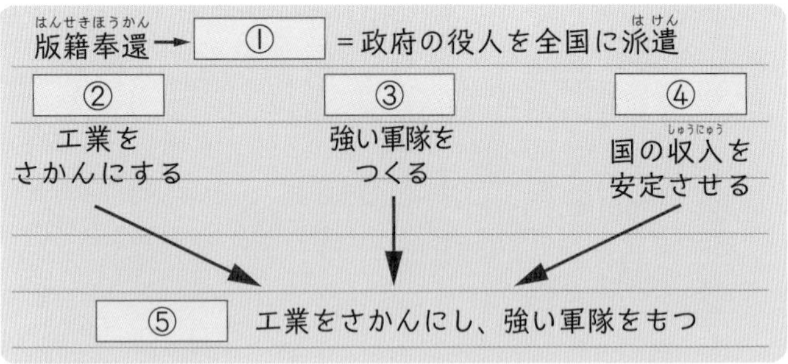


①（　　　　）　②（　　　　）　③（　　　　）
④（　　　　）　⑤（　　　　）

⑵ 当時の日本の徴兵令について説明した次の文を読み、｛　｝の中にあてはまる数字を◯で囲みましょう。

武士にかわって、訓練された近代的な軍隊をもつために、徴兵令が出された。このときの徴兵令では ①｛18・20｝才になった男子が、②｛1・3｝年間軍隊に入ることが義務づけられた。

⑶ 地租改正について、最初、税は土地の価格の何％を現金で納《おさ》めましたか。数字を書きましょう。（　　　　）％

## 3 次の資料を読んで、あとの問いに答えましょう。

1つ3点、(4)7点（25点）

> 今の政府は、（①）と（②）などの一部の者によって動かされている。広く（③）の意見を聞いて政治にいかすように、（④）を開くべきだ。

(1) 資料中の①～④にあてはまる言葉を、[　　　]からそれぞれ選びましょう。　**技能**

| | | | |
|---|---|---|---|
| 会議 | 薩摩藩 | 幕府 | 武士 |
| 長州藩 | 国民 | 議会（国会） | |

①（　　　　）　②（　　　　）
③（　　　　）　④（　　　　）

(2) 上の資料は、右の写真の人物が主張したものです。この人物を、㋐～㋓から選びましょう。

（　　　）

㋐ 勝海舟《かつかいしゅう》　㋑ 伊藤博文《いとうひろぶみ》　㋒ 板垣退助《いたがきたいすけ》　㋓ 大隈重信《おおくましげのぶ》

(3) (2)の人物が中心となって起こした運動は、全国に広がっていきました。この運動を何といいますか。

（　　　）

記述 (4) (3)の運動に対して政府が最初にとった対応はどのようなものでしたか。簡単《かんたん》に書きましょう。　**思考・判断・表現**

（　　　　　　　　　　　　　　　　）

## 4 右の資料を見て、次の問いに答えましょう。

1つ3点、(5)6点（24点）

(1) よく出る 右の資料の憲法《けんぽう》の名前を書きましょう。

（　　　　）

(2) 資料中の①～③にあてはまる言葉を、[　　　]からそれぞれ選びましょう。

| | | |
|---|---|---|
| 国民 | 法律《ほうりつ》 | 天皇 |

①（　　　　）　②（　　　　）
③（　　　　）

(3) だれが中心となって、この憲法をつくりましたか。

（　　　　）

(4) 憲法にもとづいて、1890年に初めての選挙《せんきょ》が行われ、第1回の国会が開かれました。貴族院《きぞくいん》と衆議院《しゅうぎいん》のうち、選挙で選ばれるのはどちらの議員ですか。

（　　　　）

**憲法の主な内容（要約）**

| | |
|---|---|
| 第1条 | 日本は、永久に続く同じ家系《かけい》の（①）が治める。 |
| 第3条 | （①）は神のように尊《とうと》いものである。 |
| 第4条 | （①）は、国の元首《げんしゅ》であり、この憲法の規定にのっとり、国や（②）を治める権《けん》限《げん》をもつ。 |
| 第5条 | （①）は、議会の協力で（③）をつくる。 |
| 第11条 | （①）が陸海軍を統率《とうそつ》する。 |
| 第29条 | （②）は、（③）の範囲《はんい》の中で、言論《げんろん》、出版、集会、結社の自由をもつ。 |

記述 (5) (4)の選挙のときの選挙権《けん》をもつ者の条件を、簡単に書きましょう。　**思考・判断・表現**

（　　　　　　　　　　　　　　　　）

ふりかえり　3(4)がわからないときは、74ページの1にもどって確認《かくにん》してみよう。

ぴったり1 準備

2．日本の歴史

# 10 世界に歩み出した日本①

3分でまとめ

学習日　　月　　日

めあて
条約改正をめぐる動きや日本の産業の発展を理解しよう。

教科書 歴116〜119ページ　答え 40ページ

次の（　　）に入る言葉を、下から選びましょう。

## 1 条約改正を目指して

教科書 歴116〜117ページ

### ノルマントン号事件

- 1886年、和歌山《わかやま》県沖《おき》で（①　　　　）の貨物船ノルマントン号がちんぼつした。
- 西洋人の船員は、全員ボートに乗って助かり、日本人の乗客は、全員なくなったが、船長は、イギリスの領事裁《りょうじさい》判《ばん》で、軽いばつを受けただけだった。
- 日本人は、（②　　　　）の改正を強く求めた。

ノルマントン号事件を風刺《ふうし》したまんが

**ワンポイント　条約改正**

- ノルマントン号事件は、江戸《えど》時代の終わりに幕府《ばくふ》が欧米諸国《おうべいしょこく》と結んだ不平等条約である（③　　　　）と深いかかわりがあった。
- （④　　　　）を認《みと》めているため、外国人が日本国内で罪をおかしても、日本の法《ほう》律《りつ》でさばくことができなかった。
- （⑤　　　　）がないため、外国からの輸入品にかける税金を、日本が自由に決める権利《けんり》が認められていなかった。
- 明治《めいじ》政府は、日本の独立を守り産業を発展《はってん》させるため、**条約改正**の交渉《こうしょう》を重ねたが、日本の近代化のおくれなどを理由に、交渉は進まなかった。

## 2 発展していく日本

教科書 歴118〜119ページ

### 産業の発展

- 不平等条約の改正には、産業を発展させ、欧米諸国のような近代的な国づくりをすることが必要だった。
- 1880年代、（⑥　　　　）と**紡績業《ぼうせきぎょう》**がさかんになり、各地に工場が建てられた。
- 19世紀末から20世紀初めにかけて、日本はアジアで最も工業のさかんな国となった。

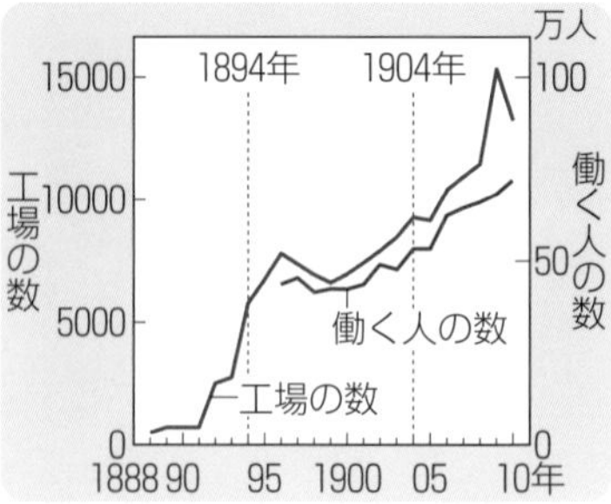


工業の発展

### 一部改正の成功

- 1894年、外務大臣の（⑦　　　　）はイギリスと交渉して、領事裁判権をなくすことに成功した。
- 交渉成功の背景《はいけい》には、アジアへの進出をめぐってイギリスが（⑧　　　　）と対立していたという事情があった。
- その後、ほかの国々とも同じ改正が実現した。

ロシアの南下をはばもうと、イギリスは日本に近づいたんだね。

選んだ言葉に ✓

| | | | |
|---|---|---|---|
| □陸奥宗光《むつむねみつ》 | □ロシア | □修好通商条約 | □領事裁判権 |
| □イギリス | □製糸業 | □関税自主権《かんぜいじしゅけん》 | □不平等条約 |

ぴたトリビア

ノルマントン号の船長や船員は全員助かりましたが、日本人の乗客25人は船内に残されおぼれてしまったとされています。

教科書 歴116〜119ページ　答え 40ページ

## 1 次の会話文を読んで、あとの問いに答えましょう。

江戸時代の終わりに結んだ条約では、外国人が日本国内で（①）をおかしたとき、ⓐ日本の法律ではなく、その外国人の国の法律・裁判所でさばく権利を外国に認めていたそうだよ。

ⓑ外国からの輸入品にかける（②）を、日本が自由に決める権利も認められていなかったよ。

(1) 会話文中の①、②にあてはる言葉を、［　］からそれぞれ選びましょう。

［ 税金　罪　利益　命令 ］

①（　　　）②（　　　）

(2) 下線部ⓐについて、この権利を何といいますか。

（　　　）

(3) 下線部ⓑについて、この権利を何といいますか。

（　　　）

(4) 右の絵の事件は、会話文中の下線部ⓐ、ⓑのどちらと関係がありますか。（　　　）

ノルマントン号事件を風刺したまんが

## 2 次の文を読んで、あとの問いに答えましょう。

不平等条約を改正するために、政府は日本の産業を発展させ、近代的な国づくりを目指した。1880年代には、（①）と（②）がさかんになり、各地に工場が建てられた。19世紀末から20世紀初めにかけて、日本はアジアで最も（③）のさかんな国になった。

(1) 文中の①〜③にあてはまる言葉を、［　］からそれぞれ選びましょう。

［ 工業　製糸業　改正　紡績業 ］

①（　　　）②（　　　）③（　　　）

(2) 1894年、日本はイギリスとの交渉で、条約の一部改正に成功しました。このときイギリスと交渉した日本の外務大臣の名前を書きましょう。また、改正した内容を書きましょう。

人物（　　　）

内容（　　　）

ヒント　1 (3) 国内の産業を、安い外国製品から守るために必要な権利です。

# 10 世界に歩み出した日本②

学習日　　月　　日

めあて
日清戦争・日露戦争と、世界の中の日本の立場の変化を理解しよう。

教科書 歴120～123ページ　答え 41ページ

次の（　　）に入る言葉を、下から選びましょう。

## 1 中国《ちゅうごく》やロシアと戦う

教科書 歴120～121ページ

### 中国との戦争

- 日本は朝鮮《ちょうせん》に不平等な条約を結ばせ、勢力をのばそうとした。
- 朝鮮では（①　　　　　）のえいきょうが強かったので、日本と清《しん》との対立が深まり、1894年、朝鮮に起こった内乱《ないらん》をきっかけに、（②　　　　　）が始まった。
- 勝利した日本は、清から多額の賠償金《ばいしょうきん》を受け取り、台湾《たいわん》などを日本の（③　　　　　）にしたが、中国東北《とうほく》部（**満州《まんしゅう》**）に勢力をのばしたロシアの干渉《かんしょう》で、日本は領土の一部を清に返還《へんかん》した。

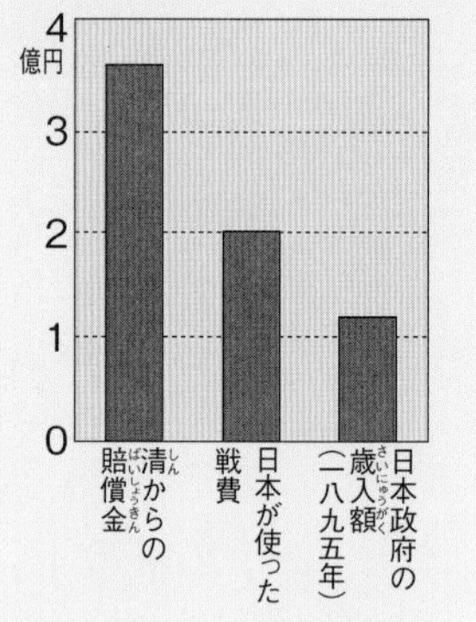


清から得た賠償金と戦費

### ロシアとの戦争

- 朝鮮（韓国《かんこく》）にも勢力をのばしてきたロシアとの対立が深まり、1904年、（④　　　　　）が始まった。
- **与謝野晶子《よさのあきこ》**は、「君死にたまふ《(う)》ことなかれ」という詩を発表して、戦争に反対した。
- 日本海での戦いで（⑤　　　　　）がロシア艦隊《かんたい》を破るなど、日本は多くの戦死者を出しながらも勝利した。
- 日本は樺太《からふと》（サハリン）の南部、満州の鉄道などを得て、韓国を勢力下に置いたが、戦争の費用負担《ふたん》に苦しんだ国民の不満は高まった。
- **日清《にっしん》戦争**・**日露《にちろ》戦争**の勝利は、欧米諸国《おうべいしょこく》に日本の力を認《みと》めさせた。

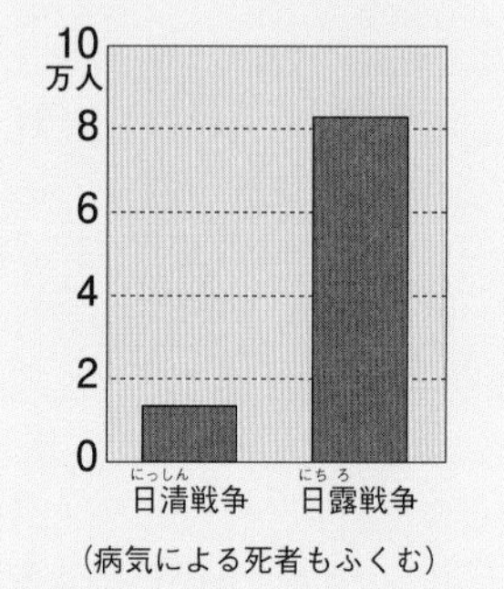


二つの戦争での日本の戦死者

## 2 世界へ進出する日本

教科書 歴122～123ページ

### 朝鮮（韓国）の植民地化

- 1910年、日本は人々の抵抗《ていこう》を軍隊でおさえ、（⑥　　　　　）を行った。
- 日本語教育を始め、朝鮮の文化や歴史の教育は制限された。
- 土地制度の改正によって土地を失った人々は、日本人地主《じぬし》の小作人《こさくにん》になったり、仕事を求めて日本などに移住したりした。
- 朝鮮の人々は、日本の支配に対する独立運動を続けた。

### 日本の国際的地位の向上

- 1911年、外務大臣の（⑦　　　　　）は条約改正に成功し、（⑧　　　　　）を回復した。
- 条約改正、医学などの発展《はってん》を通し、日本の**国際的地位の向上**が図られた。

| | |
|---|---|
| **北里柴三郎《きたさとしばさぶろう》** | 破傷風《はしょうふう》の治療法《ちりょうほう》の発見 |
| **志賀潔《しがきよし》** | 赤痢菌《せきりきん》の発見 |
| **野口英世《のぐちひでよ》** | 黄熱病《おうねつびょう》の研究 |

医学で活やくした日本人

選んだ言葉に ✔

| | | | |
|---|---|---|---|
| □韓国併合《へいごう》 | □関税自主権《かんぜいじしゅけん》 | □日清戦争 | □植民地 |
| □中国(清) | □東郷平八郎《とうごうへいはちろう》 | □日露戦争 | □小村寿太郎《こむらじゅたろう》 |

ぴったり2

# 練習

学習日　　月　　日

ぴたトリビア

1920年、国際平和のために国際連盟《れんめい》が設立されました。新渡戸稲造《にとべいなぞう》は、事務局次長を6年間務め、国際社会発展のために努力しました。

教科書 歴120～123ページ　答え 41ページ

## 1 右のグラフを見て、次の問いに答えましょう。

(1) グラフ中のⒶ、Ⓑにあてはまる戦争名を書きましょう。

Ⓐ(　　　　　　)

Ⓑ(　　　　　　)

(2) 次の文について、それぞれⒶ、Ⓑどちらの戦争に関係がありますか。

①(　　　) 朝鮮の内乱がきっかけとなって、戦争が始まった。

②(　　　) 戦争に勝利した後、朝鮮を日本の勢力下に置いた。

③(　　　) ロシアが満州に軍隊を送り、朝鮮（韓国）にも勢力をのばしてきたことが原因で、戦争が始まった。

④(　　　) 戦争後、日本は台湾などを植民地にした。

⑤(　　　) 東郷平八郎が、日本海での戦いに勝利した。

⑥(　　　) 日本は、多額の賠償金を得た。

⑦(　　　) 戦争後、日本は樺太（サハリン）の南部と満州の鉄道などを得た。

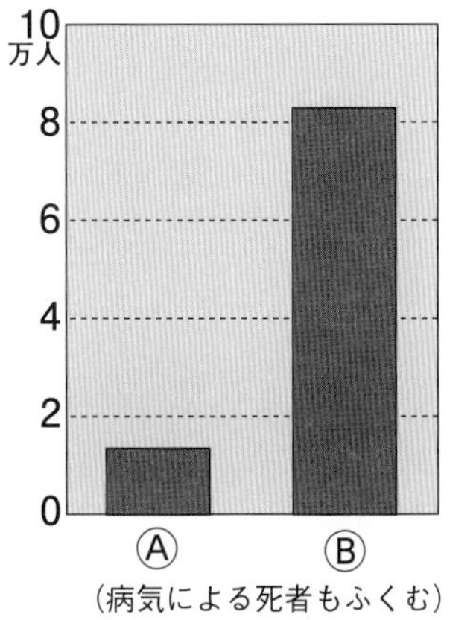


二つの戦争での日本の戦死者

## 2 右の年表を見て、次の問いに答えましょう。

(1) 年表中の①～④にあてはまる言葉を、［　］からそれぞれ選びましょう。

日露戦争　　陸奥宗光《むつむねみつ》　　日清戦争　　小村寿太郎

①(　　　　　)　②(　　　　　)

③(　　　　　)　④(　　　　　)

(2) 下線部ⓐについて、この改正により廃止《はいし》に成功した権利《けんり》を何といいますか。

(　　　　　)

(3) 下線部ⓑについて、次の文中の①、②にあてはまる言葉を書きましょう。

日本の植民地になった朝鮮では、土地制度が変えられ、人々は土地を失った。人々は、日本人地主の(①)になったり、(②)を求めて日本などに移住したりした。

①(　　　　　)　②(　　　　　)

(4) 下線部ⓒについて、この改正により日本が回復した権利を何といいますか。

(　　　　　)

| 年 | 主なできごと |
| --- | --- |
| 1886 | ノルマントン号事件<br>条約改正に何度も失敗する |
| 1894 | (①)がイギリスとのⓐ条約の一部を改正する<br>(②)が始まる |
| 1902 | 日英同盟《にちえいどうめい》を結ぶ |
| 1904 | (③)が始まる |
| 1910 | ⓑ朝鮮（韓国）を併合 |
| 1911 | (④)がⓒ条約改正を達成する |

ヒント

1 (2)② 朝鮮における日本の優越権《ゆうえつけん》を認めた国を考えます。ここから併合へと向かっていきます。

2 (2)(4) 幕末《ばくまつ》に結んだ不平等条約の2つの権利が入ります。どちらの改正が先か思い出しましょう。

ぴったり1 **準備**



# 10 世界に歩み出した日本③

学習日　月　日

めあて
産業の発展による人々の生活や社会の変化を理解しよう。

教科書 歴124～127ページ　答え 42ページ

次の（　　）に入る言葉を、下から選びましょう。

## 1 生活や社会の変化

教科書 歴124～125ページ

### 産業の発展《はってん》

- 官営（① 　　　　　）（福岡《ふくおか》県北九州《きたきゅうしゅう》市）は、中国《ちゅうごく》（清《しん》）の鉄鉱石と九州《きゅうしゅう》の石炭を使って生産を行い、国内の鉄鋼《てっこう》生産の約80％をしめた。
- 日本の産業の発展により、都市部の生活は近代化し、東京《とうきょう》や大阪《おおさか》では、働く女性が増加して女性にも洋服が広がっていった。人々の情報源《げん》として、ラジオ放送が始まった。

重工業の発達

### 社会問題の発生

- 産業の発展は、労働条件の悪さなど、さまざまな社会問題も引き起こした。
- 栃木《とちぎ》県の足尾《あしお》銅山の（② 　　　　　）は、大きな被害《ひがい》をもたらし、農民の生活にも深刻《しんこく》なえいきょうをあたえた。
- 衆議院《しゅうぎいん》議員の（③ 　　　　　）は、農民の生活を守るために献身《けんしん》的な努力をした。

田中正造《たなかしょうぞう》

### 社会参加への動き

- 1914年にヨーロッパで第一次世界大戦が起こると、輸出が増え、国内は好景気をむかえたが、物価の上昇《じょうしょう》が続いて米などの値段《ねだん》が急に高くなった。人々は生活を守るため、各地で民衆《みんしゅう》運動を起こした。
- 人々の（④ 　　　　　）への意識は高まり、（⑤ 　　　　　）を求める運動が展開《てんかい》され、25才以上のすべての男子が衆議院議員の選挙権《せんきょけん》をもつようになった。
- （⑥ 　　　　　）や市川房枝《いちかわふさえ》らを中心に女性運動もさかんになり、選挙権などの権《けん》利《り》の獲得《かくとく》をめざしていった。
- 差別され苦しめられてきた人々は、（⑦ 　　　　　）をつくり立ち上がった。

## 2 日本の経済《けいざい》や産業の発展にこうけん　ひろげる

教科書 歴127ページ

### 渋沢栄一《しぶさわえいいち》の功績《こうせき》

- 埼玉《さいたま》県深谷《ふかや》市出身の**渋沢栄一**は、江戸幕府《えどばくふ》に仕え、27才のときにヨーロッパの国々をおとずれて西洋の技術や文化、政治や経済のしくみなどを学んだ。
- 明治《めいじ》政府の役人となり、税金や貨幣《かへい》の制度、郵便《ゆうびん》の制度、鉄道の開通などにこうけんした。
- 明治政府からはなれた後、日本で最初の銀行である（⑧ 　　　　　）の設立をはじめ、500以上の会社の設立や経営にたずさわるなど、日本の経済や産業の発展にこうけんした。
- 身よりのない人々を保護《ほご》する施設《しせつ》や病院、学校などの設立にも力をつくした。

選んだ言葉に✔

| | | | |
|---|---|---|---|
| □平塚《ひらつか》らいてう《（ちょう）》 | □全国水平社《ぜんこくすいへいしゃ》 | □田中正造 | □鉱毒《こうどく》問題 |
| □八幡《やはた》製鉄所 | □普通《ふつう》選挙 | □民主主義 | □第一国立銀行 |

ぴたトリビア

1923年９月１日、関東《かんとう》地方南部で関東大震災《かんとうだいしんさい》が起こりました。この地《じ》震《しん》により、死者・行方《ゆくえ》不明者約11万人もの被害が出ました。

教科書 歴124～127ページ　答え 42ページ

## 1 次のⒶ～Ⓓの文を読んで、あとの問いに答えましょう。

Ⓐ　日本の産業の発展は、人々に近代的な生活をもたらした。東京や大阪では、（①）が増加し、（②）を着る人も増えた。

Ⓑ　重工業が発達する一方で、足尾銅山の（③）や、工場で働く人の（④）の悪さなど、さまざまな社会問題が発生した。

Ⓒ　ヨーロッパで起きた（⑤）は、日本に好景気をもたらしたが、米などの値段が急に高くなり、人々は生活を守るために、各地で（⑥）を起こした。

Ⓓ　人々の（⑦）への意識は高まり、普通選挙を求める運動がさかんになっていった。

(1)　文中の①～⑦にあてはまる言葉を、［　］からそれぞれ選びましょう。

| | | | |
|---|---|---|---|
| 鉱毒問題 | 働く女性 | 民衆運動 | 第一次世界大戦 |
| 労働条件 | 洋服 | 民主主義 | |

①（　　　）　②（　　　）
③（　　　）　④（　　　）
⑤（　　　）　⑥（　　　）
⑦（　　　）

(2)　Ⓐについて、このころ新聞と並《なら》ぶ情報源となったものは何ですか。（　　　）

(3)　Ⓑについて、足尾銅山で起きた公害問題を政府にうったえ、一生を農民のためにささげた人物の名前を書きましょう。（　　　）

(4)　Ⓒについて、(1)の⑤は何年に始まった戦争ですか。［　］から選びましょう。

1894年　1904年　1914年　1939年

（　　　）

(5)　Ⓓについて、1925年に実現した普通選挙によって選挙権が認《みと》められた人々を、㋐～㋒から選びましょう。（　　　）

㋐　一定の税金を納《おさ》めた25才以上の男子　㋑　25才以上のすべての男子
㋒　20才以上のすべての男女

## 2 次の問いに答えましょう。

(1)　渋沢栄一が明治政府の役人であったころに関わっていないものを、㋐～㋒から選びましょう。（　　　）

㋐　郵便の制度　㋑　条約の改正　㋒　鉄道の開通

(2)　渋沢栄一が設立した日本最初の銀行の名前を書きましょう。

（　　　）

ヒント　1 (1)⑥　米を求めて、米を売る店におしかける騒動《そうどう》が全国に広がりました。

ぴったり3

# 確かめのテスト

2．日本の歴史

## 10 世界に歩み出した日本

時間 30 分

／100

合格 80 点

教科書 ㊣116～127ページ　答え 43ページ

**1** よく出る 右の年表を見て、次の問いに答えましょう。　1つ3点（30点）

| 年 | 主なできごと |
| --- | --- |
| 1858 | ⓐ修好通商条約を結ぶ |
| | ↕ X |
| 1886 | （①）事件が起こる……………Ⓐ |
| 1894 | ⓑイギリスとの条約の一部を改正する |
| | 日清《にっしん》戦争が起こる（～1895） |
| | ↕ Y |
| 1904 | 日露《にちろ》戦争が起こる（～1905） |
| 1910 | 朝鮮《ちょうせん》（韓国《かんこく》）を併合《へいごう》する……Ⓑ |
| 1911 | ⓒ条約改正を達成する |
| | ↕ Z |
| 1923 | （②）が起こる |
| 1925 | 普通《ふつう》選挙制度が定められる…Ⓒ |

(1) 年表中の①、②にあてはまる言葉を、［　　］からそれぞれ選びましょう。　技能

エルトゥールル号　　関東大震災《かんとうだいしんさい》
ノルマントン号　　阪神《はんしん》・淡路《あわじ》大震災

①（　　　　　）
②（　　　　　）

(2) 下線部ⓐについて、この条約は日本にとって不平等条約といわれています。不平等な内容を２つ書きましょう。

（　　　　　）
（　　　　　）

(3) 下線部ⓑについて、条約改正の交渉《こうしょう》にあたった外務大臣の名前を書きましょう。（　　　　　）

(4) 下線部ⓒについて、条約改正に成功した外務大臣の名前を書きましょう。

（　　　　　）

(5) 次の文に関係のあることがらを、年表中のⒶ～Ⓒからそれぞれ選びましょう。

①（　　　）土地を失った人々は小作人《こさくにん》になったり、日本へ移住したりした。
②（　　　）25才以上のすべての男子が、衆議院《しゅうぎいん》議員の選挙権《せんきょけん》をもった。
③（　　　）イギリス人の船長が、自国の裁判《さいばん》で軽いばつで許された。

(6) ヨーロッパで第一次世界大戦が起こった時期を、年表中のX～Zから選びましょう。

（　　　）

**2** 次の文にあてはまる人物を、㋐～㋗からそれぞれ選びましょう。　1つ3点（24点）

(1)（　　　）赤痢菌《せきりきん》を発見し、その治療《ちりょう》法を確立した。
(2)（　　　）歌人の立場で戦争に疑問《ぎもん》を投げかけ、弟を思う詩を発表した。
(3)（　　　）日本海での戦いでロシア艦隊《かんたい》を破り、日本を勝利に導いた。
(4)（　　　）破傷風《はしょうふう》の治療法を発見し、若《わか》い医師たちを育てた。
(5)（　　　）へび毒の研究や黄熱病《おうねつびょう》の調査研究をした。
(6)（　　　）国際連盟《れんめい》の事務局次長を６年間務め、国際社会発展《はってん》のために力をつくした。
(7)（　　　）足尾《あしお》銅山の鉱毒《こうどく》問題で力をつくし、農民のために戦った。
(8)（　　　）新婦人協会《しんふじんきょうかい》を設立し、女性や母親の権利《けんり》を守ることをうったえた。

㋐ 新渡戸稲造《にとべいなぞう》　㋑ 田中正造《たなかしょうぞう》　㋒ 北里柴三郎《きたさとしばさぶろう》　㋓ 東郷平八郎《とうごうへいはちろう》
㋔ 野口英世《のぐちひでよ》　㋕ 志賀潔《しがきよし》　㋖ 与謝野晶子《よさのあきこ》　㋗ 平塚《ひらつか》らいてう《（ちょう）》

## 3 右のグラフを見て、次の問いに答えましょう。

1つ3点（24点）

(1)　次の文は、グラフⒶとそれに関連する内容を説明しています。｛　｝の中の正しい言葉を◯で囲みましょう。

工場の数や働く人の数が年とともに①｛増えて・減って｝いる。また、1894年と1904年を境に大きくのびていることが分かる。1894年は②｛日清戦争・日露戦争｝が始まった年であり、1904年は③｛日清戦争・日露戦争｝が始まった年である。

日本は、19世紀末から20世紀初めにかけてアジアで最も④｛工業・農業｝のさかんな国になった。

(2)　グラフⒷについて、1890年と1910年に共通して最も多い輸出品目を書きましょう。（　　　　）

(3)　グラフⒷについて、1890年と比べて1910年に大きく増えた輸入品目を書きましょう。（　　　　）

(4)　グラフⒷについて、(2)、(3)と関わりのある、この時代に大きく発展した工業を2つ書きましょう。

（　　　　）（　　　　）

Ⓐ

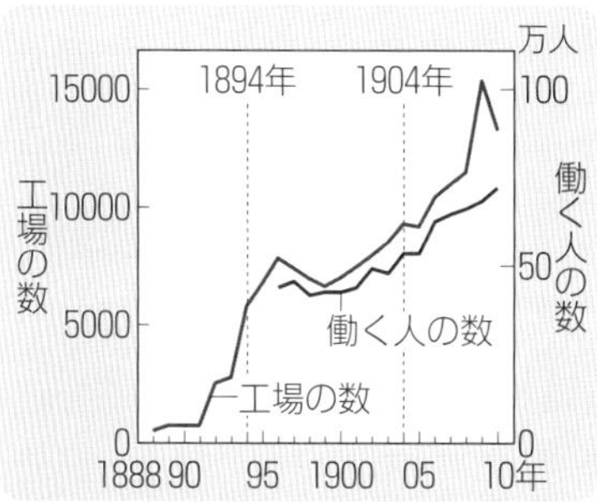


工業の発展

Ⓑ

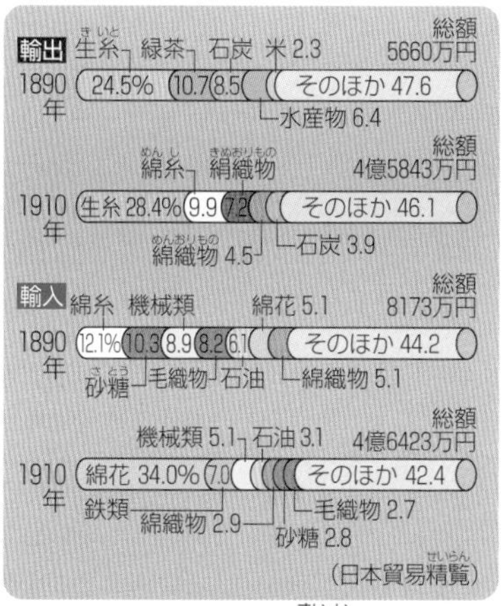


主要な貿易品目の推移《すいい》

## 4 次の文とグラフを見て、あとの問いに答えましょう。

1つ3点、(4)10点（22点）

日本は朝鮮（韓国）への進出をめぐって、中国《ちゅうごく》（清）やロシアと対立し、2つの戦争が起きた。この2つの戦争に勝利した日本は、ⓐ賠償金《ばいしょうきん》やⓑ植民地を得て、欧米諸国《おうべいしょこく》に日本の力を認《みと》めさせ、欧米の支配に苦しむアジアの国々を勇気づけた。

(1)　下線部ⓐについて、右のグラフから読み取れることとして正しいものを、㋐～㋒から選びましょう。（　　　）

㋐　この戦争で、日本は歳入額《さいにゅうがく》の約3倍の賠償金を得た。

㋑　この戦争で、日本は歳入額の約半分を戦費として使った。

㋒　この戦争で、日本は清に賠償金として約3億円を支払《しはら》った。

(2)　下線部ⓑについて、中国（清）から得た領土を、［　　］から選びましょう。（　　　）

朝鮮　樺太《からふと》（サハリン）　台湾《たいわん》　満州《まんしゅう》

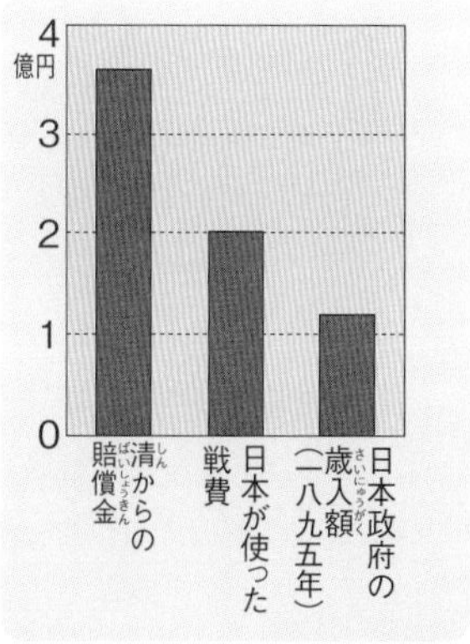


清から得た賠償金と戦費

(3)　ロシアとの戦争で、日本がロシアから得たものを2つ書きましょう。（　　　　）の南部（　　　　）の鉄道

記述 (4)　できたらスゴイ！ ロシアとの戦争で、日本国民の間に大きな不満が残りました。その理由を簡単《かんたん》に書きましょう。

思考・判断・表現

（　　　　　　　　　　）

ふりかえり　4(4)がわからないときは、80ページの1にもどって確認《かくにん》してみよう。

この本の終わりにある「冬のチャレンジテスト」をやってみよう！

ぴったり1 準備

3分でまとめ

学習日　　月　　日

2．日本の歴史

# 11 長く続いた戦争と人々のくらし①

めあて

日中戦争や太平洋戦争にいたった過程を理解しよう。

教科書 歴128～133ページ　答え 44ページ

次の（　　）に入る言葉を、下から選びましょう。

## 1 世界文化遺産《いさん》の原爆《げんばく》ドーム／中国《ちゅうごく》との戦争が広がる

教科書 歴128～131ページ

### 原爆ドーム

現在の原爆ドーム

- 1945（昭和《しょうわ》20）年８月６日、広島《ひろしま》に世界で最初の（①　　　　）が落とされた。
- まちはいっしゅんで破壊《はかい》され、多くの人々がなくなった。
- 原爆ドームは、（②　　　　）をなくし、世界平和を目指すちかいのシンボルとして保存《ほぞん》され、1996年に世界文化遺産に登録された。

### 中国との戦争

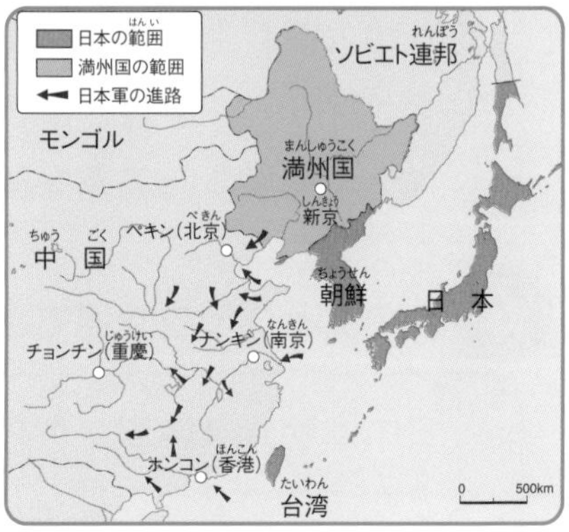


中国との戦争の広がり

- 昭和時代になると、世界中が（③　　　　）になり、日本でも生活に苦しむ人が増えた。
- 日本は中国に勢力をのばし、景気の回復をはかろうとした。
- （④　　　　）（中国東北《とうほく》部）での日本の権利《けんり》や利益を守らなくてはならないという動きの中で、1931（昭和6）年、日本軍が中国軍を攻撃《こうげき》し、（⑤　　　　）になった。
- 日本は、**満州《まんしゅう》**を満州国として独立させ、政治の実権《じっけん》をにぎったが、（⑥　　　　）がこれを認《みと》めなかったため、日本は国際連盟《れんめい》を脱退《だったい》し、国際的な孤立《こりつ》を深めた。
- 1937年、日本軍と中国軍がペキン（北京《ぺきん》）郊外《こうがい》でしょうとつし、（⑦　　　　）となった。

## 2 戦争が世界に広がる

教科書 歴132～133ページ

### 第二次世界大戦へ

- ヨーロッパでは、（⑧　　　　）が率いるドイツが周辺の国々を侵略《しんりゃく》し、1939年、イギリスやフランスなどと戦争になり、第二次世界大戦が始まった。
- 日本は、石油などの資源《しげん》を得るために東南アジアへと軍隊を進め、ドイツ・イタリアと軍事同盟《どうめい》を結び、イギリス・アメリカと激《はげ》しく対立した。
- 1941年、日本はハワイの（⑨　　　　）のアメリカ軍港やマレー半島のイギリス軍を攻撃して、（⑩　　　　）が始まった。
- 戦争は激しさを増していき、多くの男性が兵士として戦場に送られた。
- 日本が敗戦しても正しい情報は国民に知らされず、多くの国民が戦争に協力した。

選んだ言葉に ✔

| | | | | |
|---|---|---|---|---|
| □真珠湾《しんじゅわん》 | □国際連盟 | □日中《にっちゅう》戦争 | □ヒトラー | □満州事変《じへん》 |
| □原子爆弾《げんしばくだん》 | □核兵器《かくへいき》 | □不景気 | □満州 | □太平洋《たいへいよう》戦争 |

ぴったり2

# 練習

ぴたトリビア

「赤紙《あかがみ》」とよばれた召集令状《しょうしゅうれいじょう》が届《とど》けられた国民は、兵士として戦地に行くことになりました。

学習日　　月　　日

教科書　歴128～133ページ　答え　44ページ

## 1 次の文と地図を見て、あとの問いに答えましょう。

昭和時代になると、世界中が（①）になり、日本は景気の回復をはかるために、中国に勢力をのばそうとした。そのような動きの中で、1931年に（②）が起こり、中国各地に戦争が広がっていった。

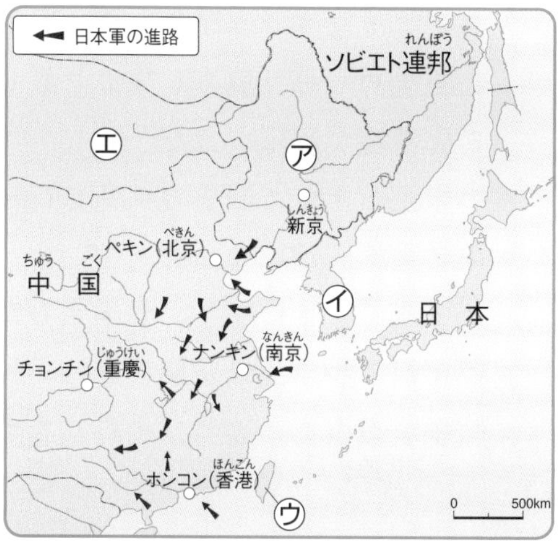

中国との戦争の広がり

(1) 文中の①、②にあてはまる言葉を、［　］からそれぞれ選びましょう。

満州事変　好景気
日清《にっしん》戦争　不景気

①（　　）　②（　　）

(2) (1)の②によって満州を占領《せんりょう》した日本は、そこに国を建てました。国の名前を書きましょう。また、その位置を、右の地図中の㋐～㋓から選びましょう。

国名（　　）　位置（　　）

(3) 国際連盟は、(2)の国の独立を認めませんでした。これに対して、日本はどのような行動をとりましたか。あてはまる言葉を書きましょう。

国際連盟を（　　）した。

(4) (3)の後、1937年に日本軍と中国軍がペキン（北京）郊外で戦いを始めました。この戦いは中国各地に広がり、何という戦争に発展しましたか。

（　　）

## 2 右の年表を見て、次の問いに答えましょう。

| 年 | 主なできごと |
|---|---|
| 1939 | ⓐ（①）がまわりの国を侵略する |
| 1940 | 日本が（①）、（②）と軍事同盟を結ぶ |
| 1941 | ハワイの（③）を攻撃 |
| | マレー半島のイギリス軍を攻撃 |
| | ⓑアメリカ、イギリスと戦争を始める |
| 1942 | ミッドウェー海戦敗北 |
| 1943 | ガダルカナル島撤退《てったい》 |
| 1944 | サイパン島の日本軍守備隊全滅《ぜんめつ》 |

(1) 年表中の①～③にあてはまる言葉を書きましょう。

①（　　）
②（　　）
③（　　）

(2) 下線部ⓐについて、こうして始まった戦争を何といいますか。

（　　）

(3) 下線部ⓑについて、東南アジアや太平洋を戦場にして戦った、この戦争を何といいますか。

（　　）

ヒント　1 (2)　中国の東北部に建てられました。

学習日　　月　　日

# 11 長く続いた戦争と人々のくらし②

めあて
戦争中の人々の暮らしや空襲による被害、戦争終結までの動きを理解しよう。

教科書 歴134～139ページ　答え 45ページ

次の(　　)に入る言葉を、下から選びましょう。

## 1 すべてが戦争のために／空襲《くうしゅう》で日本の都市が焼かれる

教科書 歴134～137ページ

### 戦時中のくらし

- 政府は人々を戦争に協力させるために、(①　　　　　)を強めていった。非常時として、国民が一丸となって戦争に協力することが求められ、協力しないと厳《きび》しく取りしまられた。また、さまざまな情報が制限された。
- 小学生も学校で戦争の訓練を行った。
- 中学生くらいになると、(②　　　　　)を補《おぎな》うために工場などで働くようになり、大学生も戦場で戦うようになった。
- 都市部の小学生は空襲をさけ、地方へ(③　　　　　)した。
- 戦争が長引くにつれ、食料や衣類などを国が管理する(④　　　　　)になった。

まちに立てられた看板《かんばん》

### 空襲の被害《ひがい》

- 1944年になると、アメリカ軍の飛行機による空襲が激《はげ》しくなり、軍事施設《しせつ》や工場だけでなく、住宅地《じゅうたくち》も被害にあった。
- (⑤　　　　　)は、日本の木造の建物に大きな被害をあたえ、火災によって多くの人々の命がうばわれた。

## 2 原爆《げんばく》投下と戦争の終わり

教科書 歴138～139ページ

### 沖縄戦《おきなわせん》

- 1945（昭和《しょうわ》20）年３月以降《いこう》、沖縄はアメリカ軍の激しい攻撃《こうげき》を受けた。
- 一般《いっぱん》の市民や中学生くらいの生徒も戦争に動員された。
- 地上戦が始まると、(⑥　　　　　)として女子生徒も陸軍病院に動員され、看護《かんご》にあたった。
- 県民60万人のうち12万人以上の人がぎせいになった。
- 戦いは６月23日まで続き、最後はアメリカ軍に占領《せんりょう》された。

玉音《ぎょくおん》放送を聞く人々
＊ラジオ放送で昭和天皇《しょうわてんのう》が終戦を伝えた

### 日本の降伏《こうふく》

- アメリカ軍は、1945年８月６日に広島《ひろしま》、９日に長崎《ながさき》に(⑦　　　　　)を投下した。
- ８月８日、たがいに戦わないという条約を破り、(⑧　　　　　)軍が満州《まんしゅう》にせめこみ、やがて樺太《からふと》南部、千島《ちしま》列島にもせめこんだ。
- (⑨　　　　　)、日本はついに降伏し、15年にわたる戦争が終わった。
- 台湾《たいわん》と朝鮮《ちょうせん》の植民地支配も終わった。

選んだ言葉に✔

□焼夷弾《しょういだん》　□ひめゆり学徒隊　□8月15日　□原子爆弾《げんしばくだん》(原爆)
□戦時体制　□ソビエト連邦《れんぽう》(ソ連)　□労働力不足　□配給制　□集団疎開《そかい》

ぴたトリビア

東京《とうきょう》への空襲は合計で100回以上におよび、なかでも1945年３月10日の東京大空襲の死傷者《ししょうしゃ》は約12万人といわれます。

教科書 歴134～139ページ　答え 45ページ

## 1 右の写真を見て、次の問いに答えましょう。

(1) 右の看板は、どのようなことを国民に求めた標語ですか。㋐～㋒から選びましょう。（　　　）

㋐ 外国の製品を積極的に買うこと。

㋑ 国民が一丸となって戦争に協力すること。

㋒ 親のいない子どもたちを助けること。

(2) 戦争が激しくなるにつれ、食料や衣類などの生活必需品《ひつじゅひん》が不足して、国が管理するようになりました。この制度を何といいますか。（　　　）

(3) このころ、学校生活はどのようになりましたか。次の文中の①～③にあてはまる言葉を、［　　］からそれぞれ選びましょう。

（①）も学校で戦争の訓練をし、中学生は勉強のかわりに（②）で働き、大学生も（③）へかりだされた。

［戦場　小学生　工場］

①（　　　）　②（　　　）　③（　　　）

(4) 都市部での空襲が激しくなってきたとき、小学生は学校ごとに地方へ避難《ひなん》しました。これを何といいますか。漢字４字で書きましょう。（　　　）

## 2 右の写真を見て、次の問いに答えましょう。

Ⓐ

Ⓑ

(1) Ⓐの写真について、アメリカ軍が上陸し、多くの住民を巻《ま》きこんだ地上戦が行われたのはどこですか。（　　　）

(2) (1)での地上戦が始まって、多くの女子生徒が陸軍病院に動員されました。この女子生徒を何といいますか。（　　　）

(3) Ⓑの写真について、新型爆弾《しんがたばくだん》が落とされた都市にある建物です。この爆弾の名前と投下された都市の名前を書きましょう。

爆弾名（　　　）
都市名（　　　）

(4) (3)の３日後にはほかの都市に新型爆弾が落とされました。この都市の名前を書きましょう。（　　　）

ヒント
❶ (2) 戦争を最優先《さいゆうせん》にしていたので、物不足が深刻《しんこく》だったことがわかります。
❷ (2) 222人の女子生徒が動員され、その多くが命を落としました。

ぴったり3 確かめのテスト

2. 日本の歴史

# 11 長く続いた戦争と人々のくらし

時間 30分　／100　合格 80点

教科書 歴128～139ページ　答え 46ページ

## 1 よく出る 右の年表を見て、次の問いに答えましょう。

1つ3点、⑵4点（25点）

| 年 | 主なできごと |
| --- | --- |
| 1931 | （①）が起こる |
| 1932 | 満州が満州国《まんしゅうこく》として独立 |
| 1933 | 日本、ⓐ国際連盟に脱退を通告する |
| 1934 | 満州国に皇帝《こうてい》を就任《しゅうにん》させる |
| 1937 | （②）が始まる<br>日本、ナンキン（南京）を占領《せんりょう》 |
| 1939 | ⓑ第二次世界大戦が始まる |
| 1941 | ハワイのアメリカ軍、マレー半島のイギリス軍を攻撃《こうげき》<br>（③）が始まる |
| 1944 | 主要都市への空襲《くうしゅう》が激化《げきか》 |
| 1945 | ⓒ日本が降伏する |

⑴ 年表中の①～③にあてはまる言葉を、[　]からそれぞれ選びましょう。　技能

太平洋《たいへいよう》戦争　日中《にっちゅう》戦争　原爆《げんばく》投下
満州《まんしゅう》事変《じへん》　日露《にちろ》戦争　大空襲《だいくうしゅう》

①（　　　　）　②（　　　　）
③（　　　　）

記述 ⑵ 下線部ⓐについて、日本はなぜ国際連盟《れんめい》に脱退《だったい》を通告したのですか。簡単《かんたん》に書きましょう。

（　　　　　　　　　　　　）

⑶ 下線部ⓑについて、この戦争が始まった原因を、㋐～㋓から選びましょう。　（　　）

㋐ イギリスがドイツとの貿易を制限したから。
㋑ ドイツがまわりの国々を侵略《しんりゃく》したから。
㋒ 中国《ちゅうごく》での権益《けんえき》をめぐって対立したから。
㋓ ロシアで起こった革命《かくめい》運動が拡大《かくだい》したから。

⑷ 下線部ⓒについて、ラジオ放送で戦争の終結を伝えた人はだれですか。
（　　　　）

⑸ 下線部ⓒについて、日本の降伏《こうふく》によって植民地支配から解放された地域《ちいき》を2つ書きましょう。
（　　　　）（　　　　）

## 2 右の地図を見て、①～⑤の文にあてはまる地域を、地図中の㋐～㋔からそれぞれ選びましょう。また、その地名も書きましょう。

1つ3点（30点）

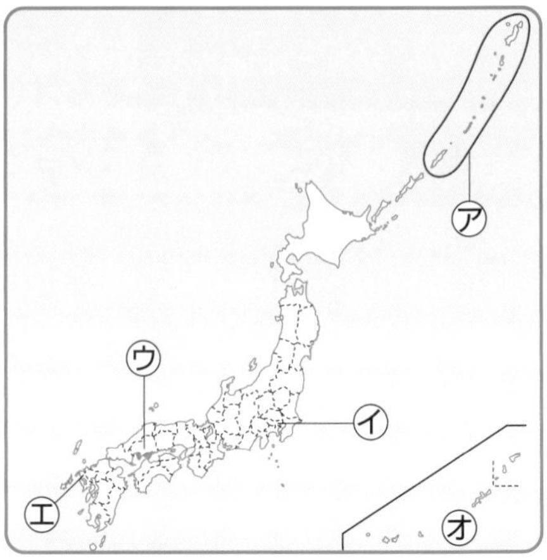


① アメリカ軍が上陸して、激《はげ》しい地上戦がくり広げられ、多くの人がぎせいとなった。
（　　）地名（　　　　）

② 1945年3月10日、死傷者《ししょうしゃ》12万人といわれる大きな空襲を受けた。（　　）地名（　　　　）

③ 1945年8月9日、原子爆弾《げんしばくだん》が投下され、多くの人がなくなった。（　　）地名（　　　　）

④ ソ連軍がたがいに戦わないという条約を破り、日本の領土にせめこんできた。（　　）地名（　　　　）

⑤ 1945年8月6日、アメリカ軍によって世界で最初の原子爆弾が投下され、いっしゅんにして多くの命がうばわれた。（　　）地名（　　　　）

学習日　　月　　日

## 3 次の写真を見て、あとの問いに答えましょう。

(1)1つ4点、(2)5点（25点）

Ⓐ

Ⓑ

Ⓒ

Ⓓ

Ⓔ

(1) 次の文は、戦争中の様子を表しています。文に関係のある写真を、Ⓐ～Ⓔからそれぞれ選びましょう。

① (　　　) 学校生活も軍隊式のものになり、戦争の訓練などもさかんに行われた。

② (　　　) 戦争が長引くにつれ、生活物資が不足して、米や野菜、衣類なども国が管理する配給制になってきた。

③ (　　　) 男性は兵隊として戦場にかり出され、働き手が不足してきた。その労働力不足を補《おぎな》うために女子生徒も工場などで働いた。

④ (　　　) 戦争への協力をよびかける看板《かんばん》が、まち中に置かれた。

⑤ (　　　) 空襲が激《はげ》しくなり、都市部の小学生たちは、地方へ集団で疎開《そかい》した。

記述 (2) 政府が進めた戦時体制について、「国民」と「一丸」という言葉を使って、簡単に書きましょう。

思考・判断・表現

(　　　　　　　　　　)

## 4 次の文を読んで、あとの問いに答えましょう。

1つ5点（20点）

1941年、日本軍はⓐハワイのアメリカ軍港やマレー半島のイギリス軍を攻撃して、ⓑ太平洋戦争が始まった。日本は初め勝利を続けていたが、しだいに敗戦を重ねることになった。多くの国民は、この戦争をⓒ「正しい戦争である」と信じて、協力した。

(1) 下線部ⓐについて、アメリカ軍港があった湾《わん》の名前を書きましょう。

(　　　　　)

記述 (2) できたらスゴイ! 下線部ⓑについて、この戦争で日本は何を獲得《かくとく》しようとしたのですか。

(　　　　　　　　　　)

(3) 下線部ⓑについて、国民を兵士として召集《しょうしゅう》するための令状《れいじょう》は何とよばれましたか。漢字2字で書きましょう。

(　　　　　)

記述 (4) 下線部ⓒについて、なぜ国民は政府を信じて、戦争に協力したのですか。「情報」という言葉を使って、簡単に書きましょう。

思考・判断・表現

(　　　　　　　　　　)

ふりかえり ❸(2)がわからないときは、88ページの❶にもどって確認《かくにん》してみよう。

# 12 新しい日本、平和な日本へ①

学習日　月　日

**めあて**
戦後に行われた改革や、日本の復興や国際社会への復帰を理解しよう。

教科書 歴142〜147ページ　答え 47ページ

次の（　　）に入る言葉を、下から選びましょう。

## 1 終戦直後の人々のくらし／民主主義による国を目指して

教科書 歴142〜145ページ

### ✪ 終戦後の日本

- 戦争は終わったが、（①　　　　　）で都市は破壊《はかい》され、田畑はあれ果ててしまった。
- 人々は家や家族を失い、食べ物や日常品にも不自由する生活をしていた。
- 戦争で親をなくして、孤児《こじ》になった子どももたくさんいた。
- 満州《まんしゅう》に移住していた人々の中には、日本に帰れず中国《ちゅうごく》に残された（②　　　　　）も多くいた。

**ワンポイント** 戦後改革《かいかく》

- 日本は、アメリカなどの（③　　　　　）に占領《せんりょう》された。
- 日本政府は、連合国軍の指導により、民主主義国家として再出発するために**戦後改革**を行った。
- 選挙《せんきょ》制度…20才以上の男女に平等に選挙権《けん》が保障《ほしょう》された。
- 学校教育…小学校の６年間、中学校の３年間の９年間が（④　　　　　）とされ、子どもが教育を受ける権利が保障された。

初めて投票する女性

- （⑤　　　　　）…1946（昭和《しょうわ》21）年11月３日に公布され、翌年《よくねん》５月３日から施行《しこう》された。国民主権《しゅけん》・基本的人権《じんけん》の尊重《そんちょう》・平和主義が三つの原則とされた。

## 2 再び世界の中へ

教科書 歴146〜147ページ

### ✪ 主権の回復

- 第二次世界大戦後、国際社会の平和を守るため（⑥　　　　　）がつくられた。
- 米ソ対立の中、朝鮮《ちょうせん》は韓国《かんこく》と北朝鮮《きたちょうせん》に分かれ、1950（昭和25）年に朝鮮戦争が起こった。
- 1951年、アメリカのサンフランシスコで開かれた講和会議で48か国と（⑦　　　　　）を結び、同時にアメリカと安全保障条約を結んだ。翌年、日本は主権を回復した。
- 1956年、日本の**国際連合**への加盟《かめい》が認《みと》められ、再び国際社会に復帰した。

### ✪ 産業の発展《はってん》

- 国際社会に復帰した日本は、産業を急速に発展させた。
- 1950年代後半、人々の生活も豊かになり、「（⑧　　　　　）」とよばれた、白黒テレビや電気冷蔵庫《れいぞうこ》、電気洗濯機《せんたくき》などの電化製品が広まった。
- 中学校を卒業後、都会の工場などに集団就職《しゅうしょく》する若者《わかもの》は「金《きん》の卵《たまご》」といわれた。

選んだ言葉に✔

| | | | |
|---|---|---|---|
| □国際連合 | □平和条約 | □三種《さんしゅ》の神器《じんぎ》 | □義務教育 |
| □空襲《くうしゅう》 | □連合国軍 | □日本国憲法《けんぽう》 | □中国残留孤児 |

ぴったり2
# 練習

学習日　　月　　日

ぴたトリビア
二度と戦争をしないことをちかって軍隊を解散し、小作《こさく》農家が自分の土地をもつ（農地改革）などの戦後改革が行われました。

教科書 歴142～147ページ　答え 47ページ

## 1 次の会話文を読んで、あとの問いに答えましょう。

（①）に ⓐ選挙権が保障された初めての選挙は、1946年4月に行われたんだ。このとき（①）の国会議員が39名選ばれたそうだよ。

教育の目標や ⓑ制度が大きく変わったんだ。（②）の考えにもとづき、平和な国や社会をつくる国民を育てるための教育の目標が立てられたんだね。

(1) 会話文中の①、②にあてはまる言葉を、［　］からそれぞれ選びましょう。

［ 天皇　女性　憲法 ］

①（　　　　）②（　　　　）

(2) 下線部ⓐについて、このとき選挙制度はどのように変わりましたか。㋐～㋒から選びましょう。（　　）

㋐ 18才以上の男性に平等に選挙権が保障された。
㋑ 20才以上の男女に平等に選挙権が保障された。
㋒ 25才以上の男女で、一定の税金を納《おさ》めた者に選挙権が保障された。

(3) 下線部ⓑについて、学校教育はどのように変わりましたか。正しくないものを、㋐～㋓から選びましょう。（　　）

㋐ 子どもが教育を受ける権利が保障された。
㋑ 小・中学校の9年間が義務教育になった。
㋒ 男女共学が法律《ほうりつ》で定められた。
㋓ 年齢《ねんれい》に関係なく大学に入学できるようになった。

## 2 次の文を読んで、｛　｝の中の正しい言葉を、◯で囲みましょう。

(1) 第二次世界大戦後、国際社会の平和を守るため、｛国際連盟《れんめい》・国際連合｝がつくられた。
(2) 朝鮮は、アメリカが支援《しえん》する韓国と、ソ連《れん》が支援する北朝鮮に分かれて対立し、1950年、｛太平洋《たいへいよう》戦争・朝鮮戦争｝が起こった。
(3) 日本は、アメリカの｛ワシントン・サンフランシスコ｝で開かれた講和会議で、48か国と平和条約を結び、翌年主権を回復した。
(4) (3)の平和条約を結ぶと同時に、日本は｛ソ連・アメリカ｝と安全保障条約を結んだ。
(5) 1950年代後半、人々の生活は豊かになっていき、｛3C《シー》・三種の神器｝とよばれた、白黒テレビ、電気冷蔵庫、電気洗濯機などの電化製品が広まった。

ヒント 1 (2) 戦争後は、男女平等とされる世の中になりました。

# 12 新しい日本、平和な日本へ②

学習日　　月　　日

めあて
高度経済成長期の生活の変化や、世界や日本の今後の課題を理解しよう。

教科書 歴148～153ページ　答え 48ページ

次の（　　）に入る言葉を、下から選びましょう。

## 1 高度経済《けいざい》成長の中の東京《とうきょう》オリンピック・パラリンピック

教科書 歴148～149ページ

### 東京オリンピック・パラリンピック

- アジアで初めての**東京オリンピック**が、1964（昭和《しょうわ》39）年に開かれた。
- 開催《かんさい》に向けて、（①　　　　）や地下鉄が新たにつくられた。東海道《とうかいどう》（②　　　　）が、東京・大阪《おおさか》間につくられた。
- 同年、第２回**パラリンピック**が東京で開かれた。
- 日本の復興《ふっこう》を世界に伝え、世界からも認《みと》められた。

東京オリンピックの開会式の様子（1964年）

### 経済の発展《はってん》

- 1960年、政府は（③　　　　）を発表し、産業を急速に発展させた。
- 重化学コンビナートがつくられ港が整備された。貿易の拡大《かくだい》、輸出の増加にも力を入れた。
- 1968年、（④　　　　）額がアメリカに次いで、世界第２位になった。
- 1960年代以降、国民の生活も豊かになり、三種《さんしゅ》の神器《じんぎ》にかわり、カー（車）、クーラー、カラーテレビの（⑤　　　　）が、多くの家庭に広まった。
- 産業の発展の一方で、水や空気が汚染《おせん》され、公害などの環境《かんきょう》問題を生んだ。

## 2 変化の中の日本／これからの日本を考えよう

教科書 歴150～153ページ

### 変化する日本

- 世界は、アメリカ側とソ連《れん》側で対立していたが、1989年、大きな対立は終わった。
- しかし、世界各地で紛争《ふんそう》が起こるようになり、国際連合を中心に、解決に向けてさまざまな努力がなされている。
- 日本は、1980年代後半から（⑥　　　　）となったが、1991年に崩壊《ほうかい》し、その後、長く不景気が続いた。
- 平成《へいせい》時代に入り、1995年に阪神《はんしん》・淡路大震災《あわじだいしんさい》、2011年に（⑦　　　　）という自然災害が発生し、大きな被害《ひがい》をもたらした。
- 被災地《ひさいち》には、たくさんの（⑧　　　　）が支援《しえん》のために集まり、人々を支えた。

### 日本とまわりの国がかかえる問題

- ロシア連邦《れんぽう》…日本固有の領土である（⑨　　　　）の返還《へんかん》問題が残されている。
- 韓国《かんこく》…1954年から、日本固有の領土である竹島《たけしま》を不法に占領《せんりょう》している。
- 北朝鮮《きたちょうせん》…日本人を連れ去った（⑩　　　　）や核兵器《かくへいき》の問題が残されている。
- 中国《ちゅうごく》…日本固有の領土である尖閣諸島《せんかくしょとう》の領有を主張している。

選んだ言葉に✓

| | | | | |
|---|---|---|---|---|
| □バブル経済 | □国民総生産 | □北方領土《ほっぽうりょうど》 | □東日本《ひがしにほん》大震災 | □国民所得倍増計画 |
| □高速道路 | □新幹線 | □拉致《らち》問題 | □ボランティア | □3C《シー》 |

ぴたトリビア

1970年には大阪府で日本万国博覧会が開かれ、6400万人以上の人が来場しました。

学習日　　月　　日

教科書 歴148〜153ページ　答え 48ページ

## 1 右の写真を見て、次の問いに答えましょう。

Ⓐ

Ⓑ

(1) 写真Ⓐは、1964年にアジアで初めて開催されたスポーツの祭典《さいてん》の開会式の様子です。この祭典の名前を書きましょう。

(　　　　　　　　)

(2) (1)に向けて、東京ー大阪間で開通した高速鉄道を何といいますか。

(　　　　　　　　)

(3) 写真Ⓑは、コンビナートの工場群です。1960年代から70年代にかけての日本の社会の変化に関する次の①〜⑤の説明のうち、正しいものには○を、まちがっているものには×をつけましょう。

①(　　) 日本は、国際連合への加盟《かめい》が認められて、再び国際社会に復帰した。

②(　　) 政府は、国民所得倍増計画を発表し、産業を急速に発展させる政策《せいさく》を進めた。

③(　　) 政府は貿易の拡大、輸出の増加を進め、国民総生産額がアメリカに次いで世界第２位になった。

④(　　) 家庭では、「三種の神器」とよばれた、白黒テレビ、電気冷蔵庫《れいぞうこ》、電気洗濯機《せんたくき》などの電化製品が広まった。

⑤(　　) 国民生活が豊かになり、３Ｃ（カー、クーラー、カラーテレビ）が多くの家庭に広まった。

## 2 右の年表を見て、次の問いに答えましょう。

| 年 | 主なできごと |
| --- | --- |
| 1980年代後半 | バブル経済が始まる |
| 1989 | (①)の対立が終わる<br>元号が(②)から平成《へいせい》になる |
| 1991 | ⓐバブル経済が崩壊する |
| 1995 | ⓑ阪神・淡路大震災が起こる |
| 2011 | ⓒ東日本大震災が起こる |

(1) 年表中の①、②にあてはまる言葉を、［　　］からそれぞれ選びましょう。

米ソ　　日米　　令和《れいわ》　　昭和

①(　　　　　)　②(　　　　　)

(2) 下線部ⓐの後、日本の経済はどうなりましたか。簡単《かんたん》に書きましょう。

(　　　　　　　　　　　　　　　　)

(3) 下線部ⓑ、ⓒについて、被災地に支援のために集まった人たちを何といいますか。カタカナで書きましょう。

(　　　　　　)

ヒント　1 (2)　外国から来る選手や観客をむかえるために、交通機関が整備されました。

# 12 新しい日本、平和な日本へ

時間 30 分　　／100　　合格 80 点

教科書 歴142～153ページ　答え 49ページ

## 1 よく出る 右の年表を見て、次の問いに答えましょう。
1つ3点、⑵5点（35点）

| 年 | 主なできごと |
| --- | --- |
| 1945 | 日本が降伏《こうふく》する |
| | ⓐ選挙《せんきょ》法が改正される |
| 1946 | （①）が公布される |
| 1947 | （①）が施行《しこう》される |
| 1950 | ⓑ朝鮮《ちょうせん》戦争が起こる |
| 1951 | ⓒ講和会議で（②）を結ぶ |
| | アメリカと（③）を結ぶ |
| 1956 | 日本が（④）に加盟《かめい》する |
| 1964 | ⓓ東京オリンピック開催《かいさい》 |
| 1972 | （⑤）が日本に復帰する |
| 1989 | 元号が昭《しょう》和《わ》から平成《へいせい》に変わる |
| 1995 | 阪神《はんしん》・淡路《あわじ》大震災《だいしんさい》が起こる |
| 2011 | 東《ひがし》日本《にほん》大震災《だいしんさい》が起こる |

⑴ 年表中の①～⑤にあてはまる言葉を、［　　］からそれぞれ選びましょう。

平和条約　沖縄《おきなわ》　日本国憲法《けんぽう》
国際連合　安全保障《ほしょう》条約

①（　　　　）②（　　　　）
③（　　　　）④（　　　　）
⑤（　　　　）

記述 ⑵ 下線部ⓐについて、改正された内容を、簡単《かんたん》に書きましょう。　思考・判断・表現
（　　　　　　　　　　）

⑶ 下線部ⓑについて、朝鮮が南北に分断されてできた２国を書きましょう。
（　　　　）（　　　　）

⑷ 下線部ⓒについて、講和会議はどこで行われましたか。国名と都市名を書きましょう。
国名（　　　　）都市名（　　　　）

⑸ 下線部ⓓについて、オリンピックに向けて、高速道路や地下鉄が新たにつくられました。このとき、東京《とうきょう》と大阪《おおさか》の間に開通したものを書きましょう。（　　　　）

## 2 戦後の日本について、次の問いに答えましょう。
1つ3点（24点）

⑴ 日本が民主主義国家として再出発するため、連合国軍の指導のもと行われたさまざまな改《かい》革《かく》を何といいますか。
（　　　　）

⑵ 右の年表は、⑴として行われたできごとを表しています。①～④の文にかかわるできごとを、年表中のⒶ～Ⓓからそれぞれ選びましょう。

①（　　）小作《こさく》農家も自分の農地をもてるようになった。
②（　　）小学校６年間、中学校３年間の計９年間が義務教育になった。
③（　　）二度と戦争をしないために行った。
④（　　）天皇《てんのう》から国民へ、主権《しゅけん》が変わった。

| 年 | 月 | 主なできごと |
| --- | --- | --- |
| 1945 | 9 | 軍隊を解散………………Ⓐ |
| | 10 | 連合国軍が民主化を指示 |
| | 11 | 政党《せいとう》を復活 |
| | 12 | 女性の参政権《さんせいけん》を認《みと》める |
| | | 労働者の権利《けんり》を保障 |
| | | 農地改革が始まる………Ⓑ |
| 1946 | 11 | 新しい憲法《けんぽう》を公布………Ⓒ |
| 1947 | 3 | 教育制度が変わる………Ⓓ |
| | 5 | 新しい憲法を施行 |

⑶ Ⓒについて、この憲法の３つの原則を書きましょう。
（　　　　）（　　　　）（　　　　）

## 3 右のグラフと写真を見て、次の問いに答えましょう。

1つ3点、⑷5点（17点）

⑴ グラフ中の①、②にあてはまる電化製品の名前を書きましょう。①（　　　　）

②（　　　　）

⑵ 1950年代後半、白黒テレビ、電気洗濯機《せんたくき》、⑴の①の電化製品が広まりました。３つの電化製品を何といいましたか。

（　　　　）

⑶ 1968年に起こったできごとを、㋐～㋒から選びましょう。（　　）

㋐ 政府が国民所得倍増計画を発表した。

㋑ 個人所得が戦前水準に回復した。

㋒ 国民総生産額が世界第２位になった。

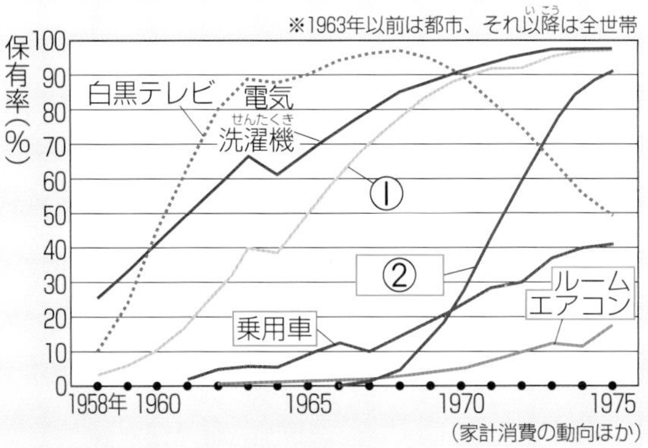


電化製品のふきゅうの様子

記述 ⑷ 右の写真は、コンビナートの工場群です。政府は産業を急速に発展《はってん》させる政策《せいさく》を進めましたが、一方で大きな問題もかかえました。その問題を簡単《かんたん》に書きましょう。

思考・判断・表現

（　　　　）

## 4 次の文を読んで、あとの問いに答えましょう。

1つ3点（24点）

Ⓐ 1965年に朝鮮半島を代表する政府として条約を結び、国交を正常化して友好を深めている。一方、日本固有の領土である（①）を不法に占領《せんりょう》している。

Ⓑ 1972年に国交が正常化され、1978年には平和友好条約を結んだ。一方、日本固有の領土である（②）の領有を主張しているが、ここは日本が有効に支配している。

Ⓒ 1956年に国交を回復し、交流が続いている。一方、日本固有の領土である（③）の返《へん》還《かん》問題が残されている。

Ⓓ いまだ国交はなく、2002年に初の首脳《しゅのう》会談が開かれた。日本人を無理やり連れ去った（④）問題や核兵器《かくへいき》の開発などの多くの問題が残されている。

⑴ Ⓐ～Ⓓにあてはまる国を、［　　］からそれぞれ選びましょう。 技能

ロシア連邦《れんぽう》　韓国《かんこく》　中国《ちゅうごく》　北朝鮮《きたちょうせん》　台湾《たいわん》

Ⓐ（　　　　）　Ⓑ（　　　　）

Ⓒ（　　　　）　Ⓓ（　　　　）

⑵ 文中の①～④にあてはまる言葉を、［　　］からそれぞれ選びましょう。 技能

尖閣諸島《せんかくしょとう》　北方領土《ほっぽうりょうど》　拉致《らち》　竹島《たけしま》

①（　　　　）　②（　　　　）

③（　　　　）　④（　　　　）

ふりかえり 3⑷がわからないときは、94ページの1にもどって確認《かくにん》してみよう。

# 1 日本とつながりの深い国々①

3分でまとめ

学習日　　月　　日

めあて
日本とのつながりのある国、アメリカの社会や生活について理解しよう。

教科書 政60～71ページ　答え 50ページ

次の（　　）に入る言葉を、下から選びましょう。

## 1 人類共通の願い／日本と関係の深い国を探《さが》そう／調べる国を決めよう

教科書 政60～65ページ

### 国際社会とのかかわり方

- 国と国との紛争《ふんそう》や環境《かんきょう》（①　　　　）、限りある資源《しげん》、飢《う》えや貧困《ひんこん》など、多くの問題をかかえる国際社会において、日本のわたしたちが果たすべき役割《やくわり》を考える必要がある。

### 日本と関係の深い四つの国

- （②　　　　）…日本が自動車や精密《せいみつ》機械を多く輸出。幕末《ばくまつ》にはペリーが来航。日本人の野球選手がメジャーリーグで活やく。
- （③　　　　）…多くの観光客が来日。ゴッホの絵に江戸《えど》時代の浮世絵《うきよえ》がえがかれている。明治《めいじ》時代に広まった横浜《よこはま》のガス灯《とう》はフランスから伝来。
- （④　　　　）…人口の多い中国市場に日本の企業《きぎょう》が進出。古くは遣隋使《けんずいし》や遣唐使《けんとうし》により文化が伝来。横浜や神戸《こうべ》に「中華街《ちゅうかがい》」。
- （⑤　　　　）…日本は鳥肉を多く輸入。日本人の移民、日系《にっけい》人が多い。多くの日本の企業が進出。

| | アメリカ合衆国《がっしゅうこく》 | 中華人民共和国《ちゅうかじんみんきょうわこく》 | フランス | ブラジル |
|---|---|---|---|---|
| 国旗 |  |  |  |  |
| 首都 | ワシントンD.C. | （⑥　　　　） | パリ | （⑦　　　　） |
| 面積 | 約983万km$^2$ | 約960万km$^2$ | 約55万km$^2$ | 約852万km$^2$ |
| 人口 | 約３億3800万人（2022年） | 約14億2600万人（2022年） | 約6500万人（2022年） | 約２億1500万人（2022年） |
| 主な言語 | 英語 | 中国語 | フランス語 | ポルトガル語 |

## 2 アメリカの学校の様子／人々の生活と年中行事／広い国土を生かした産業と多文化社会

教科書 政66～71ページ

### アメリカの学校

- 幼稚園《ようちえん》から高等学校までが義務教育で、教科書や授業料は（⑧　　　　）。移民や先住民などいろいろな**民族**や文化のちがう子どもが学んでいる。ディベートの授業がさかん。

### 人々の生活や年中行事

- ハロウィン・感謝祭・クリスマスといった行事は、家族や親せきが集まって祝う。
- アメリカで生まれたジーンズやハンバーガーは世界中に広まっている。
- （⑨　　　　）が進んでおり、世界の政治や経済《けいざい》にあたえるえいきょうは大きい。

### 産業と多文化社会

- 広い土地を生かし、大型機械を使った（⑩　　　　）で、小麦や大豆を世界に輸出。
- 外国から異《こと》なる文化をもった人々が集まる**多文化社会**になっている。

選んだ言葉に✔

| | | | | |
|---|---|---|---|---|
| □グローバル化 | □ペキン | □アメリカ合衆国 | □ブラジル | □農業 |
| □ブラジリア | □汚染《おせん》 | □中華人民共和国（中国） | □フランス | □無償《むしょう》 |

ぴったり2

# 練習

学習日　　月　　日

**ぴたトリビア**

日本は、中国、アメリカ、ドイツ、オランダに次ぐ世界第５位の貿易額（輸出入額）です（2021年）。

教科書　㊊60～71ページ　答え　50ページ

## 1 次の問いに答えましょう。

(1) 右の表は、日本人が多く住む海外の国を表したものです。１位のアメリカと、２位の中国の首都をそれぞれ書きましょう。

アメリカ（　　　　　）

中国（　　　　　）

（2021年　外務省資料）

| 順位 | 国名 | 人数 |
|---|---|---|
| 1 | アメリカ合衆国 | 42万9889人 |
| 2 | 中華人民共和国 | 10万7715人 |
| 3 | オーストラリア | 9万3451人 |
| 4 | タイ | 8万2574人 |
| 5 | カナダ | 7万892人 |

(2) ①～④の文を読んで、日本とつながりの深い国の名前を答えましょう。

① 多くの観光客が日本に来ている。また、パリでえがかれたゴッホの絵には江戸時代の浮世絵がえがかれている。（　　　　　）

② 日本の輸出相手国第２位（2020年）の国で、幕末にはこの国からペリーがやってきて、長く続いた日本の鎖国《さこく》の状態が終わった。（　　　　　）

③ 日本人の移民、日系人が多く住んでおり、多くの日本の企業が進出している。また、日本はこの国から鳥肉を多く輸入している。（　　　　　）

④ 古くから遣隋使や遣唐使によってこの国の文化が伝わった。また、横浜や神戸には「中華街」とよばれる観光スポットがある。（　　　　　）

## 2 アメリカに関する①～④の言葉の説明として正しいものを、それぞれ線で結びましょう。

① グローバル化　・　　・  ㋐大型機械を使った農業で小麦や大豆などがつくられ、宇宙《うちゅう》開発の研究やコンピューター産業などがさかんだね。

② 広大な国土と産業　・　　・  ㋑幼稚園から高等学校までが義務教育だよ。スピーチやディベートの授業が日本より多く、飛び級もあるよ。

③ 多文化社会　・　　・  ㋒アメリカの映画《えいが》や音楽が世界で楽しまれるなど、アメリカの動きが世界の経済などにえいきょうをあたえるよ。

④ 学校と生活　・　　・  ㋓異なる文化をもった人々が集まっていて、ロサンゼルスにはチャイナタウンやリトルトーキョーがあるよ。

ヒント

1 (1) アメリカ合衆国の首都は、ニューヨークではありません。

2 ① 最近では、ハロウィンが日本でも親しまれています。

# 1 日本とつながりの深い国々②

学習日　　月　　日

めあて
中国とフランスの社会や生活について理解しよう。

教科書 ㊣72～83ページ　答え 51ページ

次の（　　）に入る言葉を、下から選びましょう。

## 1 中国《ちゅうごく》の人々の生活と学校の様子／中国の伝統的な文化／経済《けいざい》が発展《はってん》した中国と人々の生活

教科書 ㊣72～77ページ

### ✪ 中国の小学校と人々の生活

- １年生から900字以上の（①　　　　　　）を覚える。
- 2016年まで行われていた（②　　　　　　　　）のえいきょうで、きょうだいのいない子どもが多く、少子高齢化《しょうしこうれいか》が進んでいる。

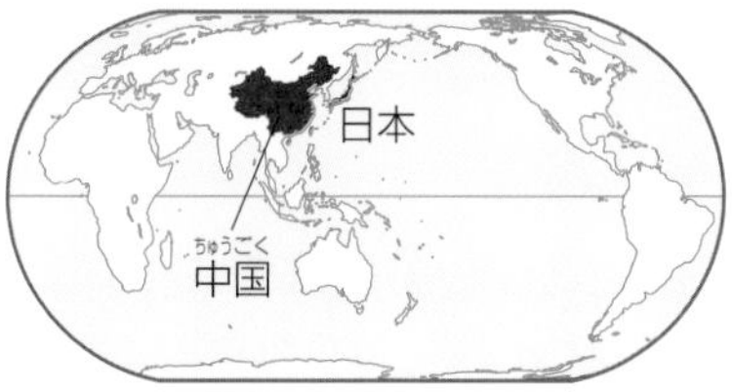

中国の位置

### ✪ 中国の文化や行事

- 50以上の民族がいて、服装《ふくそう》、言語、習慣などがちがう。主な民族は漢族（漢民族）で、いっぱんに「中国語」は漢語をさす。
- 伝統的な行事…（③　　　　　　）は日本のお正月にあたる。
- 中華《ちゅうか》料理…地域《ちいき》により味付けや料理の方法がちがう。

**中国から伝わったもの**
お茶、毛筆書写と漢字、シューマイ、ギョーザ、漢方薬《かんぽうやく》　など

### ✪ 経済発展した中国

- 日本の重要な貿易相手国。ペキンではオリンピック・パラリンピックが２回開かれた。
- 税金や貿易で優遇《ゆうぐう》されている（④　　　　　　）を中心に、多くの海外の企業《きぎょう》が進出している。シェンチェンは最先端《さいせんたん》技術を取り入れた**ＩＴ特区**《アイティーとっく》ともいわれる。

## 2 フランスの学校の様子／フランスの人々の生活の様子／農業と観光業がさかんなフランス

教科書 ㊣78～83ページ

### ✪ フランスの学校

- 学年の終わりには学校のお祭り（⑤　　　　　　）がある。
- 柔道《じゅうどう》、フェンシング、バレエなどの習い事がさかんである。
- フランスには、ビズというおたがいのほほにキスをするあいさつがある。また、鼻をすすることは**マナー**に反するとされている。

フランスの位置

### ✪ フランスの人々の生活

- パリは、地下鉄、バスなど交通が発達し、（⑥　　　　　　）とよばれる市場や（⑦　　　　　　）とよばれる古道具市がある。
- 公共の場では特定の**宗教**《しゅうきょう》を表に出さないかわりに、信仰《しんこう》の自由などが保障《ほしょう》されてきたが、移民が増えて、そのような原則になじめない人も多くなり、社会問題になっている。

### ✪ フランスの農業と観光業

- 農業がさかんで、食料自給率が高い。バター、チーズ、ワインなどは輸出もさかんである。
- TGV《テジェベ》という日本の新幹線のような高速列車で各地に行くことができる。
- 観光業がさかんで、（⑧　　　　　　　　）などの美術館や博物館に世界中から人々が**観光**に訪《おとず》れている。

選んだ言葉に✓

| | | | |
|---|---|---|---|
| □経済特区 | □ブロカント | □ルーブル美術館 | □春節《しゅんせつ》 |
| □ケルメス | □一人っ子政策《せいさく》 | □マルシェ | □漢字 |

学習日　　月　　日

**ぴたトリビア**

中国でも食事のときにはしを使いますが、中国のはしは、日本のはしよりも長くて太いです。

教科書 ㊣72〜83ページ　答え 51ページ

## 1 中国について、次の問いに答えましょう。

(1) 中国の正式な国名を書きましょう。（　　　　）

(2) 中国には50以上の民族がいます。右のグラフ中の（　）にあてはまる民族名を書きましょう。（　　　　）

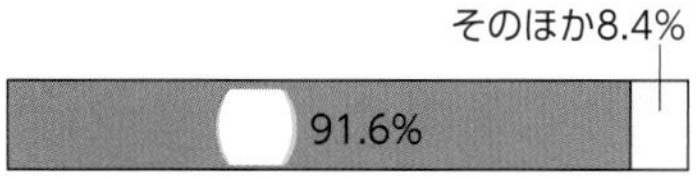


（中国地図集ほか）

(3) 中国の春節は日本の何にあたりますか。［　　］から選びましょう。

お正月　お盆《ぼん》　クリスマス　ハロウィン

（　　　　）

(4) 「一人っ子政策」が行われた結果、中国ではどのようなことが進んでいますか。

（　　　　）

(5) 中国で、税金などの面で優遇され、日本や外国の企業が多く進出している地区を何といいますか。（　　　　）

## 2 次の問いに答えましょう。

(1) フランスについて話している内容にあう言葉を、［　　］からそれぞれ選びましょう。

①（　　　　）

９月から始まる学年が終わるころの６月末に、保護者、先生も参加する学校のお祭りがあるよ。

②（　　　　）

フランスではものを大切に使う習慣があり、使わなくなったものは古道具市で売り買いされるよ。

③（　　　　）

パリにはたくさんの市場があり、野菜や肉、魚やチーズなどはお気に入りの店で買う人が多いよ。

ケルメス　ブロカント　マルシェ

(2) 次の文中の（　）にあてはまる言葉を書きましょう。

① フランスでは、鼻をすすることは（　　　　）に反するとされる。

② 公共の場で特定の（　　　　）を表に出さないかわりに、信仰の自由などが保障されていたが、移民のなかにはこの原則になじめない人もいて、社会問題になっている。

③ ルーブル美術館、国立自然史博物館などの美術館や博物館のほか、美しい古城などがあり、世界中からフランスに多くの人が（　　　　）で訪れている。

**ヒント** 1 (5) この地区の１つであるシェンチェンでは、自動運転のバスや店員のいないコンビニなど、最先端の技術が取り入れられています。

ぴったり1
# 準備

学習日　　月　　日

## 3. 世界の中の日本
## 1 日本とつながりの深い国々③

めあて
ブラジルの社会や生活、いろいろな国際交流について理解しよう。

教科書 政84～91ページ　答え 52ページ

次の（　　）に入る言葉を、下から選びましょう。

### 1 ブラジルの学校の様子／大都市とアマゾンの様子／日本とかかわりが深い産業　教科書 政84～89ページ

**ブラジルの学校と生活**

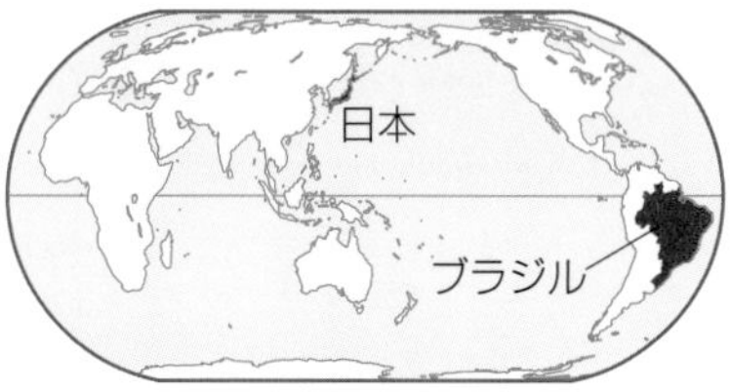

ブラジルの位置

- （①　　　　）にあり、夏と冬の季節が日本と逆なので、夏にクリスマスがやってくる。また、2月に新学期が始まる。国語はポルトガル語を学ぶ。
- 学校が終わると、サッカーをして遊んだり、サンバのダンスを習ったりする。
- 2月ごろにはサンバのダンスが有名な（②　　　　）、6月には演劇《えんげき》のお祭りであるブンバ・メウ・ボイが行われる。

**ブラジルのくらし**

- 日本からの移民が多く、日本にルーツのある人々は（③　　　　）とよばれる。
- 世界最大の熱帯林に（④　　　　）が流れている。アマゾンでは**先住民族**の半数が生活。伝統的な生活様式に現代社会の生活様式を取り入れ森を大切にし生活していたが、近年、開発のために森林の伐採《ばっさい》が行われて環境《かんきょう》破壊《はかい》が進み、伝統的な生活を守れなくなっている。
- 開発で河口に人口100万人の大都市ができた。
- アマゾン料理のタカカーが食べられている。

**ブラジルの産業**

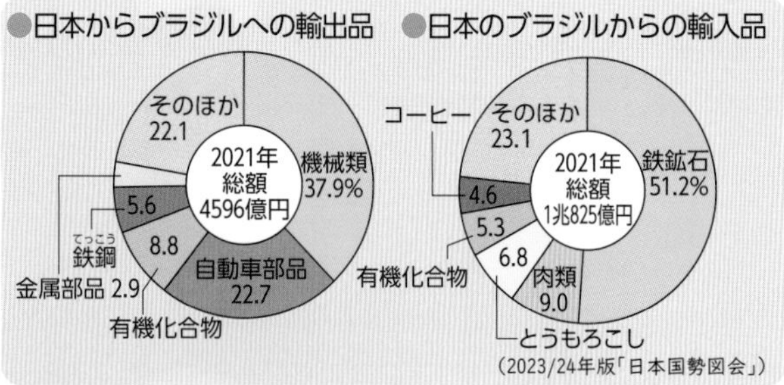

日本とブラジルとの貿易

- コーヒー豆や砂糖《さとう》、牛肉、鳥肉などの輸出量が世界一。貿易では、適正な価格で取り引きする（⑤　　　　）が求められている。
- さとうきびなどの植物から生産される（⑥　　　　）が自動車の燃料などに活用され、輸出されている。

### 2 いろいろな国際交流　教科書 政90～91ページ

**いろいろな国際交流**

- 全国各地にある（⑦　　　　）がいろいろなイベントを開いている。
- 2021年の東京オリンピック・パラリンピックのときに、（⑧　　　　）としてさまざまな国の選手を受け入れた地域《ちいき》では、経済《けいざい》や文化などの面で交流が行われた。

**国際交流の方法と役割《やくわり》**

- スポーツを通じた国際交流には平和を守る役割が、地域の国際交流協会のイベントにはおたがいを理解し合う役割がある。また、ほかの国の文化や芸術を伝え合うことで、それらを尊《そん》敬《けい》し、守る役割がある。

| 選んだ言葉に✓ | | | | |
|---|---|---|---|---|
| | □南半球 | □国際交流協会 | □アマゾン川 | □バイオエタノール |
| | □日系《にっけい》人 | □ホストタウン | □カーニバル | □フェアトレード |

ぴったり2

# 練習



ぴたトリビア

ブラジルの国名は、この土地にたくさんあった赤い染料《せんりょう》の原料となる木であるパウ・ブラジルにちなんで、名づけられました。

教科書 政84～91ページ　答え 52ページ

## 1 ブラジルについて、次の問いに答えましょう。

(1) 右の地図で、熱帯林を流れているⒶの川の名前を書きましょう。（　　　　）

(2) アマゾンの説明としてまちがっているものを、㋐～㋓から選びましょう。（　　）

㋐ すべての先住民族が森林で生活をしている。

㋑ アマゾンでは森林が伐採され、環境が破壊された。

㋒ 開発の結果、河口に大都市ができた。

㋓ アマゾン料理のタカカーが食べられている。

(3) 学校が終わった後に子どもが習いに行くこともある、カーニバルで有名なダンスを何といいますか。

（　　　　）

●日本のブラジルからの輸入品

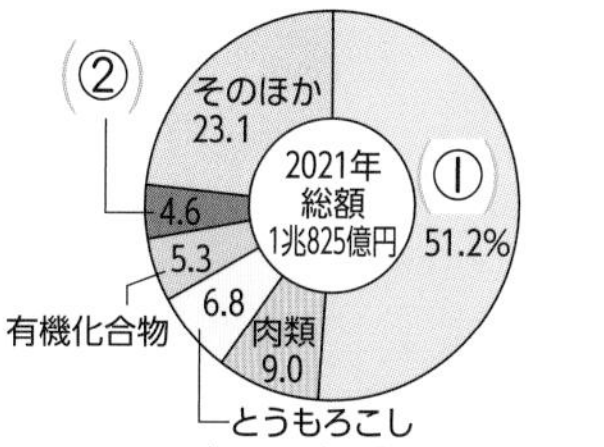


（2023/24年版「日本国勢図会」）

(4) ブラジルなどに多く住んでいる、日本にルーツのある人々のことを何といいますか。（　　　　）

(5) 右のグラフ中の①、②にあてはまるものを、次の説明を読んで書きましょう。

- ブラジルの（①）は鉄分の割合《わりあい》が高く、品質がよい。
- （②）は世界の生産量の約３分の１がブラジルで生産されている。

①（　　　　）　②（　　　　）

(6) ブラジルで、砂糖やエタノールの原料となっている植物は何ですか。

（　　　　）

## 2 次の会話の①～③にあてはまる言葉を、［　］からそれぞれ選びましょう。

①（　　　　）

オリンピックやパラリンピックなどの（①）を通じた国際交流により平和が守られることもあるよ。

②（　　　　）

海外で日本の（②）が公演されるなど、文化を伝え合うことで文化を尊敬し、守ることができるよ。

③（　　　　）

地域の（③）が行うイベントで、外国人と交流することは、おたがいを理解し合うきっかけになるよ。

歌舞伎《かぶき》　国際交流協会　スポーツ

ヒント ❶ (5)② 世界一の生産量をほこっています。

3．世界の中の日本

# 1 日本とつながりの深い国々

時間 30 分

／100

合格 80 点

教科書 ㊜60〜91ページ　答え 53ページ

## 1 次のⒶ〜Ⓓの文は、ある国の国旗について説明したものです。これを読んで、あとの問いに答えましょう。

＊(1)Ⓐ〜Ⓓは記号と国名で完答　1つ4点（24点）

Ⓐ　白は国王、青と赤は（①）市民を表している。３色の組み合わせはトリコロールとよばれる。

Ⓑ　赤と白の横線は独立したときの13州、星は現在の50州を表している。

Ⓒ　緑は林業と農業、黄は鉱業、27個の星は首都と26州を表し、帯には公用語である（②）で「秩序《ちつじょ》と発展《はってん》」と書かれている。

Ⓓ　大きな星は共産党《きょうさんとう》、小さな星は労働者、農民などの国民を表している。

(1)　Ⓐ〜Ⓓの文にあてはまる国旗を次の㋐〜㋓から選び、記号とその国名を書きましょう。

技能

㋐

㋑

㋒

㋓
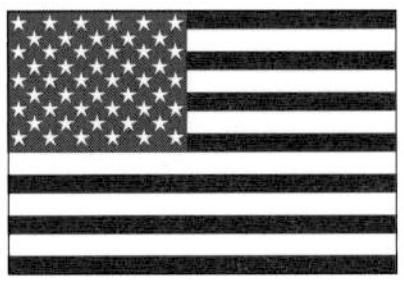

Ⓐ　記号（　　）　国名（　　）

Ⓑ　記号（　　）　国名（　　）

Ⓒ　記号（　　）　国名（　　）

Ⓓ　記号（　　）　国名（　　）

(2)　文中の①にあてはまる首都を書きましょう。（　　）

(3)　文中の②にあてはまる言葉を書きましょう。（　　）

## 2 次の問いに答えましょう。

1つ4点、(2)6点（26点）

(1)　次の①〜④は、アメリカ合衆国《がっしゅうこく》、中国《ちゅうごく》、フランス、ブラジルの子どもたちの生活について説明したものです。①〜④にあてはまる国名を書きましょう。

①　学年が終わるころの６月末に、ケルメスという学校のお祭りが開かれる。

②　１年生からたくさんの漢字を覚え、英語やコンピューターの授業が重視《じゅうし》されている。

③　学校が終わると、サッカーをしたり、サンバのおどりを習いに行ったりする人もいる。

④　スピーチやディベートの授業がさかんで、コンピューターの授業が重視されている。

①（　　）　②（　　）

③（　　）　④（　　）

記述 (2)　中国が2016年に一人っ子政策《せいさく》をやめた理由を、簡単《かんたん》に書きましょう。　思考・判断・表現

（　　）

(3)　よく出る ブラジルやハワイ、南北アメリカなどに移り住んだ日本にルーツのある人々を何といいますか。（　　）

## 3 右のグラフは、アメリカ、中国、フランス、ブラジルから日本への輸入品を表しています。グラフを見て、次の問いに答えましょう。

1つ5点（25点）

(1) 次の①～④にあてはまるグラフを、Ⓐ～Ⓓからそれぞれ選びましょう。　技能

①（　　　）アメリカからは機械類が最も多く日本に輸入されているが、生産量が世界一のとうもろこしも輸入されている。

②（　　　）中国は日本の最大の貿易相手国で、電化製品や衣類などが輸入されている。

③（　　　）フランスでは農業がさかんで、日本にもワインなどの加工品が輸入されている。

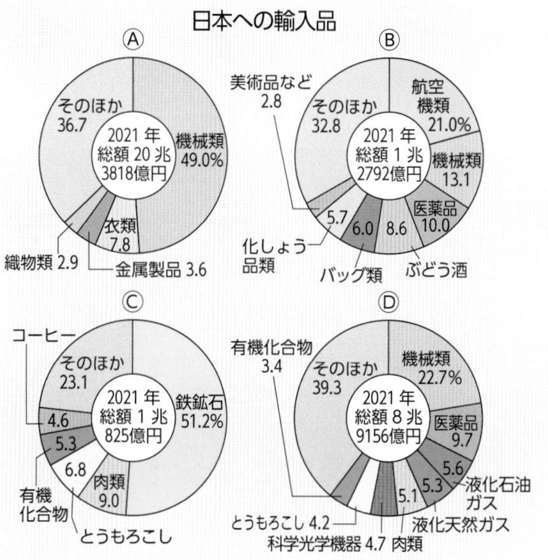

（2023/24年版「日本国勢図会」）

④（　　　）ブラジルからはとうもろこし、牛肉や鳥肉などの肉類、コーヒーなどの農産物のほか、鉄鉱石が輸入されている。

(2) よく出る 対等な立場で貿易を行い、適正な価格で取り引きすることを何といいますか。

（　　　　　　）

## 4 次の文を読んで、あとの問いに答えましょう。

1つ5点（25点）

　アメリカ、フランス、ブラジルは、ほかの国から移り住んできた（①）が多く、インターネットなどの発達で世界が一つになる（②）が進んだ結果、多文化社会となっている。どの国もⓐ伝統的な行事を大切にしている点では日本と似ているが、習慣やⓑ文化など異《こと》なる点も多い。わたしたちはさまざまな国の人と積極的に交流し、おたがいの文化や習慣を尊重《そんちょう》しなければならない。そのために、わたしたちは本やインターネットなどでさまざまな国について知ると同時に、ほかの国の人に日本について説明できるように、（③）ことが大切である。

(1) 文中の①、②にあてはまる言葉を書きましょう。

①（　　　　）　②（　　　　）

(2) 下線部ⓐについて、アメリカで11月の第4木曜日に行われる、17世紀にイギリスからアメリカにやってきた人々の苦労を思い、それを助けた先住民に感謝する行事を何といいますか。

（　　　　）

(3) 下線部ⓑについて、共通する文化や言語、生活様式、宗教《しゅうきょう》などをもつ人々の集団を何といいますか。

（　　　　）

記述 (4) 文中の③にあてはまる文を簡単に書きましょう。　思考・判断・表現

（　　　　　　　　　　　　　　　　）

ふりかえり　❶(1)がわからないときは、98ページの❶にもどって確認《かくにん》してみよう。

# 2 世界の未来と日本の役割《やくわり》①

学習日　月　日

めあて
SDGsと、それを定めた国際連合について理解しよう。

教科書 政96～99ページ　答え 54ページ

次の（　）に入る言葉を、下から選びましょう。

## 1 SDGs《エスディージーズ》の達成に向けて

教科書 政96～97ページ

### SDGs（持続可能な開発目標）の達成のための取り組み

- さまざまな課題を解決し、地球を将来《しょうらい》にわたって持続させるために、2015年に（①　　　　）本部で開かれた「持続可能な開発サミット」で「**SDGs（持続可能な開発目標）**」が定められた。
- （②　　　　）などの地球環境《かんきょう》問題や紛争《ふんそう》、貧困《ひんこん》や教育の問題があり、国連などと協力して取り組まなければならない。

SDGs（持続可能な開発目標）

## 2 国際連合で働く人々

教科書 政98～99ページ

### 世界の平和と安全を守る国際連合（国連）

- **国際連合**（国連）…1945年に51か国が参加して発足《ほっそく》し、日本は1956年に加盟《かめい》した。2022年の加盟国は193か国。
- 本部はアメリカの（③　　　　）市にある。
- 全体に関わることは、すべての加盟国が参加する総会で決められる。
- 経済《けいざい》、社会、文化、環境、人権《じんけん》などの分野で、国連の機関が活動しており、厳《きび》しいくらしをしている地域《ちいき》の子どもたちを助けるための（④　　　　）（国連児童基金）や、教育、科学、文化を通じて平和な社会をつくるための（⑤　　　　）などがある。
- 国連は戦争や紛争の予防や調停、復興支援《しえん》などの活動をしており、日本は世界各地の（⑥　　　　）に参加してきた。
- 国連の活動は、加盟国からの（⑦　　　　）と人々の募《ぼ》金《きん》などに支えられている。

### 日本の役割

- 多くの核兵器《かくへいき》があるなか、（⑧　　　　）の被害《ひがい》を受けた世界でただ一つの国である日本は、平和の大切さと軍備の縮《しゅく》小《しょう》をうったえている。

**国際連合憲章《けんしょう》（要旨《ようし》）**

・世界の平和と安全を守り、国と国との争いは、話し合いによって解決する。
・すべての国は平等であり、世界の国々がなかよく発展《はってん》していくことを考える。
・経済や社会、文化などの点で起きた問題を解決するために、各国は協力する。

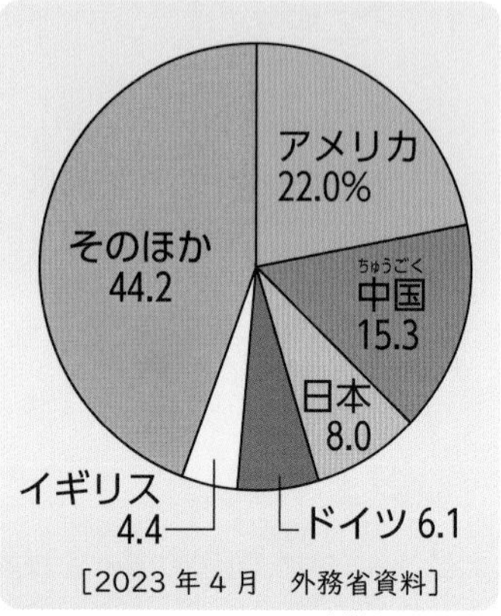


国連分担金の国別割合《わりあい》

選んだ言葉に✔

| | | | |
|---|---|---|---|
| □地球温暖化《おんだんか》 | □ユニセフ | □ニューヨーク | □原子爆弾《ばくだん》（原爆） |
| □分担金《ぶんたんきん》 | □ユネスコ | □平和維持《いじ》活動 | □国際連合（国連） |

ぴたトリビア

国際連合（United Nations）という名前は、アメリカのフランクリン・D・ルーズベルト大統領が提案したものです。（国連資料）

教科書　政96～99ページ　答え　54ページ

## 1 次の問いに答えましょう。

(1) 17の目標（ゴール）と、それらを達成するための169の具体的な取り組み（ターゲット）が設定されている、持続可能な開発サミットで定められた目標を何といいますか。アルファベットで書きましょう。（　　　　）

(2) 次の①～③の世界の課題の説明として正しいものを、それぞれ線で結びましょう。

① 環境問題 ・

② 貧困問題 ・

③ 紛争問題 ・

・㋐まちや世界遺産《いさん》が破壊《はかい》されたり、避《ひ》難《なん》して難民《なんみん》になる人々もいたりするね。

・㋑地球温暖化や、洗剤《せんざい》の流入による川の汚染《おせん》なども大きな問題だね。

・㋒食料不足や、教育の機会がない子どもなどに対する援助《えんじょ》も行われているよ。

## 2 国際連合（国連）について説明した次の文と図を見て、あとの問いに答えましょう。

国際連合は、世界の平和と安全を守り、人々のくらしをよりよいものにするために、1945年に発足した。2022年現在、世界約200か国のうち、193か国が加盟している。

国連の全体にかかわることはすべての加盟国が参加する（①）で決められる。

国連には、世界遺産の登録を行っている（②）や、戦争や食料不足による飢《う》えなど、厳しいくらしをしている地域の子どもたちを助ける目的でつくられた（③）など、多くの国連機関がある。

日本は、1956年に加盟した。最近は国連の活動にかかわる日本人も増えている。

(1) 国際連合の本部があるアメリカの都市名を書きましょう。

（　　　　）市

(2) 文中の①にあてはまる言葉を書きましょう。

（　　　　）

100 （③）へ（④）した100円でできること

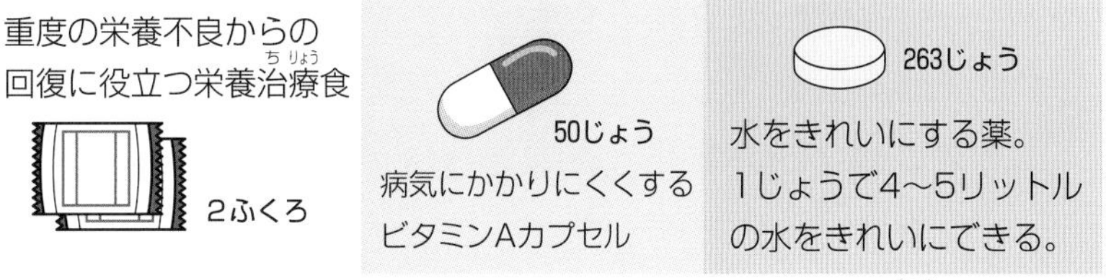


（（③）手帳2022年版）

(3) 文中の②、③にあてはまる国連機関名を、それぞれカタカナで書きましょう。

②（　　　　）　③（　　　　）

(4) 国際連合の活動は、加盟国からの分担金だけでなく、上の図のように、人々の④によってもまかなわれています。④にあてはまる言葉を書きましょう。（　　　　）

ヒント　2 (3)③　この国連機関は、東日本大震災《ひがしにほんだいしんさい》で被災《ひさい》した子どもたちの支援も行いました。

3．世界の中の日本

# 2 世界の未来と日本の役割《やくわり》②

学習日　　月　　日

めあて
環境問題に対する取り組みや、日本の国際協力の活動について理解しよう。

教科書 政100～107ページ　答え 55ページ

次の（　　）に入る言葉を、下から選びましょう。

## 1 地球の環境《かんきょう》を守るために

教科書 政100～101ページ

### 持続可能な社会の実現に向けて

- 地球がかかえている（①　　　　　）は、一つの国や被害《ひがい》を受けている地域《ちいき》だけではなく、地球全体で解決に向けて取り組む必要がある。
- 豊かな生活と環境とのバランスを考えながら**持続可能な社会**を実現するために、国連などの計画にもとづいた国際的な協力が必要である。

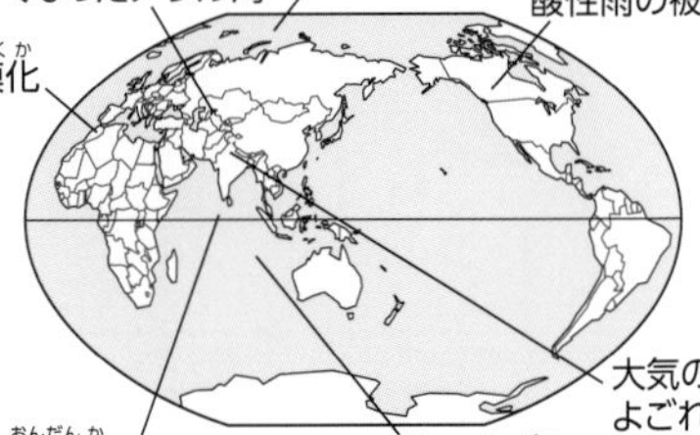
行きすぎた水の利用により干上《ひあ》がり、小さくなったアラル海
地球温暖化によって溶《と》けている北極圏《ほっきょくけん》の氷
酸性雨《さんせいう》の被害《ひがい》
砂漠化《さばくか》
大気のよごれ
海のよごれ
地球温暖化《おんだんか》により、海面が上昇《じょうしょう》して侵食《しんしょく》された海岸


世界のさまざまな環境問題

**ワンポイント** 環境を守るための取り組み

| | |
|---|---|
| SDGs《エスディージーズ》（持続可能な開発目標） | 2015年、国連の（②　　　　　）で定められた。 |
| 国連気候変動枠組《わくぐみ》条約 | 2015年に（③　　　　　）を結び、温室効果ガスの削減《さくげん》目標を定めた。 |
| ラムサール条約 | 動物や植物のすみかである湿地《しっち》を保護する。日本では、（④　　　　　）が最初に登録された。 |

## 2 国際協力の分野で活やくする人々／世界の課題の解決に向けて

教科書 政102～107ページ

### 国際協力で活やくする人々

- （⑤　　　　　）（政府開発援助《えんじょ》）…政府による国際協力の活動で、社会環境の整備が十分ではない国に対して資金や技術の提供《ていきょう》を行う。
- （⑥　　　　　）…日本のODAの活動の一つで、教育や医療《いりょう》、農業などの分野で、自分の知識や技術を生かしたい人たちが、アジアやアフリカ、中・南アメリカなど（⑦　　　　　）の国や地域《ちいき》で活やくしている。
- （⑧　　　　　）（非政府組織）…国連や各国の政府から独立して活動している民間の団体。
- 日本の技術を学ぶ外国人を受け入れることも、国際協力の一つである。

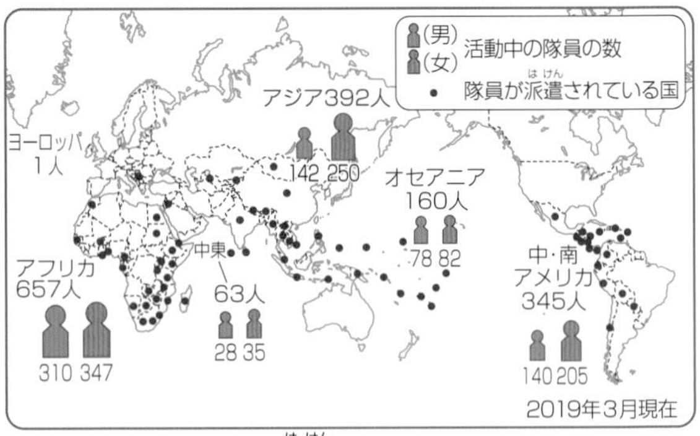


青年海外協力隊の派遣《はけん》国

NGOは募金《ぼきん》や寄付金、ボランティアに支えられているよ。

### 世界の課題の解決に向けて

- 「だれひとり取り残さない」を理念とするSDGsの17の目標を参考に、世界のさまざまな課題と解決に向けた取り組みを見直し、ひとりひとりが何ができるか考えることが必要である。

選んだ言葉に ✓

| | | | |
|---|---|---|---|
| □発展途上《はってんとじょう》 | □青年海外協力隊 | □ODA《オーディーエー》 | □パリ協定 |
| □環境問題 | □持続可能な開発サミット | □NGO《エヌジーオー》 | □釧路湿原《くしろしつげん》 |

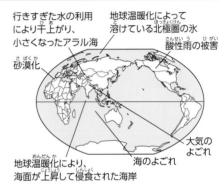

学習日　月　日

ぴたトリビア
SDGsの目標の達成を目指して、飲食店などではプラスチックから紙ストローへの変更《へんこう》や、エコバックの使用の促進《そくしん》などが行われています。

教科書 政100～107ページ　答え 55ページ

## 1 地球の環境問題について、次の問いに答えましょう。

(1) 環境問題の説明として正しいものを、それぞれ線で結びましょう。

① 地球温暖化《おんだんか》 ・　　・ 木や植物がかれたり、湖や沼《ぬま》などに住む魚が命をうばわれたりすることが問題になっている。

② 酸性雨 ・　　・ 海の生き物が、海の中のプラスチックごみを食べたり傷《きず》ついたりすることが問題になっている。

③ 水のよごれ ・　　・ 北極圏《ほっきょくけん》の氷が溶《と》けたり、海面が上昇《じょうしょう》して海岸が侵食《しんしょく》されたりするなどの問題が起きている。

(2) 環境問題に対する国際的な取り組みについて説明した次の文の①～③にあてはまる言葉を書きましょう。

　豊かな生活と環境とのバランスを考えながら（①）な社会を実現するために、国連を中心にさまざまな取り組みが行われている。SDGs（（①）な開発目標）が示されたほか、国連気候変動枠組条約を結んだ国々は会議を行い、（②）の削減目標を定めた。これにもとづき、日本は二酸化炭素を出さない水素自動車のバスを採用するなどした。また、（③）によって、動物や植物のすみかである湿地の保護が行われている。

①（　　　　）　②（　　　　）　③（　　　　）

## 2 日本の国際協力について説明した次の文を読んで、あとの問いに答えましょう。

Ⓐ 政府は、支援《しえん》の必要な国に対して、社会環境の整備のために資金や技術を提供している。その活動の一つで、教育・医療・農業などの分野で知識や技術を生かして、リハビリや農作業などの指導を発展途上の国や地域で行っている人たちを（①）という。

Ⓑ 政府から独立した民間の団体で、その活動は主に募金や（②）金、ボランティアなどに支えられている。日本には、医療や環境など専門性《せんもんせい》を生かした分野で、世界各地で国際協力の活動をしている団体が多くある。

Ⓒ 最近では日本の技術を学ぶ（③）を受け入れており、こうした人たちは、日本で働き手になったり、自分の国にもどった後に、学んだ技術を生かしたりしている。

(1) 文中の①～③にあてはまる言葉を書きましょう。

①（　　　　）　②（　　　　）　③（　　　　）

(2) Ⓐ・Ⓑはそれぞれ何について書かれていますか。アルファベットで書きましょう。

Ⓐ（　　　　）　Ⓑ（　　　　）

ヒント　1 (2)② 地球温暖化の原因の一つとされており、代表的なものに二酸化炭素があります。

ぴったり3

# 確かめのテスト

3．世界の中の日本

## 2 世界の未来と日本の役割《やくわり》

時間 30分

／100

合格 80点

教科書 政96〜107ページ　答え 56ページ

**1** **世界の各地で起こっているさまざまな紛争《ふんそう》や世界の課題について、次の文の説明が正しいものには○を、まちがっているものには×をつけましょう。** 1つ5点（25点）

(1)（　　　）世界の各地で起こっている紛争の原因は、すべて自分の国とほかの国の領土の問題からである。

(2)（　　　）内戦などによって、その土地をはなれなければならなくなり、ほかの国に避難《ひなん》する人々を難民《なんみん》という。

(3)（　　　）環境《かんきょう》問題や貧困《ひんこん》問題を解決するために、日本などの先進国が社会環境の整備されていない国に対して援助《えんじょ》をしている。

(4)（　　　）地球温暖《おんだん》化《か》は、特に発展《はってん》途《と》上《じょう》の国々の問題である。

(5)（　　　）紛争や環境などの問題を解決するために、自衛隊は、募金《ぼきん》を集めたり、世界遺《い》産《さん》を修復したりする活動を行っている。

**2** **次の資料は、ある国際組織の基本となる文書を、わかりやすくまとめたものです。これを読んで、あとの問いに答えましょう。** 1つ5点（25点）

- 世界の平和と安全を守り、国と国との争いは、話し合いによって解決する。
- すべての国は平等であり、世界の国々がなかよく発展していくことを考える。
- 経済《けいざい》や社会、文化などの点で起きた問題を解決するために、各国は協力する。

(1) よく出る 世界の平和と安全を守り、人々のくらしをよりよいものにするために設立された国際組織の名前を漢字４字で書きましょう。（　　　　　）

(2) よく出る この国際組織の本部はどこにありますか。都市名を書きましょう。

（　　　　　　　　）市

(3) この国際組織についての説明として正しいものを、㋐〜㋓から選びましょう。（　　　）

㋐ 世界中のすべての国がこの組織に加盟《かめい》している。

㋑ すべての加盟国が参加する総会で全体に関わることを決める。

㋒ 日本の自衛隊は平和維持《いじ》活動に参加することができない。

㋓ この組織の活動は世界中の人たちからの募金ですべてまかなわれている。

(4) 次の２つの文は、この国際組織の中にある機関について説明したものです。Ⓐ、Ⓑにあてはまる機関の名前を、それぞれカタカナで書きましょう。

Ⓐ 戦争や食料不足による飢《う》えなど、厳《きび》しいくらしをしている地域《ちいき》の子どもを助けるためにつくられた。

Ⓑ 教育、科学、文化を通じて平和な社会をつくることを目的としている。

Ⓐ（　　　　　　　）　Ⓑ（　　　　　　　）

## 3 次の文を読んで、あとの問いに答えましょう。

1つ5点、(3)6点（26点）

地球は今、ⓐ多くの環境問題をかかえている。環境問題を解決し、ⓑ持続可能な社会を実現するためには、国連などの計画にもとづいた国際的な協力が必要になる。

2015年には、国連本部で「（①）」が開かれた。2030年までの行動計画の中心として、「だれひとり取り残さない」という理念のもと、「貧困をなくそう」「飢餓《きが》をゼロに」といった目標が「SDGs《エスディージーズ》（持続可能な開発目標）」として示された。

また、（②）を結んだ国々は、会議を開き、ⓒ温室効果ガスの削減《さくげん》目標を定めるなどしている。日本もこうした国際的な取り組みに参加し、さまざまな取り組みを行っている。

(1) 文中の①、②にあてはまる言葉を、［　　］からそれぞれ選びましょう。

国連気候変動枠組《わくぐみ》条約　持続可能な開発サミット　ラムサール条約　平和維持活動

①（　　　　　）　②（　　　　　）

(2) 下線部ⓐについての説明として正しいものを、㋐～㋓から選びましょう。（　　）

㋐ 地球温暖化により、海のよごれが問題になっている。

㋑ 熱帯林の伐採《ばっさい》が進み、アラル海《かい》が干上《ひあ》がり小さくなった。

㋒ 先進国の協力で、発展途上の国では大気のよごれの問題が解決した。

㋓ 酸性雨《さんせいう》によって木がかれるなどの被害《ひがい》が出ている。

記述 (3) できたらスゴイ！ 下線部ⓑについて、「持続可能な社会を実現する」とはどのようなことですか。「環境」という言葉を使って、簡単《かんたん》に書きましょう。

思考・判断・表現

（　　　　　　　　　　　　　　　　　　　　　　　　）

(4) 下線部ⓒについて、日本での取り組みについて、次の文中の（　　）にあてはまる言葉を書きましょう。

日本では、温室効果ガスの削減のために、（　　　　　）を出さない水素自動車のバスが使われている。

## 4 右の地図は、青年海外協力隊の派遣《はけん》国と隊員数を表しています。これを見て、次の問いに答えましょう。

1つ6点（24点）

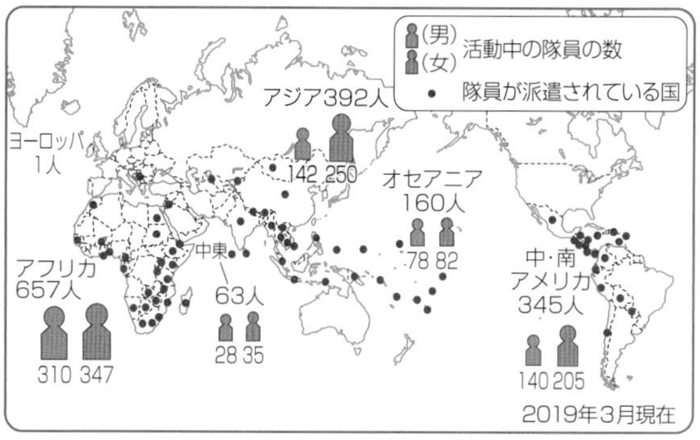


(1) 青年海外協力隊が最も多く派遣されている地域を書きましょう。（　　　　）

(2) 青年海外協力隊について説明した文として、正しいものには○を、まちがっているものには×をつけましょう。

①（　　）アジアやアフリカなどの発展途上の国で活やくしている。

②（　　）国際連合の機関の一つである。

③（　　）主に社会環境が整備されていない国に派遣される。

ふりかえり　2(3)がわからないときは、106ページの2にもどって確認《かくにん》してみよう。

この本の終わりにある「春のチャレンジテスト」をやってみよう！

この本の終わりにある「学力診断《しんだん》テスト」をやってみよう！

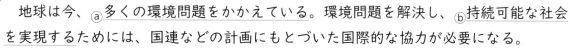

学習日　　月　　日

6年の復習　クロスワードにちょう戦！

# 歴史の復習をしよう！

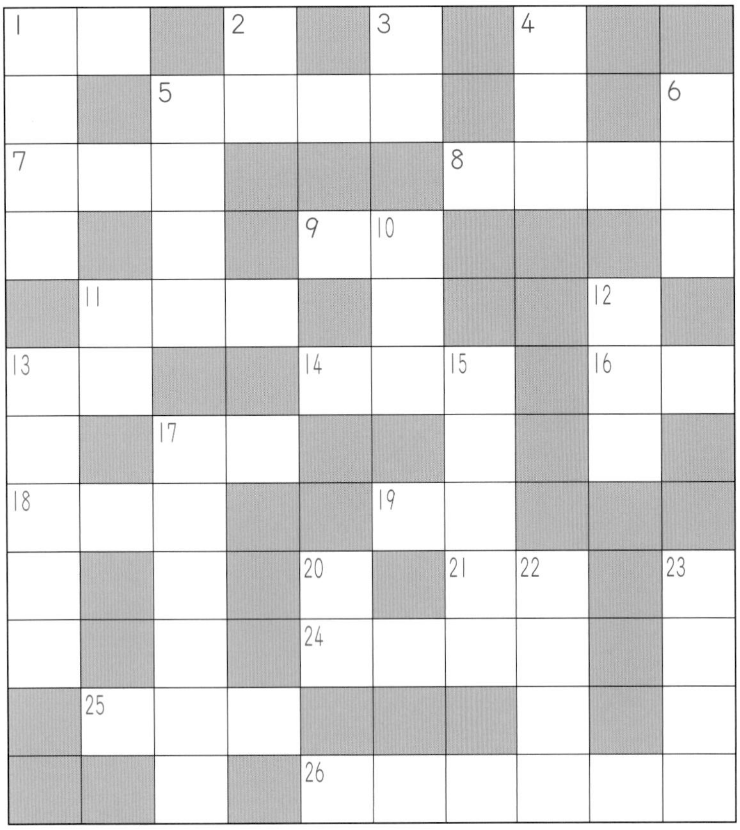

【タテのかぎ】

1　日露戦争後、日本はこの国を併合し、植民地にした。

2　小野妹子《おののいもこ》は、この国に使者として派遣《はけん》された。

3　奈良時代、この国の政治や文化を学ぶため、多くの使者が命がけの航海をした。

4　太平洋《たいへいよう》戦争末期、都会の小学校は空襲《くうしゅう》をさけるため、集団で農村などに〇〇〇した。

5　徳川家光《とくがわいえみつ》は、〇〇〇〇交代の制度を定めた。

6　1951年、サンフランシスコで〇〇〇条約が結ばれて、日本は独立を回復した。

10　鎖国《さこく》のなか、朝鮮とはこの藩《はん》を通じて交易をした。

11　この国は、北条時宗《ほうじょうときむね》が執権《しっけん》のときにせめてきた。

12　邪馬台国《やまたいこく》の女王は〇〇〇である。

13　〇〇〇〇〇太子《たいし》は、十七条の憲法《けんぽう》を制定した。

15　聖武天皇《しょうむてんのう》は、この寺に大仏を安置した。

17　幕末《ばくまつ》に、この藩と薩摩《さつま》藩は同盟を結んだ。

20　大化の改新で〇〇氏はたおされた。

22　平安時代に貴族《きぞく》は〇〇〇〇造のやしきでくらした。

23　〇〇〇〇の乱の後、戦国時代になった。

【ヨコのかぎ】

1　「枕草子《まくらのそうし》」は〇〇文字で書かれている。

5　薩摩藩出身の〇〇〇〇隆盛《たかもり》は、西南《せいなん》戦争に敗れ、自害した。

7　有力な豪族《ごうぞく》や天皇の墓を〇〇〇という。

8　1922年、差別に苦しんできた人々は、全国〇〇〇〇社を結成した。

9　条約改正の交渉で、〇〇宗光《むねみつ》は、領事《りょうじ》裁判《さいばん》権（治外法権《ちがいほうけん》）の撤廃《てっぱい》に成功した。

11　紫式部《むらさきしきぶ》は、「〇〇〇物語」を書いた。

13　この国とは鎖国時も交易していたが、明治時代にはこの国をせめた。

14　〇〇〇朝廷（〇〇〇政権）は、九州から東北地方南部までの豪族を従えた。

16　豊臣秀吉《とよとみひでよし》はこの国を征服しようと、朝鮮に大軍を送った。

17　明治政府は、〇〇を改正して収入の安定を図った。

18　歌川広重《うたがわひろしげ》は、有名な〇〇〇絵師。

19　〇〇信長《のぶなが》は、長篠《ながしの》の戦いで勝利した。

21　元寇《げんこう》に備えて、〇〇の防塁《ぼうるい》を築いた。

24　唐招提寺《とうしょうだいじ》を建てた中国の僧。

25　板垣退助《いたがきたいすけ》は、〇〇〇民権運動をおし進めた。

26　〇〇〇〇〇〇号事件をきっかけに、不平等条約改正の声が高まった。

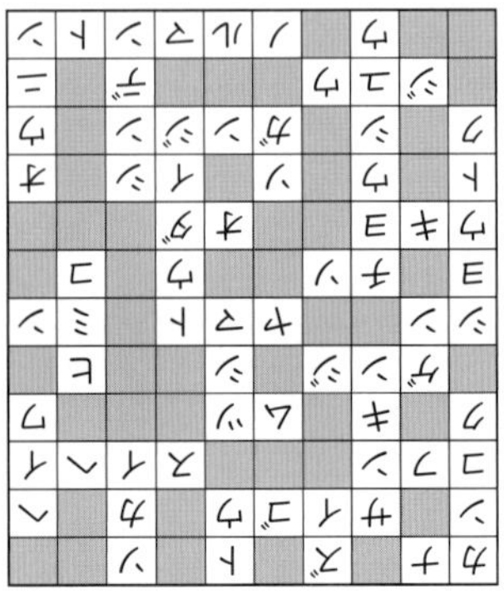

答え

# 夏のチャレンジテスト

教科書 （政治・国際編）6〜53ページ、（歴史編）4〜33ページ

名前　　　　月　　日

時間 40分

| 知識・技能 | 思考・判断・表現 | 合格80点 |
| --- | --- | --- |
| ／70 | ／30 | ／100 |

答え57ページ

3については、学習の状況《じょうきょう》に応じてA・Bどちらかを選んでやりましょう。

**知識・技能　70点**

## 1 日本国憲法《けんぽう》について答えましょう。

(1)1つ2点、(2)1つ1点(12点)

(1) 日本国憲法の三つの原則を書きましょう。

(　　　)(　　　)(　　　)

(2) 次の①〜⑥のうち、国民の義務には㋐を、国民の権利《けんり》には㋑を書きましょう。

① 働く人が団結する。　② 教育を受ける。
③ 裁判《さいばん》を受ける。　④ 税金を納《おさ》める。
⑤ 健康で文化的な生活を営む。
⑥ 子どもに教育を受けさせる。

①□ ②□ ③□
④□ ⑤□ ⑥□

## 2 国の政治のしくみと選挙について答えましょう。

(1)1つ1点、(2)(3)2点(10点)

(1) 次の①〜⑥のうち、国会の仕事には㋐を、内閣《ないかく》の仕事には㋑を、裁判所《さいばんしょ》の仕事には㋒を書きましょう。

① 内閣総理大臣を指名する。　② 外国と条約を結ぶ。
③ 最高裁判所の長官を指名する。
④ 法律《ほうりつ》が憲法に違反《いはん》していないかを調べる。
⑤ 政治が憲法に違反していないかを調べる。
⑥ 衆議院《しゅうぎいん》の解散を決める。

①□ ②□ ③□
④□ ⑤□ ⑥□

(2) 国会には、衆議院と(　)という2つの話し合いの場があります。(　)にあてはまる言葉を書きましょう。

(　　　)

(3) 選挙権《せんきょけん》は、何才以上の国民に認《みと》められていますか。数字で書きましょう。

(　　　)才以上

## 3のA 埼玉県《さいたま》さいたま市の政治について答えましょう。

1つ2点(10点)

(1) 右の図中の①、②にあてはまる言葉を書きましょう。

①(　　　)
②(　　　)

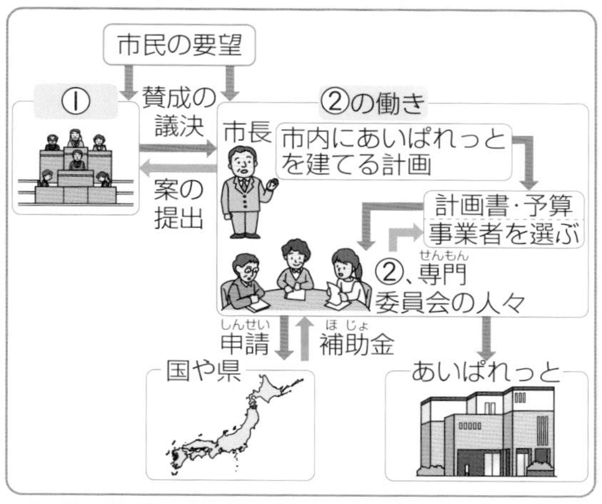


あいぱれっとの建設に向けた働き

(2) (1)の①の仕事を、㋐〜㋔から2つ選びましょう。

㋐ 法律をつくる。　㋑ 市の予算を決める。
㋒ 国会議員を選ぶ。　㋓ 条例を制定する。
㋔ 市長を選ぶ。

□ □

(3) 右のグラフは、さいたま市の収入《しゅうにゅう》の内訳《うちわけ》です。Ⓐにあてはまる言葉を書きましょう。

(　　　)

総額6690億円　国や県から受ける補助金など　そのほか

| 住民や会社が納めるⒶ | | | |
| --- | --- | --- | --- |
| 42.5% | 25.0 | 11.4 | 21.1 |

事業をするために借りるお金など

(2023年度)

## 3のB 東日本大震災《ひがしにほんだいしんさい》への対応について答えましょう。

(1)4点、(2)1つ2点(10点)

(1) 災害発生直後、被災《ひさい》者を保護し社会秩序《ちつじょ》を守るために、国が都道府県などと協力して応急的に救助活動が行えるようにつくられた法律を何といいますか。

(　　　)

(2) 復旧・復興《ふっこう》に向けた政治の働きについて、次の図中の①〜③にあてはまる言葉を、□からそれぞれ選びましょう。

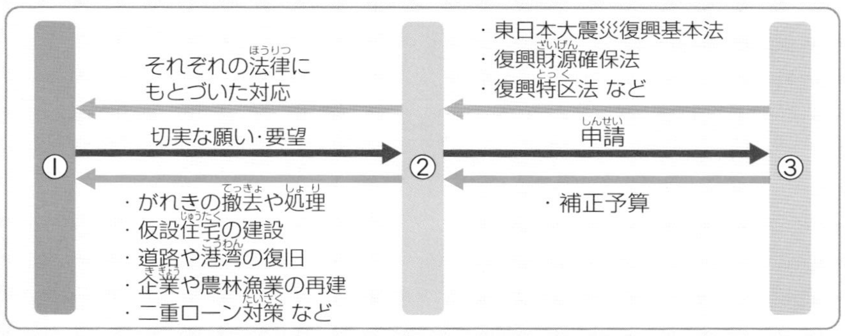


国　被災した人々　県や市町村

①(　　　) ②(　　　) ③(　　　)



裏にも問題があります。

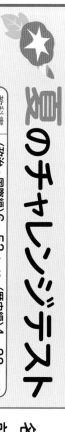

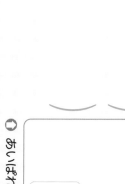

## 4 右の資料を見て答えましょう。

1つ2点（12点）

(1) Ⓐ、Ⓑのような道具が使われていた時代は、それぞれ何時代ですか。

Ⓐ

Ⓐ（　　　　）Ⓑ（　　　　）

(2) Ⓑの道具が使われていたころに邪馬台国《やまたいこく》というくにを治めていた女王の名前を書きましょう。

Ⓑ
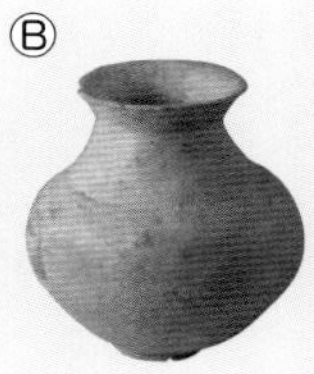

（　　　　）

(3) Ⓒは、強い力をもっていたものの墓のまわりに並《なら》べられました。そのような墓を何といいますか。

Ⓒ

（　　　　）

(4) Ⓒがつくられたころの様子について、次の文中の①、②にあてはまる言葉を書きましょう。

（　①　）という政府が、近畿《きんき》地方を中心として、九州《きゅうしゅう》地方から東北《とうほく》地方南部までの広いはんいで大きな力をもっていた。また、この時代には、（　②　）とよばれる人々が中国《ちゅうごく》や朝鮮《ちょうせん》半島から日本列島にわたり、大陸の文化を伝えた。

①（　　　　）②（　　　　）

## 5 次の年表を見て答えましょう。

1つ2点（14点）

| | | |
|---|---|---|
| | 589 | （　②　）が中国を統一する |
| （　①　）時代 | 593 | 聖徳太子《しょうとくたいし》が天皇《てんのう》を助ける役職につく |
| | 603 | （　③　）を定め、家柄《いえがら》に関係なく能力や功績《こうせき》で役人を取り立てるしくみをつくる |
| | 604 | 役人の心構えを示すために（　④　）を定める |
| | 607 | 小野妹子《おののいもこ》らを使者として（　②　）に送る |
| | | 法隆寺《ほうりゅうじ》を建て、（　⑤　）の教えを人々の間に広める |
| | 618 | （　②　）がほろび、唐《とう》がおこる |
| | 645 | 中大兄皇子《なかのおおえのおうじ》らが（　⑥　）氏をたおす |

(1) 年表中の①～⑥にあてはまる言葉を書きましょう。

①（　　　　）②（　　　　）③（　　　　）

④（　　　　）⑤（　　　　）⑥（　　　　）

(2) 中大兄皇子と中臣鎌足《なかとみのかまたり》が、天皇中心の国づくりをするために行った改革《かいかく》を何といいますか。

（　　　　）

## 6 8世紀ごろの様子について答えましょう。

1つ2点（12点）

(1) 8世紀初めに中国にならって新たにつくられた、国を治めるための法律《ほうりつ》を何といいますか。

（　　　　）

(2) 次の①～③は、このころの人々が納《おさ》めていた税です。税の種類を、㋐～㋒からそれぞれ選びましょう。

㋐ 租《そ》
㋑ 調《ちょう》
㋒ 庸《よう》

① 年間に10日都で働くかわりに、布を納める。

② 稲《いね》の収穫《しゅうかく》高の約3%を納める。

③ 織物や地方の特産物を納める。

①［　　］②［　　］③［　　］

(3) 右の写真の木簡《もっかん》とよばれる木の札は、今でいう何の代わりに使われていましたか。

（　　　　）

(4) このころの都（平城京《へいじょうきょう》）の場所を、右の地図中の㋐～㋒から選びましょう。

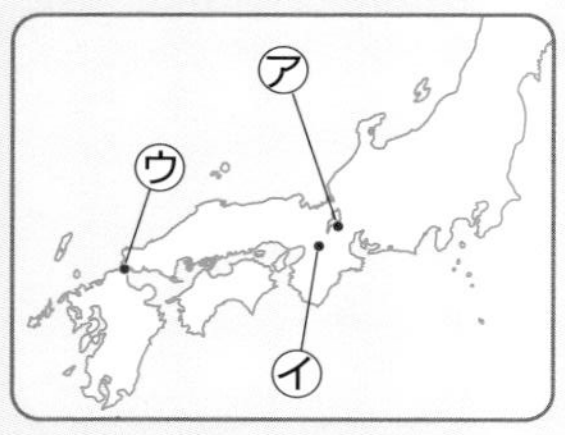


［　　］

思考・判断・表現　30点

## 7 次の問いに答えましょう。

(1)(2)5点、(3)(4)10点（30点）

(1) 右の資料は、聖武《しょうむ》天皇が国ごとに建てた寺の分布です。この寺を何といいますか。

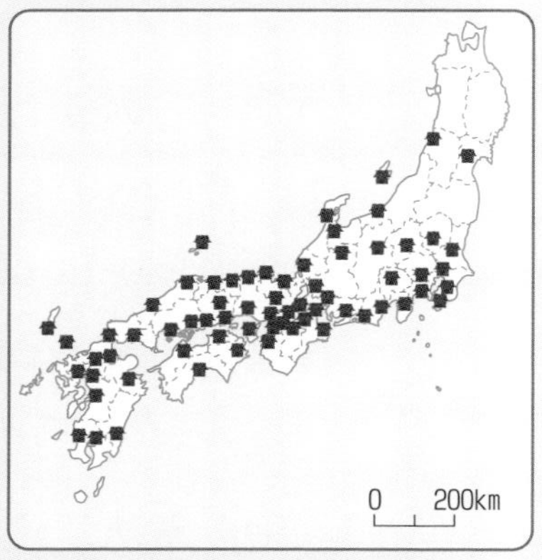


（　　　　）

(2) 資料からわかることを、㋐～㋒から選びましょう。

㋐ 当時の国は、今の青森《あおもり》県まで置かれていた。
㋑ 寺は中国の文化のえいきょうを受けていた。
㋒ 東北地方から九州地方まで、国が置かれていた。

［　　］

(3) 聖武天皇の大仏《だいぶつ》づくりに協力した僧《そう》の名前を書きましょう。

（　　　　）

(4) 聖武天皇が資料の寺や大仏をつくった理由を、このころの社会の様子にふれて、簡単《かんたん》に書きましょう。

（　　　　）

## 5 次の年表を見て答えましょう。

(1)1つ2点、(2)(3)(4)1つ3点(15点)

| 年 | 主なできごと |
|---|---|
| 1600 | ⓐ関ヶ原《せきがはら》の戦い |
| 1612 | （ ① ）教を禁止する |
| 1635 | 武家諸法度《ぶけしょはっと》を改め、ⓑ参勤交代《さんきんこうたい》の制度を加える |
| 1641 | ⓒ鎖国《さこく》の状態となる |

(1) 下線部ⓐの戦いに勝ったのち、徳川家康《とくがわいえやす》は江戸幕府《えどばくふ》による支配体制を整えました。次の地図中のA～Cの大名《だいみょう》をそれぞれ何といいますか。

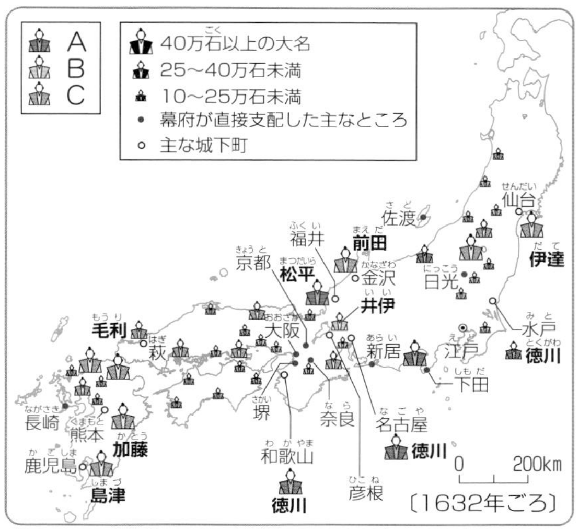


A（　　　）
B（　　　）
C（　　　）

(2) 年表中の①にあてはまる言葉を書きましょう。（　　　）

(3) 下線部ⓑの参勤交代の内容としてあうものを㋐～㋒から選びましょう。

㋐ 五人組《ごにんぐみ》というしくみをつくらせ、共同で責任を負わせた。

㋑ 大名には、1年おきに江戸と領地の間を行き来させた。

㋒ 中国《ちゅうごく》にならった法律《ほうりつ》で、九州《きゅうしゅう》を守る兵士の役の負担《ふたん》があった。

(4) 下線部ⓒの鎖国の状態のときに、幕府が交流を禁止していた国を、㋐～㋓から選びましょう。

㋐ オランダ　㋑ 朝鮮《ちょうせん》

㋒ スペイン　㋓ 中国

## 6 次の問いに答えましょう。

(1)1つ2点、(2)1つ3点(15点)

(1) 次の①～③の文は、明治《めいじ》政府が行ったことです。説明にあうものを、右上の㋐～㋓からそれぞれ選びましょう。

① 近代的な工業を始めるために、国が運営する官営《かんえい》工場を開いた。

② 20才になった男子に、3年間軍隊に入ることを義務づけた。

③ 国の収入《しゅうにゅう》を安定させるために、土地に対する税のしくみを改めた。

㋐ 廃藩置県《はいはんちけん》　㋑ 殖産興業《しょくさんこうぎょう》

㋒ 地租改正《ちそかいせい》　㋓ 徴兵令《ちょうへいれい》

(2) 次の資料を見て答えましょう。

> 第4条　天皇は、国の元首《げんしゅ》であり、国や（ Ⓐ ）を治める権限をもつ。
> 第5条　天皇は、議会の協力で法律をつくる。
> 第29条　（ Ⓐ ）は、法律の範囲《はんい》の中で、言論《げんろん》、出版、集会、結社の自由をもつ。

① 資料は、何の一部ですか。㋐～㋒から選びましょう。

㋐ 日本国憲法《けんぽう》

㋑ 国会開設の要望書

㋒ 大日本帝国《ていこく》憲法

② 資料中のⒶにあてはまる言葉を書きましょう。（　　　）

③ ①をつくるために、ドイツにわたって学んだ人物の名前を書きましょう。（　　　）

**思考・判断・表現　30点**

## 7 次の資料を見て答えましょう。

1つ4点、(3)10点(30点)

> Ⓑあゝ《(あ)》を《(お)》とうとよ、
> 君を泣く、
> 君死にたまふ《(う)》ことなかれ、
> 末に生れし君なれば
> 親のなさけはまさりしも、…

(1) Ⓐは、日清《にっしん》戦争直前の4つの国の関係を表しています。ⓐ～ⓓの国名を書きましょう。

ⓐ（　　　）ⓑ（　　　）

ⓒ（　　　）ⓓ（　　　）

(2) Ⓑの詩を発表した人物の名前を書きましょう。（　　　）

(3) 日本は日露《にちろ》戦争に勝利したにもかかわらず、国民には不満が残りました。その理由を、右の資料から考えて簡単《かんたん》に書きましょう。

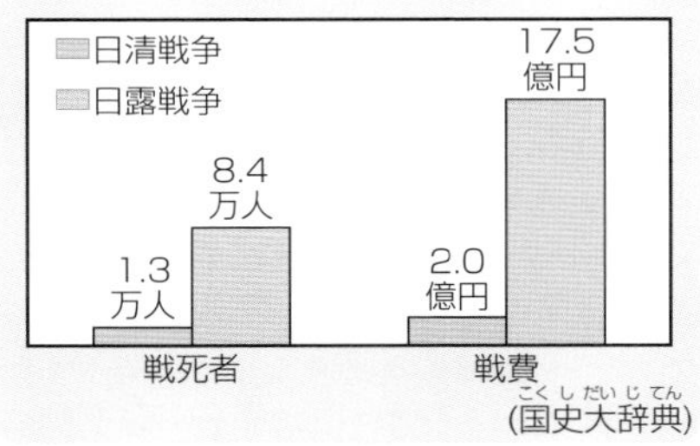


（　　　）

# 冬のチャレンジテスト

教科書　(歴史編)36〜127ページ

月　日

名前

時間 40分

| 知識・技能 | 思考・判断・表現 | 合格80点 |
| --- | --- | --- |
| /70 | /30 | /100 |

答え59ページ

知識・技能　70点

## 1 次の問いに答えましょう。

1つ2点(6点)

(1)　右のような貴族《きぞく》の生活ぶりをえがいた絵を何といいますか。

(　　)

(2)　この絵がかかれたころ、漢字からつくられた日本独自の文字が使われるようになりました。この文字を何といいますか。

(　　)

(3)　小説「源氏物語《げんじものがたり》」の作者を、㋐〜㋒から選びましょう。

㋐　清少納言《せいしょうなごん》　㋑　紫式部《むらさきしきぶ》　㋒　藤原道長《ふじわらのみちなが》

□

## 2 源《みなもとの》頼朝《よりとも》の年表を見て答えましょう。

1つ2点(10点)

| 年 | 主なできごと |
| --- | --- |
| 1159 | ⓐ平氏《へいし》との戦いに敗れる |
| 1185 | ⓑ壇ノ浦《だんのうら》の戦いで平氏をほろぼす<br>（ ① ）・地頭《じとう》を置く |
| 1192 | （ ② ）になる |
| 1199 | 死去 |

(1)　下線部ⓐの戦いを、㋐〜㋒から選びましょう。

㋐　平治《へいじ》の乱《らん》　㋑　屋島《やしま》の戦い

㋒　元寇《げんこう》

□

(2)　下線部ⓑの壇ノ浦の場所を、右の地図中の㋐〜㋒から選びましょう。

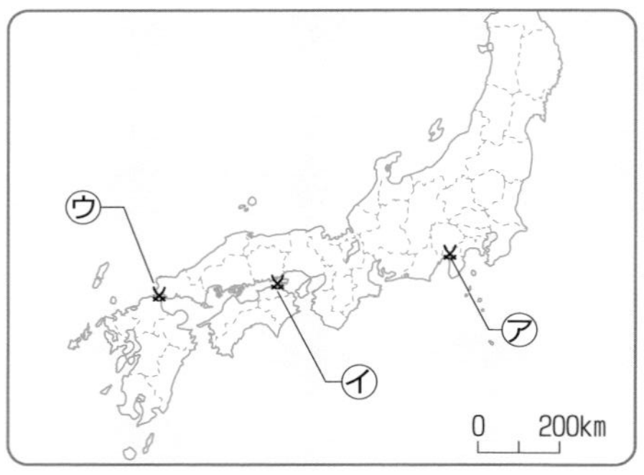


□

(3)　年表中の①、②にあてはまる言葉を書きましょう。

①(　　)　②(　　)

(4)　①や地頭の仕事につき、頼朝(将軍《しょうぐん》)や幕府《ばくふ》と「ご恩《おん》と奉《ほう》公《こう》」の関係で結ばれていた、家来の武士を何といいますか。

(　　)

## 3 次の資料を見て答えましょう。

1つ2点(12点)

(1)　Ⓐのような部屋のつくりを何といいますか。

(　　)

(2)　Ⓐのつくりについて、現在の和室と共通しているところを2つ書きましょう。

(　　・　　)

(3)　Ⓑのような絵を何といいますか。また、それを大成させた人物の名前を書きましょう。

絵(　　)　人物(　　)

(4)　Ⓒは栃木《とちぎ》県にあった学問を学ぶ場所です。ここでは僧《そう》たちが中国《ちゅうごく》の学問である漢学を学びました。Ⓒの名前を㋐〜㋒から選びましょう。

㋐　寺子屋《てらこや》　㋑　足利《あしかが》学校

㋒　学制《がくせい》

□

## 4 右の資料を見て答えましょう。

1つ3点(12点)

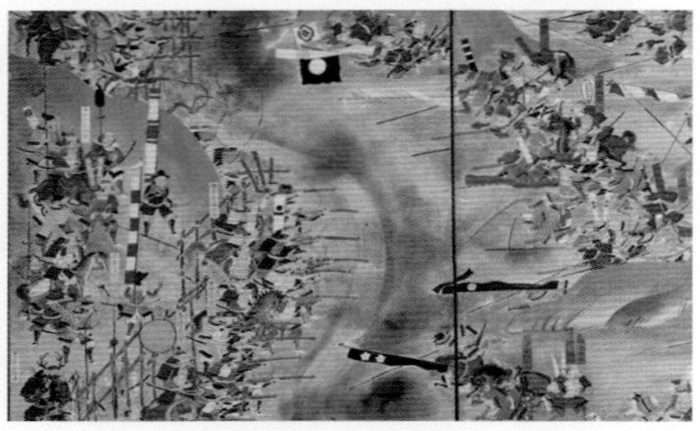

(1)　資料は、織田《おだ》・徳川《とくがわ》の連合軍が武田《たけだ》氏の軍勢と戦っている様子です。①この戦いを何といいますか。また、②この戦いのころから新しく使われるようになった武器は何ですか。

①(　　)　②(　　)

(2)　(1)の戦いの翌年《よくねん》に織田信長が築いた城《しろ》を、㋐〜㋒から選びましょう。

㋐　安土城《あづちじょう》　㋑　大阪城《おおさか》

㋒　江戸城《えど》

□

(3)　信長は、(2)の城下町《じょうかまち》での自由な商売を認《みと》めました。このことを何といいますか。

(　　)



裏にも問題があります。

## 3 次の資料は、アメリカ、フランス、中国《ちゅうごく》、ブラジルの国旗です。あとの問いに答えましょう。

1つ2点(24点)

㋐  ㋑ 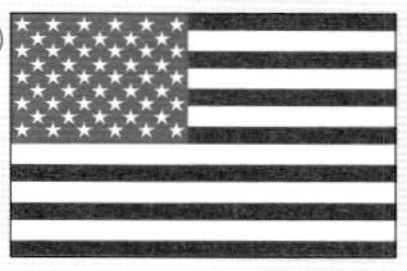 ㋒  ㋓ 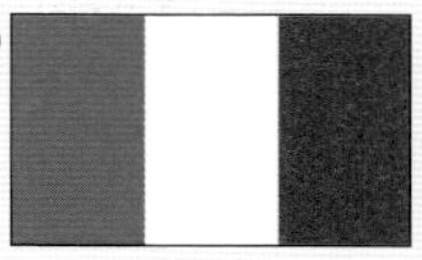

(1) ①中国と②ブラジルの国旗を、㋐～㋓から選びましょう。また、それぞれの国の首都名を書きましょう。

① 国旗［　　］ 首都（　　　　）

② 国旗［　　］ 首都（　　　　）

(2) 次の①～④の文にあう国を4か国から選び、国名を書きましょう。

① 日本から自動車や機械類が多く輸出されている。幕末《ばくまつ》にこの国の使者としてペリーが来航したことをきっかけに、鎖国《さこく》が終わった。

② 古くから日本と交流のあったこの国は、現在、経済《けいざい》が発展《はってん》し、日本の重要な貿易相手国となっている。

③ 美しい古城や庭園、美術館などが多く、観光業がさかんである。

④ 日本からの移民が多く、日本にルーツのある日系人が200万人以上いるといわれている。

①（　　　　） ②（　　　　）

③（　　　　） ④（　　　　）

(3) 次の①、②について答えましょう。

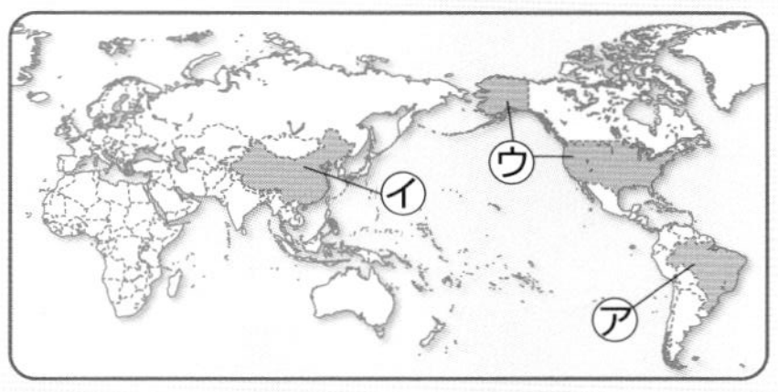


① ブラジルの場所を、地図中の㋐～㋒から選びましょう。［　　］

② ブラジルが世界第２位の生産国（2022年）である、植物などから生産されるエタノールを何といいますか。

（　　　　）

(4) フランスで、野菜や肉、魚などの食品を売っている市場を何といいますか。（　　　　）

(5) 世界の国々において、共通する文化や言語、宗教《しゅうきょう》などをもつ人々の集団を何といいますか。（　　　　）

思考・判断・表現 40点

## 4 次の問いに答えましょう。

1つ4点、(1)②12点(40点)

(1) 次の文は、日本の国際協力について説明しています。

・青年海外協力隊は、ⓐ政府開発援助の１つであり、自分の知識や技術を生かしたいという意欲《いよく》をもった人たちが、発展途上《はってんとじょう》の国や地域《ちいき》で活やくしている。一方で、(　)支《し》援《えん》や植林活動、自然災害の復興《ふっこう》支援などのさまざまな分野で、ⓑ非政府組織《ひせいふそしき》の活動も目立っている。

① 下線部ⓐ、ⓑを別名で何といいますか。それぞれアルファベット３字で書きましょう。

ⓐ（　　　　） ⓑ（　　　　）

② 下線部ⓐと下線部ⓑの大きなちがいを、簡単《かんたん》に書きましょう。

（　　　　）

③ 文中の(　)には、「政治的・経済的な理由、民族、宗教などの問題から起こった紛争《ふんそう》などが原因で、住む場所をはなれたり追いやられたりした人々」という意味の言葉が入ります。このような人々を何といいますか。漢字２字で書きましょう。（　　　　）

(2) 国際連合について、戦争や食料不足による飢《う》えなどに苦しむ地域の子どもたちを助けることを目的としてつくられた機関をカタカナで答えましょう。（　　　　）

(3) 次の文を読んで、問いに答えましょう。

・地球温暖化《おんだんか》や熱帯雨林の減少、砂漠化《さばくか》や酸性《さんせい》雨などの地球規模《きぼ》の環境《かんきょう》問題が生じるなか、生活と環境のバランスを考えた(　)な社会の実現が緊急《きんきゅう》の課題となっている。

① 国連気候変動枠組《わくぐみ》条約を結んだ国々は、2015年に何の削減《さくげん》目標を定めましたか。（　　　　）

② 文中の(　)にあてはまる言葉を、漢字４字で書きましょう。（　　　　）

③ ②な社会を実現するため、2015年に国連で開かれたサミットで示された17の目標を何といいますか。アルファベット４字で書きましょう。（　　　　）

# 春のチャレンジテスト

教科書 （歴史編）128〜153ページ、（政治・国際編）60〜107ページ

月　日

名前

時間 40分

| 知識・技能 | 思考・判断・表現 | 合格80点 |
|---|---|---|
| /60 | /40 | /100 |

答え61ページ

知識・技能　60点

## 1 次の年表を見て答えましょう。

1つ2点（20点）

| 年 | 社会の動き・戦争の流れ | 国民生活 |
|---|---|---|
| 1931 | （ ① ）にいた日本軍が中国軍《ちゅうごくぐん》を攻撃《こうげき》する | |
| 1932 | （ ① ）の主要部を占領《せんりょう》する | |
| 1933 | （ ② ）に脱退《だったい》を通告する | |
| 1937 | 日本軍と中国軍がペキン（北京）郊外《こうがい》でしょうとつして、（ ③ ）となる | |
| 1938 | | ⓐ国民全員を総動員する法律《ほうりつ》を出す |
| 1941 | ハワイ真珠湾《しんじゅわん》を攻撃し、（ ④ ）が始まる | 米が（ ⑤ ）になる |
| 1944 | | 小学生が（ ⑥ ）をする |
| 1945 | ⓑアメリカ軍により原子爆弾《げんしばくだん》が投下される | |

(1)　年表中の①〜⑥にあてはまる言葉を、㋐〜㋗からそれぞれ選びましょう。

㋐　日英同盟《にちえいどうめい》　㋑　日清戦争《にっしん》
㋒　配給制　㋓　太平洋戦争《たいへいよう》
㋔　日中戦争《にっちゅう》　㋕　満州《まんしゅう》
㋖　集団疎開《そかい》　㋗　国際連盟

①［　］　②［　］
③［　］　④［　］
⑤［　］　⑥［　］

(2)　下線部ⓐに関連して、次の文中の①、②にあてはまる言葉を書きましょう。

戦争が長引くにつれ、多くの男性が（ ① ）として戦地に送られ、今の中学生くらいの年令になると、勉強をしないで学校や工場などで働いた。戦争が長引くと、（ ② ）生も戦場に行って戦った。

①（　　）　②（　　）

(3)　下線部ⓑについて、原子爆弾が投下された都市を、㋐〜㋕から2つ選びましょう。

［　］［　］

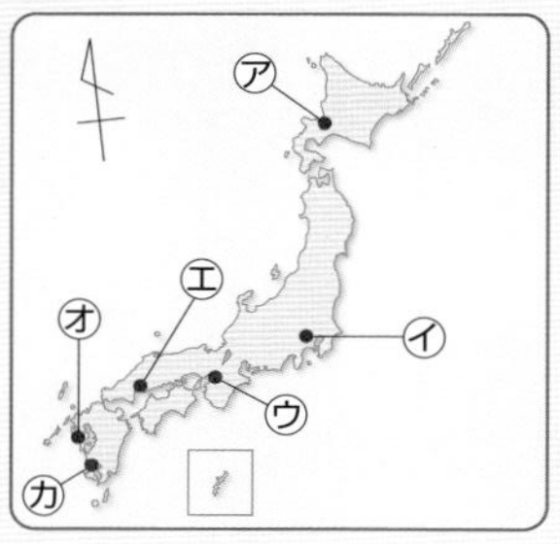


## 2 次の年表を見て答えましょう。

1つ2点（16点）

| 年 | 主なできごと |
|---|---|
| 1945 | ⓐ軍隊が解散させられる |
| | ↕ Ⓐ |
| 1952 | 日本が主権《しゅけん》を回復する |
| | ↕ Ⓑ |
| 1964 | 東京《とうきょう》オリンピック・パラリンピックが開かれる |
| | ↕ Ⓒ |
| 1972 | （ ① ）が日本に復帰する |
| 1989 | ⓑアメリカとソ連《れん》の対立が終わる |

(1)　日本国憲法《けんぽう》が公布された時期を、年表中のⒶ〜Ⓒから選びましょう。［　］

(2)　下線部ⓐについて、日本の戦後改革《かいかく》の説明として正しいものには○を、まちがっているものには×をつけましょう。

①　女性の参政権《さんせいけん》が認《みと》められ、一定の税金を納《おさ》めた25才以上の国民は選挙権《せんきょけん》をもった。［　］

②　農地改革により、小作《こさく》農家が自分の農地をもつようになった。［　］

③　小学校6年間、中学校3年間の9年間が義務教育となった。［　］

(3)　年表中のⒷの時期に日本が加盟《かめい》した、多くの国々が協力して国際的な問題を解決する組織の名前を書きましょう。

（　　）

(4)　年表中の①にあてはまる言葉を書きましょう。

（　　）

(5)　(4)が日本に復帰してからも、まだ問題をかかえています。「アメリカ軍」という言葉を使って、かかえる問題を簡単《かんたん》に書きましょう。

（　　）

(6)　下線部ⓑについて、下の写真は、どこの国で起こったできごとを写したものですか。㋐〜㋒から選びましょう。

㋐　フランス
㋑　ドイツ
㋒　イギリス

［　］

裏にも問題があります。

**5** **次の年表を見て答えましょう。**

1つ2点(10点)

| 年 | 主なできごと |
| --- | --- |
| 1894 | 日清《にっしん》戦争が起こる………㋐ |
| 1904 | 日露《にちろ》戦争が起こる………㋑ |
| 1911 | ⓐ関税自主権を回復する |
| 1937 | 日中《にっちゅう》戦争が起こる………㋒ |
| 1941 | ⓑ太平洋《たいへいよう》戦争が起こる |
| 1950 | 朝鮮《ちょうせん》戦争が起こる………㋓ |
| 1964 | 東京《とうきょう》( ① )が開かれる…㋔ |

(1) 下線部ⓐに成功した外務大臣の名前を書きましょう。

(　　　　)

(2) 下線部ⓑで、アメリカ軍が上陸したのはどこですか。県名を書きましょう。

(　　　　)

(3) 与謝野晶子《よさのあきこ》が弟を思い、戦争に反対する詩を出した戦争を、㋐～㋓から選びましょう。

□

(4) ①にあう言葉を、カタカナで書きましょう。

(　　　　)

(5) ㋔のころ、日本では経済《けいざい》が成長し、暮《く》らしが豊かになる一方で、工業の発展《はってん》による人々への健康被害《ひがい》が問題となりました。このような被害を、何といいますか。漢字2字で書きましょう。

(　　　　)

**6** **次の地図中の㋐～㋔は、日本と関係の深い国です。あとの①、②にあう国を選びましょう。また、その国名も書きましょう。**

1つ3点(12点)

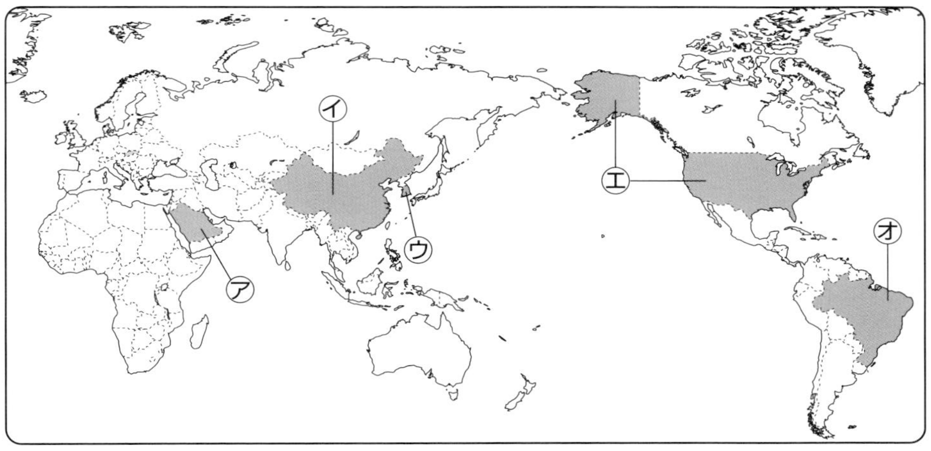


① 多くの移民を受け入れてきた多文化社会の国家。ハンバーガーやジーンズの生まれた国でもある。

② 人口がとても多く、日本とは古くから人やものがさかんに行き来した。

①記号 □ 国名(　　　　)

②記号 □ 国名(　　　　)

活用力をみる

**7** **次の資料を見て答えましょう。**

1つ5点(10点)

(1) 資料Ⓐの戦いで、織田信《おだのぶ》長《なが》らの軍は、武田《たけだ》軍をどのようにして破りましたか。資料を参考にして、簡単《かんたん》に書きましょう。

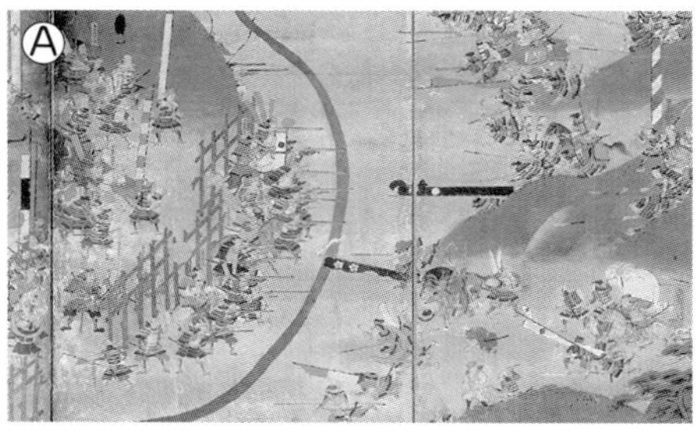


(　　　　)

(2) 資料Ⓑは、江戸《えど》時代の大名《だいみょう》の配置を表しています。関ヶ原《せきがはら》の戦い以降《いこう》に徳川《とくがわ》氏に従《したが》った大名が㋐～㋒のどれかを明記して、そのような配置にした理由を、簡単に書きましょう。

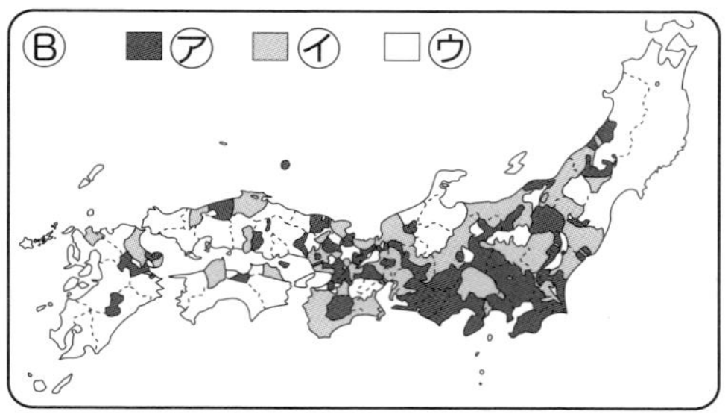


(　　　　)

**8** **次の文章を読んで答えましょう。**

1つ5点、(2)②完答(15点)

太平洋戦争で敗戦した後、ⓐ日本国憲法《にほんこくけんぽう》《にっぽんこく》を制定して再出発した日本は、経済的な発展《はってん》をとげました。現在は、ⓑ世界中の多くの国々と、持続可能な社会を実現するため努力しています。

(1) 下線部ⓐと大日本帝国《だいにっぽんていこく》《にほん》憲法における、天皇《てんのう》の地位のちがいを、次の資料を参考にして、簡単に書きましょう。

| 大日本帝国憲法(要約) | 日本国憲法(要約) |
| --- | --- |
| 第4条　天皇は、国の元首《げんしゅ》であり、憲法に従って国を統治する権利をもつ。 | 第1条　天皇は日本国の象徴《しょうちょう》であり日本国民統合の象徴であって、この地位は、主権をもつ国民の総意にもとづく。 |

(　　　　)

(2) 下線部ⓑについて、右下の資料は、世界の国々が加盟《かめい》する機関で2015年に定められた17項目《こうもく》の目標の一部です。次の問いに答えましょう。

① この目標を定めた機関を書きましょう。

(　　　　)

② 2つの目標のうち、どちらか1つを選んで、その目標を実現するために自分にどのようなことができるか、考えて書きましょう。

番号 □ (　　　　)

6年 社会のまとめ

# 学力診断《しんだん》テスト

月　日
名前

時間 40分

合格70点 ／100

答え63ページ

## 1 日本国《にほんこく》《にっぽんこく》憲法《けんぽう》と政治について答えましょう。

1つ3点(15点)

(1) 憲法の三つの原則の中の平和主義に関係する、日本政府が出した「核兵器《かくへいき》をもたない、つくらない、もちこませない」という方針《ほうしん》を何といいますか。
(　　　)

(2) 右の資料は、国の政治の重要な役割《やくわり》を分担《ぶんたん》する、3つの機関の関係を表しています。次の問いに答えましょう。

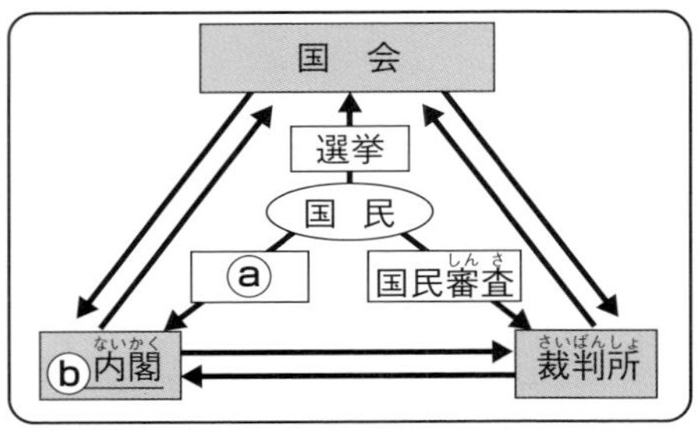


① 資料のようなしくみを何といいますか。
(　　　)

② 資料中のⓐにあう言葉を、漢字2字で書きましょう。
(　　　)

③ 下線部ⓑのもとに属している省庁《ちょう》のうち、国民の健康や働く人の安全などに関する仕事をしている役所を何といいますか。
(　　　)

(3) 税金の使い道ではないものを、㋐～㋓から選びましょう。

㋐ 学校などの教育　㋑ 警察《けいさつ》や消防
㋒ 被災地《ひさいち》の復興　㋓ 百貨店の建設

□

## 2 次の㋐～㋔の文を読んで答えましょう。

1つ2点、(2)8点(完答)(20点)

㋐ ( ① )は仏教の力で国を守ろうと考え、東大寺《とうだいじ》を建て、大仏をつくった。
㋑ 聖徳太子《しょうとくたいし》は、役人の心構えを示した( ② )を定めた。
㋒ ( ③ )は平氏《へいし》を破り、朝廷《ちょうてい》から征夷大将軍《せいいたいしょうぐん》に任命された。
㋓ 邪馬台国《やまたいこく》の女王( ④ )は、30ほどのくにを従えた。
㋔ ( ⑤ )時代の人々は、縄目《なわめ》の文様《もんよう》がつけられた土器を使って暮《く》らしていた。

(1) ①～⑤にあう言葉を書きましょう。

①(　　　) ②(　　　) ③(　　　)
④(　　　) ⑤(　　　)

(2) ㋐～㋔を年代の古い順に並《なら》べかえましょう。

□→□→□→□→□

(3) ㋓について、この時代の大規模《だいきぼ》な集落あとが発見された吉野ヶ里遺跡《よしのがりいせき》は、現在の何県にありますか。
(　　　)

## 3 次の資料を見て答えましょう。

1つ2点(8点)

Ⓐ
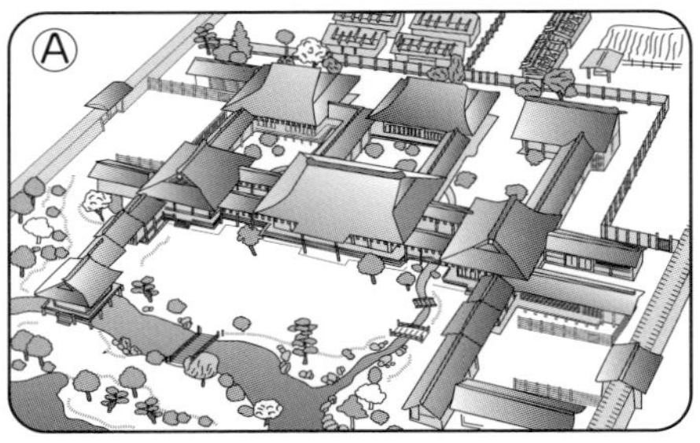

Ⓑ
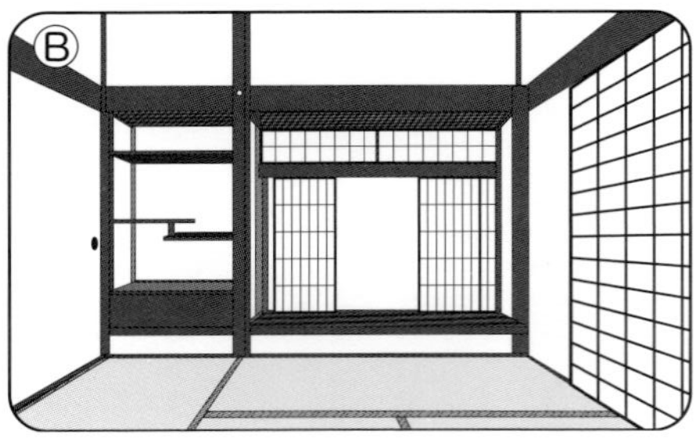

(1) Ⓐについて、①このような屋しきのつくりを何といいますか。また、②この屋しきがつくられた時代に起こったできごとを、㋐～㋓から選びましょう。

㋐ 天下統一を目ざして、各地で戦国大名《せんごくだいみょう》が争った。
㋑ 足利《あしかが》氏が京都《きょうと》に幕府《ばくふ》を開いた。
㋒ 藤原《ふじわら》氏が政治の権力《けんりょく》をにぎった。
㋓ 大王《おおきみ》や豪族《ごうぞく》の墓である古墳《こふん》が各地につくられた。

①(　　　) ②□

(2) Ⓑについて、①現代の和室のもととなったこの部屋の建築様式を何といいますか。また、②この時代に始まり、現在まで受けつがれている文化や芸能を1つ書きましょう。

①(　　　) ②(　　　)

## 4 学問・文化について、次の①～⑤の「わたし」にあう人物の名前を書きましょう。

1つ2点(10点)

① わたしは、浮世絵《うきよえ》の「東海道五十三次《とうかいどうごじゅうさんつぎ》」をかきました。
② わたしは、破傷風《はしょうふう》という病気の治療法《ちりょうほう》を発見しました。
③ わたしは、随筆《ずいひつ》の「枕草子《まくらのそうし》」をかな文字で書きました。
④ わたしは、日本古来の考え方を研究し、「古事記伝《こじきでん》」を書きました。
⑤ わたしは、「学問のすゝ《(す)》め」を書き、人は生まれながらにして平等であることを主張しました。

①(　　　) ②(　　　) ③(　　　)
④(　　　) ⑤(　　　)



裏にも問題があります。

◎ 次の絵を見て、あとの問いに答えましょう。

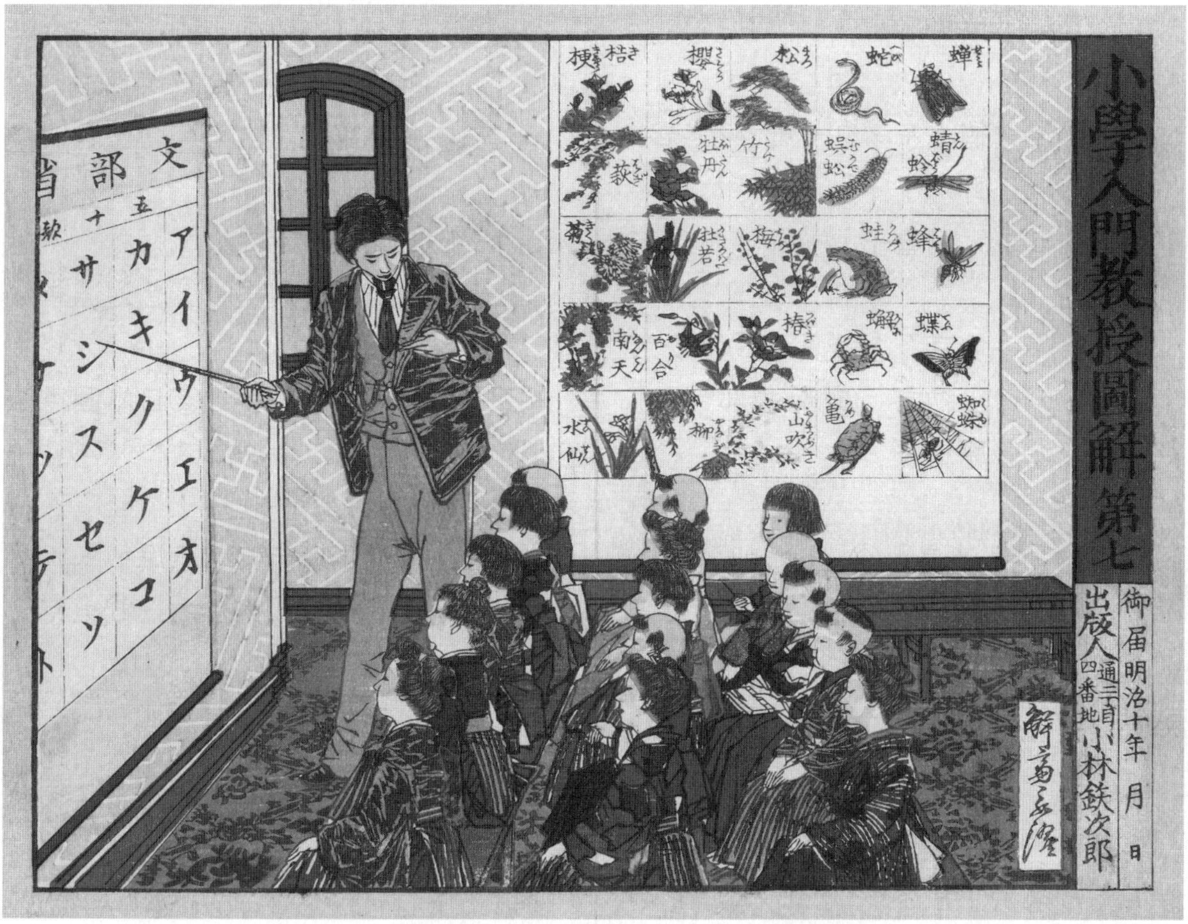


文部科学省ホームページ(https://www.mext.go.jp/)

この絵は「小学《しょうがく》入門《にゅうもん》教授《きょうじゅ》図《ず》解《かい》」という作品です。明《めい》治《じ》時《じ》代《だい》初めの小学校における授業の様子がえがかれています。

●絵を見て、今の学校と異《こと》なることを書いてみましょう。

●絵を見て、今の学校と同じことや似ていることを書いてみましょう。

# 答　え

p.2　❶①縄文《じょうもん》　②弥生《やよい》　③卑弥呼《ひみこ》
④古墳《こふん》

p.3　❷①聖徳太子《しょうとくたいし》　②十七条《じゅうしちじょう》の憲法《けんぽう》
③小野妹子《おののいもこ》　④法隆寺《ほうりゅうじ》
⑤中大兄皇子《なかのおおえのおうじ》

p.4　❸①平城京《へいじょうきょう》　②鑑真《がんじん》　③平安京《へいあんきょう》
④清少納言《せいしょうなごん》　⑤紫式部《むらさきしきぶ》
⑥藤原道長《ふじわらのみちなが》

p.5　❹①平清盛《たいらのきよもり》　②源頼朝《みなもとのよりとも》
③執権《しっけん》　④元寇《げんこう》

p.6　❺①足利尊氏《あしかがたかうじ》　②足利義満《あしかがよしみつ》
③足利義政《あしかがよしまさ》
④フランシスコ・ザビエル
⑤織田信長《おだのぶなが》

p.7　❻①楽市《らくいち》・楽座《らくざ》　②豊臣秀吉《とよとみひでよし》
③関ヶ原《せきがはら》

p.8　❼①徳川家康《とくがわいえやす》　②近松門左衛門《ちかまつもんざえもん》
③杉田玄白《すぎたげんぱく》

p.9　❽①本居宣長《もとおりのりなが》　②伊能忠敬《いのうただたか》
③大塩平八郎《おおしおへいはちろう》　④ペリー
⑤徳川慶喜《とくがわよしのぶ》

p.10　❾①欧米《おうべい》　②福沢諭吉《ふくざわゆきち》
③大日本帝国憲法《だいにっほんていこくけんぽう》
④田中正造《たなかしょうぞう》　⑤日清戦争《にっしんせんそう》
⑥日露戦争《にちろせんそう》

p.11　❿①第一次世界大戦《だいいちじせかいたいせん》
②関東大震災《かんとうだいしんさい》　③普通選挙《ふつうせんきょ》

p.12　⓫①太平洋戦争《たいへいようせんそう》　②日本国憲法《にほんこくけんぽう》
③サンフランシスコ　④沖縄《おきなわ》

p.13　⓬①世界遺産《せかいいさん》　②原爆《げんばく》ドーム
③長野《ながの》　④東日本《ひがしにほん》　⑤東京《とうきょう》

イラスト：山田奈穂

この「丸つけラクラク解答」は
とりはずしてお使《つか》いください。

教科書ぴったりトレーニング

# 丸つけラクラク解答

東京書籍版
社会6年

「丸つけラクラク解答」では問題《もんだい》と同じ紙面《しめん》に、赤字で答えを書いています。

①問題がとけたら、まずは答え合わせをしましょう。

②まちがえた問題やわからなかった問題は、てびきを読んだり、教科書を読み返《かえ》したりしてもう一度《いちど》見直しましょう。

おうちのかたへ では、次のようなものを示しています。

- 学習のねらいやポイント
- 他の学年や他の単元の学習内容とのつながり
- まちがいやすいことやつまずきやすいところ

お子様への説明や、学習内容の把握などにご活用ください。

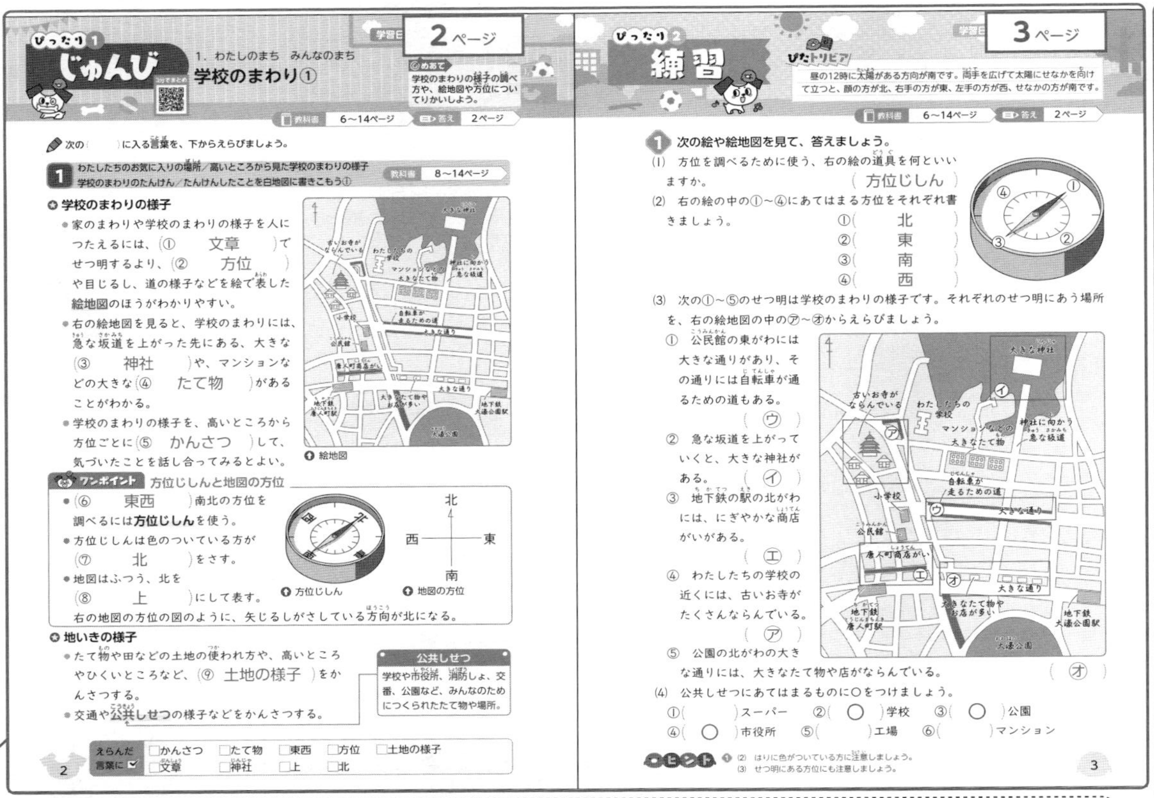
ぴったり1 じゅんび

1. わたしのまち　みんなのまち
学校のまわり①

2ページ

めあて
学校のまわりの様子《ようす》の調べ方や、絵地図や方位についてりかいしよう。

教科書 6～14ページ　答え 2ページ

次の（　）に入る言葉《ことば》を、下からえらびましょう。

1 わたしたちのお気に入りの場所《ばしょ》／高いところから見た学校のまわりの様子
学校のまわりのたんけん／たんけんしたことを白地図に書きこもう①　教科書 8～14ページ

学校のまわりの様子
- 家のまわりや学校のまわりの様子を人につたえるには、（① 文章 ）でせつ明するより、（② 方位 ）や目じるし、道の様子などを絵で表《あらわ》した絵地図のほうがわかりやすい。
- 右の絵地図を見ると、学校のまわりには、急《きゅう》な坂道《さかみち》を上がった先にある、大きな（③ 神社 ）や、マンションなどの大きな（④ たて物 ）があることがわかる。
- 学校のまわりの様子を、高いところから方位ごとに（⑤ かんさつ ）して、気づいたことを話し合ってみるとよい。

絵地図

ワンポイント　方位じしんと地図の方位
- （⑥ 東西 ）南北の方位を調べるには**方位じしん**を使う。
- 方位じしんは色のついている方が（⑦ 北 ）をさす。
- 地図はふつう、北を（⑧ 上 ）にして表す。

方位じしん　地図の方位

右の地図の方位の図のように、矢じるしがさしている方向《ほうこう》が北になる。

地いきの様子
- たて物《もの》や田などの土地の使《つか》われ方や、高いところやひくいところなど、（⑨ 土地の様子 ）をかんさつする。
- 交通や公共《こうきょう》しせつの様子などをかんさつする。

公共しせつ
学校や市役所《しやくしょ》、消防《しょうぼう》しょ、交番、公園など、みんなのためにつくられたたて物や場所。

えらんだ言葉に✓　□かんさつ　□たて物　□東西　□方位　□土地の様子　□文章《ぶんしょう》　□神社《じんじゃ》　□上　□北

2

ぴったり2 練習

3ページ

ぴたトリビア
昼の12時に太陽《たいよう》がある方向が南です。両手《りょうて》を広げて太陽にせなかを向《む》けて立つと、顔の方が北、右手の方が東、左手の方が西、せなかの方が南です。

教科書 6～14ページ　答え 2ページ

1 次の絵や絵地図を見て、答えましょう。

(1) 方位を調べるために使う、右の絵の道具《どうぐ》を何といいますか。（ 方位じしん ）

(2) 右の絵の中の①～④にあてはまる方位をそれぞれ書きましょう。
①（ 北 ）
②（ 東 ）
③（ 南 ）
④（ 西 ）

(3) 次の①～⑤のせつ明は学校のまわりの様子です。それぞれのせつ明にあう場所を、右の絵地図の中の㋐～㋔からえらびましょう。
① 公民館《こうみんかん》の東がわには大きな通りがあり、その通りには自転車《じてんしゃ》が通るための道もある。（ ㋒ ）
② 急な坂道を上がっていくと、大きな神社がある。（ ㋑ ）
③ 地下鉄《ちかてつ》の駅《えき》の北がわには、にぎやかな商店《しょうてん》がいがある。（ ㋓ ）
④ わたしたちの学校の近くには、古いお寺がたくさんならんでいる。（ ㋐ ）
⑤ 公園の北がわの大きな通りには、大きなたて物や店がならんでいる。（ ㋔ ）

(4) 公共しせつにあてはまるものに○をつけましょう。
①（　）スーパー　②（ ○ ）学校　③（ ○ ）公園
④（ ○ ）市役所　⑤（　）工場　⑥（　）マンション

ヒント 1 (2) はりに色がついている方に注意《ちゅうい》しましょう。
(3) せつ明にある方位にも注意しましょう。

3

見やすい答え

できたかな?
□方位じしんで、色のついている方の方位を言ってみよう。
□公共しせつはどのような場所か、せつ明してみよう。

おうちのかたへ
東西南北の方位については、東と西がおぼえにくいので注意してください。また、地図を見る際、「学校は駅の上にあるね」など「上下左右」を使わず、「学校は駅の北にあるね」など「東西南北」を使うとよいでしょう。

おうちのかたへ

練習　3ページ

1 (2)方位じしんは、色がついている方が北をさします。また、北、南、東、西の４つの方位を四方位といいます。

(3)①は公民館と自転車が通るための道、②は急な坂道と大きな神社、③は地下鉄の駅と商店がい、④はわたしたちの学校の近くの古いお寺、⑤は公園と大きなたて物や店をヒントにして、絵地図をよく見ましょう。

(4)公共しせつは、国や都道府県《とどうふけん》、市区町村《しくちょうそん》がみんなのためにつくったしせつのことです。みんなから集《あつ》めたお金でつくられているという特《とく》ちょうがあります。公共しせつのれいとして、学校、市役所、けいさつしょ、消防しょ、公民館、じどう館、公園などがあります。スーパーや工場、マンションは、国や都道府県、市区町村がつくるものではなく会社がつくるものなので、公共しせつにはあてはまりません。

くわしいてびき



※紙面はイメージです。

ぴったり1 準備

1. わたしたちの生活と政治

# 1 わたしたちのくらしと日本国憲法《けんぽう》①

めあて わたしたちのくらしと政治・日本国憲法の関係について考えよう。

教科書 6～13ページ　答え 2ページ

次の(　　)に入る言葉を、下から選びましょう。

## 1 身のまわりにある政治と政治の役割《やくわり》　教科書 6～7ページ

**わたしたちのくらしを支えるしくみ**

- (① 政治 )とは、みんなが安心してくらせるように必要なことを決め、実行すること。
- 政治では、(② 話し合い )が基本となっている。いろいろな人たちの願いを実現するために、クラス、地域《ちいき》の自治会、市議会、国会などで、話し合いが行われる。

政治は、人々のくらしや願いと結びついて、行われているよ。

## 2 くらしの中の日本国憲法／日本国憲法の考え方　教科書 8～11ページ

**くらしの中の日本国憲法**

- まちにくらす人々の願いを実現し、すべての国民が豊かにくらせるように、国や国民生活の基本を定めたものが(③ 日本国憲法 )である。
- 国の政治やくらしの中にある取り組みの多くは、日本国憲法にもとづいて行われる。
- 日本国憲法は、日本のきまりの中で最高のもので、国の法律《ほうりつ》や地方の条例はすべて、これにもとづいてつくられている。

**ワンポイント　日本国憲法の三つの原則**

- 二度と戦争を起こさないという人々の願いにもとづいてつくられた日本国憲法は、1946年11月3日に公布され、1947年5月3日に施行《しこう》された。
- 日本国憲法は、主に人権《じんけん》の保障《ほしょう》と国の政治のしくみについて定めている。

日本国憲法の三つの原則

- 国民(④ 主権 )…国の政治のあり方を国民が決めること。
- (⑤ 基本的人権 )の尊重《そんちょう》…国民だれもがもっている自分らしく生きる権利《けんり》を尊重すること。
- 平和主義…悲惨《ひさん》な(⑥ 戦争 )を二度とくり返さないこと。

日本国憲法の原本

**くらしと日本国憲法のつながり**

- 18才になって選挙に行き、投票することで政治に参加すること。
- (⑦ 仕事 )を自由に選んで働くこと。
- わたしたちが学校で使う(⑧ 教科書 )が全員に無償《むしょう》で配られること。

選んだ言葉に✓　□話し合い　□日本国憲法　□基本的人権　□主権《しゅけん》　□教科書　□政治　□仕事　□戦争





ぴったり2 練習

ぴたトリビア　現在では、日本国憲法が公布された11月3日は文化の日、施行された5月3日は憲法記念日とされ、国民の祝日となっています。

教科書 6～13ページ　答え 2ページ

**1 次の図を見て、図中の(　　)にあてはまる言葉を、[　　]から選びましょう。**

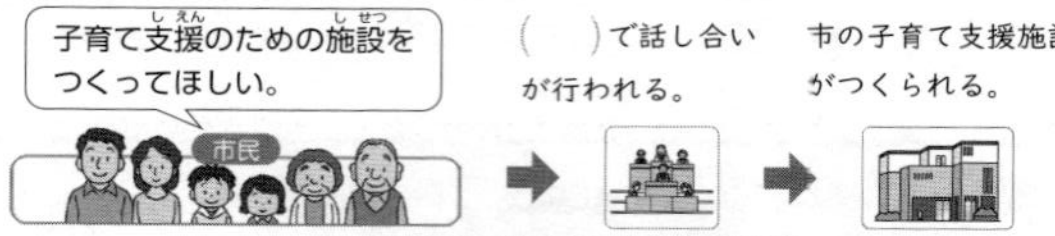


クラス　自治会　市議会

( 市議会 )

**2 日本国憲法について、次の問いに答えましょう。**

(1) 次の文は、日本国憲法について説明したものです。文中の①～③にあてはまる言葉を、[　　]からそれぞれ選びましょう。

日本国憲法は、日本のきまりの中で(①)のもので、国の(②)や地方の(③)はすべて、日本国憲法にもとづいてつくられる。

最高　条例　宣言《せんげん》　法律　唯一《ゆいいつ》

①( 最高 )　②( 法律 )　③( 条例 )

(2) 日本国憲法の三つの原則について、次の①～③の説明として正しいものを、それぞれ線で結びましょう。

① 基本的人権の尊重
② 国民主権
③ 平和主義

㋐国の政治のあり方を国民が決めることだよ。
㋑もう二度と戦争はくり返さないということだよ。
㋒国民だれもがもつ、自分らしく生きる権利を尊重することだよ。

(3) 次の文は、日本国憲法の構成について説明したものです。文中の(　　)にあてはまる言葉を書きましょう。

( 人権の保障 )

日本国憲法の本文は、前文と11章103条から構成され、(　　)と国の政治のしくみに関わることを主な内容としている。

ヒント　1 クラスではクラスの行事など、自治会ではその地域に住む人たちのくらしに関係すること、市議会ではその市に住む人たちのくらしに関係することが話し合われます。



できたかな？

□日本国憲法の三つの原則について説明してみよう。

おうちのかたへ

日本国憲法が戦争への反省と二度と戦争を起こさないという願いのもとでつくられたことと、その願いを実現させるためにどのようなことが定められているか、憲法を一緒に確認してみてください。

## 練習　3ページ

1 クラスではクラスの行事などクラスに関係することが、地域の自治会ではゴミの出し方のルールなどその地域に住む人たちのくらしに関係することが話し合われます。

2 (1)①日本国憲法第98条に、日本国憲法は国の最高法規であるという内容が書かれています。

(3)日本国憲法は、

前文、

第1章：天皇、

第2章：戦争の放棄《ほうき》、

第3章：国民の権利及《およ》び義務、

第4章：国会、

第5章：内閣《ないかく》、

第6章：司法、

第7章：財政、

第8章：地方自治、

第9章：改正、

第10章：最高法規、

第11章：補則《ほそく》、の103条によって構成されています。

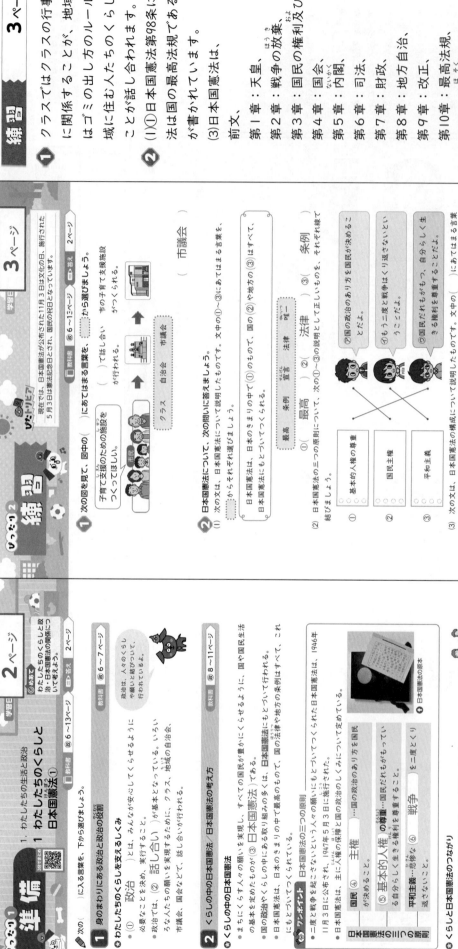

ぴったり1 準備

学習日 4ページ

1．わたしたちの生活と政治

# 1 わたしたちのくらしと日本国憲法《けんぽう》②

◎めあて
国民主権、基本的人権の尊重とはどのようなものか理解しよう。

教科書 ㊙14〜17ページ 答え 3ページ

次の（　）に入る言葉を、下から選びましょう。

## 1 くらしの中の国民主権《しゅけん》

教科書 ㊙14〜15ページ

**豊かなくらしを実現するしくみ**

- 地域《ちいき》をよりよくするために、市民ひとりひとりが行動することを（① 自治 ）という。市の議会は市民の意見を反映《はんえい》して条例をつくることができる。
- 情報を知る権利《けんり》を保障《ほしょう》する（② 情報公開制度 ）や、選挙で代表者を選ぶ権利を保障する選挙での投票の制度などは、市民の意見を政治に反映させるしくみの代表例である。

**政治に参加する権利**

- 国民主権…日本国憲法の三つの原則の一つで、国の政治のあり方を最終的に決定する権利が国民にあること。
- 国民主権にもとづき、国民は政治に参加する権利である（③ 参政権 ）をもつ。国会議員を選挙で選ぶこと、地方公共団体の条例の改正、最高裁判所《さいばんしょ》の裁判官として適しているかを判断すること、憲法改正を決める国民投票などが代表的な権利である。

**日本国憲法と天皇《てんのう》**

- 日本国憲法で天皇は、日本の国や国民のまとまりの象徴《しょうちょう》（しるし）で、政治については権限《けんげん》をもたないとされている。天皇は、内閣《ないかく》の助言と承認《しょうにん》にもとづいて日本国憲法に定められている仕事である（④ 国事行為 ）を行う。

## 2 くらしの中の基本的人権《じんけん》の尊重《そんちょう》

教科書 ㊙16〜17ページ

**基本的人権の尊重**

- 国や地方公共団体は、基本的人権の尊重のためにさまざまな取り組みを行っている。くらしの中で、すべての人にとって使いやすい形や機能を考えたデザインである（⑤ ユニバーサルデザイン ）のものがみられる。

高齢者《こうれいしゃ》、障《しょう》がい者だけでなく、外国人住民の人権の尊重も大切なことだよ。

ワンポイント 国民の権利《けんり》と義務

| | |
|---|---|
| 権利 | 思想や学問の自由（第19・23条）、働く人が団結する権利（第28条）、個人の尊重、法の下《もと》の平等（第13・14条）、教育を受ける権利（第26条）、政治に参加する権利（参政権《さんせいけん》）（第15条）、（⑥ 言論 ）や集会の自由（第21条）、裁判を受ける権利（第32条）、仕事について働く権利（第27条）、居住や移転、（⑦ 職業 ）を選ぶ自由（第22条）、健康で文化的な生活を営む権利（生存権《せいぞん》）（第25条） |
| 義務 | 子どもに（⑧ 教育 ）を受けさせる義務（第26条）、仕事について働く義務（第27条）、（⑨ 税金 ）を納《おさ》める義務（第30条） |

選んだ言葉に✓
□税金 □言論《げんろん》 □教育 □参政権 □情報公開制度
□職業 □自治 □ユニバーサルデザイン □国事行為《こくじこうい》



ぴったり2 練習

学習日 5ページ

ぴたトリビア
ユニバーサルデザインの例として、シャンプーとリンスの容器が区別できるように、シャンプーの容器には「きざみ」がつけられています。

教科書 ㊙14〜17ページ 答え 3ページ

**1 国民主権について、次の問いに答えましょう。**

(1) 右の図の①は、豊かなくらしを実現するために、市がもっている情報を、市民からの請求《せいきゅう》により提供《ていきょう》する制度です。この制度を何といいますか。

（ 情報公開 ）制度

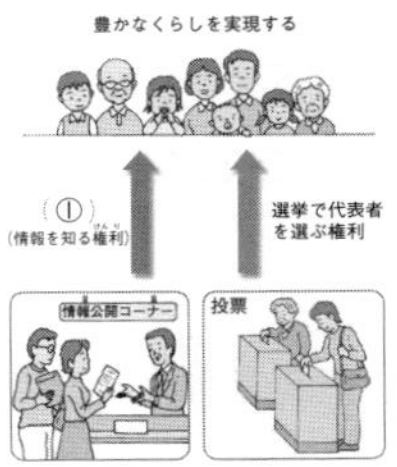


(2) 市長や市議会議員などの代表者を投票して選ぶなどの政治に参加する権利を何といいますか。

（ 参政権 ）

(3) 次の①〜③にあてはまる言葉を答えましょう。

日本国憲法を改正するかどうかは、国民の①によって最終的に決められるよ。

日本国憲法では、天皇は、日本の国や国民のまとまりの②だよ。

地方公共団体の首長・議員の選挙、③の改正などを請求することができるよ。

①（ 投票 ）　②（象徴(しるし)）　③（ 条例 ）

(4) 天皇が内閣の助言と承認にもとづいて行う、日本国憲法に定められている右の資料のような仕事を何といいますか。

（ 国事行為 ）

- 国会を召集《しょうしゅう》すること。
- 衆議院《しゅうぎいん》を解散すること。
- 外交の文書を認《みと》めること。

**2 次の①〜⑦の中で、国民の権利にあたるものにはアを、国民の義務にあたるものにはイを書きましょう。**

①（ イ ）子どもに教育を受けさせる
②（ ア ）働く人が団結する
③（ ア ）言論や集会の自由
④（ ア ）健康で文化的な生活を営む
⑤（ イ ）税金を納める
⑥（ ア ）政治に参加する
⑦（ ア ）教育を受ける

ヒント ２ ⑤ 税金を納めること（納税《のうぜい》）は、国民がはたさなければならないことです。



**練習 5ページ**

1 (1)情報公開制度は、国や地方公共団体（市区町村・都道府県）に対し、国民が情報の公開を求める権利を保障する制度です。

(3)③条例とは地方の議会が制定したきまりで、その地方公共団体にのみ適用され、国民は条例の改正・廃止《はいし》を請求することができます。

2 国民の義務は、①の子どもに教育を受けさせる義務、仕事について働く義務、⑤の税金を納める義務の三つです。国民の権利については、基本的人権の尊重の原則にもとづき、広く保障されています。

**できたかな？**

□国民主権、基本的人権の尊重の考え方により、くらしの中でわたしたちはどのような権利が認められているのか確認《かくにん》しよう。

**おうちのかたへ**

日頃の生活の中にみられる、国民主権や基本的人権の尊重の考え方に基づいた国や市などの取り組みを探して、気づいたことなどを話し合ってみてください。

ぴったり1 準備

1．わたしたちの生活と政治

# 1 わたしたちのくらしと日本国憲法《けんぽう》③

学習日 **6ページ**

めあて
平和主義について理解し、平和のためにわたしたちができることを考えよう。

教科書 政18～23ページ　答え 4ページ

次の（　）に入る言葉を、下から選びましょう。

## 1 くらしの中の平和主義

教科書 政18～19ページ

ワンポイント　日本国憲法と平和主義

- 戦争への反省から、日本国憲法では**平和主義**の考えを具体的に記している。
- 憲法前文には平和へのちかいが、第９条には外国との争いごとを（① 武力 ）で解決しない、そのための（② 戦力 ）をもたないことが記されている。
- 広島《ひろしま》と長崎《ながさき》に（③ 原子爆弾（原爆））を落とされた日本は、世界でただ一つの被爆《ひばく》国として、核兵器《かくへいき》をなくすために（④ 非核三原則）をかかげている。
- 日本の平和と安全を守るための（⑤ 自衛隊 ）は、大規模《だいきぼ》な自然災害が起きたときなどに国民の生命や財産を守る活動をしている。

**非核三原則《ひかくさんげんそく》**
核兵器を「もたない、つくらない、もちこませない」

**平和のための取り組み**

- 兵庫《ひょうご》県尼崎《あまがさき》市では、**原子爆弾《ばくだん》（原爆《げんばく》）**を体験した方たちが、戦争の悲惨《ひさん》さと平和の尊《とうと》さなどを伝えるために、小学校などでその体験を語りつぐ「（⑥ 語り部活動）」を行っている。
- 地域《ちいき》総合センターなどで、平和について考えるための映画《えいが》の上映会《じょうえいかい》やパネル展《てん》などを行っている。

元浜緑地《もとはまりょくち》公園にある世界平和の鐘《かね》

## 2 「平和学習の街ヒロシマ」を訪《たず》ねて ひろげる

教科書 政22～23ページ

**平和記念式典**

- 1945年８月６日に原爆が投下された（⑦ 広島 ）市にある平和記念公園では、毎年８月６日に原爆でなくなった人を慰霊《いれい》する平和記念式典が行われ、「平和への（⑧ 誓い ）」が読み上げられる。

**ヒロシマからの平和発信**

- 小学校では、平和記念資料館の見学や語《かた》り部《べ》活動を通して、原爆のおそろしさや平和の大切さを学習する。
- 子どもたちは８月６日の夜、ピースキャンドルを持ち寄って平和をいのるなどの活動を行う。

原爆ドーム
＊1996年に世界文化遺産《いさん》に登録

選んだ言葉に✓
□武力　□自衛隊　□誓《ちか》い　□原子爆弾（原爆）
□非核三原則　□語り部活動　□戦力　□広島



ぴったり2 練習

学習日 **7ページ**

ぴたトリビア
2023年５月に広島県で行われた国際会議のときに、アメリカ・イギリスなどの首脳が平和記念公園を訪《おとず》れました。

教科書 政18～23ページ　答え 4ページ

**1 次の問いに答えましょう。**

(1) 次の文中の①～③にあてはまる言葉を、あとの［　］からそれぞれ選びましょう。

世界でただ一つの（①）で、戦争で大きな被害《ひがい》を受けた日本は、日本国憲法の（②）で平和へのちかいが、第９条で外国との争いごとを武力で解決しないこと、そのための（③）をもたないことが明らかにされている。

被爆国　第25条　前文　原爆　独立国　戦力

①（ 被爆国 ）②（ 前文 ）③（ 戦力 ）

(2) 非核三原則について、次の①、②にあてはまる言葉を書きましょう。

（①）を「もたない、（②）、もちこませない」

①（ 核兵器 ）②（ つくらない ）

**2 右の年表を見て、次の問いに答えましょう。**

(1) 年表中の①に入る月日には、現在、広島市の平和記念公園で平和記念式典が行われています。この月日を書きましょう。（ 8 ）月（ 6 ）日

(2) 年表中の②には、広島市以外に原子爆弾（原爆）が落とされた都市が入ります。この都市の名前を書きましょう。（ 長崎 ）

(3) 年表中の③の、平和都市広島のシンボルとして世界文化遺産に登録された建物は何ですか。（ 原爆ドーム ）

(4) 次の文は、広島市内の小学校で平和を築くために行っている活動を説明したものです。文中の①、②にあてはまる言葉を、あとの［　］からそれぞれ選びましょう。

| 年 | 主なできごと |
|---|---|
| 1945 | （①）、広島市に原爆投下<br>８月９日、（②）市に原爆投下 |
| 1946 | 日本国憲法公布 |
| 1947 | 平和祭式典を実施《じっし》、広島市長が平和宣言《せんげん》を発表 |
| 1949 | 平和記念公園の建設決定 |
| 1985 | 核兵器廃絶《はいぜつ》広島平和都市宣言を決議 |
| 1996 | （③）、世界文化遺産に登録 |

・「こどもピースサミット」や平和学習を経て、平和記念式典で読む「（①）」の言葉をみんなで考える。
・毎年、平和記念式典が行われた日の夜に（②）を持ち寄って平和をいのる。

ピースキャンドル　平和への誓い　各国のコインやメダル

①（ 平和への誓い ）②（ ピースキャンドル ）

ヒント　2 (3) 平和都市広島のシンボルで、国内外から毎年多くの人が訪れます。



できたかな？
□日本国憲法の平和主義とはどのようなことか説明してみよう。
□平和主義を実現するためにどのようなことが行われているか確認《かくにん》しよう。

おうちのかたへ
世界の平和だけでなく、身近な生活における平和を築くために自分たちにできることを話し合ってみてください。

## 練習　7ページ

1 (1)日本国憲法の三つの原則の一つとして、平和主義があげられます。
(2)世界でただ一つの被爆国である日本は、核兵器を「もたない、つくらない、もちこませない」という非核三原則をかかげています。

2 (1)、(2)1945年８月６日に広島市に、８月９日に長崎市に原子爆弾（原爆）が落とされ、大きな被害を受けました。
(3)平和都市広島のシンボルで、核兵器のおそろしさを伝える原爆ドームは、1996年に世界文化遺産に登録されました。

ぴったり3

# 確かめのテスト

1．わたしたちの生活と政治

## 1 わたしたちのくらしと日本国憲法《けんぽう》

**8ページ**

/100 合格80点

教科書 政 6～23ページ　答え 5ページ

**1** 日本国憲法について、次の問いに答えましょう。　1つ5点（30点）

(1) よく出る 次の表中の①～③にあてはまる日本国憲法の三つの原則をそれぞれ書きましょう。

| 原則 | 取り組み |
| --- | --- |
| ①（　国民主権　） | ⓐ選挙に行って投票し、自分たちの代表者を選ぶ。 |
| ②（　基本的人権の尊重　） | 駅などの公共施設《しせつ》に、ⓑバリアフリートイレが設置されている。 |
| ③（　平和主義　） | 図書館などで、ⓒ戦争の悲惨《ひさん》さや平和の尊《とうと》さを伝えるためのパネル展《てん》などが行われる。 |

(2) 下線部ⓐについて、国民が選挙などを通じて国の政治に参加する権利《けんり》を何といいますか。

（　参政権　）

(3) 下線部ⓑについて、すべての人にとって使いやすい形や機能を考えたデザインを何といいますか。

（　ユニバーサルデザイン　）

(4) 下線部ⓒについて、大規模《だいきぼ》な自然災害が起きたときの活動など、日本の平和と安全を守るうえで重要な役割《やくわり》を果たしている組織《そしき》を何といいますか。

（　自衛隊　）

**2** 右の図を見て、次の問いに答えましょう。　＊(2)は２つで完答　1つ5点（25点）

(1) 次の①～④の文にあてはまるものを、図中の㋐～㋗からそれぞれ選びましょう。

① たつやさんは、小学校を卒業した後、中学校に入学した。

② さやかさんのお兄さんは、18才になったので、選挙で投票を行った。

③ よしこさんのお姉さんは、大学を卒業した後、高校の先生になった。

④ さとしさんの好きなゲームを、お父さんが買ってあげたとき、消費税をはらった。

①（　㋕　）②（　㋒　）
③（　㋗　）④（　㋐　）

⬆ 国民の権利と義務

(2) 国民の義務にあたるものを、㋐～㋗から２つ選びましょう。

（順不同・完答）（　㋐　）（　㋗　）



学習日

**9ページ**

**3** 次の文のうち、正しいものには○を、まちがっているものには×をつけましょう。　1つ4点（20点）

①（　×　）日本国民は、内閣《ないかく》に指名された国会議員を国民の代表者とする。

②（　○　）日本国民は、地方公共団体に対して、首長や議員の選挙や条例の改正、首長や議員をやめさせる請求《せいきゅう》ができる。

③（　○　）日本国民は、裁判《さいばん》官が最高裁判所の裁判官として適しているかを判断する。

④（　○　）憲法を改正するかどうかは、最終的に国民投票で決める。

⑤（　×　）天皇の主な仕事は国事行為《こくじこうい》とされ、国会の召集《しょうしゅう》、衆議院《しゅうぎいん》の解散などを国民の助言と承認《しょうにん》にもとづいて行う。

**4** 次の「平和への誓《ちか》い」の一部を読んで、あとの問いに答えましょう。　1つ5点（25点）

> 私《わたし》たちには使命があります。
> あの日、ⓐ広島《ひろしま》で起きた悲惨な出来事。
> そのことを知り、ⓑ被爆《ひばく》者の方々の思いや願いを聞き、考え、平和の尊さや大切さを、世界中の人々や次の世代に伝えなければならないのです。
> 昭和《しょうわ》20年（1945年）8月6日午前8時15分。…（中略）…
> 悲しみや苦しみを抱《かか》えながらも、被爆者の方々は生きることを決して諦《あきら》めず、
> 共に支え合い、ⓒ広島の町の復興《ふっこう》に向け立ち上がりました。…（中略）…
> 誰《だれ》もが幸せに暮《く》らせる世の中にすることを、私たちは絶対に諦めたくありません。
> ⓓ争いのない未来、そして、この世界に生きる誰もが、心から平和だと言える日を目指し、努力し続けます。
> 広島で育つ私たちは、ⓔ使命を心に刻《きざ》み、この思いを次の世代へつないでいきます。
> 令和《れいわ》3年（2021年）8月6日

(1) 下線部ⓐについて、1945年8月6日に広島に落とされたものは何ですか。

（原子爆弾（原爆））

(2) よく出る 下線部ⓑについて、世界でただ一つの被爆国である日本がかかげている、核兵器《かくへいき》を「もたない、つくらない、もちこませない」という原則を何といいますか。

（非核三原則）

(3) 下線部ⓒについて、地域《ちいき》をよりよくするために、まちづくりに参加するなど、ひとりひとりが行動することを何といいますか。　（　自治　）

(4) 下線部ⓓについて、外国との争いごとを武力で解決しないこと、そのための戦力をもたないことを定めている日本国憲法の条文は第何条ですか。

第（　9　）条

記述 (5) できたらスゴイ！ 下線部ⓔについて、わたしたちの使命とはどのようなことですか。簡単《かんたん》に書きましょう。　思考・判断・表現

（(例)原爆がもたらした被害などを知り、被爆者の思いや願いを聞き、考えて、平和の尊さや大切さを、世界中の人々や次の世代に伝えていくこと。）

ふりかえり ❸がわからないときは、4ページの❶にもどって確認《かくにん》してみよう。



**確かめのテスト　8～9ページ**

**1** (1)日本国憲法は、国民主権《しゅけん》、基本的人権《じんけん》の尊重《そんちょう》、平和主義の三つの原則にもとづいて、人権の保障《ほしょう》と国の政治のしくみなどについて定めています。

(4)陸上・海上・航空からなる自衛隊は、日本の平和と安全を守る活動のほかに、自然災害が起こったときに、救援《きゅうえん》活動などを行っています。

**2** (2)㋑の個人の尊重、法の下《もと》の平等、㋒の政治に参加する、㋓の言論《げんろん》や集会の自由、㋔の裁判を受ける、㋖の思想や学問の自由は、いずれも国民の権利です。

**3** ①国会議員は国民の選挙によって選ばれます。

⑤天皇の国事行為は、内閣の助言と承認にもとづいて行われます。

**4** 日本は、世界でただ一つの被爆国であることを重く受け止め、広島市内の小学生が考えた「平和への誓い」をしっかり読んで考えましょう。この「平和への誓い」では、世界の人々に戦争の事実と命の重みを伝えようとしています。

**記述問題のプラスワン**

**4** (5)まずは、「平和への誓い」をしっかりと読みましょう。1行目に「私たちには使命があります」とあるので、それに続く文から、どのようなことを使命と考えているのかを読み取りましょう。「平和への誓い」が読み上げられる平和祈念式典がどのようなことを願って行われているかを考えると、理解が深まります。

# ぴったり1 準備

1．わたしたちの生活と政治

## 2 国の政治のしくみと選挙①

学習日



◎めあて 税金・国会・内閣の働きを理解し、選挙のしくみについて理解しよう。

3分でまとめ

教科書 政24〜29ページ　答え 6ページ

次の（　）に入る言葉を、下から選びましょう。

### 1 選挙のしくみと税金の働き

教科書 政24〜25ページ

**選挙のしくみ**

- 選挙とは、わたしたちの意見を政治に反映《はんえい》させてくれる代表者を決めること。日本国民で（① 18才 ）以上の人が選挙で投票できる。
- 選挙は、候補者《こうほしゃ》の中から国会議員を選ぶ国の選挙と、候補者の中から都道府県知事・都道府県議会議員と市区町村長・市区町村議会議員を選ぶ地方の選挙に分けられる。

**税金の働き**

- 国や都道府県、市区町村による公共サービスや公共施設《しせつ》にかかる費用には、**税金**が多く使われている。
- 国の税金は、国民の代表者である国会議員によって、その集め方や使い方が決められる。日本の国の予算では、税金のみで支出をまかなえず、収入《しゅうにゅう》の約３分の１を借金である（② 公債金 ）で補《おぎな》っていることが問題になっている。

### 2 国会の働き

教科書 政26〜27ページ

**国会の主な仕事**

- 国会は日本国憲法《けんぽう》で、国権《こっけん》の最高機関であって、国の唯一《ゆいいつ》の（③ 立法機関 ）である。**衆議院**《しゅうぎいん》と（④ 参議院 ）の二つの議院で、国の政治の方向を話し合い、（⑤ 多数決 ）によって決めている。
- 国会は、法律《ほうりつ》の制定、内閣《ないかく》総理大臣の指名、予算の議決、条約の承認《しょうにん》、弾劾裁判所《だんがいさいばんしょ》の設置、憲法改正の発議などを行う。

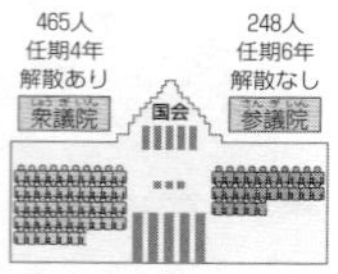


国会のしくみ*2023年現在

### 3 内閣の働き

教科書 政28〜29ページ

**内閣の主な仕事**

- 国会で選ばれた（⑥ 内閣総理大臣 ）（首相）を中心とする**内閣**は、法律や予算にもとづいて、国民の大多数の意見である（⑦ 世論 ）に耳をかたむけて、国民のための仕事を行う。実際の仕事は省や庁《ちょう》が行う。
- 内閣総理大臣は専門《せんもん》的な仕事を担当《たんとう》する（⑧ 国務大臣 ）（大臣）を任命して、大臣たちと会議（**閣議**《かくぎ》）を開いて、政治の進め方や行い方（行政）などを話し合う。

選んだ言葉に✔
□公債金《こうさいきん》　□参議院　□18才　□内閣総理大臣
□国務大臣　□世論《せろん》　□多数決　□立法機関



# ぴったり2 練習

学習日



ぴたトリビア
現在の国会議事堂は、1920（大正《たいしょう》9）年1月に建設が始まり、1936（昭和《しょうわ》11）年11月に完成しました。

教科書 政24〜29ページ　答え 6ページ

**1** 税金について説明した次の文のうち、正しいものには○を、まちがっているものには×をつけましょう。

①（ ○ ）公共サービスや公共施設には多くの税金が使われている。
②（ × ）学校など教育にかかる費用には税金は使われていない。
③（ ○ ）ものを買ったときに、税金を負担《ふたん》することになっている。

**2** 次の文と図を見て、答えましょう。

国の法律や政治の方向は国会の二つの話し合いの場で慎重《しんちょう》に決められる。

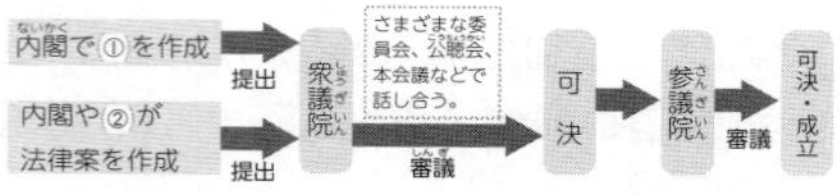


(1) 国会の働きに関する上の図中の①、②にあてはまる言葉を、［　］からそれぞれ選びましょう。

予算　条例　国会議員　地方議員

①（ 予算 ）②（ 国会議員 ）

(2) 衆議院と参議院についてまとめた右の表中の①〜③にあてはまる言葉や数字を書きましょう。

| | 衆議院 | 参議院 |
|---|---|---|
| 定数 | 465人 | 248人 |
| 任期 | 4年 | （①）年 |
| 解散 | （②） | （③） |

*2023年現在

①（ 6 ）②（ あり ）③（ なし ）

(3) 次の①〜④のうち、国会の働きにあてはまるものを２つ選び、○をつけましょう。

①（　）外国と条約を結ぶ。
②（ ○ ）弾劾裁判所を設置する。
③（ ○ ）憲法の改正を国民に提案する。
④（　）国務大臣を選ぶ。

**3** 右の図を見て、次の問いに答えましょう。

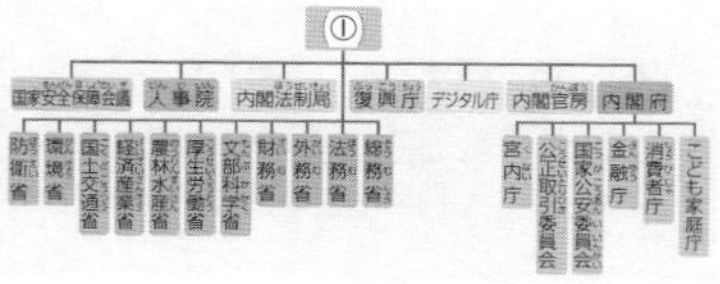


(1) 右の図中の①にあてはまる言葉を書きましょう。

（ 内閣 ）

(2) ①のもとで実際の仕事を受けもつのは、省と何でしょう。

（ 庁 ）

(3) 内閣総理大臣と国務大臣が政治の進め方などを話し合う、全員一致《いっち》を原則とする会議のことを何といいますか。

（ 閣議 ）

ヒント　2 (3)④ 国務大臣を選ぶのは、国会で選ばれた内閣の中心となる人物です。



## 練習 11ページ

**1** ②学校の運営や教科書の費用にも税金が使われています。
③ものを買ったときにはらう代金には消費税が含《ふく》まれます。

**2** (1)予算はまず衆議院で審議《しんぎ》し可決されると、次に参議院で審議されます。法律案の審議は、先に参議院で行われることもあります。
(3)①は内閣、④は内閣総理大臣の働きです。

**3** (2)内閣のもとに、省や庁（総務省、外務省、文部科学省、経済産業省、防衛省、復興庁、デジタル庁など）があります。内閣総理大臣は、各省庁を担当する国務大臣を任命します。

**できたかな？**
□くらしをよくするために使われる税金のなかに含まれている、わたしたちが納《おさ》めている税金を言ってみよう。
□国会・内閣の仕事について説明してみよう。

**おうちのかたへ**
こどもたちに参政権はありませんが、自分たちも税金を納めており、政治にも関係していることを理解させてください。

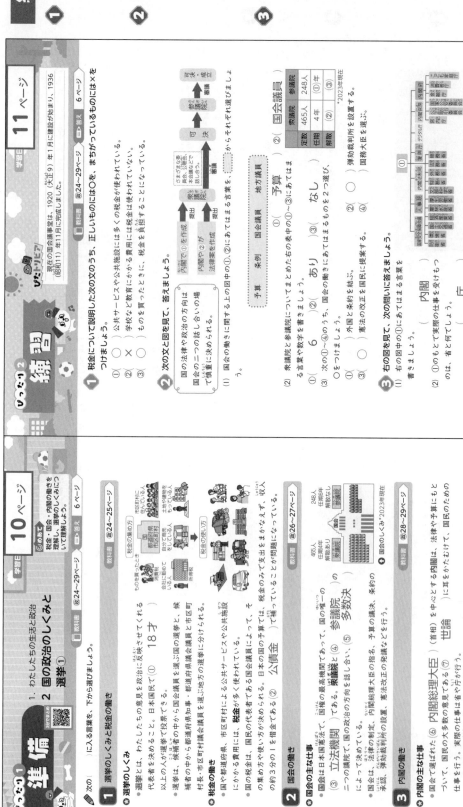

## ぴったり1 準備

1．わたしたちの生活と政治
2 国の政治のしくみと選挙②



めあて 裁判所の仕事とわたしたちの関わりについて考えよう。

教科書 ㊐30〜33ページ　答え 7ページ

次の（　　）に入る言葉や数字を、下から選びましょう。

### 1 裁判所《さいばんしょ》のはたらき／三権分立《さんけんぶんりつ》のしくみ　教科書 ㊐30〜31ページ

**裁判所の仕事**

- 裁判所は、争いや事故、犯罪《はんざい》などが起こったときに、法律《ほうりつ》にもとづき問題を解決し、国民の権利《けんり》を守っている（司法）。
- 国民は、だれでも（①　裁判を受ける権利　）をもっており、判決に不服がある場合、同じ事件について（②　3　）回まで裁判を受けられる。
- 人々の間に起きた争いなどについては、原告側と被告《ひこく》側に分かれて裁判を行って判決を出す。罪を犯した疑《うたが》いのある人については、有罪か無罪かの裁判を行って判決を出す。
- （③　裁判員制度　）…刑罰《けいばつ》が重い犯罪の裁判に、選挙権《せんきょけん》をもっている人の中から、くじで選ばれた（④　国民　）が裁判員として加わる制度。裁判官とともに有罪か無罪か、有罪の場合どのくらいの刑《けい》にするかを判断する。

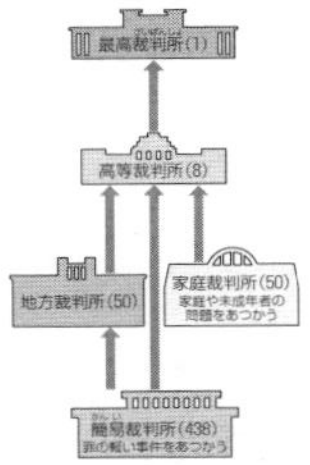


裁判のしくみ
＊（　）内の数字はそれぞれ裁判所の数。

**ワンポイント　三権分立**

- 裁判所は、法律や政治が憲法《けんぽう》に違反《いはん》していないかを調べる。
- （⑤　立法権　）を国会、（⑥　行政権　）を内閣、（⑦　司法権　）を裁判所がもつことで（**三権分立**）、権力が一か所に集中して、行き過ぎが生じないようなしくみになっている。

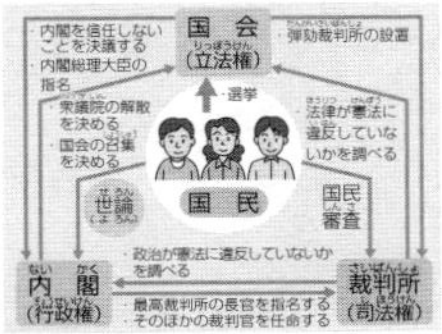


三権分立の関係図

### 2 なごや子ども市会 ひろげる　教科書 ㊐32〜33ページ

**なごや子ども市会の目的**

- 愛知《あいち》県名古屋《なごや》市の議会（名古屋市会）が毎年開いている。市内の小学校5・6年生が参加し、自分の住むまちの議会を実際に体験することで、（⑧　市役所　）や議会の仕事、しくみに対する理解を深めることを目的としている。

**東日本大震災《ひがしにほんだいしんさい》の被災地《ひさいち》との交流**

- 2012年度から岩手《いわて》県陸前高田《りくぜんたかた》市の子どもたちと交流をはじめ、2019年の「子ども市会」本会議でも子どもひとりひとりの思いをこめたメッセージを送ることが決まった。

選んだ言葉に✓　□3　□行政権《ぎょうせいけん》　□司法権《しほうけん》　□立法権《りっぽうけん》　□市役所　□国民　□裁判員《さいばんいん》制度　□裁判を受ける権利



## ぴったり2 練習



ぴたトリビア　国民が裁判に参加する制度は、アメリカ・イギリスでは陪審《ばいしん》制、ドイツ・フランスでは参審制といいます。

教科書 ㊐30〜33ページ　答え 7ページ

**1 裁判所について、次の問いに答えましょう。**

(1) 右の図中の①、②にあてはまる言葉を書きましょう。
①（最高裁判所）②（地方裁判所）

(2) 国民の感覚や視点《してん》を裁判に生かすことを目的とする、国民が裁判員として裁判に参加する制度を何といいますか。
（裁判員制度）

(3) 裁判の結果、裁判所が出した判断を何といいますか。
（判決）

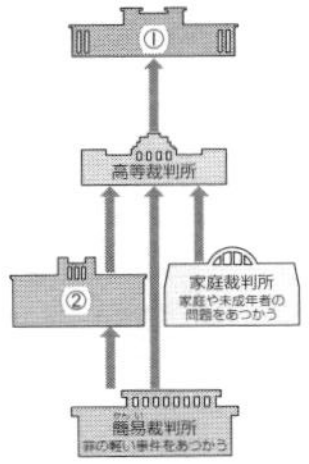


**2 国の政治に関する右の図を見て、次の問いに答えましょう。**

(1) 図中の①〜③にあてはまる言葉を書きましょう。
①（立法権）
②（行政権）
③（司法権）

(2) 図中の④にあてはまる言葉を、　　から選びましょう。
（選挙）

任命　選挙　判決

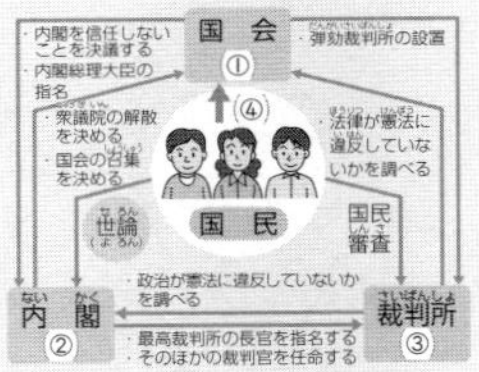


(3) 右の図のように、国の重要な役割を、国会・内閣・裁判所に分担《ぶんたん》しているしくみを何といいますか。
（三権分立）

(4) 国民は何によって内閣に対してえいきょうをあたえているか、図中の言葉を使って書きましょう。
（世論）

**3「なごや子ども市会」の活動について、①〜③の説明として正しいものを、それぞれ線で結びましょう。**

① 所信表明
② 委員会
③ 本会議

㋐子ども議員は六つのテーマについてそれぞれ事前に話し合うよ。
㋑委員会ごとに意見を発表し、陸前高田市の子どもたちにメッセージを送ることが決まったよ。
㋒子ども議長、副議長の選挙のときには、立候補《りっこうほ》した理由を話すよ。

ヒント 2 (2) 国民が国会議員を選ぶのは、政治に参加する大事な権利です。



## 練習 13ページ

1 (2)裁判員は、選挙権をもつ国民の中からくじで選ばれます。刑罰が重い犯罪の裁判に裁判官とともに加わり、有罪か無罪か、さらに有罪の場合の刑の程度を判断します。

2 (2)日本国民で18才以上の人は、選挙で投票することができます。以前は20才以上だったのですが、2016年7月の選挙から18才以上に引き下げられました。

(3)三権分立とは、権力が一か所に集中しないように、国会・内閣・裁判所がそれぞれ、立法権・行政権・司法権を分担することです。

(4)世論《せろん》《よろん》とは、政治などに関する国民の意見・考えのことで、世論を通じて、国民は国会や内閣にえいきょうをあたえることができます。

**できたかな？**

□裁判所がどのような仕事をしているか説明してみよう。
□三権分立のしくみについて説明してみよう。

**おうちのかたへ**

国会・内閣・裁判所の三権の関係や、三権と国民の関係について、お子さまと話し合ってみてください。

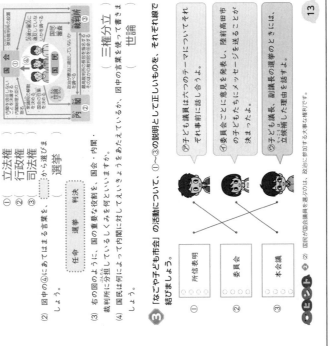

ぴったり3
# 確かめのテスト。
1．わたしたちの生活と政治
## 2 国の政治のしくみと選挙

**14ページ**

／100 合格80点

教科書 政24〜33ページ　答え 8ページ

**1** よく出る 右の表を見て、次の問いに答えましょう。　1つ5点（25点）

(1) 表中の①〜③にあてはまる言葉を、[　]からそれぞれ選びましょう。　技能

4年　6年　18才　20才　衆議院《しゅうぎいん》

| [議院] | (①) | 参議院《さんぎいん》 |
|---|---|---|
| [議員定数] | 465名 | 248名 |
| [任期] | 4年 | (②) |
| [投票できる人の年令] | 18才以上 | (③) 以上 |
| [解散] | あり | なし |

*2023年現在

①（衆議院）
②（6年）
③（18才）

(2) 投票して議員を選ぶことを何といいますか。
（選挙）

(3) 表中の①と参議院の二つの話し合いの場があり、国の政治の方向を話し合って多数決で決める機関を何といいますか。
（国会）

**2** 右の図を見て、次の問いに答えましょう。　1つ5点（25点）

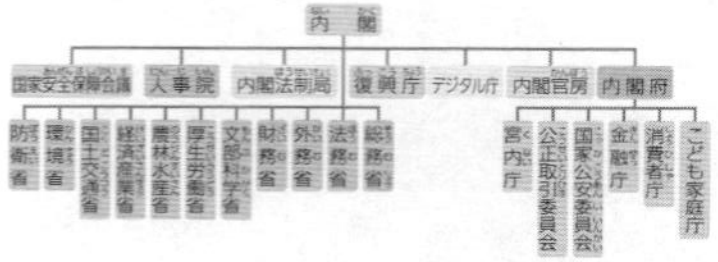


(1) 内閣《ないかく》の最高責任者である内閣総理大臣が、任命した国務大臣と開く会議を何といいますか。
（閣議）

(2) 内閣が国会に提出するのは、法律案と何ですか。
（予算(案)）

(3) 右の図中の「ものを買ったとき」に負担《ふたん》する税金を何といいますか。
（消費税）

(4) 右の図中の「会社に勤《つと》めている人」が納《おさ》める税金を何といいますか。
（所得税）

記述 (5) できたらスゴイ！ もし税金がなかったらどのようなことが起こると考えられますか。右の図を参考にして、考えられることを書きましょう。　思考・判断・表現

（(例1)学校では教科書がもらえず、先生もいないため授業ができない。
(例2)火事が起きても、消防車が来ないため火が消せない。）



学習日

**15ページ**

**3** 裁判《さいばん》のしくみについて、次の問いに答えましょう。　1つ5点（25点）

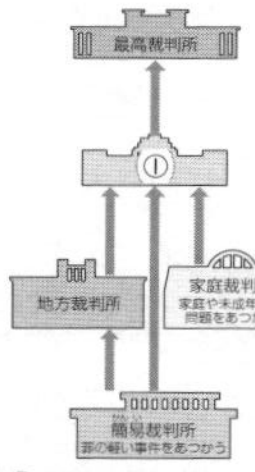

裁判のしくみ

(1) 右の図中の、①にあてはまる裁判所《さいばんしょ》を書きましょう。
（高等裁判所）

(2) できたらスゴイ！ 国民が、裁判員《さいばんいん》として裁判に参加する制度を裁判員制度といいますが、この制度の目的を説明した次の文中の（　）にあてはまる言葉を書きましょう。

> 裁判員制度は、国民が主権者《しゅけんしゃ》として裁判に関心をもつこと、国民の感覚や視点《してん》を（(例)裁判に生かすこと）などを目的としている。

記述 (3) 裁判の判決に不服がある場合は、3回まで裁判を受けられる制度がありますが、この制度の目的を簡単《かんたん》に書きましょう。　思考・判断・表現

（(例)裁判のまちがいを防ぎ、人権を守るため。）

(4) 次の文中の①、②にあてはまる言葉を、[　]からそれぞれ選びましょう。

> 国民はだれでも裁判を受ける(①)をもっていて、裁判所は争いや事故、犯罪《はんざい》などが起こったときに、(②)にもとづいて解決を図る。

法律　国会　多数決　権利《けんり》　判決

①（権利）　②（法律）

**4** 右の図を見て、次の問いに答えましょう。　1つ5点（25点）

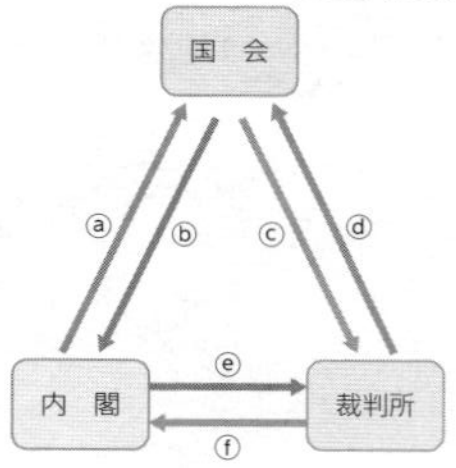


(1) よく出る 図のように国の重要な役割《やくわり》を分担《ぶんたん》するしくみを何といいますか。
（三権分立）

(2) 次の①〜③は、図中のⓐ〜ⓕのどの矢印にあたりますか。記号で答えましょう。　技能

① 内閣を信任しないことを決議する。（ⓑ）
② 最高裁判所の長官を指名し、そのほかの裁判官を任命する。（ⓔ）
③ 弾劾《だんがい》裁判所を設置する。（ⓒ）

(3) 裁判所の役割であるものを、㋐〜㋒から選びましょう。

㋐ 国会の召集《しょうしゅう》を決める。
㋑ 政治が憲法《けんぽう》に違反《いはん》していないかを調べる。
㋒ 内閣総理大臣を指名する。

（㋑）

ふりかえり　3(1)がわからないときは、12ページの1にもどって確認《かくにん》してみよう。



## 確かめのテスト　14〜15ページ

**1** (1)②参議院議員の任期は6年で解散はなく、3年ごとに半数が改選されます。

③選挙で投票できるのは18才以上で、被選挙権《ひせんきょけん》は衆議院議員が25才以上、参議院議員は30才以上です。

(3)国民の生活にかかわる予算や法律を決めることができるのは、衆議院と参議院からなる国会です。

**2** (2)内閣が予算（案）を国会に提出し、衆議院と参議院で審議《しんぎ》した結果、可決されれば予算が成立します。

**3** (2)裁判員制度の主な目的は、裁判に市民の感覚を取り入れ、市民の視点を生かすことです。

**4** (2)内閣の不信任は国会が決め、最高裁判所の長官の指名やそのほかの裁判官の任命は内閣が行います。

(3)裁判所は内閣に対して政治が憲法に違反していないか、国会に対しては法律が憲法に違反していないかを調べます。㋐国会の召集は内閣、㋒内閣総理大臣の指名は国会の役割です。

### 記述問題のプラスワン

**2** (5)税金は、学校、警察《けいさつ》、道路工事、ごみの収集、消防など、私たちの生活のあらゆるところに使われています。それらのどれか一つがなくなったときのえいきょうを書くようにしましょう。

**3** (3)公正で慎重《しんちょう》に裁判を行い、裁判のまちがいを防ぎ、人権《じんけん》を守るために、国民は同じ事件において3回まで裁判を受けることができます。

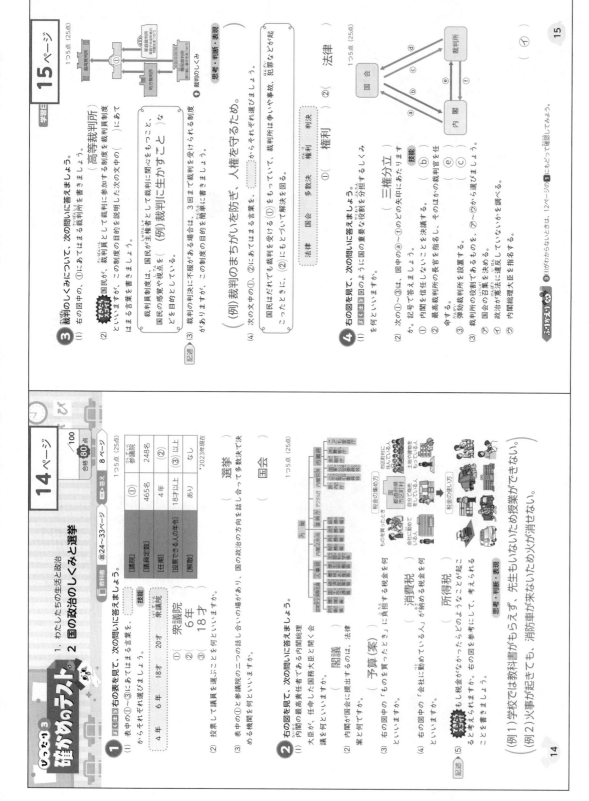

## 16ページ

ぴったり1 準備

せんたく 1. わたしたちの生活と政治

### 3 子育て支援《しえん》の願いを実現する政治①

めあて わたしたちの願いがどのように実現されるのかを理解しよう。

教科書 政36〜39ページ 答え 9ページ

次の(　　)に入る言葉を、下から選びましょう。

#### 1 わたしたちの願いと子ども家庭総合センター（教科書 政36〜37ページ）

**子育てをしている人々の願い**

- 働きながら子どもを産み育てる人が増えており、子育てをしている年代の人々の多くが市などによる(① 子育て支援 )を願っている。
- 子育てをしている人々の願いを受けて、国、都道府県、市区町村がさまざまな支援を行っている。

子育て支援の願い
- 子育ての相談窓口《まどぐち》の設置
- 保育園の充実《じゅうじつ》
- 子どもが遊べる施設《しせつ》の充実

**さいたま市子ども家庭総合センター「あいぱれっと」**

- 埼玉《さいたま》県さいたま市には、(② 公共施設 )のさいたま市子ども家庭総合センター「あいぱれっと」が設置されている。
- 係の人に子育て相談ができる総合案内・なんでも子ども相談窓口、小さな子どもが遊べるぱれっとひろば、中学生や高校生が勉強・交流できる場所などがある。

ぱれっとひろば

#### 2 市役所の働き（教科書 政38〜39ページ）

**さいたま市と「あいぱれっと」**

- 「あいぱれっと」の運営は、**市役所**の部署《ぶしょ》のうち(③ 子ども未来局 )が担当《たんとう》している。
- 子育てに関する計画は国の法律《ほうりつ》などにもとづいて進められる。

**市役所の取り組み**

- 市民の要望が市長や市役所に伝えられると、市役所で(④ 専門家 )も加わって市内に**子育て支援**の施設を建てる計画を立てる。
- 市役所がつくった計画案は(⑤ 市議会 )に提出され、そこで賛成の(⑥ 議決 )がなされると、市役所は施設の建設を始める。公共施設の建設にはたくさんのお金が必要であるため、市役所は国や県に**補助金《ほじょきん》**の(⑦ 申請 )を行う。

子育て支援の施設の建設に向けた市役所の動き

選んだ言葉に✓　□子育て支援　□専門家《せんもんか》　□議決　□公共施設　□子ども未来局　□市議会　□申請《しんせい》



## 17ページ

ぴったり2 練習

ぴたトリビア　2023年4月には、子育てやいじめなどの子どもを取り巻《ま》く問題を解決するための行政機関として、こども家庭庁《ちょう》が設置されました。

教科書 政36〜39ページ 答え 9ページ

**1 埼玉県さいたま市の子ども家庭総合センター「あいぱれっと」について、次の問いに答えましょう。**

(1) 「あいぱれっと」について説明した次の文中の①、②について、{　}の中の正しい言葉を◯で囲みましょう。

> 現在、働きながら子どもを産み育てている人が①{(増えて)・減って}いる。特に②{10代・(40代)}までの市民の子育て支援に力を入れてほしいという願いを受けて、市によって「あいぱれっと」がつくられた。「あいぱれっと」は赤ちゃんや小さな子どもだけでなく、中学生・高校生も利用している。

(2) 次の①〜③にあてはまる言葉を、あとの[　]からそれぞれ選びましょう。

「あいぱれっと」は市がつくった①だから、だれでも利用できるよ。

子育てをしている人は、窓口で係の人に子育てに関する②が受けられるよ。

中学生や高校生が③や交流しているところを見かけるよ。

[勉強　相談　公共施設]

①( 公共施設 )　②( 相談 )　③( 勉強 )

**2 右の年表を見て、次の問いに答えましょう。**

(1) 下線部ⓐについて、計画案の作成を担当するのはどこですか。
( 市役所 )

(2) 下線部ⓑについて、市が建物をつくるときに、国や県などが市にわたすお金を何といいますか。
( 補助金 )

| 年 | 主なできごと |
|---|---|
| 2009 | つくるための話し合いが始まる |
| 2011 | ⓐ施設の計画の案を作成 |
| | 市議会での話し合い |
| | 案について市民から意見を集める |
| 2015 | ⓑ建物をつくる工事が始まる |
| 2017 | 建物が完成する |
| 2018 | オープンする |

あいぱれっとができるまで

ヒント　2 (1) 町や村では役場といわれるのが一般《いっぱん》的です。



できたかな？
□「あいぱれっと」がどのようにしてつくられたのかを確認《かくにん》しよう。

おうちのかたへ
お住まいの地方公共団体の施設について、市民からのどのような要望を受けてつくられ、実際にどのように活用されているか、問題点はないかなどを話し合ってみてください。

## 練習　17ページ

1 さいたま市子ども家庭総合センター「あいぱれっと」は、子ども・家庭を取り巻く課題に総合的に取り組み、子ども・家庭、地域《ちいき》の子育て機能を支援するためにつくられました。「あいぱれっと」という名前には「子どもたちへのさまざまな愛情がちりばめられた場所」という意味がこめられています。

2 (1)市民の要望を受けて、市役所は専門家からも意見を聞いて、計画案などをつくります。
(2)公共施設の建設には、たくさんのお金が必要であるため、国などから補助金をもらうこともあります。

ぴったり1 **準備**

せんたく 1. わたしたちの生活と政治

## 3 子育て支援《しえん》の願いを実現する政治②

学習日



めあて わたしたちが納めた税金がどのように使われているか考えよう。

教科書 政40〜45ページ　答え 10ページ

次の（　　）に入る言葉を、下から選びましょう。

### 1 市議会の働き

教科書 政40〜41ページ

**市議会の仕事**

- **市議会**…市議会議員が、市の仕事を進めていくために必要なことを話し合って決定するところ。市議会での最後の決定を議決といい、（① 多数決 ）で決まる。

市議会の仕事

- 条例の制定、改正、廃止《はいし》の決定
- 市の予算の決定
- 市の税金の決定
- 国会や関係省庁《しょうちょう》に意見書を出す
- 市の仕事が正しく行われているかチェックする など

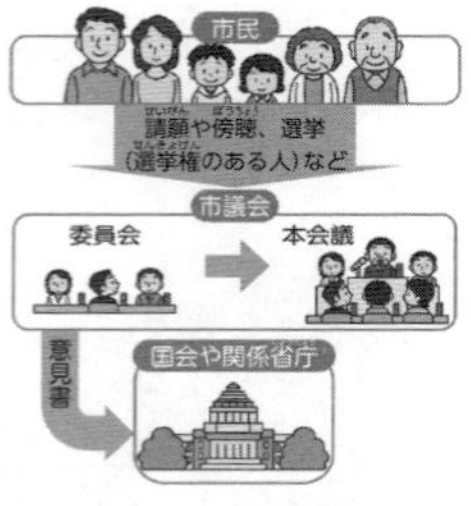


市民と市議会と国の政治のつながり

- 首長である（② 市長 ）や市議会議員は選挙で選ばれ、政治を任された市民の代表である。選挙には25才以上の人が立候補《りっこうほ》できる。
- 市民は選挙のほか、市議会に意見や希望を述べる（③ 請願 ）、議会の話し合いを許可を得て聞く（④ 傍聴 ）などを通じて、市議会にえいきょうをあたえる。

### 2 税金の働き／川口《かわぐち》市の福祉《ふくし》事業 ひろげる

教科書 政42〜45ページ

**税金の使い道**

- 国民には（⑤ 納税 ）の義務があり、市は、住民や会社などから**税金**を集め、多くの人が必要とする（⑥ 公共的 ）な事業を行う。
- 市が事業に使うお金には、税金のほかに国や県から受ける（⑦ 補助金 ）などがある。
- 市は予算を使って、子育て支援《しえん》、高齢者福祉《こうれいしゃふくし》、学校教育の充実《じゅうじつ》、道路や公園の整備など、多くの人が必要としている公共的な事業を行う。

**川口市の福祉事業**

- 埼玉《さいたま》県川口市は（⑧ お年寄り ）や障《しょう》がいのある人たちが、地域《ちいき》の中で支え合い、安心して幸せにくらせるまちをめざして、さまざまな福祉事業を行っている。

国や県からの補助金もあるんだね。

選んだ言葉に ☑　□請願《せいがん》　□傍聴《ぼうちょう》　□公共的　□多数決　□お年寄り　□補助金《ほじょきん》　□納税《のうぜい》　□市長



ぴったり2 **練習**

ぴたトリビア 子どもでも、消費税のほか、貯金などの利子、なくなった人の財産を相続する場合などに税金がかかります。

学習日



教科書 政40〜45ページ　答え 10ページ

**1 市議会やその仕事について説明した次の文中の①〜⑤にあてはまる言葉を、［　］からそれぞれ選びましょう。**

(1) 市議会議員は、①の住民の選挙によって選ばれる。
(2) 市議会議員の選挙に立候補できる年令は②である。
(3) 市議会は、市のきまりである③を制定、改正、廃止する。
(4) 市議会議員は、市の仕事が正しく行われているかを④し、市だけで解決できない問題について県や国に働きかける。
(5) 市民は、市議会に請願をしたり、議会の話し合いを⑤したりすることができる。

［ 条例　25才以上　傍聴　18才以上　チェック ］

①（ 18才以上 ）②（ 25才以上 ）③（ 条例 ）
④（ チェック ）⑤（ 傍聴 ）

**2 次の問いに答えましょう。**

(1) 2023年度のさいたま市の収入《しゅうにゅう》と支出を示した右のグラフ中の①〜③にあてはまる言葉を書きましょう。

①（ 会社 ）
②（ 補助金 ）
③（ 子育て ）

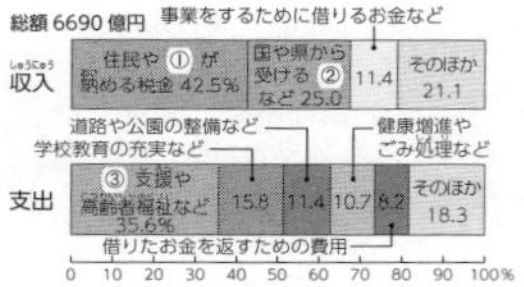


(2) 右上のグラフを見て、税金について説明した次の文中の①、②について、｛　｝の中の正しい言葉を◯で囲みましょう。

> 小学生も、ものを買うときに税金である消費税を負担《ふたん》している。さいたま市の場合、市の収入の①｛(半分)・4分の1｝近くが市民の税金であり、税金が何に使われているかを知っておくことが大切である。また、市の税金の使い道は②｛市長・(市議会)｝によって決められる。

(3) 税金について説明した次の文のうち、正しいものには○を、まちがっているものには×をつけましょう。

①（ × ）納税《のうぜい》は、日本国憲法《けんぽう》で国民の権利《けんり》とされている。
②（ ○ ）学校など教育に関することには、税金が使われている。
③（ × ）ごみの処理《しょり》や道路の建設には、税金が使われていない。

(4) 次の文について、｛　｝の中の正しい言葉を◯で囲みましょう。

> 川口市では、「いつまでも安心して幸福にくらせるまち」「すべての人がかがやくまち」をめざして、社会福祉センターを建設するなどの｛(福祉)・開発｝事業を行っている。

ヒント 1 (5) 「請願」は意見や希望を述べることで、⑤は議会を知るために市民ができるもう一つのことです。



**練習**　

1 (1)、(2)市長や市議会議員を選ぶ選挙で投票できる年令は18才以上、市長や市議会議員に立候補できる年令は25才以上です。
(5)市議会で行われることは、議員を選挙で選んだ市民の責任でもあり、議会の話し合いを傍聴することは、市民が市の政治に関わることになります。

2 (3)①納税は憲法第30条で、国民の義務とされています。
③ごみの処理や道路の整備、学校教育の充実など、都道府県や市区町村が行う公共的な事業に税金が使われています。
(4)市は、デイサービスや介護《かいご》、自立を助ける複合施設をつくるなどの福祉事業を行っています。

**できたかな？**

□市役所がどのような仕事をしているか説明してみよう。
□税金はわたしたちの生活や社会を支えるために、さまざまなところで使われていることを確認《かくにん》しよう。

**おうちのかたへ**

市役所の仕事、税金の使われ方、市民が地方政治に与える影響などについて話し合ってみてください。

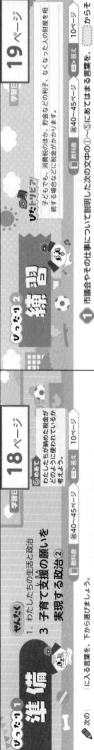

## 20ページ

ぴったり1 準備 せんたく

1．わたしたちの生活と政治

### 3 震災復興《しんさいふっこう》の願いを実現する政治①

学習日

◎めあて 東日本大震災発生直後にどのような対応がとられたか学ぼう。

3分でまとめ

教科書 政46〜49ページ　答え 11ページ

次の(　　)に入る言葉を、下から選びましょう。

#### 1 東日本大震災《ひがしにほんだいしんさい》の発生　教科書 政46〜47ページ

**東日本大震災**

- 2011（平成《へいせい》23）年3月11日午後2時46分、宮城県《みやぎ》沖を(① 震源 )とする巨大地震《きょだいじしん》が発生し、(② 岩手県 )、宮城県、福島県《ふくしま》、茨城県《いばらき》などで大きな被害《ひがい》が出た。

大震災直後の気仙沼《けせんぬま》の様子

- 地震の震度は7、(③ マグニチュード )は9.0で、地震後の(④ 津波 )によってまちはかいめつ状態になった。多くの住民が家族や家を失い、(⑤ 避難所 )での生活を続けることになった。その後も強い余震《よしん》が何度もあった。
- 家の建て直し、仕事の再開などの被災《ひさい》した人々の切実な願いもあり、気仙沼市では、地盤沈下《じばんちんか》した(⑥ 魚市場 )の復旧のためにかさ上げが行われた。大震災から3か月後にはかつおの水あげが始まった。
- 現在では、がれきの撤去《てっきょ》、建物や道路の整備が進み、観光客がおとずれるまでになった。

#### 2 東日本大震災への緊急《きんきゅう》対応　教科書 政48〜49ページ

**宮城県気仙沼市の対応**

- 大地震の直後に(⑦ 災害対策本部 )を設けて、避難所《ひなんじょ》の開設や被害状況《ひがいじょうきょう》の確認《かくにん》などを指示した。
- 避難した住民のための水、食料、仮設トイレなどを、宮城県や災害時相互応援《そうごおうえん》協定を結んでいる他県の市などに手配を要請《ようせい》した。

地方公共団体や国のほか、ボランティアも活動したよ。

**宮城県の対応**

- 情報収集を行うとともに、自衛隊に災害時の派遣《はけん》を要請した。
- (⑧ 災害救助法 )を適用して、必要な物資を被災地《ひさいち》に送る準備をした。

**国（政府）の対応**

- 災害対策《たいさく》基本法にもとづき緊急災害対策本部を設置し、自衛隊の派遣人数の増員や、他国への救助要請、物資などの準備を進めた。
- 全国の消防署《しょうぼうしょ》から(⑨ 緊急消防援助隊 )を派遣させた。

選んだ言葉に ✓　□震源《しんげん》　□避難所　□マグニチュード　□災害救助法　□魚市場　□津波《つなみ》　□岩手県《いわて》　□災害対策本部　□緊急消防援助《えんじょ》隊



## 21ページ

ぴったり2 練習

学習日

ぴたトリビア　東日本大震災が発生したときには、20をこえる国・地域《ちいき》、国際機関の支援チームが被災地をおとずれました。

教科書 政46〜49ページ　答え 11ページ

**1 次の問いに答えましょう。**

(1) 東北《とうほく》地方を中心に大きな被害が出た東日本大震災が起こったのは2011年の何月何日ですか。
( 3 )月( 11 )日

(2) 東日本大震災の地震の後に起きて、まちをかいめつ状態にした災害を何といいますか。
( 津波 )

(3) 大きな地震の後に続いて起きる地震を何といいますか。
( 余震 )

(4) 気仙沼市の魚市場がかさ上げする原因となったできごとを何といいますか。
( 地盤沈下 )

(5) 大震災から3か月後に気仙沼港で水あげが始まった魚は何ですか。
( かつお )

**2 災害から人々を助ける政治の働きをまとめた次の図や文中の①〜④にあてはまる言葉を書きましょう。**

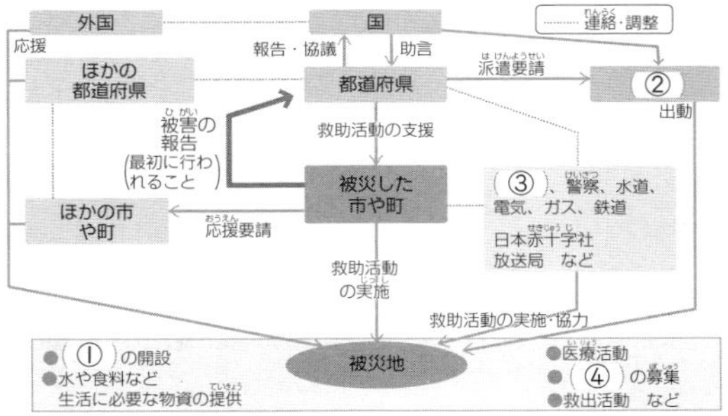


東日本大震災のとき、市、県、国が法律《ほうりつ》にもとづいてさまざまな取り組みを行った。気仙沼市は、災害対策本部を設け(①)の開設などを指示したほか、避難した住民のための水、食料、仮設トイレなどを、宮城県や災害時相互応援協定を結んでいる他県の市などに要請した。

宮城県は、(②)に災害時の派遣を要請した。

国（政府）は、緊急災害対策本部を設置して他国への救助要請、物資などの準備を進めた。また、全国の(③)から緊急消防援助隊を派遣させた。

このほかにも、全国からかけつけた(④)がたき出しなどを行った。

①( 避難所 )　②( 自衛隊 )
③( 消防(署) )　④( ボランティア )

ヒント　2 ②　被災した人々の救命・救出やがれきの撤去作業などの活動を行います。



**できたかな？**

□東日本大震災によってどのような被害を受けたか説明してみよう。
□人々の命や生活を守るためにどのような対応が行われたか説明してみよう。

**おうちのかたへ**

東日本大震災が発生したときの状況などについて、お子さまと話し合ってみてください。

## 練習　21ページ

1 (2)東日本大震災では、地震の後に起きた津波による被害が大きく、多くのまちがかいめつ状態になりました。
(3)余震は、大地震の後に震源の近くで引き続き起こる地震のことです。
(4)地盤沈下は、大きい地震が起こったときなどに起こる、地面がしずむ現象のことです。
(5)大震災の3か月後にはかつおの水あげが再開され、気仙沼港は2022年まで26年連続で、生鮮《せいせん》かつおの水あげ量が日本一です。

2 ②災害が起こったときには、都道府県知事などからの要請により、自衛隊が派遣されます。

ぴったり1 **準備** 22ページ

やんたく 1. わたしたちの生活と政治

## 3 震災復興《しんさいふっこう》の願いを実現する政治②

めあて 復旧・復興と未来に向けたまちづくりのための取り組みを学ぼう。

教科書 政50〜53ページ 答え 12ページ

次の（　　）に入る言葉を、下から選びましょう。

### 1 復旧・復興に向けた国の支援《しえん》

教科書 政50〜51ページ

**国（政府）の支援**

- 東日本大震災《ひがしにほんだいしんさい》のときには、国（政府）は復旧を進めるために、（① 国会 ）で第一次補正《ほせい》予算を成立させ、仮設住宅《じゅうたく》の建設、水道、ガス、電気などの（② ライフライン ）の復旧、がれきの撤《てっ》去《きょ》や処理《しょり》など、まちの整備を進めた。
- 大震災からの復興をすみやかに進めるために、（③ 東日本大震災復興基本法 ）を成立させ、この法律《ほうりつ》にもとづいて、復興を計画的に進めるために（④ 復興庁 ）が設置された。

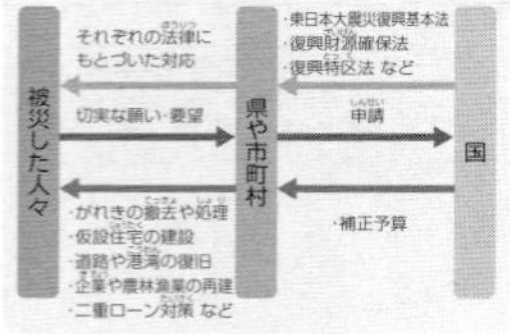


復旧・復興に向けた政治の働き

- 被災地《ひさいち》の復旧・復興は、国会で決められた予算や法律にもとづいて、県や市が具体的な取り組みを行う。
- 国の予算は、働く人の収入《しゅうにゅう》にかかる税金である所得税、ものを買ったときにかかる税金である（⑤ 消費税 ）、会社のもうけにかかる税金など、国民や会社などから集められた税金が使われる。なお、大震災からの復興のために、復興特別税が設けられている。

### 2 市や市民の取り組み

教科書 政52〜53ページ

**気仙沼《けせんぬま》市の取り組み**

- 市役所の役割《やくわり》…市民とともにまちについて考え、（⑥ 要望 ）を県や国に伝えるなどして、市民の願いを実現すること。
- 大震災からの復興をめざす気仙沼市は、「（⑦ 海 ）と生きる」を合い言葉に気仙沼市震災復興計画つくった。これにもとづき、住宅、道路の整備、気仙沼大島《おおしま》大橋の設置などを行い、災害に強く、水産業という（⑧ 特色 ）を生かしたまちづくりを進めている。
- 震災からの復興だけではなく、人口の減少という課題に対応して、気仙沼市に移住してきた若者《わかもの》が運営する気仙沼市移住・定住支援センターや、震災の教訓を未来へ伝えるため、2019年に防災にかかわる活動拠点《きょてん》として「気仙沼市東日本大震災遺構《いこう》・伝承館《でんしょうかん》」が設置された。2021年には復興祈念《きねん》公園が開園した。

選んだ言葉に✓ □復興庁《ふっこうちょう》 □消費税 □国会 □要望 □特色 □海 □ライフライン □東日本大震災復興基本法



ぴったり2 **練習** 23ページ

ぴたトリビア 2012年2月10日に設置された復興庁は2021年3月末廃止予定でしたが、引き続き支援が必要だとして、2031年3月31日まで延長されました。

教科書 政50〜53ページ 答え 12ページ

**1 次の問いに答えましょう。**

(1) 次の文中の①、②にあてはまる言葉を書きましょう。

（①）は道路やライフラインなどを修復すること、（②）は被災地域が活力をとりもどして再生を目指すことをいう。（①）・（②）は、国会で決められた法律や予算にもとづいて、県や市が具体的な取り組みを行う。東日本大震災からの（②）は東日本大震災復興基本法の基本理念にもとづいて進められている。

①（ 復旧 ）
②（ 復興 ）

(2) 右の説明文にあてはまる言葉を①、②に書きましょう。

①（ 復興庁 ）　東日本大震災からの復興を計画的に進めるために、2012年にできた役所のことだね。

②（ 国会 ）　2011年5月に、仮設住宅の建設、ライフラインの復旧やがれきの撤去などを進めるために第一次補正予算を成立させる話し合いが行われたよ。

**2 気仙沼市の復興に向けた取り組みの流れを示した下の図を見て、次の問いに答えましょう。**

(1) 次の説明にあてはまるものを、図中の㋐〜㋒からそれぞれ選びましょう。

①（ ㋑ ）市が国に支援をしてもらうためにする。
②（ ㋒ ）計画にそって復興を進めていく。
③（ ㋐ ）市民の願いを市に伝える。

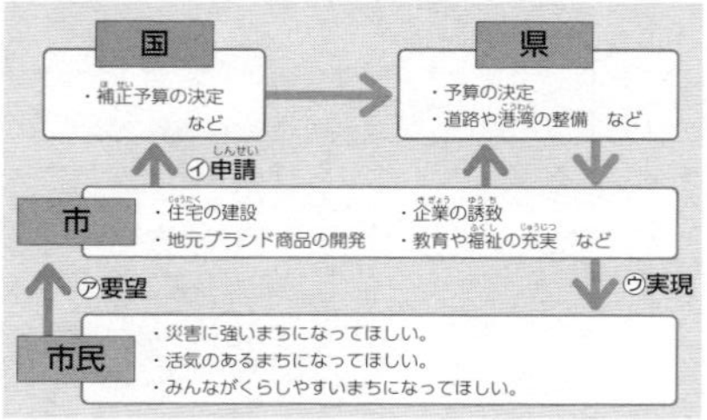


(2) 気仙沼市は、震災前から続く課題の解決のために、水産資源《しげん》を生かした商品や観光メニューの開発、移住の支援などに取り組んでいます。その課題とは何ですか。

（ 人口 ）の減少

ヒント 2 (1) 市民の願いをかなえるには、国や県の支援も必要になります。



**できたかな？**

□東日本大震災からの復旧・復興のために国が行ったことを説明してみよう。
□復興を進めるための市や市民の取り組みについて確認《かくにん》しよう。

**おうちのかたへ**

気仙沼市の復興の例を参考に、お住まいの地方公共団体の魅力について話し合ってみてください。

## 練習 23ページ

**1** (1)①復旧は、道路や鉄道、病院などの公共性が高いものや、水道、ガス、電気といった生活のために必要なライフラインを修復することをさします。

②復旧だけではなく、被災した地域の活力を取りもどし、再生を目指すことを復興といいます。

(2)②補正予算とは、予算成立後に緊《きん》急《きゅう》事態の発生などの事情に応じて最初の予算を変更する予算のことです。東日本大震災のときには、第一次補正予算が国会で成立しました。

**2** (2)復旧・復興、そして人口の減少という課題を解決するには、その町の特色を生かした魅力《みりょく》的なまちづくりが必要です。

ぴったり3 **確かめのテスト** せんたく
1. わたしたちの生活と政治
## 3 子育て支援《しえん》の願いを実現する政治

**24ページ**

／50 合格40点

教科書 政36～45ページ　答え 13ページ

**1** 右の図を見て、次の問いに答えましょう。　1つ5点（25点）

(1) 図中の①、②にあてはまる言葉を書きましょう。
①（　市議会　）②（国会(関係省庁)）

(2) 市議会の仕事にあたるものを、㋐～㋔から２つ選びましょう。
㋐ 国会議員の選挙を行うこと。
㋑ 法律《ほうりつ》をつくること。
㋒ 条例を制定すること。
㋓ 市議会議員の話し合いで市長を選ぶこと。
㋔ 市の予算を決めること。
(順不同)（　㋒　）（　㋔　）

市民と市議会と国の政治のつながり

記述 (3) できたらスゴイ! 市民が市議会を傍聴《ぼうちょう》することにはどのような役割がありますか。簡単《かんたん》に書きましょう。
思考・判断・表現
（(例)議員や市議会がきちんと仕事をしているかチェックする役割。）

**2** さいたま市子ども家庭総合センター「あいぱれっと」の建設費用などについてまとめた次の図や文中の①～⑤にあてはまる言葉を書きましょう。　1つ5点（25点）

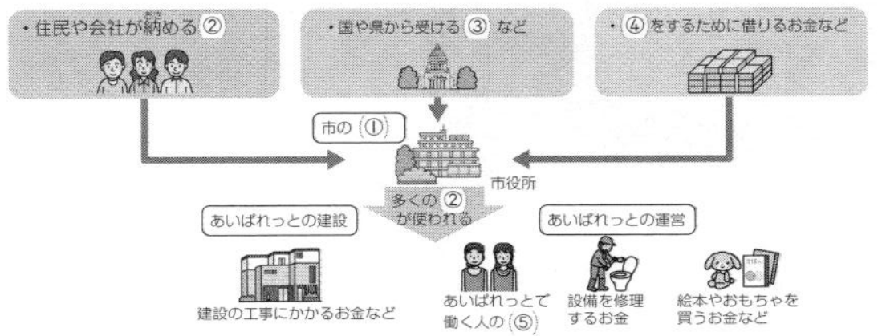


市の①は、市が仕事を進めるためのお金で、②は市の①の一部である。④とは市の仕事のことで、②や④のために借りるお金、国や県から受ける③などが市の①となる。公共的な④であるあいぱれっとの建設や運営には多くの②が使われており、その一部はあいぱれっとで働く人の⑤となっている。

①（　収入　）②（　税金　）③（　補助金　）
④（　事業　）⑤（　給料　）

ふりかえり **1**(2)がわからないときは、18ページの**1**にもどって確認《かくにん》してみよう。



ぴったり3 **確かめのテスト** せんたく
1. わたしたちの生活と政治
## 3 震災復興の願いを実現する政治

**25ページ**

／50 合格40点

教科書 政46～53ページ　答え 13ページ

**1** 次の文を読んで、あとの問いに答えましょう。　1つ5点（25点）

2011年３月11日、巨大《きょだい》な地震《じしん》が発生し、岩手《いわて》県、宮城《みやぎ》県、福島《ふくしま》県、茨城《いばらき》県などで大きな被害《ひがい》が出た。特に地震の後に起きた津波《つなみ》によって深刻《しんこく》な被害となった。
大地震の直後から国や地方公共団体が緊急《きんきゅう》対応を行った。宮城県気仙沼《けせんぬま》市は災害対策《たいさく》本部を設けて、①を開設し、水、食料、仮設トイレなどの手配を他県の市などに要請《ようせい》した。宮城県は自衛隊に災害時の②を行い、③を適用して被災地《ひさいち》に必要な物資を送った。国は④を設置したほか、復旧・復興に向けて必要な法律や予算を成立させた。

(1) 下線部の大きな災害を何といいますか。
（　東日本大震災　）

(2) 文中の①～④にあてはまる言葉を、［　］からそれぞれ選びましょう。
［緊急災害対策本部　避難所　災害救助法　派遣要請］
①（　避難所　）
②（　派遣要請　）
③（　災害救助法　）
④（　緊急災害対策本部　）

**2** 東日本大震災《ひがしにほんだいしんさい》からの復旧・復興に向けた政治の働きを表した右下の図を見て、次の問いに答えましょう。　1つ5点（25点）

(1) よく出る 右の図中の①～④にあてはまる言葉を、［　］からそれぞれ選びましょう。
［道路　予算　がれき　復興］
①（　がれき　）
②（　道路　）
③（　復興　）
④（　予算　）

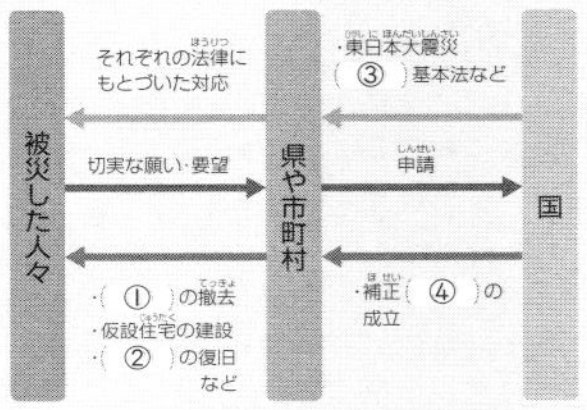


(2) 被災した人々が復旧を願っていたライフラインとは、どのようなものをさしますか。具体例をあげて簡単に書きましょう。
思考・判断・表現
（(例)電気・ガス・水道などの生活において欠かせないもの。）

ふりかえり **2**(1)がわからないときは、22ページの**1**にもどって確認《かくにん》してみよう。



**確かめのテスト　24ページ**

**1** (1)①市議会では、本会議の前に、何人かの議員でつくられた委員会で話し合います。その後に議員が全員で集まって話し合う本会議が開かれます。
(2)㋐国会議員は国民の選挙で選ばれます。
㋑法律をつくるのは国会の仕事です。
㋓市長は住民の選挙で選ばれます。

**2** 公共施設《しせつ》であるさいたま市子ども家庭総合センター「あいぱれっと」の建設や運営には住民や会社の税金が使われています。

**確かめのテスト　25ページ**

**1** (1)2011年３月11日午後２時46分、宮城県沖を震源《しんげん》とする大地震が発生し、東北《とうほく》地方を中心に大きな被害が出ました（東日本大震災）。
(2)③災害が発生したとき、国が被災者の保護と社会秩序《ちつじょ》の保全を図ることの責務《せきむ》を負うことが災害救助法で定められています。

**2** (1)東日本大震災復興基本法や補正予算の成立で、がれきの撤去や処理《しょり》、道路・港湾《こうわん》の復旧などが進められました。

**記述問題のプラスワン**

24ページ**1** (3)まず、最初に「傍聴」とはどういうことか考えましょう。傍聴は議会の話し合いを許可を得て聞くことです。市民は傍聴することで、市民が選挙で選んだ市議会議員が市の仕事をきちんと行っているかをチェックすることができます。また、市の仕事がきちんと行われいるかをチェックすることは、選挙権《せんきょけん》をもつ市民の責任でもあります。

25ページ**2** (2)ライフラインの「具体例」として、水道、ガス、電気のうち、どれかを必ず解答しましょう。

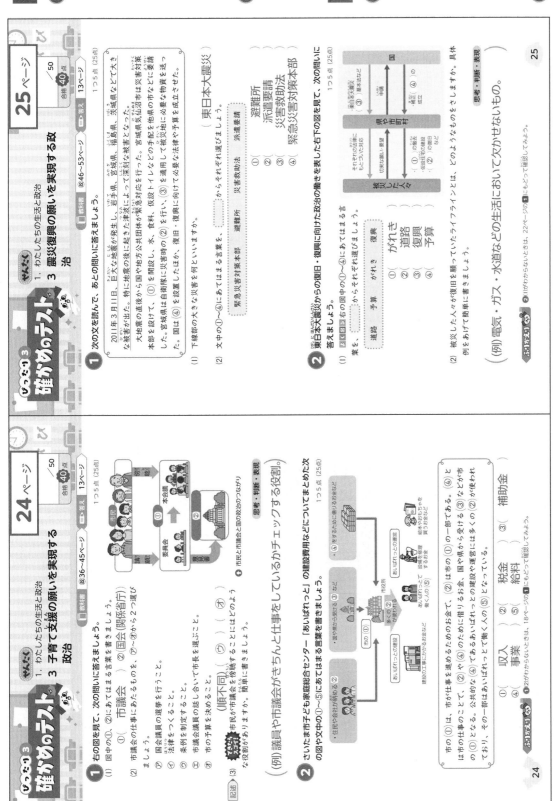

ぴったり1 準備

3分でまとめ

2. 日本の歴史

## 1 縄文《じょうもん》のむらから古墳《こふん》のくにへ①

学習日

26ページ

◎めあて 縄文時代の人々がどのような生活を送っていたか理解しよう。

教科書 歴 4～9ページ　答え 14ページ

次の（　）に入る言葉を、下から選びましょう。

### 1 年表の見方を知ろう

教科書 歴 4～5ページ

ワンポイント　年表の見方

- （① 西暦 ）…イエス・キリストが生まれたと考えられた年を西暦《せいれき》1年とする。
- （② 世紀 ）…100年ごとをひとまとめに表す。西暦1年から100年までが1世紀。
- （③ 時代 ）…日本の歴史では、国の政治が行われた場所などをもとに時代を区切り、名前がつけられている。
- **等尺年表《とうしゃく》**…それぞれの時代がどのくらいの長さなのかを示している。

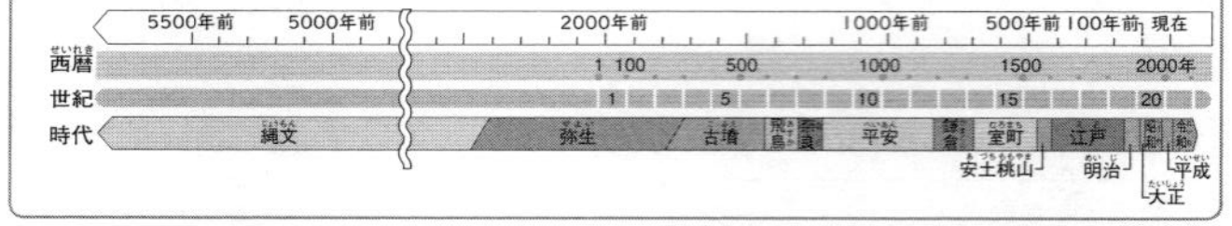


### 2 大昔のむらのくらし

教科書 歴 8～9ページ

**人々のくらし**

- 青森《あおもり》県にある（④ 三内丸山 ）遺跡《いせき》は、約5500年前の人々が集まって定住していた遺跡である。
- 人々は（⑤ たて穴住居 ）に家族4～5人で住んでいた。
- 人々は動物や魚をとったり、木の実や貝などを手に入れて、くらしていた。
- （⑥ 貝塚 ）…人々が、貝がらや動物の骨《ほね》、土器《どき》のかけらなどを捨《す》てていた遺跡。東京《とうきょう》都の大森《おおもり》貝塚などが代表例。

復元された大型掘立柱《ほったてばしら》建物

三内丸山《さんないまるやま》遺跡

- 豊かな自然のめぐみなどをいのって土偶《どぐう》がつくられた。

**さまざまな道具**

- 人々は生活に使う道具を、石や木、動物の（⑦ 骨 ）や角でつくっていた。
- **縄文《じょうもん》土器**…食べ物のにたきやたくわえの器《うつわ》として使われた、表面に（⑧ 縄目 ）の文様《もんよう》がつけられている土器。そのため、このころを（⑨ 縄文 ）時代といい、1万年近くも続いた。

つり針《ばり》
（長さ約4 cm）

選んだ言葉に✓
□貝塚《かいづか》　□三内丸山　□西暦　□骨　□たて穴住居
□縄目《なわめ》　□縄文　□世紀　□時代



ぴったり2 練習

学習日

27ページ

ぴたトリビア
三内丸山遺跡からは、遠くはなれた所で産出《さんしゅつ》する石器の材料《ざいりょう》であった黒《こく》曜石《ようせき》が出土しており、日本各地と交易《こうえき》していたことがわかります。

教科書 歴 4～9ページ　答え 14ページ

**1 次の年表について、あとの問いに答えましょう。**

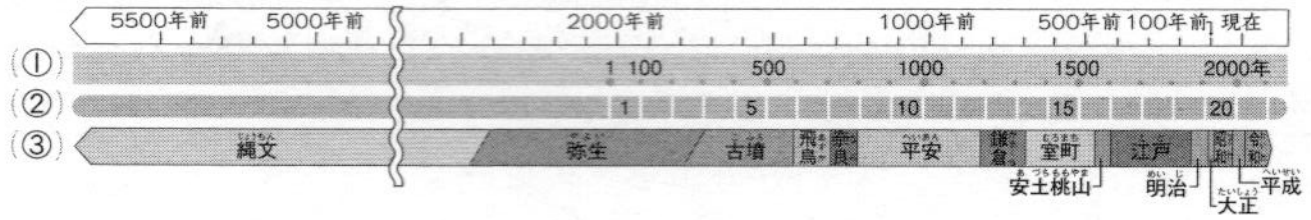


(1) 年表中の①～③の言葉の説明として正しいものを、それぞれ線で結びましょう。

① 西暦　　㋐100年ごとをひとまとめに表している。
② 世紀　　㋑イエス・キリストが生まれたと考えられた年を1年としている。
③ 時代　　㋒日本の歴史では、国の政治が行われた場所などをもとに区切り、名前をつけている。

(2) 上の年表を参考にして、次の年の世紀と時代を書きましょう。

① 101年 →（ 2 ）世紀 →（ 弥生 ）時代
② 752年 →（ 8 ）世紀 →（ 奈良 ）時代

**2 右の図を見て、次の問いに答えましょう。**

(1) 人々がおもに動物をとってくらしていた季節を書きましょう。（(秋から)冬）

(2) 人々は春から夏にかけて魚をとっていましたが、どのような道具を使っていましたか。（ つり針 ）

(3) (2)の道具は何からつくられていましたか。［　］から選びましょう。（ 動物の骨 ）

［ 木　石　動物の骨　土器 ］

(4) 図中の㋐は、この時代の人々が住んでいた住居です。住居の名前を書きましょう。（ たて穴住居 ）

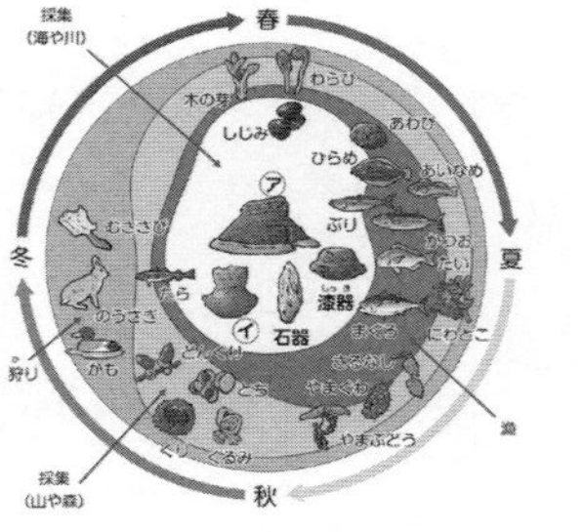


縄文時代の人々の1年の生活

(5) 図中の㋑は、食料のにたきや保存《ほぞん》のために使われていたものです。表面の縄目の文様が特ちょうのこの土器の名前を書きましょう。（ 縄文土器 ）

ヒント 1 (2) 1世紀は1～100年、4世紀は301～400年のように、100年ごとをひとまとめりと考えます。



できたかな？
□年表の見方を確認《かくにん》してみよう。
□縄文時代の人々のくらしを確認してみよう。

## 練習 27ページ

**1** (1)㋑西暦は、イエス・キリストが生まれる前を紀元前《きげんぜん》、生まれた後を紀《き》元後《げんご》に分けています。

(2)1年から100年までが1世紀なので、101年は2世紀、752年は8世紀です。年表ではその年が何時代なのかわかります。

**2** (1)狩りは秋から冬にかけて行われており、春から夏にかけては魚、秋には木の実がよく採れています。

(2)、(3)縄文時代の人々は、生活に必要な道具を自分たちでつくっていました。石でつくった石皿とすり石、木の皮でつくった入れ物、動物の骨でつくったつり針などがあります。

**ぴったり1 準備**

2．日本の歴史
# 1 縄文《じょうもん》のむらから古墳《こふん》のくにへ②



◎めあて
米づくりが始まったことにより、どのような変化があったかを理解しよう。

教科書 歴10〜17ページ　答え 15ページ

次の（　）に入る言葉や数字を、下から選びましょう。

## 1 板付遺跡《いたづけいせき》と米づくり

教科書 歴10〜15ページ

**ワンポイント** 米づくりの始まり

- **米づくり**は、1万年ほど前に（① 中国 ）で始まり、日本に伝わった。
- 福岡《ふくおか》県の板付遺跡は、今から約（② 2300 ）年前の遺跡で、米づくりが行われていた。
- **むら**の人々は（③ 指導者 ）を中心に、力を合わせて米づくりを行った。
- 西日本を中心に米づくりが広がっていった時代を（④ 弥生 ）時代といい、このころ使われていた土器《どき》を**弥生《やよい》土器**という。

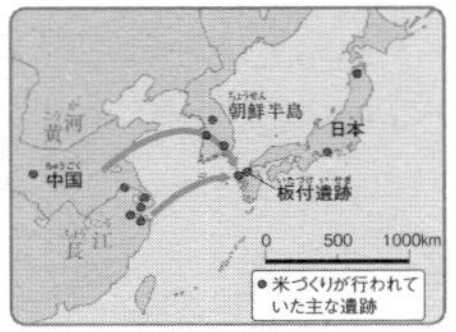

米づくりの伝わった道

**米づくりに使う道具**
- 稲《いね》の穂《ほ》をかり取るために（⑤ 石包丁 ）が、田を耕すために木製のくわが使用された。

## 2 むらからくにへ

教科書 歴16〜17ページ

**人々の生活の変化**
- 佐賀《さが》県の（⑥ 吉野ヶ里 ）遺跡は、弥生時代後期の遺跡で、集落のまわりが二重の堀《ほり》やさくで囲まれていた。大陸から伝わったと思われる鉄器・青銅器、南方の貝でつくったうで輪、中国《ちゅうごく》製の貨幣《かへい》などが出土した。

中国や沖縄《おきなわ》などかなり広い範囲《はんい》で交易を行っていたことがわかるね。

- 弥生時代には、倉庫にたくわえられた食料や、米づくりに必要な田や用水などをめぐって（⑦ むらとむら ）の間で争いが起こった。
- 生活が安定してむらが大きくなると、むらの指導者は、むらを支配する豪族《ごうぞく》となり、その中からまわりのむらを従《したが》えて**くに**をつくり、（⑧ 王 ）とよばれる人も現れた。各地の王や豪族たちは、大陸の技術や文化を積極的に取り入れ、くにづくりに役立てた。

**中国の古い時代の本に書かれている日本**
- 倭《わ》（日本）では男性が王を務めていた。（⑨ 邪馬台国 ）で争いが続くと、女王として（⑩ 卑弥呼 ）が立ち、30ほどのくにを従えた。
- **邪馬台国《やまたいこく》**の女王**卑弥呼《ひみこ》**は、中国に使いを送り、中国の皇帝《こうてい》から倭王《わおう》の称号《しょうごう》を授《さず》けられた。

選んだ言葉に✓
□卑弥呼　□弥生　□中国　□指導者　□邪馬台国
□吉野ヶ里《よしのがり》　□王　□むらとむら　□石包丁《いしぼうちょう》　□2300



---

**ぴったり2 練習**



**ぴたトリビア**
邪馬台国の卑弥呼について記述があるのは、中国の古い時代の本（「魏《ぎ》志倭人伝《しわじんでん》」）の中だけです。日本の資料には記述がありません。

教科書 歴10〜17ページ　答え 15ページ

**1 次の文を読んで、あとの問いに答えましょう。**

米づくりは（①）ほど前に（②）で始まり、日本では西日本から各地に広がった。米は保《ほ》存《ぞん》ができ栄養もあるので、人々の生活は安定していった。米づくりの道具として、稲の穂をかる（③）や田を耕す木製の（④）などが使用された。この時代を（⑤）時代という。

(1) ①にあてはまる言葉を、［　］から選びましょう。（ 1万年 ）

1000年　5000年　1万年　3万年　5万年

(2) ②にあてはまる国名を書きましょう。（ 中国 ）
(3) ③にあてはまる道具名を書きましょう。（ 石包丁 ）
(4) ④にあてはまる道具名を書きましょう。（ くわ ）
(5) ⑤にあてはまる時代を書きましょう。（ 弥生 ）

**2 右の写真を見て、次の問いに答えましょう。**

復元された吉野ヶ里遺跡

(1) 吉野ヶ里遺跡の集落のまわりは、大きな二重の堀やさくで囲まれていましたが、それはどのような理由からですか。㋐〜㋓から選びましょう。（ ㋑ ）
㋐ 食料を食いあらす動物を防ぐため。
㋑ 外の敵が侵入《しんにゅう》できないようにするため。
㋒ 大きな津波《つなみ》からむらを守るため。
㋓ むらの人々が逃《に》げないようにするため。

(2) 吉野ヶ里遺跡からは、大陸から伝わったと思われる鉄器や南方の貝でつくったうで輪などが出土しています。このことからどのようなことがわかりますか。簡単《かんたん》に書きましょう。
（(例)大陸(中国)や日本各地(沖縄など)とさかんに交易していたこと。）

(3) 米づくりが広がるにつれて、社会の様子も変わっていきました。次の文中の①〜③にあてはまる言葉を書きましょう。

米づくりがさかんになり、たくわえられた食料や田、用水をめぐってむらとむらとの間で争いが起こるようになった。しだいにむらの指導者は強い力をもち、むらを支配する（①）となった。強いむらは、まわりのむらを従えてくにへと発展《はってん》し、その中から（②）とよばれる人が現れた。各地の（①）や（②）はくにづくりのために、大陸の進んだ（③）や文化を積極的に取り入れた。

①（ 豪族 ）②（ 王 ）③（ 技術 ）

**ヒント** 2 (1) むらとむらの間で、たくわえられた食料や田、用水などをめぐる争いが起こりました。



---

**できたかな？**
□日本で米づくりがどのように広まっていったか確認《かくにん》しよう。
□弥生時代のむらからくにへの発展を理解しよう。

---

## 練習　29ページ

**1** (1)米づくりは、約1万年前、中国の長江流域《ちょうこうりゅういき》で始まったと考えられています。

(4)弥生時代の農具は、木製のものが多く、すきや田げた、うす、きねなどもありました。

**2** (1)弥生時代には、田や用水をめぐり、縄文時代にはないむら同士の争いが起きるようになったため、堀やさくで敵の侵入を防ごうとしました。

(2)吉野ヶ里遺跡で、大陸から伝わったと思われる鉄器、南方の貝でつくったうで輪などが出土していることから、大陸（中国）や日本各地（沖縄など）と交易していたことが分かります。

(3)力の強いむらが周辺のむらを従えて、くにへと発展しました。むらを支配していた豪族の中には、くにの王になる人も現れました。

ぴったり1 準備

2. 日本の歴史
1 縄文《じょうもん》のむらから
古墳《こふん》のくにへ③

学習日 **30ページ**

めあて
大和朝廷が支配を広げていく様子を理解しよう。

教科書 歴18〜21ページ　答え 16ページ

次の（　　）に入る言葉を、下から選びましょう。

## 1 巨大古墳と豪族《ごうぞく》

教科書 歴18〜19ページ

ワンポイント　古墳の成り立ち

- 古墳…3〜7世紀ごろに、各地に勢力を広げ、くにをつくりあげた王や豪族の（①　墓　）。
- 大阪《おおさか》府堺《さかい》市の百舌鳥《もず》古墳群の一つである仁徳天皇陵《にんとくてんのうりょう》古墳（大仙《だいせん》古墳）は、5世紀につくられた日本最大の（②　前方後円墳　）で、古墳の表面にはたくさんの（③　はにわ　）が並《なら》べられていた。また、内部には遺体《いたい》をほうむる部屋《へや》である石室《せきしつ》がつくられた。

仁徳天皇陵古墳

- 古墳を築くには技術者を指図し、多くの人々を働かせる大きな力が必要であった。
- 古墳は九州《きゅうしゅう》地方から東北《とうほく》地方にまで広がった。各地に古墳がつくられた時代を（④　古墳　）時代という。

## 2 大和朝廷《やまとちょうてい》（大和政権《せいけん》）による統一

教科書 歴20〜21ページ

### 大和朝廷の出現

- 今の（⑤　近畿　）地方には大きな前方後円墳《ぜんぽうこうえんふん》がたくさんあり、この地域《ちいき》に早くから大きな力をもった豪族（王）たちがいたことがわかる。
- 4世紀ごろに奈良盆地《ならぼんち》を中心とする大和《やまと》地方に、豪族たちが（⑥　大王　）（後の天皇《てんのう》）を中心とする大和朝廷（大和政権）をつくった。

前方後円墳の分布

### 大和朝廷の広がり

- 5〜6世紀には、九州地方から（⑦　東北　）地方南部までの豪族や王たちを従《したが》えた。
- 5世紀後半の大和朝廷の大王であった「ワカタケル大王」の名を刻《きざ》んだ刀剣《とうけん》が、埼玉《さいたま》県と熊本《くまもと》県の前方後円墳から見つかった。
- 中国《ちゅうごく》や朝鮮《ちょうせん》半島から日本列島へわたってきて住みついた（⑧　渡来人　）は、建築や土木工事などの進んだ技術を日本にもたらした。

### 神話《しんわ》に書かれた国の成り立ち

- 8世紀前半、天皇の命令でつくられた「（⑨　古事記　）」や「日本書紀《にほんしょき》」には、神々の子孫が日本の各地を統一していった話などがのっている。
- 各地の人々の生活や自然の様子を記した「風土記《ふどき》」も8世紀につくられた。

選んだ言葉に✓　□古事記《こじき》　□はにわ　□古墳　□墓　□大王《おおきみ》　□近畿《きんき》　□前方後円墳　□東北　□渡来人《とらいじん》



ぴったり2 練習

学習日 **31ページ**

ぴたトリビア
中国や朝鮮半島から移り住んだ渡来人は、機織《はたお》りや焼き物などの進んだ技術だけではなく、漢字や儒学《じゅがく》、仏教《ぶっきょう》なども伝え、朝廷の中で活躍《かつやく》しました。

教科書 歴18〜21ページ　答え 16ページ

**1 右の写真とデータを見て、次の問いに答えましょう。**

データ
- 工事期間　15年8か月
- 動員人数　のべ680万7千人
  ＊1か月25日、1日8時間働いたとして計算
- 総費用　796億円
- (4)の製作費　60億5千万円
  ＊現在のお金の価値《かち》で計算

(1) 右の写真は5世紀につくられた日本最大の古墳です。この古墳の名前を書きましょう。
（仁徳天皇陵古墳）（大仙古墳）

(2) この古墳の形を何といいますか。
（前方後円墳）

(3) この古墳はどこにありますか。都道府県名を書きましょう。
（大阪府）

(4) 遺跡のまわりにたくさん並べられていたものの名前を書きましょう。
（はにわ）

(5) 次の文は、右のデータから読み取れる内容をまとめたものです。文中の①〜④にあてはまる言葉を、［　　］からそれぞれ選びましょう。

巨大な墓をつくるためには、すぐれた①を指図し、多くの人々を②働かせる必要があった。その③はばく大《だい》で、王が④をもっていたことがわかる。

［費用　技術者　大きな力　長期間］

①（技術者）　②（長期間）
③（費用）　④（大きな力）

**2 次の文は、ある勢力によって国土が統一されていく様子を書いたものです。文を読んで、あとの問いに答えましょう。**

今の近畿地方に大きな力をもった王や豪族が現れ、それぞれのくにを治めていた。その中で奈良盆地を中心とする①地方に大きな力をもつ勢力が現れた。②世紀ごろには豪族たちの中心となって①朝廷という政府をつくり、その王は③（後の天皇）とよばれた。その後、①朝廷は力を広げ、④地方から東北地方南部までの王や豪族たちを従えるようになった。

(1) 文中の①〜④にあてはまる言葉や数字を書きましょう。
①（大和）　②（4）
③（大王）　④（九州）

(2) この時代、中国や朝鮮半島から日本列島にわたって住みついた人々を何といいますか。
（渡来人）

ヒント
1 (4) 聖《せい》なる場所を示すためや古墳の土がくずれないために置かれたといわれています。
2 (2) 彼らは大陸の進んだ技術や文化を日本に伝えました。



できたかな？
□巨大な古墳の成り立ちについて説明してみよう。
□大和朝廷の勢力の広がりについて理解しよう。

おうちのかたへ
この単元では、大和朝廷によって国土が統一されていく過程を、古墳や遺跡を通して理解していきます。

## 練習　31ページ

1 (1)仁徳天皇陵古墳を含む百舌鳥古墳群は、古市《ふるいち》古墳群とともに、2019年に世界遺産《いさん》に登録されました。
(2)前方後円墳は日本独特の形で、円形をしている後円部に石室があり、ここに遺体がほうむられています。
(3)仁徳天皇陵古墳のある大阪府をはじめ、近畿地方には大きな前方後円墳がたくさんあることから、この地域には大きな力をもった豪族（王）たちがいたとわかります。

2 (1)③大王とは、後の天皇のことです。
(2)渡来人は、漢字や仏教などの文化のほか、建築や土木工事、機織り、焼き物などをつくる技術や方法を日本に伝えました。

# ぴったり3 確かめのテスト

2. 日本の歴史
## 1 縄文《じょうもん》のむらから古墳《こふん》のくにへ

# 32ページ

／100 合格 80 点

教科書 歴 4～21ページ　答え 17ページ

**1** よく出る 次の絵を見て、あとの問いに答えましょう。　1つ3点（30点）

Ⓐ

Ⓑ

(1) Ⓐ、Ⓑは縄文時代と弥生《やよい》時代のどちらの様子をあらわしていますか。
Ⓐ（ 弥生時代 ）Ⓑ（ 縄文時代 ）

(2) 次の各文は、どの時代を説明していますか。Ⓐ・Ⓑで答えましょう。どちらの時代にもあてはまらないものには×をつけましょう。

①（ Ⓐ ）西日本を中心に米づくりが広がった。
②（ Ⓑ ）米づくりはまだしておらず、動物や魚をとったり、木の実をとったりしていた。
③（ × ）大和《やまと》地方に大きな力をもつ国が現れた。
④（ Ⓐ ）石包丁《いしぼうちょう》や木製のくわを使っていた。
⑤（ Ⓑ ）石皿とすり石のように、生活に必要な道具を、石・木・骨《ほね》でつくっていた。
⑥（ Ⓐ ）祭りには青銅器の一つである銅鐸《どうたく》が使われた。
⑦（ × ）渡来人《とらいじん》が建築など大陸の進んだ技術を伝えた。
⑧（ Ⓑ ）表面に縄目《なわめ》の文様《もんよう》がある土器《どき》をにたきなどに使っていた。

**2** 次の文を読んで、あとの問いに答えましょう。　1つ5点（20点）

（①）が始まったことによって、人々の生活は安定してむらは大きくなったが、むらとむらとの間で争いが起こるようになった。むらの指導者は、強い力をもってむらを支配する（②）になり、さらに（②）の中にはまわりのむらを従《したが》える（③）とよばれる人も現れた。

(1) 文中の①～③にあてはまる言葉を書きましょう。
①（ 米づくり ）②（ 豪族 ）③（ 王 ）

(2) 下線部について、争いが起こるようになった理由を、㋐～㋓から選びましょう。
（ ㋒ ）

㋐ 人口が減って、働く人が少なくなったから。
㋑ 食料をたくわえる倉庫がなかったから。
㋒ 米づくりに必要な田や用水、鉄の道具を独占《どくせん》したいと思ったから。
㋓ 大陸からやって来た人々が近くに住むようになったから。



# 33ページ

学習日

**3** 次の資料を読んで、あとの問いに答えましょう。　1つ4点（24点）

倭《わ》（日本）の国の王は、もとは男性が務めた。従えていたくにぐにが争いを起こし、戦いが続いたので、相談して、（①）という女性を王に立てた。（①）は、よく（②）をして、人々をひきつけるふしぎな力をもっていた。（中略《ちゅうりゃく》）
また、（①）は（③）に使いを送り、おくり物をしたので、（③）の皇帝《こうてい》は、そのお返しに（①）に（④）の称号《しょうごう》をあたえ、織物や（⑤）などを授《さず》けた。

(1) 資料中の①～⑤にあてはまる言葉を、［　］からそれぞれ選びましょう。　技能

銅の鏡　中国《ちゅうごく》　うらない　倭王《わおう》　卑弥呼《ひみこ》

①（ 卑弥呼 ）②（ うらない ）③（ 中国 ）
④（ 倭王 ）⑤（ 銅の鏡 ）

(2) 下線部の国の名前を書きましょう。　（ 邪馬台国 ）

**4** 次の文と地図を見て、あとの問いに答えましょう。　1つ4点、(3)6点（26点）

埼玉《さいたま》県の（①）古墳と熊本《くまもと》県の（②）古墳から、大和朝廷《やまとちょうてい》（大和政権《せいけん》）の（③）であった「ワカタケル（③）」の文字が刻《きざ》まれた刀剣《とうけん》が発見された。

(1) 文中の①～③にあてはまる言葉を、［　］からそれぞれ選びましょう。

大仙《だいせん》　江田船山《えたふなやま》　大王《おおきみ》　稲荷山《いなりやま》
豪族《ごうぞく》　王

①（ 稲荷山 ）
②（ 江田船山 ）
③（ 大王 ）

前方後円墳《ぜんぽうこうえんふん》の分布

(2) 「ワカタケル大王」は、いつごろの人ですか。数字を書きましょう。
（ 5 ）世紀後半

記述 (3) 2つの刀剣の発見から、この時代の大和朝廷の勢力がどの程度であったことがわかりますか。「九州《きゅうしゅう》」、「東北《とうほく》」という言葉を使って、簡単《かんたん》に書きましょう。　思考・判断・表現

（(例) 支配力が、九州地方から東北地方南部までおよぶ政権であること。）

(4) 大和朝廷は、大陸の進んだ技術や文化を積極的に取り入れて、勢力を広げていきましたが、技術や文化を日本にもたらした、中国や朝鮮《ちょうせん》半島から日本列島へわたって住みついた人々を何といいますか。　（ 渡来人 ）

ふりかえり ❹(3)がわからないときは、30ページの**2**にもどって確認《かくにん》してみよう。



## 確かめのテスト　32～33ページ

**1** (1)Ⓐは、集落のまわりに堀《ほり》やさくがあることから弥生時代の様子、Ⓑは狩《か》りや漁、採集を行っていることから縄文時代の様子です。
(2)③と⑦は、古墳時代の説明です。

**2** 米づくりに適した田や用水を手に入れることは、米の収穫《しゅうかく》を高めるためにたいへん重要なことでした。そのために争いが繰《く》り返されました。

**3** (1)3世紀に卑弥呼は中国《ちゅうごく》の魏《ぎ》という国へ使いを送りました。邪馬台国《やまたいこく》の卑弥呼に関する記述は、「魏志倭人《ぎしわじん》伝《でん》」に書かれています。

**4** (2)ワカタケル大王は、5世紀後半の大和朝廷の大王でした。

### 記述問題のプラスワン

**4** (3)大和朝廷の勢力は、5～6世紀ごろには、九州《きゅうしゅう》地方から東北《とうほく》地方南部までおよんだとされています。それは、5世紀後半の大王であるワカタケル大王に関する出土品が、大和地方からはなれた埼玉《さいたま》県や熊本《くまもと》県で見つかっていることからわかります。また、ワカタケル大王が中国に送った手紙にも、ワカタケル大王の祖先が全国の多くのくにを従えたと書かれています。

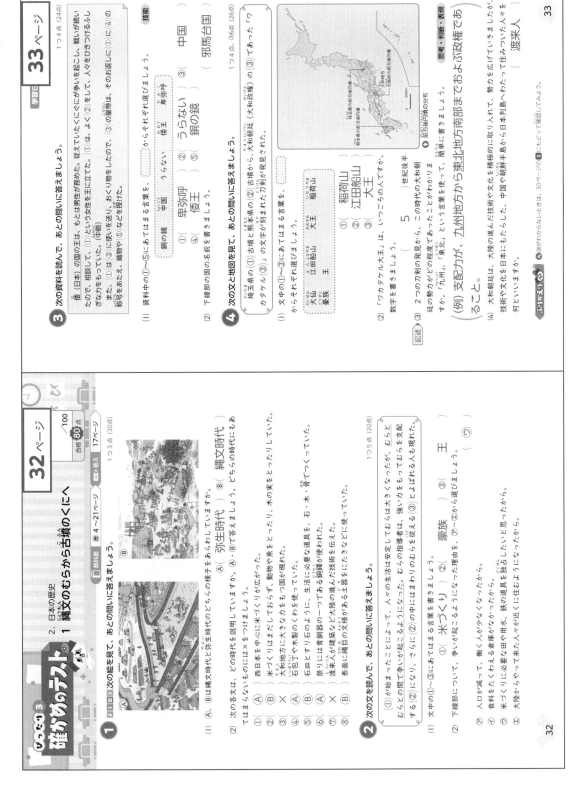

ぴったり1 準備

2. 日本の歴史
## 2 天皇《てんのう》中心の国づくり①

学習日 34ページ

めあて どのようにして天皇中心の国づくりが進められていったのかを理解しよう。

3分でまとめ

教科書 歴24～27ページ 答え 18ページ

次の（　　）に入る言葉を、下から選びましょう。

### 1 聖徳太子《しょうとくたいし》の国づくり

教科書 歴24～25ページ

**新しい国づくり**

- 7世紀のころから、大王《おおきみ》は（① 天皇 ）とよび名が変わっていった。
- 天皇の政治を助ける役職についた**聖徳太子**は（② 蘇我氏 ）とともに天皇中心の新しい国づくりにあたった。
- そのころ、中国《ちゅうごく》は（③ 隋 ）によって統一され、皇帝《こうてい》中心の政治のしくみが整い、文化も栄えていた。

**ワンポイント 聖徳太子の政治**

- 隋《ずい》の進んだ制度や文化、学問を取り入れるために、遣隋使《けんずいし》として（④ 小野妹子 ）らを隋に送った。
- 家柄《いえがら》によらず、能力や功績《こうせき》で役人に取り立てるために（⑤ 冠位十二階 ）を、政治を行う役人の心構えを示すために（⑥ 十七条の憲法 ）を定めた。
- 法隆寺《ほうりゅうじ》などを建てて、仏教の教えを広めようとした。

聖徳太子

### 2 大化《たいか》の改新《かいしん》と天皇の力の広がり

教科書 歴26～27ページ

**大化の改新**

- **大化の改新**…聖徳太子の死後、蘇我《そが》氏の勢力が強くなると、（⑦ 中大兄皇子 ）（後の天《てん》智《じ》天皇）と**中臣鎌足**《なかとみのかまたり》（後の**藤原鎌足**《ふじわらのかまたり》）は、645年に蘇我氏をたおして、天皇中心の国づくりを始めた。
- 都から全国へ支配を広げていくしくみを整備し、年号を定め、豪族《ごうぞく》が支配していた土地や人々を国のものとした。
- 強力な豪族は**貴族**《きぞく》（位の高い役人）として、地方の豪族は役人として、政治に参加した。
- 日本で最初の本格的な都として、（⑧ 藤原京 ）が飛鳥《あすか》（奈良《なら》県）につくられた。

**国を治めるための法律《ほうりつ》**

- 8世紀の初めに、中国にならって（⑨ 律令 ）をつくり、天皇を中心とした全国を支配するしくみを整えた。
- 人々は（⑩ 租・調・庸 ）といった税を納《おさ》めたり、都や九州《きゅうしゅう》を守る兵士の役を務めたりした。
- 今でいう手紙や書類のかわりに、木簡《もっかん》という木の札が使われた。

律令制《りつりょうせい》による人々の負担《ふたん》

選んだ言葉に☑

□隋　□十七条《じゅうしちじょう》の憲法《けんぽう》　□律令　□小野妹子《おののいもこ》　□冠位十二階《かんいじゅうにかい》
□天皇　□租《そ》・調《ちょう》・庸《よう》　□中大兄皇子《なかのおおえのおうじ》　□蘇我氏　□藤原京《ふじわらきょう》



ぴったり2 練習

学習日 35ページ

ぴたトリビア 現在の「令和《れいわ》」まで、日本では248個の年号が使われてきました。一番最初の年号は645～650年に使われた「大化《たいか》」です。

教科書 歴24～27ページ 答え 18ページ

**1 次の問いに答えましょう。**

(1) 大王は7世紀のころから何とよび名が変わりましたか。（ 天皇 ）

(2) 聖徳太子が行ったことがらを、㋐～㋖から3つ選びましょう。（ ㋐ ）（ ㋒ ）（ ㋔ ）（順不同）

㋐ 遣隋使を送った。
㋑ 蘇我氏をたおした。
㋒ 冠位十二階を定めた。
㋓ 大仏《だいぶつ》をつくる命令を出した。
㋔ 天皇中心の国づくりにあたった。
㋕ 都を藤原京に移した。
㋖ 遣唐使《けんとうし》を送った。

(3) 聖徳太子が定めた、右の条文などからなる役人の心構えを示したものの名前を書きましょう。（ 十七条の憲法 ）

| | |
|---|---|
| 第1条 | 人の和を第一にしなければなりません。 |
| 第2条 | 仏教をあつく信仰しなさい。 |
| 第3条 | 天皇の命令は、必ず守りなさい。 |

(4) 仏教をあつく信仰《しんこう》していた聖徳太子が奈良《なら》県斑《いか》鳩《るが》町に建てた寺の名前を書きましょう。（ 法隆寺 ）

(5) 中国の進んだ制度や文化を取り入れるため、聖徳太子により使者として中国につかわされた人物の名前を書きましょう。（ 小野妹子 ）

**2 次の文を読んで、あとの問いに答えましょう。**

聖徳太子の考えを受けつぎ、中大兄皇子（後の天智天皇）と（①）は、ⓐ（②）氏をたおして、中国（唐《とう》）から帰国した留学生や留学僧《そう》らとともに天皇を中心とする国づくりを始めた。8世紀初めには、ⓑ国を治めるための法律もできあがり、ⓒ人々はさまざまな税を納めた。また、都には日本各地からたくさんの（③）が運ばれ、天皇を中心とする国づくりを支えた。

(1) 文中の①～③にあてはまる言葉を、［　］からそれぞれ選びましょう。

大伴《おおとも》　産物　中臣鎌足　蘇我

①（ 中臣鎌足 ）②（ 蘇我 ）③（ 産物 ）

(2) 下線部ⓐの改革《かいかく》を何といいますか。（ 大化の改新 ）

(3) 下線部ⓑの法律を何といいますか。（ 律令 ）

(4) 下線部ⓒについて、人々はどのような負担をしましたか。税の種類を3つ書きましょう。（順不同）（ 租 ）（ 調 ）（ 庸 ）

(5) (4)のうち稲《いね》の収穫《しゅうかく》高の約3％を納めるのは、何という税ですか。(4)の3つの税から1つ選んで書きましょう。（ 租 ）

ヒント
1 (4) この寺は、現存《げんそん》する世界最古の木造建築です。
2 (4) 都に納める税を運ぶとき、荷札として木簡が使われることがありました。

できたかな？
□聖徳太子の政治について説明してみよう。
□大化の改新と律令の制定《せいてい》の内容を確認《かくにん》しよう。

## 練習 35ページ

1 (2)㋓大仏をつくる詔《みことのり》（天皇の命令）を出したのは聖武《しょうむ》天皇です。㋖遣唐使が最初に送られた630年には、聖徳太子はすでになくなっています。
(4)法隆寺は、7世紀後半に火災により焼失し、その後再建されました。再建された現在の法隆寺は、現存する世界最古の木造建築です。
(5)607年に小野妹子らを使者として隋に送りました。この後も、隋には数回使者が送られました。

2 (1)①中臣鎌足と中大兄皇子は、②の蘇我氏（蘇我蝦夷《そがのえみし》・入鹿《いるか》の親子）をたおしました。
(2)日本で初めて定められた「大化」という年号にちなんで、「大化の改新」といいます。
(4)戸籍《こせき》に登録した者に土地を与え、税や兵役《へいえき》を負担させました。

ぴったり1
# 準備
2. 日本の歴史
## 2 天皇《てんのう》中心の国づくり②

学習日



◎めあて
聖武天皇の政治と仏教の関係について理解しよう。

教科書 歴28～33ページ　答え 19ページ

次の(　　)に入る言葉を、下から選びましょう。

### 1 仏教の力で国を治める／大仏《だいぶつ》をつくる

教科書 歴28～31ページ

**奈良《なら》の新しい都**
- 710年、**藤原京《ふじわらきょう》**の後に、奈良に(① 平城京 )という新しい都がつくられた。
- 都は道路で碁盤《ごばん》の目のように区切られ、天皇、貴族《きぞく》、下級役人などがくらした。

**ワンポイント　聖武《しょうむ》天皇の政治**
- 平城京《へいじょうきょう》に都が移った後、病気の流行や、全国各地での災害や反乱《はんらん》で社会全体に不安が広がった。**聖武天皇**は政治を安定させるために、次々と都を移した。さらに、この不安を(② 仏教 )の力でしずめようとした。
- 741年には全国に(③ 国分寺 )を建てる命令を出した。

**大仏づくり**
- 743年、聖武天皇は大仏をつくる詔《みことのり》（天皇の命令）を出した。
- 大仏は、全国の国分寺《こくぶんじ》の中心である(④ 東大寺 )に置かれた。
- 全国から集められた農民などの人々が、**大仏づくり**のために働いた。
- 僧《そう》の(⑤ 行基 )は、弟子《でし》たちとともに大仏づくりに協力した。
- 大仏づくりには、すぐれた技術をもつ**渡来人《とらいじん》**たちも活やくした。

大仏

### 2 大陸の文化を学ぶ

教科書 歴32～33ページ

**唐《とう》への使者**
- 聖武天皇は、皇帝《こうてい》中心の政治のしくみや**大陸の文化**を学ばせるために、唐《とう》（中国《ちゅうごく》）へ(⑥ 遣唐使 )を送った。
- 東大寺《とうだいじ》にある(⑦ 正倉院 )には、日本へもたらされた大陸の文化をうかがえる品物や、聖武天皇の愛用の品、大仏開眼《だいぶつかいげん》に使われた筆などが納《おさ》められている。
- 聖武天皇は、日本に正式な仏教を広めるために、中国から(⑧ 鑑真 )という僧を招いた。

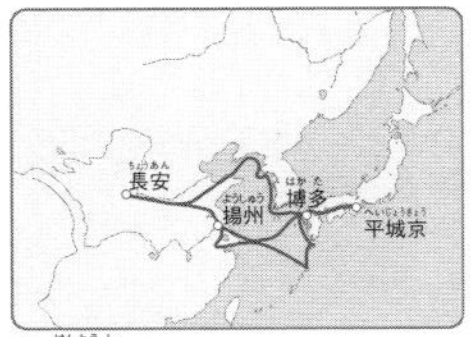

遣唐使《けんとうし》の行路

**命がけの来日**
- **鑑真《がんじん》**は日本への渡航《とこう》に何度も失敗し、失明しながらも、6回目にやっと来日に成功した。
- 鑑真は(⑨ 唐招提寺 )を建て、仏教の発展《はってん》に大きな役割《やくわり》を果たした。また、薬草の知識も広めた。

鑑真

選んだ言葉に✓
□国分寺　□遣唐使　□仏教　□平城京　□東大寺
□唐招提寺《とうしょうだいじ》　□正倉院《しょうそういん》　□鑑真　□行基《ぎょうき》



ぴったり2
# 練習

学習日



ぴたトリビア
大仏づくりでは、のべ260万人以上の人々が働きましたが、当時の日本の人口は約600万人前後といわれています。

教科書 歴28～33ページ　答え 19ページ

**1 右の聖武天皇の年表を見て、次の問いに答えましょう。**

| 年 | 主なできごと |
| --- | --- |
| 701 | 文武《もんむ》天皇の子として生まれる |
| 710 | 都がⓐ平城京（奈良県）に移る |
| 724 | 天皇の位につく |
| 741 | ⓑ(①)を建てる詔を出す |
| 743 | ⓒ(②)をつくる詔を出す |
| 747 | ⓓ奈良で(②)づくりが始まる |
| 752 | (②)開眼式《かいげんしき》 |
| 756 | なくなる |

聖武天皇の年表

(1) 下線部ⓐについて、平城京の説明としてまちがっているものを、㋐～㋒から選びましょう。（ ㋒ ）
㋐ 藤原京の後に奈良につくられた都である。
㋑ 道路で碁盤の目のように区切られていた。
㋒ 貴族や下級役人は都に住まなかった。
(2) 年表中の①、②にあてはまる言葉を書きましょう。
①（ 国分寺 ）②（ 大仏 ）
(3) 次の文は、下線部ⓑ、ⓒが行われた理由について説明したものです。文中の(　　)にあてはまる言葉を書きましょう。

病気の流行や、全国各地での災害や反乱で社会全体に不安が広がっていた。聖武天皇はこの不安を( 仏教 )の力でしずめようとした。

(4) 下線部ⓓについて、弟子とともにこれに協力した僧の名前を書きましょう。
（ 行基 ）

**2 右の地図と写真を見て、次の問いに答えましょう。**

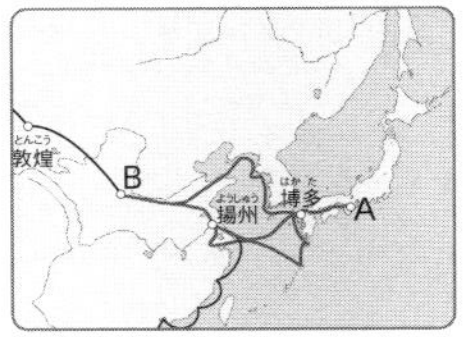


(1) 地図中の――線の交通路は、何を表していますか。
（ 遣唐使 ）の行路
(2) 地図中のAの都、Bの都市名を書きましょう。
A（ 平城京 ）B（ 長安 ）
(3) 聖武天皇は、なぜ唐（中国）へ使者を送ったのですか。その理由を、㋐～㋓から選びましょう。（ ㋑ ）
㋐ 新しい米づくりの方法を学ぶため。
㋑ 大陸の政治のしくみや新しい文化を学ぶため。
㋒ 鉄製の武器のつくり方を学ぶため。
㋓ 日本の特産物を売りこむため。
(4) 大陸から日本にもたらされた宝物《ほうもつ》は、東大寺のどこに納められましたか。
（ 正倉院 ）

(5) 日本へ渡来した右の像の人物の名前を書きましょう。（ 鑑真 ）
(6) (5)の人物は、日本に何をもたらしましたか。2つ書きましょう。
正式の（ 仏教 ）・（ 薬草 ）の知識

ヒント
1 (1) 藤原京は飛鳥《あすか》時代、平城京は奈良時代、平安京《へいあんきょう》は平安時代の都です。
2 (4) この建物は、校倉造《あぜくらづくり》という方法でつくられています。



**できたかな？**
□聖武天皇の政治について説明してみよう。
□政治と仏教の関わりについて理解しよう。

**おうちのかたへ**
この単元では、奈良時代の聖武天皇の政治を中心に、仏教がどのように政治に関わっていたかを、大仏づくりや行基・鑑真らの功績を通して理解していきます。

## 練習　37ページ

1 (2)①社会全体の不安を仏教によってしずめるために、全国各地に多くの国分寺が建てられました。
(4)行基は、人々のために橋や道、池や水路などをつくりながら仏教を広めていたため、とてもしたわれていました。

2 (1)島国の日本は、使者や留学生を唐に送ることで大陸の文化を取り入れていきました。航海は危険も多く、命がけでした。
(5)、(6)鑑真は、正式な仏教、具体的には僧が守るべき規則などを伝えました。

2．日本の歴史
## 3 貴族《きぞく》のくらし

3分でまとめ

学習日

◎めあて
平安時代の藤原氏による政治と、日本風の文化について理解しよう。

教科書 歴36〜40ページ　答え 20ページ

次の（　　）に入る言葉を、下から選びましょう。

### 1 貴族と藤原道長《ふじわらのみちなが》
教科書 歴36〜37ページ

**平安《へいあん》時代の政治**

- 平城京《へいじょうきょう》から平安京（京都《きょうと》府）に都が移された。
- 平安時代になると一部の有力な**貴族**が、朝廷《ちょうてい》の政治を動かすようになった。
- その中でも中臣鎌足《なかとみのかまたり》の子孫である（① 藤原氏 ）が、むすめを天皇《てんのう》のきさきにして、天皇とのつながりを深めていった。
- 「もち月の歌」をよんだ（② 藤原道長 ）のころが、藤原氏の勢力が最もさかんであった。

都の貴族のやしきの様子（想像図）

**ワンポイント** 貴族のくらし
- 貴族は（③ 寝殿造 ）の広いやしきに住んでいた。
- 豪華《ごうか》な食事をし、（④ 和歌 ）や蹴鞠《けまり》などを楽しんだ。
- 貴族は年中行事などの儀式《ぎしき》をとり行うことが多かったので、深い教養や作法などを身につけ、この時代の文化をつくった。

### 2 貴族のくらしの中から生まれた文化／今に伝わる年中行事《ねんじゅうぎょうじ》
教科書 歴38〜40ページ

**日本風の文化**

- （⑤ 国風文化 ）…894年の遣唐使《けんとうし》の停止後に発展《はってん》した、中国文化のえいきょうを受けながら、これまでの大陸風の文化とはちがう、美しくてはなやかな**日本風の文化**。
- 貴族のゆうがなくらしの中で、男性の束帯《そくたい》、女性の十二単《じゅうにひとえ》という服装《ふくそう》が生まれた。
- 貴族は、琴《こと》、琵琶《びわ》、笛《ふえ》をたしなみ、囲碁《いご》、双六《すごろく》、蹴鞠、乗馬を楽しんだ。
- 漢字からできたかな文字には、漢字をくずしてつくられた（⑥ ひらがな ）と、漢字の一部を省略してつくられたカタカナがある。
- かな文字を使うことで、人々が自分の気持ちを細かく表現できるようになると、**紫式部《むらさきしきぶ》**の「（⑦ 源氏物語 ）」や（⑧ 清少納言 ）の**随筆《ずいひつ》**「枕草子《まくらのそうし》」など、朝廷に仕える女性たちによって多くの文学作品がつくられた。
- 貴族の生活ぶりをえがいた大和絵《やまとえ》が生まれた。

**季節の変化とともに決まった時期に行われる行事**

- 貴族のくらしは、（⑨ 年中行事 ）が中心だった。
- お正月の行事や端午《たんご》の節句、七夕《たなばた》、京都の賀茂祭《かもまつり》など、平安時代の行事が現在まで続いているものもある。

京都の賀茂祭（葵祭《あおいまつり》）

選んだ言葉に✓
□藤原氏　□ひらがな　□年中行事　□和歌　□寝殿造《しんでんづくり》
□国風文化《こくふう》　□清少納言《せいしょうなごん》　□藤原道長　□源氏物語《げんじものがたり》





学習日

ぴたトリビア
もち月の歌は、右大臣藤原実資《うだいじんふじわらのさねすけ》の日記「小右記《しょうゆうき》」の中にしょうかいされています。

教科書 歴36〜40ページ　答え 20ページ

**1 右の絵と歌を見て、次の問いに答えましょう。**

(1) 右下の歌は、右上の人物がよんだものです。この人物の名前を書きましょう。（ 藤原道長 ）

(2) 歌の意味として正しいものを、㋐〜㋓から選びましょう。（ ㋒ ）

㋐ この世のことは思うようにはいかない。
㋑ この世のことは天皇の思いのままである。
㋒ この世のことはすべてわたしの思い通りになる。
㋓ この世のことはすべて仏の力による。

(3) 平安時代に朝廷の政治を動かしていたのは、どのような人々ですか。書きましょう。（ 貴族 ）

(4) (3)の中でも特に有力な力をもっていた中臣鎌足の子孫の一族を何といいますか。（ 藤原氏 ）

(5) (4)が大きな力をもつようになった理由を、簡単《かんたん》に書きましょう。
（(例) むすめを天皇のきさきにし、天皇とのつながりを強めたから。）

この世をば　わが世とぞ思ふ《う》　もち月の　かけたることも　なしと思へ《え》ば

(6) 次の二人の会話中の①、②について、｛　｝の中の正しい言葉を◯で囲みましょう。

(3)の人々は①｛(寝殿造)・正倉院｝のやしきでくらしていたんだね。広い庭や池まであって、力の大きさがわかるよ。

(3)のゆうがなくらしの中で、②｛(束帯)・十二単｝とよばれる男性の服装が生まれたね。

**2 右の資料を見て、次の問いに答えましょう。**

(1) 漢字から日本独自の文字がつくられました。何といいますか。（ かな文字 ）

(2) 漢字をくずしてつくられた文字を何といいますか。（ ひらがな ）

(3) 漢字の一部を省略してつくられた文字を何といいますか。（ カタカナ ）

(4) 「源氏物語」と「枕草子」の作者をそれぞれ書きましょう。
源氏物語（ 紫式部 ）　枕草子（ 清少納言 ）

安→あ→あ　阿→ア
以→い→い　伊→イ
宇→う→う　宇→ウ
衣→え→え　江→エ
於→お→お　於→オ

ヒント 1 (2) 歌には、「わたしの心はあの満月のように満ち足りている」という意味があります。



できたかな？
□貴族、なかでも藤原氏による政治について説明してみよう。
□貴族のくらしの中から生まれた日本風の文化について確認《かくにん》しよう。

## 練習 39ページ

1 (2)「もち月の歌」とよばれ、1018年に藤原道長の三女が天皇のきさきになったことを祝う場でよまれた歌です。満月に欠けたところがないように、自分の思い通りの世の中であるという意味がこの歌にはこめられています。
(3)貴族は、一族が代々朝廷で高い位について政治を行いました。
(5)道長は、四人のむすめを天皇のきさきにして、天皇と強いつながりをもちました。

2 (1)漢字の形を変えて、日本語の発音を表したものです。
(2)、(3)ひらがなやカタカナを使うことで、細やかな気持ちの表現などができるようになり、文学作品や和歌などに用いられました。

ぴったり3 確かめのテスト
2. 日本の歴史
2 天皇《てんのう》中心の国づくり
3 貴族《きぞく》のくらし

# 40ページ

/100 合格80点

教科書 24〜40ページ　答え 21ページ

**1** 右の資料を読んで、次の問いに答えましょう。　1つ3点（27点）

| | |
|---|---|
| 第1条 | 人の①を第一にしなければなりません。 |
| 第2条 | ②をあつく信仰《しんこう》しなさい。 |
| 第3条 | ③の命令は、必ず守りなさい。 |
| 第12条 | 地方の④が勝手に、みつぎ物を受け取ってはいけません。 |

(1) 右の資料の名前を書きましょう。　（ 十七条の憲法 ）

(2) 次の文は、資料が定められた目的を説明したものです。文中の①、②にあてはまる言葉を書きましょう。

政治を行う①の②を示すため。

①（ 役人 ）②（ 心構え ）

(3) 資料中の①〜④にあてはまる言葉を、□からそれぞれ選びましょう。　技能

役人　天皇　和　仏教　豪族《ごうぞく》

①（ 和 ）②（ 仏教 ）
③（ 天皇 ）④（ 役人 ）

(4) 聖徳太子《しょうとくたいし》が目指した国づくりについて、次の文中の（　）にあてはまる言葉を書きましょう。

（ 天皇 ）を中心とした新しい国づくり。

(5) 聖徳太子の考えを受けついだ中大兄皇子《なかのおおえのおうじ》らが行った国づくりを何といいますか。　（ 大化の改新 ）

**2** よく出る 次の図を見て、あとの問いに答えましょう。　1つ3点（21点）

(1) 8世紀初め、国を治めるために、中国《ちゅうごく》にならって新たに法律《ほうりつ》がつくられました。この法律を何といいますか。漢字2字で書きましょう。　（ 律令 ）

(2) 上のⒶ〜Ⓒは、国を支える税の種類を表しています。Ⓐ〜Ⓒの税の名前を、□からそれぞれ選びましょう。

調《ちょう》　庸《よう》　租《そ》

Ⓐ（ 庸 ）Ⓑ（ 調 ）Ⓒ（ 租 ）

(3) 図中の①、②にあてはまる数字を書きましょう。

①（ 10 ）②（ 3 ）

(4) 日本各地から運ばれてくる産物を管理するために、使われていた木の札を何といいますか。　（ 木簡 ）



# 41ページ

学習日

**3** 次の資料は、743年に出された詔《みことのり》です。これを読んで、あとの問いに答えましょう。　1つ4点（24点）

わたしは、人々とともに①の世界に近づこうと思い、金銅《こんどう》の②をつくることを決心した。国中の銅を用いて②をつくり、大きな山をけずって仏堂を建て、①の教えを広めよう。（後略）。

(1) 下線部について、「わたし」とはだれのことですか。天皇の名前を書きましょう。　（ 聖武 ）天皇

(2) 資料中の①、②にあてはまる言葉を書きましょう。　技能

①（ 仏 ）②（ 大仏 ）

(3) (2)の②づくりに協力し、「菩薩《ぼさつ》」とよばれた僧《そう》の名前を書きましょう。　（ 行基 ）

(4) (2)の②づくりには、大陸や朝鮮《ちょうせん》半島からやってきたすぐれた技術をもつ人々も活やくしました。この人々のことを何といいますか。　（ 渡来人 ）

(5) (2)の②開眼《かいげん》に使われた筆などが保管されている倉庫の名前を書きましょう。　（ 正倉院 ）

この本の終わりにある「夏のチャレンジテスト」をやってみよう！

**4** 平安《へいあん》時代にはどのような文化が生まれたか、話し合っています。次の会話を読んで、あとの問いに答えましょう。　1つ4点（28点）

平安時代には、貴族《きぞく》のくらしを通して、ⓐ美しく、はなやかな文化が生まれたんだね。

中国文化のえいきょうを受けながら、これまでとはちがうⓑ日本独自の文化が発展《はってん》していったのね。

このころの貴族たちのくらしの中心であった□を、きちんと行うことはとても大切なことだったんだね。

(1) 下線部ⓐについて、次の文中の①〜④にあてはまる言葉を書きましょう。

貴族の服装《ふくそう》…男性の束帯《そくたい》や女性の①
絵…貴族の生活をえがいた②
文学作品…紫式部《むらさきしきぶ》の「③」、④の「枕草子《まくらのそうし》」

①（ 十二単 ）
②（ 大和絵 ）
③（ 源氏物語 ）
④（ 清少納言 ）

記述 (2) てきたらスゴイ！ かな文字の発明は、どのような効果をもたらしましたか。「表現」という言葉を使って簡単に書きましょう。　思考・判断・表現

（(例) 自分の気持ちなどを細かく表現できるようになった。）

(3) 下線部ⓑについて、この文化の名前を書きましょう。　（ 国風文化 ）

(4) 会話中の□にあてはまる言葉を書きましょう。　（ 年中行事 ）

ふりかえり　4(1)がわからないときは、38ページの2にもどって確認してみよう。



## 確かめのテスト　40〜41ページ

**1** (1)十七条《じゅうしちじょう》の憲法《けんぽう》は、仏教や儒学《じゅがく》の考え方が基本です。

(3)①豪族たちがたがいに争っていたことがわかります。

②聖徳太子が仏教を深く信仰していたことがわかります。

**2** (1)律令《りつりょう》は、中国にならって、あらたにつくられた法律です。

(2)人々は、税を納めるだけでなく、施設《しせつ》を建てたり、九州《きゅうしゅう》を守る兵士の役についたりしました。

**3** (2)②大仏を安置する寺として東大寺《とうだいじ》が建てられました。

**4** (1)②大和絵《やまとえ》から貴族のくらしがわかります。

④清少納言が書いた「枕草子」は、心にうかんだことを自由に書いた随《ずい》筆《ひつ》です。

(3)894年に遣唐使《けんとうし》が停止されたことで、貴族の生活の中から、これまでにない独自の文化が発展しました。

(4)年中行事《ねんじゅうぎょうじ》には、お正月の行事、桃《もも》の節句、お盆《ぼん》、菊《きく》の節句、大はらいなどがあり、現在まで受けつがれているものもあります。

### 記述問題のプラスワン

**4** (2)平安時代には、漢字をくずしたひらがな、漢字の一部を省略したカタカナがつくられました。朝廷《ちょうてい》に仕える女性たちの手によって、かな文字を使った多くの文学作品がつくられ、紫式部の「源氏物語《げんじものがたり》」や清少納言《せいしょうなごん》の「枕草子」など、自分の気持ちを細かく表現した代表作が生まれました。これらの作品は世界の言葉にほん訳《やく》され、多くの人々に今も読みつがれています。

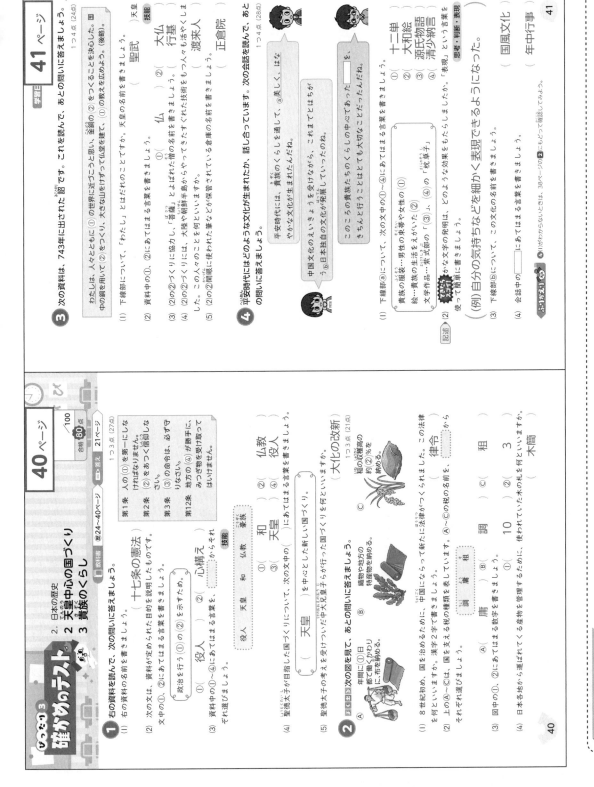

ぴったり1 準備

2. 日本の歴史

## 4 武士の世の中へ①

3分でまとめ

学習日

めあて 平氏や源氏が行った武士の政治を理解しよう。

教科書 歴44~49ページ 答え 22ページ

次の(　)に入る言葉を、下から選びましょう。

### 1 武士の登場と武士のくらし／平氏《へいし》による政治の始まり 教科書 歴44~47ページ

**武士の登場**

- 地方の有力な農民や、都から派遣《はけん》された役人の中から、自分の(① 領地 )や富を守るために、(② 武芸 )にはげみ、**武士**となる人々が現れた。
- 武士は、武芸を職業として、朝廷《ちょうてい》や貴族《きぞく》に仕え、合戦や警《けい》備《び》などにあたった。
- 武士のやかたは自分の領地が見わたせる場所に建てられ、一族や家来たちは武士のやかたの近くに住んだ。

武士のやかたの様子（想像図）

**平氏による武士の政治**

- 武士は一族のかしらを中心に(③ 武士団 )をつくった。
- **武士団**の中でも、**源氏**《げんじ》と(④ 平氏 )の勢いが強かった。
- 源氏は東国《とうごく》（東日本）に、**平氏**は西国《さいごく》（西日本）に勢力をのばした。
- 保元《ほうげん》の乱《らん》、平治《へいじ》の乱の結果、(⑤ 平清盛 )を中心とした平氏が源氏をおさえ、藤原《ふじわら》氏にかわって政治を行った。
- **平清盛**《たいらのきよもり》は、武士として初めて太政大臣《だいじょうだいじん》になった。
- 平清盛は、むすめを天皇《てんのう》のきさきにし、その子どもを天皇に立てた。それにより、平氏一族が朝廷の中で重い役について、力をもつようになった。
- 平氏は、中国《ちゅうごく》（宋《そう》）との貿易をさかんに行い、大きな利益を上げた。
- 平氏は、政治を思うままに動かしたため、貴族やほかの武士たちの反発をかった。

平清盛

### 2 源氏が平氏に勝利する 教科書 歴48~49ページ

**源平《げんぺい》の戦い**

- 平治の乱で敗れ、伊豆《いず》（静岡《しずおか》県）に流されていた(⑥ 源頼朝 )は、**北条氏**《ほうじょう》や東国の武士たちと、平氏をたおすために立ち上がった。
- **源頼朝**《みなもとのよりとも》の弟の**源義経**《みなもとのよしつね》は平氏を西国に追いつめ、(⑦ 壇ノ浦 )（山《やま》口《ぐち》県）でほろぼした。
- 源頼朝は、自分に従う武士（御家人《ごけにん》）を地方の**守護**《しゅご》や(⑧ 地頭 )に任命し、勢力をのばしていった。
- 守護は軍事や警察《けいさつ》を、**地頭**《じとう》は土地の管理や年貢《ねんぐ》（税）の取り立てなどを行った。
- 源頼朝は、1192年、朝廷から武士のかしらとして(⑨ 征夷大将軍 )に任じられた。
- 鎌倉《かまくら》（神奈川《かながわ》県）に(⑩ 鎌倉幕府 )を開き、武士の政権《せいけん》が始まった。

源頼朝

選んだ言葉に☑

□壇ノ浦《だんのうら》　□地頭　□源頼朝　□鎌倉幕府《かまくらばくふ》　□平氏
□武芸　□征夷大将軍《せいいたいしょうぐん》　□武士団　□領地　□平清盛





ぴったり2 練習

学習日

ぴたトリビア 源氏は白旗、平家は赤旗と、色で敵味方を見分けていたことが、運動会で分かれる紅白の起源《きげん》といわれています。

教科書 歴44~49ページ 答え 22ページ

**1 次の会話について、あとの問いに答えましょう。**

ⓐ武士は、自分の①が見わたせる場所にやかたを建てて住んでいたよ。②や家来たちも近くに住んでいたそうだよ。

武士は、武器の手入れや③の訓練、馬の世話などをして、ⓑ常に戦いに備えていたんだね。

(1) 会話中の①~③にあてはまる言葉を、[　]からそれぞれ選びましょう。

武芸　領地　一族　貴族

①( 領地 ) ②( 一族 ) ③( 武芸 )

(2) 下線部ⓐについて、武士が一族のかしらを中心につくった集団を何といいますか。

( 武士団 )

(3) 下線部ⓑについて、常に戦いに備えていたのはなぜですか。簡単《かんたん》に書きましょう。

( (例) 自分の領地や富を守るため。 )

**2 次の文を読んで、あとの問いに答えましょう。**

ⓐ平氏との戦いに敗れ、伊豆に流された①は、34才のとき、ⓑ平氏をたおすために兵をあげた。①の弟の②は、源氏の軍を率いて平氏を西国に追いつめ、ⓒ1185年に平氏をほろぼした。

(1) 文中の①、②にあてはまる言葉を書きましょう。

①( 源頼朝 ) ②( 源義経 )

(2) 下線部ⓐについて、武士として初めて太政大臣になった人物の名前を書きましょう。

( 平清盛 )

(3) 下線部ⓑについて、このとき、①とともに兵をあげた勢力を、2つ書きましょう。

伊豆の豪族《ごうぞく》の( 北条氏 ) 東国の( 武士 )

(4) 下線部ⓒについて、(1)の②はどこで平氏をほろぼしましたか。地名を書きましょう。

( 壇ノ浦 )

(5) 1192年、(1)の①が朝廷から任じられた役職の名前を、漢字5字で書きましょう。

( 征夷大将軍 )

ヒント
1 (3) 武士たちのいちばんの願いが何であるかを考えましょう。
2 (4) 一ノ谷《いちのたに》の戦い、屋島《やしま》の戦いのあとの最後の戦いの場所（山口県）です。



**できたかな?**

□武士のくらしを確認《かくにん》してみよう。
□源氏が平氏に勝利した流れを説明してみよう。

**おうちのかたへ**

平安時代後半になると武士が登場し、なかでも平氏が力をつけていきました。この単元では、平氏による武士の政治、源氏と平氏の戦いなど、鎌倉幕府成立までの過程を捉えます。

## 練習 43ページ

1 (1)地方の有力な農民や、都から派遣された役人の中から、自分の領地と富を守るため武芸にはげみ、武士になる人々が現れました。

(2)武士団の中でも、源氏と平氏の勢いが強く、源氏は東国に、平氏は西国に勢力をのばしました。

2 (1)②源義経は、源平の戦いのあと、戦いに大きな功績をあげて頼朝の許可なく朝廷から位をもらったことなどから頼朝に追いつめられ、奥州《おうしゅう》の平泉《ひらいずみ》（岩手《いわて》県）で自害《じがい》します。

(4)当時の天皇であった幼《おさな》い安徳《あんとく》天皇も、平氏一門といっしょに海に身をなげました。

(5)征夷大将軍の地位は、武士をまとめていく最高の地位としてその後引きつがれていきました。

ぴったり1 準備

2．日本の歴史

# 4 武士の世の中へ②

学習日 **44ページ**

めあて 源頼朝と武士の関係、また元寇について理解しよう。

教科書 歴50～53ページ　答え 23ページ

次の（　）に入る言葉を、下から選びましょう。

## 1 頼朝《よりとも》が東国《とうごく》を治める　教科書 歴50～51ページ

ワンポイント 頼朝の政治

- 頼朝は、家来になった（① 武士 ）（**御家人《ごけにん》**）に先祖《せんぞ》からの（② 領地 ）の所有を認《みと》め、手がらを立てた武士には、新しい領地をあたえた。
- この頼朝の「（③ ご恩 ）」に対し、武士たちは「（④ 奉公 ）」をちかい、戦いが起こればすぐに鎌倉《かまくら》にかけつけた。

幕府と武士の関係

### 北条《ほうじょう》氏の政治

- 源氏《げんじ》の将軍《しょうぐん》は３代で絶えたが、北条氏が将軍を助ける（⑤ 執権 ）の職につき、幕府《ばくふ》の政治を引きついだ。
- 西国《さいごく》に勢力をもっていた朝廷《ちょうてい》は、幕府をたおす命令を全国に出した。
- これに対し、**北条政子《まさこ》**は頼朝の**ご恩《おん》**を説き、武士の団結をうったえた。
- 幕府のもとに集まった武士たちは朝廷の軍を破り、幕府の力は西国までおよぶようになった。これを（⑥ 承久の乱 ）という。
- この後、（⑦ 御成敗式目 ）（武士の裁判《さいばん》の基準となる法律《ほうりつ》）がつくられ、北条氏による幕府の支配力はさらに強くなっていった。

北条政子

## 2 元《げん》の大軍がせめてくる　教科書 歴52～53ページ

### 2度にわたる襲来《しゅうらい》（元寇《げんこう》）

- （⑧ モンゴル ）は、アジアからヨーロッパに大《だい》帝国《ていこく》を築き、元という国をつくって中国《ちゅうごく》を支配した。
- 朝鮮《ちょうせん》を従《したが》えたあと、日本も従えようとして、使者を何回も送ってきた。
- **執権《しっけん》**の（⑨ 北条時宗 ）は、元の要求を退《しりぞ》け、九《きゅう》州《しゅう》の武士たちを集め、戦いに備えた。
- 武士たちは、元軍の集団戦術や（⑩ 火薬兵器 ）（**てつはう**）に苦しみながらも、**一所懸命《いっしょけんめい》**戦い、元軍を引きあげさせた。

元との戦い

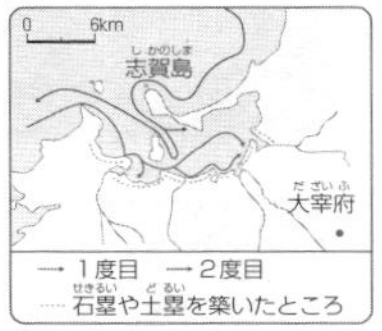

元軍の進路

### 幕府への不満

- 幕府が、手がらを立て活やくした御家人たちに対して、新しい領地をあたえることができなかったことなどから、武士の不満が大きくなり、ご恩と奉公《ほうこう》の関係がくずれていった。

選んだ言葉に✓
□執権　□モンゴル　□武士　□承久《じょうきゅう》の乱《らん》　□北条時宗《ほうじょうときむね》
□領地　□御成敗式目《ごせいばいしきもく》　□奉公　□火薬兵器　□ご恩



ぴったり2 練習

学習日 **45ページ**

ぴたトリビア 元軍は、1281年の２度目の襲来のときに大きな被害《ひがい》を受け、暴風雨により10万人、船4000そうあまりが海に沈《しず》みました。

教科書 歴50～53ページ　答え 23ページ

**1 右の図を見て、次の問いに答えましょう。**

(1) 右の図は、幕府と武士の関係を表しています。図中のⒶ、Ⓑにあてはまる言葉を書きましょう。
Ⓐ（ 奉公 ）　Ⓑ（ ご恩 ）

(2) Ⓐについて、武士たちは源頼朝に対して次のことを行いました。文中の（　）にあてはまる言葉を書きましょう。（ 鎌倉 ）

・いったん戦いが起これば、「いざ（　）」とかけつけ、幕府のために戦った。
・戦いのないときは、（　）や京都《きょうと》を守る役を務めた。

幕府と武士の関係

(3) Ⓑについて、源頼朝は武士に対して次のことを行いました。文中の（　）にあてはまる言葉を書きましょう。（ 領地 ）

源頼朝は、家来になった武士に先祖からの（　）の所有を認めた。また、手がらを立てた武士には新しい（　）をあたえた。

(4) 源氏の将軍は３代で絶え、幕府の政治は北条氏に引きつがれました。このとき、北条氏がついた将軍を助ける職の名前を書きましょう。（ 執権 ）

(5) 幕府をたおす命令を朝廷が出したために起こった戦いの名前を書きましょう。（ 承久の乱 ）

(6) 1232年、武士の裁判の基準となる法律がつくられました。この法律の名前を書きましょう。（ 御成敗式目 ）

**2 右の絵を見て、次の問いに答えましょう。**

(1) 武士が戦っている相手は、どこの国の兵士ですか。当時の国名で書きましょう。（ 元 ）

(2) (1)の国を立てた民族の名前を書きましょう。（ モンゴル ）

(1)との戦い

(3) (1)が日本にせめてきたときの鎌倉幕府の執権はだれですか。（ 北条時宗 ）

(4) 絵には武士が苦しみながら戦っている様子がえがかれています。武士たちを苦しめた火薬兵器の名前を書きましょう。（ てつはう ）

(5) 武士たちは、恩賞《おんしょう》を得るために、必死で戦いました。このことから生まれた言葉を漢字４字で書きましょう。（ 一所懸命 ）

ヒント
1 (3) 幕府と武士の関係は、土地を中心に成り立っていました。
2 (4) この火薬兵器は当時の日本にはなく、武士たちはおどろきました。



できたかな？
□幕府と武士の関係を説明してみよう。
□元寇について説明してみよう。

## 練習 45ページ

1 (1)、(3)幕府と武士（御家人）は領地を中心に主従《しゅじゅう》関係で結ばれていました。
(5)承久の乱が起こったとき、源頼朝の妻北条政子が、武士たちに頼朝のご恩を説いて団結をうったえ、武士たちは奉公をちかい、戦いに勝利しました。
(6)３代執権北条泰時《ほうじょうやすとき》が定めた、武士のための法律です。

2 (1)チンギス・ハンの孫のフビライ・ハンがおこした国です。
(4)元軍が使ったてつはうや、集団戦術に、武士たちは苦戦しました。
(5)領地は武士にとって、一族の生活がかかったとても大切なものでした。武士は、領地を守るため、また、戦いで手がらを立てて恩賞として新しい領地を得るために、命がけで働きました。

ぴったり1 準備

2. 日本の歴史

# 5 今に伝わる室町《むろまち》文化

学習日 **46ページ**

めあて 室町文化の特色について理解しよう。

教科書 歴56~61ページ　答え 24ページ

次の(　　)に入る言葉を、下から選びましょう。

## 1 足利義政《あしかがよしまさ》が建てた銀閣《ぎんかく》

教科書 歴56~57ページ

ワンポイント 室町時代の文化

- 14世紀中ごろ、鎌倉幕府《かまくらばくふ》がたおれると、(① 足利尊氏 )が京《きょう》都《と》に室町幕府を開いた。
- 3代将軍《しょうぐん》(② 足利義満 )の時代は幕府の力が最も強く、中国《ちゅうごく》(明《みん》)との貿易で経済《けいざい》がさかんになり、はなやかな文化が栄えた。
- **足利義満《あしかがよしみつ》**は、**金閣《きんかく》**を建てた。
- 8代将軍(③ 足利義政 )は、**銀閣**や東求堂《とうぐどう》を建てた。
- **足利義政**の時代には、洗練《せんれん》された深みのある文化が栄えた。
- 東求堂の部屋には、(④ 障子 )やふすま、たたみ、違《ちが》い棚《たな》などがみられる。
- (⑤ 書院造 )…住宅《じゅうたく》の中で客をもてなすための専用《せんよう》の部屋のつくりとして発達した。日本の文化に合っており、現在の和室に引きつがれている。

金閣

書院造《しょいんづくり》の部屋（東求堂）

## 2 新しい文化が生まれる／室町文化と現在のつながり

教科書 歴58~61ページ

### 新しい文化

- 中国から伝えられた**すみ絵**（水墨画《すいぼくが》）は、独特の画法を生み出した(⑥ 雪舟 )によって、芸術として大成された。
- 室町時代には、(⑦ 茶の湯 )も広まり、静かに楽しむための茶室もつくられた。

雪舟《せっしゅう》がえがいたすみ絵（天橋立図《あまのはしだてず》）

- 書院造の床《とこ》の間《ま》をかざる(⑧ 生け花 )もさかんになった。
- 枯山水《かれさんすい》という、石と砂《すな》で山や水などを表す様式の石庭《せきてい》がつくられるようになった。龍安寺《りょうあんじ》の石庭が代表的である。

### 守り伝えられる伝統

- 伝統芸能である(⑨ 能 )は、**観阿弥《かんあみ》・世阿弥《ぜあみ》**父子によって大成された。
- 民衆《みんしゅう》の生活や感情を日常の会話で表現した(⑩ 狂言 )が、民衆に広まった。
- 生活面では、1日3回の食事習慣、しょうゆや砂糖《さとう》の使用なども見られるようになった。

選んだ言葉に ☑
□茶の湯　□書院造　□足利義政　□狂言《きょうげん》　□障子《しょうじ》
□足利尊氏《たかうじ》　□生け花　□足利義満　□雪舟　□能《のう》



ぴったり2 練習

学習日 **47ページ**

ぴたトリビア
室町時代は明との貿易がさかんで、中国の禅宗《ぜんしゅう》のえいきょうを強く受けていました。禅宗の僧《そう》は通訳《つうやく》や外交官の仕事をしていたようです。

教科書 歴56~61ページ　答え 24ページ

**1** 次の写真を見て、あとの問いに答えましょう。

Ⓐ  Ⓑ  Ⓒ 

(1) Ⓐ~Ⓒの建物の名前を書きましょう。
Ⓐ( 金閣 )　Ⓑ( 銀閣 )　Ⓒ( 東求堂 )

(2) ⒶとⒷ・Ⓒの建物を建てた人物の名前を書きましょう。
Ⓐ( 足利義満 )　Ⓑ・Ⓒ( 足利義政 )

(3) 次の会話の内容は、Ⓐ~Ⓒのどの建物のことですか。Ⓐ~Ⓒからそれぞれ選びましょう。

①( Ⓒ )　障子やたたみがあって、現在の和室に似ているね。

②( Ⓐ )　金が全体にはられていて、はなやかでごうかだなあ。

③( Ⓑ )　Ⓐに比べて、とても落ち着いた印象があるね。

(4) Ⓒについて、このような部屋のつくりを何といいますか。( 書院造 )

**2** 次の文や写真を見て、あとの問いに答えましょう。

鎌倉時代に中国から伝わった(①)は、室町時代に独特の画法を生み出した(②)によって、芸術として大成された。室町時代の文化としては、ほかに茶を楽しむ(③)や床の間をかざる生け花がある。また、日本を代表する伝統芸能などが生まれたのも室町時代である。

(②)

(1) 文中の①~③にあてはまる言葉を書きましょう。
①(すみ絵(水墨画))　②( 雪舟 )　③( 茶の湯 )

(2) 観阿弥・世阿弥父子によって大成された芸能を何といいますか。( 能 )

(3) 日常の会話をせりふとして使い、民衆の生活などを題材にした劇《げき》を何といいますか。( 狂言 )

ヒント **2** (1)② 代表作として、国宝《こくほう》「天橋立図」や重要文化財「四季花鳥図《しきかちょうず》」などがあります。



## 練習 47ページ

**1** (1)Ⓐ金閣は3層《そう》、Ⓑ銀閣は2層の建物です。
Ⓒ東求堂は書院造の代表的な建物で、茶室としても使用されました。
(2)Ⓐ足利義満が将軍の時代は、幕府の力が最も強まり、はなやかな文化が栄えました。
Ⓑ、Ⓒ足利義政が将軍の時代は、洗練された深みのある文化が栄えました。
(3)①、(4)書院造は現在の和室のもとになっています。

**2** (1)すみ絵は、中国へ留学した禅僧《ぜんそう》がもち帰ったことが始まりといわれています。
(2)、(3)能と狂言の源流《げんりゅう》は、猿楽《さるがく》や田《でん》楽《がく》といわれています。猿楽は大陸から伝わった芸能で、田楽は田植えのときに豊作を祈《いの》る田遊びから発展《はってん》した芸能です。

できたかな？
□金閣と銀閣を比較《ひかく》してみよう。
□室町時代に生まれた伝統芸能について説明してみよう。

おうちのかたへ
この単元では、室町時代に、今日《こんにち》の生活文化に直接つながる多くの文化が生まれたことを捉えます。

ぴったり3

# 確かめのテスト

2. 日本の歴史
4 武士の世の中へ
5 今に伝わる室町《むろまち》文化

**48ページ**

/100 合格80点

教科書 44～61ページ　答え 25ページ

**1** 右の年表を見て、次の問いに答えましょう。 (1)(4)1つ3点、(2)4点、(3)6点（28点）

(1) 年表中の①～④にあてはまる言葉を、[　]からそれぞれ選びましょう。

守護《しゅご》　伊豆《いず》　壇ノ浦《だんのうら》　太政大臣《だいじょうだいじん》

①（ 伊豆 ）②（ 太政大臣 ）
③（ 壇ノ浦 ）④（ 守護 ）

(2) 下線部ⓐについて、清盛はある国との貿易を行い、大きな利益をあげました。その国の名前を書きましょう。
（ 中国(宋) ）

記述 (3) 下線部ⓑについて、天皇との結びつきを強めた平氏一族はどうなりましたか。簡単《かんたん》に書きましょう。
思考・判断・表現

| 年 | 主なできごと |
|---|---|
| 1159 | 平治《へいじ》の乱（源氏《げんじ》が平氏《へいし》との戦いに敗れる） |
| 1160 | 源頼朝《みなもとのよりとも》が①へ流される |
| 1167 | ⓐ平清盛《たいらのきよもり》が②になる |
| 1172 | ⓑ清盛がむすめを天皇《てんのう》のきさきにする |
| 1180 | ⓒ頼朝が兵をあげる |
| 1185 | 屋島《やしま》の戦い<br>③で平氏をほろぼす<br>諸国に④・地頭を置く |
| 1192 | 頼朝が征夷大将軍《せいいたいしょうぐん》になる |

（(例)朝廷の中でも重い役につき、力をもつようになった。）

(4) 下線部ⓒについて、頼朝とともに立ちあがった人々を、[　]から2つ選びましょう。

藤原氏《ふじわらし》　北条氏《ほうじょうし》　天皇家　東国《とうごく》の武士

（順不同）（ 北条氏 ）（ 東国の武士 ）

**2** 右の図を見て、次の問いに答えましょう。 1つ4点、(3)6点（18点）

(1) 源氏の将軍《しょうぐん》が3代で絶えたあと、幕府《ばくふ》の政治を引きついだ一族の名前を、[　]から選びましょう。

藤原氏　蘇我氏《そがし》　北条氏　足利氏《あしかがし》

（ 北条氏 ）

(2) (1)がついた職は、図中のⒶにあたります。この職の名前を書きましょう。（ 執権 ）

記述 (3) (2)の職は何を行うものですか。簡単に書きましょう。
思考・判断・表現

（(例)将軍を助け、ときには将軍に代わって政治を行う。）

(4) 御家人《ごけにん》の土地の所有争いなどをめぐる裁判《さいばん》を行う機関はどこですか。図中から選びましょう。
（ 問注所 ）

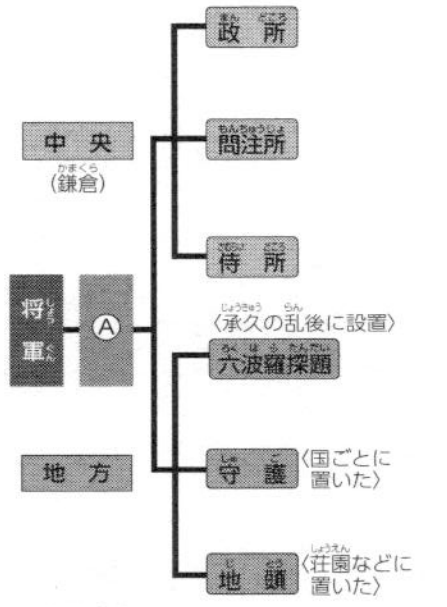

鎌倉幕府のしくみ

48

学習日

**49ページ**

**3** 次の資料を読んで、あとの問いに答えましょう。 1つ3点（24点）

①どのが②をほろぼして幕府を開いてから、その③は、山よりも高く、海よりも深いほどです。③に感じて名誉《めいよ》を大切にする武士ならば、よからぬ者をうちとり、幕府を守ってくれるにちがいありません。

(1) 資料中の①～③にあてはまる言葉を書きましょう。
①（（源）頼朝 ）②（ 平氏 ）③（ ご恩 ）

(2) この資料は、朝廷《ちょうてい》から、幕府をたおせという命令が出たときに、武士の動揺《どうよう》をおさえるため、団結をうったえたものです。これをうったえた右の人物の名前を書きましょう。（ 北条政子 ）

(3) (2)のうったえの後の戦いでは、朝廷と幕府のどちらが勝利しましたか。（ 幕府 ）

(4) (3)の朝廷と幕府の戦いを何といいますか。（ 承久の乱 ）

(5) 右の図は、幕府と武士の関係を示しています。図中の①、②にあてはまる言葉を書きましょう。 技能
①（ 奉公 ）②（ ご恩 ）

幕府と武士の関係

**4** 右の写真と絵を見て、次の問いに答えましょう。 1つ4点、(3)6点（30点）

(1) 右の写真は、東求堂《とうぐどう》の部屋です。Ⓐ、Ⓑの名前を、[　]からそれぞれ選びましょう。

たたみ　ふすま　違い棚《ちがいだな》　障子《しょうじ》

Ⓐ（ 障子 ）Ⓑ（ たたみ ）

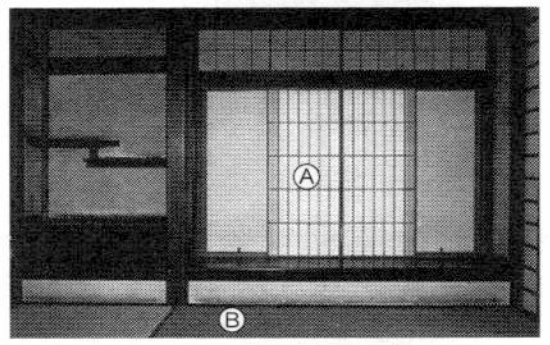

東求堂の部屋

(2) 写真のような部屋のつくりを何といいますか。（ 書院造 ）

記述 (3) この様式は、現在の和室に似ています。この様式が現在まで受けつがれてきた理由を簡単に書きましょう。
思考・判断・表現

（(例)客をもてなすという、日本の文化にあったつくりだから。）

(4) 右の絵は田植えの様子をえがいたものです。絵の右上におどっている人々がいますが、何をおどっていますか。（ 田楽 ）

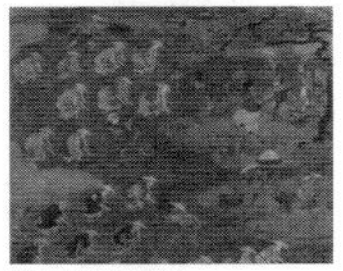
田植えの様子

(5) てきたらスゴイ! (4)を取り入れて発展《はってん》した猿楽《さるがく》は伝統芸能として、現在まで受けつがれてきました。次の文中の①、②にあてはまる言葉を書きましょう。

猿楽の歌や舞《まい》は①として確立し、猿楽のこっけいな物まねは②として確立した。

①（ 能 ）
②（ 狂言 ）

ふりかえり ❹(3)がわからないときは、46ページの1にもどって確認《かくにん》してみよう。

49

## 確かめのテスト　48～49ページ

**1** (1)④源頼朝は、守護や地頭を諸国に置くことを朝廷に認《みと》めさせました。

(3)「平氏にあらずんば、人にあらず」という言葉が当時あったことが示すように、平氏は栄華《えいが》をきわめました。

(4)北条氏は、頼朝の妻の政子《まさこ》の実家にあたります。また源氏が東国の反乱をしずめたことがきっかけで、東国の武士と縁《えん》がありました。

**2** (2)、(3)執権は将軍を助ける役職で、北条氏が代々引きつぎました。

(4)当時は、武士の間で領地をめぐる争いがたくさん起こっていたため、裁判を行う機関が必要でした。

**3** (1)、(2)北条政子のうったえは、鎌倉幕府の歴史が書かれた「吾妻鏡《あづまかがみ》」にのっています。

(4)朝廷側は1221年に後鳥羽上皇《ごとばじょうこう》を中心に兵をあげました。

**4** (1)障子やたたみは、暑くて湿気《しっけ》の多い日本の風土に適した素材でできており、快適に過ごすことができます。

(4)田楽は田植えの際に、笛や歌に合わせて舞《ま》った神事《しんじ》芸能です。

(5)能と狂言をあわせて能楽《のうがく》とよび、ユネスコにより無形文化遺産《いさん》に認められています。

**記述問題のプラスワン**

**4** (3)書院造《しょいんづくり》は、住宅《じゅうたく》の中で客をもてなすための専用《せんよう》の部屋のつくりとして発達し、現在の和室につながっています。現在の日本の住宅でも、居間《いま》・寝室《しんしつ》・台所など、日常生活にそったつくりになっていることが多いです。問題文中に「理由を簡単に書きましょう。」とあるので、「～だから。」「～ため。」などと解答しましょう。

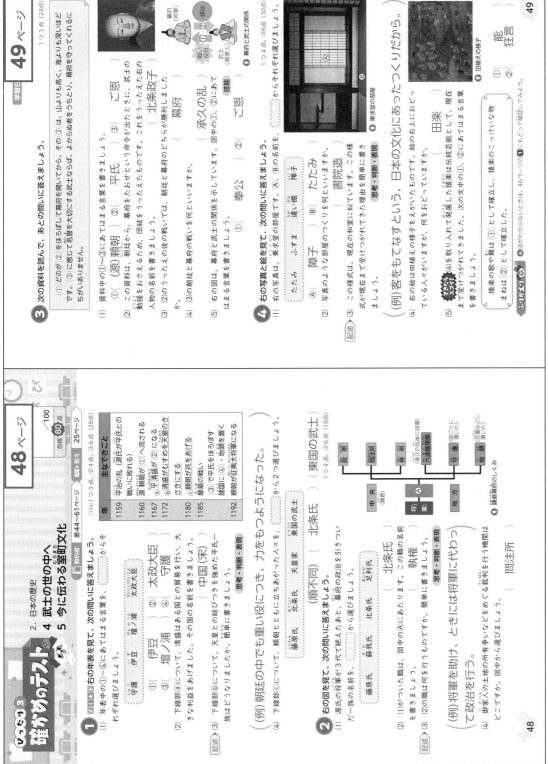

ぴったり1 準備

2. 日本の歴史
6 戦国《せんごく》の世から
天下統一《てんかとういつ》へ①

3分でまとめ

学習日 **50ページ**

◎めあて 戦国大名の登場とヨーロッパとの関わりについて理解しよう。

教科書 歴64～69ページ 答え 26ページ

次の（　　）に入る言葉を、下から選びましょう。

## 1 戦国大名《だいみょう》の登場／天下統一を進めた二人の武将《ぶしょう》

教科書 歴64～67ページ

### 戦国時代

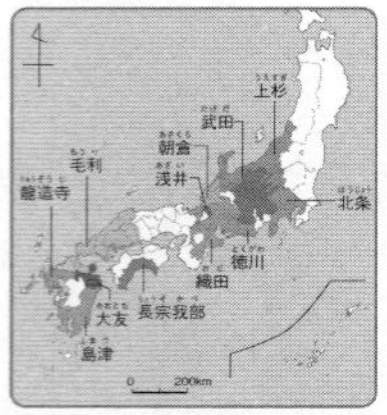

1570年ごろの各地の主な戦国大名

- 室町幕府《むろまちばくふ》の力がおとろえると、（① 戦国大名 ）とよばれる武将が、勢力を争う戦国時代になった。
- 戦いは各地でくり広げられ、このような時代が、15世紀半ばから（② 100年 ）ほど続いた。
- 戦国大名の中から天下統一を目指して大きな力を発揮《はっき》したのが（③ 織田信長 ）である。
- 鉄砲《てっぽう》は、種子島《たねがしま》（鹿児島《かごしま》県）に流れ着いたポルトガル人によって、初めて日本に伝えられ、その後、堺《さかい》（大阪《おおさか》府）などで大量につくられるようになった。

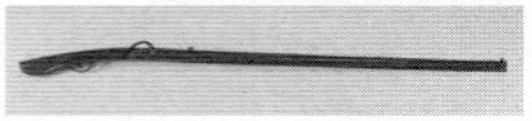
鉄砲（火縄銃《ひなわじゅう》）

- 織田信長《おだのぶなが》は、長篠《ながしの》の戦いで、（④ 鉄砲 ）という外国から入ってきた武器を使い、武田《たけだ》軍の騎《き》馬《ば》隊に勝利した。

**ワンポイント 天下統一を目指した武将**

- 天下統一を目指した武将たちは、室町幕府や朝廷《ちょうてい》に自分の力を認《みと》めてもらうために（⑤ 京都 ）へと向かった。
- 織田信長は、京都《きょうと》の近くの尾張《おわり》（愛知《あいち》県）を拠点《きょてん》としていたので、有利であった。
- しかし、天下統一を目前にして、家来の明智光秀《あけちみつひで》におそわれて自害《じがい》した。
- 織田信長のあとをついだのが、同じく家来の（⑥ 豊臣秀吉 ）であった。
- 豊臣秀吉《とよとみひでよし》は、1585年に関白《かんぱく》となり、1590年に全国を統一した。

## 2 ヨーロッパ人の来航

教科書 歴68～69ページ

### 世界とのつながり

南蛮《なんばん》貿易の様子

- 戦国時代、日本に（⑦ スペイン ）やポルトガルから宣教師《せんきょうし》や貿易船がやってきて、ヨーロッパの進んだ文化や品物をもたらした。
- （⑧ フランシスコ・ザビエル ）は、鹿児島《かごしま》に上陸し、（⑨ キリスト教 ）の教えを西日本を中心に広めて、キリスト教を信じる戦国大名も現れた。
- 堺《さかい》（大阪《おおさか》府）などの港町《みなとまち》は、スペインやポルトガルとの（⑩ 南蛮貿易 ）で大いに栄えた。
- ヨーロッパからもたらされた鉄砲や文化は、戦国大名の戦い方などを大きく変化させた。

| 選んだ言葉に✓ | | | | | |
|---|---|---|---|---|---|
| | □100年 | □京都 | □織田信長 | □スペイン | □フランシスコ・ザビエル |
| | □戦国大名 | □鉄砲 | □豊臣秀吉 | □キリスト教 | □南蛮貿易 |

50

ぴったり2 練習

学習日 **51ページ**

ぴたトリビア
宣教師たちは、教会、病院をつくるなど、慈善《じぜん》事業にも熱心でした。17世紀初めにはキリスト教の信者が30万人を超《こ》えたといわれています。

教科書 歴64～69ページ 答え 26ページ

**1 次の会話と絵を見て、あとの問いに答えましょう。**

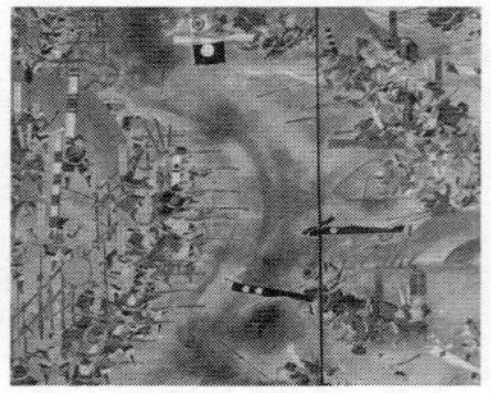

右の絵は、ⓐ①・徳川《とくがわ》連合軍と②軍の戦いをえがいた屏風絵《びょうぶえ》だね。

右と左の軍でⓑ武器や戦い方がちがうよ。どちらが勝ったのかな。

(1) 会話中の①、②にあてはまる言葉を書きましょう。
①（ 織田（信長） ）②（ 武田 ）

(2) 下線部ⓐについて、この戦いの名前を、[　　]から選びましょう。（ 長篠の戦い ）

壇ノ浦《だんのうら》の戦い　長篠の戦い　桶狭間《おけはざま》の戦い

(3) 下線部ⓑに「武器や戦い方がちがう」とありますが、それぞれの武器や戦い方のくふうを簡単《かんたん》に書きましょう。

右の軍（ (例) 刀ややりを武器に騎馬隊で戦った。 ）

左の軍（ (例) さくをめぐらし、鉄砲を用いて戦った。 ）

(4) 絵の左の軍が使った武器は、どこの国の人によって、日本のどこの島へ初めて伝えられましたか。
国（ ポルトガル ）場所（ 種子島 ）

(5) この戦いは、どちらの勝利で終わりましたか。（ 織田・徳川連合軍 ）

**2 右の絵を見て、次の問いに答えましょう。**

(1)貿易の様子

(1) 堺や長崎《ながさき》などの港を中心に、ヨーロッパから鉄砲や火薬などがもたらされた貿易を何といいますか。
（ 南蛮 ）貿易

(2) (1)の貿易で日本にやってきたのは、どこの国の人々ですか。２つ書きましょう。
（順不同）（ スペイン ）（ ポルトガル ）

(3) 次の文中の①、②にあてはまる言葉を書きましょう。

宣教師の①は鹿児島に来て、西日本を中心にキリスト教の教えを広めた。次第に信者の数が増えていき、キリスト教を信じる②も現れた。

①（ フランシスコ・ザビエル ）②（ 戦国大名 ）

ヒント
1 (5) 絵にえがかれている武器の威力《いりょく》によって、勝敗が決まりました。
2 (3) ヨーロッパの国々が世界に進出した目的を考えましょう。

51

**できたかな？**

□鉄砲が戦国大名の戦い方にどのような変化をもたらしたか説明してみよう。
□南蛮貿易の特ちょうやキリスト教の伝来について説明してみよう。

## 練習 51ページ

**1**
(1)これは武田氏と徳川《とくがわ》氏の戦いでした。織田軍は、徳川軍を助けるために戦いに参加しました。
(2)「壇ノ浦の戦い」は源氏《げんじ》と平氏《へいし》の戦い、「桶狭間の戦い」は、織田氏と今川《いまがわ》氏の戦いです。
(3)鉄砲隊と騎馬隊の戦いのくふうが、絵から読み取れます。馬の侵入《しんにゅう》を防ぐための高いさくがあり、馬が立ち止まったところを鉄砲で撃《う》ちました。
(5)織田・徳川連合軍の鉄砲隊の活やくは絶大でした。

**2**
(1)南蛮船からもたらされた鉄砲や火薬は、戦い方に大きなえいきょうをあたえ、多くの戦国大名が鉄砲を求めました。
(3)①フランシスコ・ザビエルは1549年に鹿児島に上陸しました。
②キリスト教を信じた戦国大名には、大村純忠《おおむらすみただ》、有馬晴信《ありまはるのぶ》、大友宗麟《おおともそうりん》らがいました。

ぴったり1
# 準備
2．日本の歴史
6 戦国《せんごく》の世から天下統一《てんかとういつ》へ②

学習日 52ページ

めあて 織田信長と豊臣秀吉の政治を理解しよう。

教科書 歴70～73ページ 答え 27ページ

次の（　）に入る言葉を、下から選びましょう。

## 1 天下統一をめざした織田信長《おだのぶなが》
教科書 歴70～71ページ

**織田信長の勢力拡大《かくだい》**
- 尾張《おわり》（愛知《あいち》県）の小さな大名だった信長は、（① 桶狭間の戦い ）で今川《いまがわ》氏を破り、武力による天下統一へと動き出した。
- 堺《さかい》（大阪《おおさか》府）などの（② 商業都市 ）を支配し、豊かな資金で武器をそろえていった。
- 将軍《しょうぐん》の足利《あしかが》氏を京都《きょうと》から追放し、室町幕府《むろまちばくふ》をほろぼして勢力を拡大した。
- 京都に近い（③ 安土 ）（滋賀《しが》県）に城《しろ》を築き、城下町《じょうかまち》に家来を住まわせ、天下統一への拠点《きょてん》とした。
- 仏教勢力をおさえる一方、キリスト教は保護した。

織田信長

安土城（復元模型《もけい》）

**城下町の様子**
- 安土《あづち》の城下町では、商工業をさかんにするため、だれでも商売ができるよう（④ 楽市・楽座 ）とし、市場の税や関所《せきしょ》をなくした。
- 信長は、天下統一の途中《とちゅう》、家来の**明智光秀《あけちみつひで》**に（⑤ 本能寺 ）でおそわれ自害《じがい》した。

## 2 豊臣秀吉《とよとみひでよし》による政治
教科書 歴72～73ページ

**豊臣秀吉の天下統一**
- 秀吉は、尾張の身分の低い武士の子として生まれ、のちに信長に仕え、有力な武将《ぶしょう》となっていった。
- 信長を自害に追いこんだ明智光秀をたおした秀吉は関白《かんぱく》になり、全国の大名の力や仏教勢力をおさえ、（⑥ 天下統一 ）をなしとげた。
- 秀吉は（⑦ 大阪城 ）を築いて、政治の拠点とした。
- 大阪中心の物資の流れをつくり、金や銀の（⑧ 鉱山 ）を支配してばく大な財力をたくわえた。

豊臣秀吉

**秀吉の政策《せいさく》**
- 収入《しゅうにゅう》を確かなものにするため田畑の広さや土地のよしあし、耕作している人などを調べる（⑨ 検地 ）を行った。
- **百姓《ひゃくしょう》**が反抗《はんこう》できないように、（⑩ 刀狩令 ）を出し刀などの武器を取り上げ、武士と百姓・町人《ちょうにん》の身分を区別した。
- 武士が世の中を支配するしくみを整えていった。
- 中国《ちゅうごく》（明《みん》）を征服《せいふく》しようと、朝鮮《ちょうせん》に２度大軍を送ったが、秀吉が途中《とちゅう》で病死したことで日本軍は引きあげた。

検地《けんち》の様子（想像図）

選んだ言葉に✓
□安土 □天下統一 □鉱山 □桶狭間《おけはざま》の戦い □検地
□商業都市 □大阪城《おおさかじょう》 □刀狩令《かたながりれい》 □本能寺《ほんのうじ》 □楽市《らくいち》・楽座《らくざ》

52

ぴったり2
# 練習

学習日 53ページ

ぴたトリビア
秀吉による朝鮮での戦いのとき、大名が朝鮮から連れてきた焼き物職人によって、有田《ありた》焼などのすぐれた焼き物がつくられるようになりました。

教科書 歴70～73ページ 答え 27ページ

**1 次の文は、右下の絵を説明したものです。これを読んで、あとの問いに答えましょう。**

信長は、京都に近い（①）に城を築き、天下統一の拠点とした。城下町には（②）を住まわせ、商人を集め、道路を整備し、琵琶湖《びわこ》とつながる水路をつくり、商工業をさかんにした。

(1) 文中の①、②にあてはまる言葉を、［　］からそれぞれ選びましょう。

農民　大阪　家来　安土

①（ 安土 ） ②（ 家来 ）

(2) 下線部について、信長は、城下町ではだれでも商売ができるようにしました。この政策を何といいますか。
（ 楽市・楽座 ）

(3) 信長は、商工業をさかんにするため、(2)の政策のほかにもこれまでのしくみを大きく改めています。どのようなことをしたのか、簡単《かんたん》に書きましょう。
（(例) 市場の税や関所をなくした。）

城下町の様子（想像図）

(4) 信長は、「天下布武《てんかふぶ》」の印を使っていました。この印は、何をもって天下を統一しようとしていたことの表れですか。 （ 武力 ）

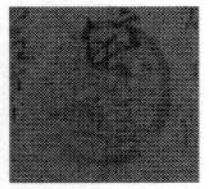
「天下布武」の印

**2 右の絵を見て、次の問いに答えましょう。**

(1) 絵は何をしている様子か、書きましょう。
（ 検地 ）

(2) (1)はだれによって行われましたか。人物の名前を書きましょう。
（ 豊臣秀吉 ）

(3) (1)はどのようなことを調べているのですか。次の文中の①、②にあてはまる言葉を書きましょう。

村ごとの田畑の広さや土地の（①）、（②）している人の名前などを調べている。

①（ よしあし ） ②（ 耕作 ）

(4) (2)の人物は、(1)のほかにも、百姓たちにある命令を出しました。この命令の名前を書きましょう。
（ 刀狩令 ）

(5) (4)の命令の目的を簡単に書きましょう。
（(例) 百姓たちから武器を取り上げ、反抗できないようにするため。）

ヒント
1 (1)① 京都に近く、琵琶湖につながる水路のある場所です。
2 (1) この調査によって、収入を確かなものにしようとしました。

53

**できたかな？**
□織田信長が城下町で行った政策について説明してみよう。
□豊臣秀吉が行った検地と刀狩について説明してみよう。

**おうちのかたへ**
この単元では、戦国の時代から天下統一を目指した、信長、秀吉の新しい戦い方や政策を通して、武士が世の中を支配するしくみが整えられていったことを捉えます。

## 練習 53ページ

1 (2)織田信長は、安土の城下町での自由な商売を認《みと》めるとともに、往来する商人たちに城下の道路を通り、城下にとまることを義務づけました。
(4)「天下布武」には、信長の強い意志がこめられています。

2 (1)検地のために、ものさしやますを全国で統一しました。
(3)検地によって、それぞれの土地からとれる米の量は、米の体積である石高《こくだか》という基準で表されるようになりました。
(4)、(5)検地と刀狩は、百姓を耕作に専念《せんねん》させ、反抗できないようにするための命令でした。

ぴったり3
# 確かめのテスト

2．日本の歴史
## 6 戦国《せんごく》の世から天下統一《てんかとういつ》へ

**54ページ**

/100 合格80点

教科書 歴64～73ページ　答え 28ページ

**1** 次の会話を読んで、あとの問いに答えましょう。　1つ3点（18点）

信長《のぶなが》も秀吉《ひでよし》も ⓐ新しいきまりをつくって、政治の力で人々を従《したが》わせたのではないかな。

信長は ⓑ1575年、□を使って武田《たけだ》軍との戦いに勝ち、武力でほかの戦国大名《だいみょう》をおさえて領地を増やしていったんだね。

この時代の ⓒ日本と外国の関係はどのようなものだったのか、調べてみよう。

(1) 下線部ⓐについて、信長と秀吉は新しいきまりをつくって、天下統一を目指しました。信長のつくっただれでも商売ができるしくみ、秀吉が行った領地にある田畑のよしあしなどを調べることを、それぞれ何といいますか。

信長（楽市・楽座）
秀吉（検地）

(2) □に入る言葉を漢字2字で書きましょう。（鉄砲）

(3) 下線部ⓑについて、この戦いの名前を書きましょう。（長篠の戦い）

(4) 信長は、武力で天下を統一しようという強い意志を、ある言葉として印にこめました。この言葉を漢字4字で書きましょう。（天下布武）

(5) 下線部ⓒについて、スペインやポルトガルなどとの貿易によって、堺《さかい》や長崎《ながさき》などの港町《みなとまち》は大いに栄えましたが、これらの国との貿易を何といいますか。（南蛮貿易）

**2** よく出る 次の各文について、信長にあてはまるものにはAを、秀吉にあてはまるものにはBを書きましょう。　1つ3点（30点）

(1)（B）明智光秀《あけちみつひで》をたおして、有力な戦国大名になった。
(2)（A）当時強い力をもっていた仏教勢力を、武力で従わせた。
(3)（A）キリスト教を保護して、京都《きょうと》に教会堂を建てることを許した。
(4)（B）大阪《おおさか》城を築き、政治の拠点《きょてん》とした。
(5)（B）収入《しゅうにゅう》を確実にするために、土地の調査を始めた。
(6)（A）将軍《しょうぐん》の足利《あしかが》氏を京都から追放し、室町幕府《むろまちばくふ》をほろぼした。
(7)（B）百姓《ひゃくしょう》たちから武器を取り上げ、反抗《はんこう》できないようにした。
(8)（A）琵琶湖《びわこ》とつながる水路をつくり、交通の便をよくした。
(9)（A）安土城《あづちじょう》を築き、城下町に家来を住まわせた。
(10)（B）明《みん》を征服《せいふく》するために、2度にわたって朝鮮《ちょうせん》に大軍を送った。



学習日　**55ページ**

**3** 次の資料は秀吉が出した命令です。資料を読んで、あとの問いに答えましょう。　1つ3点、(3)1つ4点（26点）

一　諸国《しょこく》の①が、②、やり、鉄砲《てっぽう》などの武器を持つことを、かたく禁止する。武器をたくわえ、年貢《ねんぐ》を出ししぶり、③をくわだてて領主に反抗する者は、厳《きび》しく処《しょ》ばつされる。
一　取り上げた②などは、京都に新しくつくる大仏《だいぶつ》の④などにする。①は仏のめぐみを受けて、この世ばかりか、死んだ後も、⑤だろう。

(1) 資料中の①～⑤にあてはまる言葉を、□からそれぞれ選びましょう。　技能

救われる　一揆《いっき》　百姓　くぎ　刀　商人　苦しむ

①（百姓）②（刀）③（一揆）
④（くぎ）⑤（救われる）

(2) 資料の命令の名前を書きましょう。（刀狩令）

(3) 検地《けんち》と(2)の命令によって、社会はどのように変わりましたか。まちがっているものを、㋐～㋔から2つ選びましょう。

（順不同）（㋑）（㋓）

㋐ 武士と、百姓・町人《ちょうにん》という身分が区別され、身分の固定化がはかられた。
㋑ 百姓は武器を差し出すことをこばみ、領主を追放して自治《じち》を行うようになっていった。
㋒ 百姓は、村に住み、農業や林業、漁業などに専念《せんねん》するようになった。
㋓ 武士になる百姓が続出した。
㋔ 百姓が年貢を確実に納《おさ》めるようになり、政権《せいけん》が安定していった。

**4** 右の地図を見て、次の問いに答えましょう。　1つ4点、(3)6点（26点）

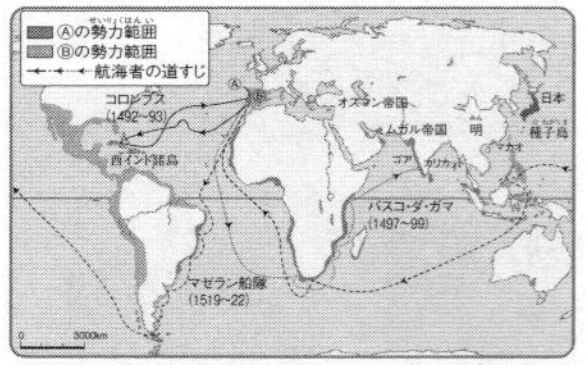


16世紀当時の世界とのつながり

(1) 地図中のⒶ、Ⓑの国名を書きましょう。

Ⓐ（ポルトガル）
Ⓑ（スペイン）

(2) Ⓐ、Ⓑといった国は、日本に何をもたらしましたか。㋐～㋓から2つ選びましょう。

（順不同）（㋐）（㋒）

㋐ 火薬　㋑ ふすま
㋒ 鉄砲　㋓ ひらがな

記述 (3) できたらスゴイ！ Ⓐ、Ⓑといったヨーロッパの国々が世界に進出した目的を簡単《かんたん》に書きましょう。　思考・判断・表現

（(例)キリスト教を広め、貿易を行うため。）

(4) 右の人物は、鹿児島《かごしま》に上陸した宣教師《せんきょうし》です。この人物の名前を書きましょう。（フランシスコ・ザビエル）

ふりかえり　3(3)がわからないときは、52ページの2にもどって確認《かくにん》してみよう。



**記述問題のプラスワン**

**4** (3)戦国時代、スペインやポルトガルから長い航海《こうかい》をへて、日本に貿易船や宣教師がやってきました。キリスト教を広め、貿易を行うため、ヨーロッパの国々が世界に進出したこの時期を大航海時代といいます。世界に進出した目的として、「肉の保存などに使われた（インドや東南アジアの特産品である）香辛料《こうしんりょう》を得るため。」ということもありました。これも正解となります。あわせて覚えておきましょう。

## 確かめのテスト　54～55ページ

**1** (1)信長は、安土城下での自由な通行や自由な商売を許し、商工業をさかんにしました。秀吉は、検地や刀狩《かたながり》によって、武士と百姓・町人の身分を固定し、支配体制を整えました。

**2** (1)秀吉は、山崎《やまざき》の戦い（京都府《きょうと》）で光秀をたおしました。
(4)秀吉は1583年、石山《いしやま》（大阪府《おおさか》）の本願寺《ほんがんじ》の跡《あと》に城を築きました。

**3** (3)㋑資料にあるように、領主に反抗する者は、厳しく処ばつされたので、自治組織がつくられることはありませんでした。
㋓身分が固定され、百姓は村で農業や漁業などにはげむことになりました。

**4** (2)キリスト教や鉄砲、火薬などをもたらしました。
(4)フランシスコ・ザビエルは西日本を中心にキリスト教を伝え、やがてキリスト教を信じる戦国大名も現れました。

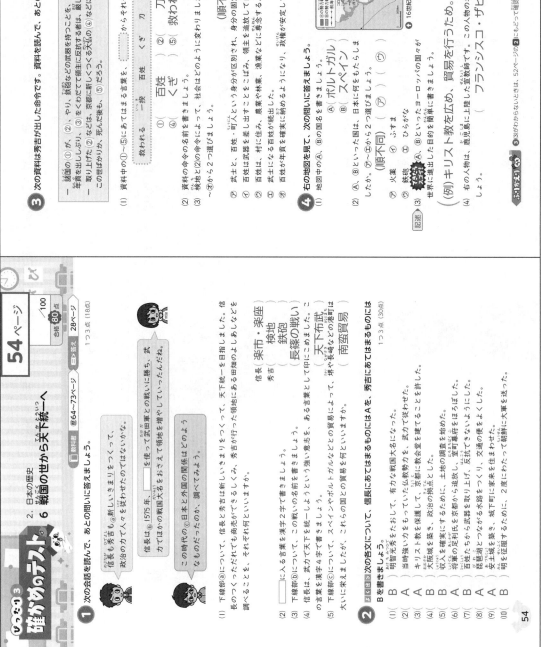

ぴったり1 準備

2．日本の歴史
7 江戸幕府《えどばくふ》と政治の安定①



学習日

めあて
江戸幕府の成立と幕府による支配の安定を理解しよう。

教科書 歴76〜79ページ　答え 29ページ

次の（　　）に入る言葉を、下から選びましょう。

## 1 徳川家康《とくがわいえやす》と江戸幕府

教科書 歴76〜77ページ

**江戸幕府の成立**

- **徳川家康**は、（① 三河 ）（愛知《あいち》県）の小さな大名《だいみょう》の子として生まれた。
- 武将《ぶしょう》として勢力をのばし、豊臣秀吉《とよとみひでよし》に協力した。
- 関東《かんとう》の有力な大名となった家康は、秀吉の死後、（② 関ヶ原 ）の戦い（岐阜《ぎふ》県）で勝利した。
- 家康は、1603年、朝廷《ちょうてい》から（③ 征夷大将軍 ）に任じられ、**江戸幕府**を開いた。

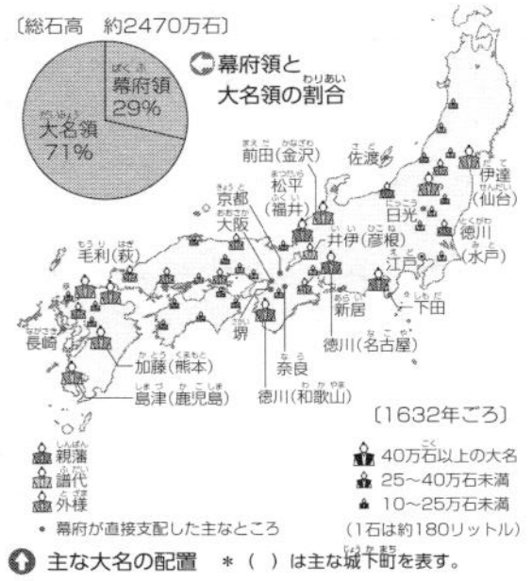

主な大名の配置　＊（　）は主な城下町を表す。

**大名の配置**

- 家康は全国の大名を３つに分け、重要な場所、江戸から遠くはなれた場所と、それぞれの配置をくふうした。
- 親藩《しんぱん》…徳川家の親せき。
- （④ 譜代 ）…古くからの徳川家の家来。
- （⑤ 外様 ）…**関ヶ原《せきがはら》の戦い**後に徳川家に従《したが》った大名。
- 1615年、豊臣《とよとみ》氏をほろぼし、全国に（⑥ 一国一城令 ）を出して、大名が住む城《しろ》以外は壊《こわ》すよう命じた。重要な都市や鉱山があるところは、幕府が直接支配した。

## 2 将軍《しょうぐん》による支配の安定

教科書 歴78〜79ページ

ワンポイント　大名の取りしまり

- 徳川家康と秀忠《ひでただ》は、全国の大名を取りしまるため（⑦ 武家諸法度 ）というきまりを定めた。
- 秀忠の息子の（⑧ 徳川家光 ）は、**武家諸法度《ぶけしょはっと》**に**参勤交代《さんきんこうたい》**の制度を加えた。
- 家康をまつる栃木《とちぎ》県の（⑨ 日光東照宮 ）を大規《だいき》模《ぼ》に建て直し、幕府の力を見せつけた。
- 江戸城《えどじょう》を大はばに改修して、全国支配の拠点《きょてん》とした。
- **徳川家光《いえみつ》**のころまでに、武家諸法度に反したという理由で、多くの大名が（⑩ 取りつぶし ）や領地をかえられる処分《しょぶん》を受けたことで、将軍の力がますます強くなった。

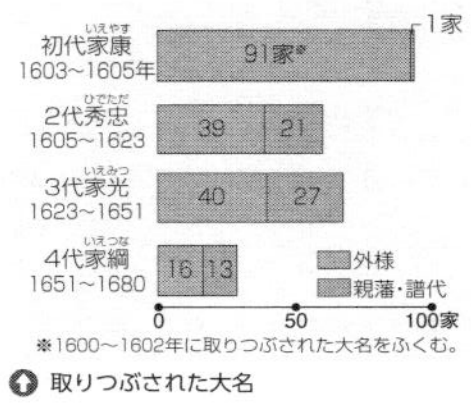

取りつぶされた大名

**世の中の安定**

- 徳川家光のころ、江戸幕府のしくみが確立され、安定した世の中がおとずれた。

選んだ言葉に✓
□外様《とざま》　□一国一城令《いっこくいちじょうれい》　□武家諸法度　□譜代《ふだい》　□取りつぶし
□三河《みかわ》　□関ヶ原　□征夷大将軍《せいいたいしょうぐん》　□徳川家光　□日光東照宮《にっこうとうしょうぐう》



ぴったり2 練習



学習日

ぴたトリビア
幕府は豊臣秀頼《ひでより》が再建した方広寺《ほうこうじ》の鐘《かね》の「国家安康《こっかあんこう》」の文字が、家康をのろったものと言いがかりをつけ、大阪《おおさか》の陣《じん》を起こす口実にしました。

教科書 歴76〜79ページ　答え 29ページ

1 次の会話と地図について、あとの問いに答えましょう。

家康は、ⓐ大名を３つに分けているけど、配置にどのようなⓑくふうをしていたのかな。

ⓒ幕府が直接支配したところにも、なにか意味がありそうだね。

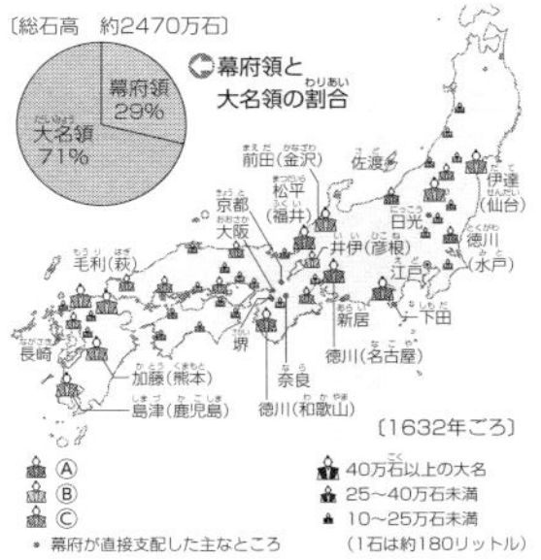


(1) 下線部ⓐについて、地図中のⓐ〜Ⓒにあてはまる大名を書きましょう。
Ⓐ（ 親藩 ）　Ⓑ（ 譜代 ）　Ⓒ（ 外様 ）

(2) Ⓐ〜Ⓒの大名の説明として正しいものを、㋐〜㋒からそれぞれ選びましょう。
Ⓐ（ ㋒ ）　Ⓑ（ ㋐ ）　Ⓒ（ ㋑ ）
㋐ 古くからの徳川家の家来。　㋑ 関ヶ原の戦い後に徳川家に従った大名。
㋒ 徳川家の親せき。

(3) 下線部ⓑについて、地図中のⒸは、どのような場所に配置されていますか。簡単《かんたん》に書きましょう。
（(例)江戸から遠くはなれた場所。）

(4) 下線部ⓒについて、幕府はどのような場所を直接支配しましたか。簡単に書きましょう。
（(例)重要な都市や鉱山。）

2 次の文中の①〜⑤にあてはまる言葉や数字を、[　　]からそれぞれ選びましょう。

徳川家康と２代将軍秀忠は、（①）というきまりを定めて大名を取りしまった。このきまりに反した大名は、（②）を受けた。３代将軍（③）のころまでに（②）を受けた大名は、（④）家をこえ、将軍の力はますます強くなった。また、（③）は、家康をまつる（⑤）（栃木県）を大規模に建て直し、大名を引き連れて参拝《さんぱい》した。

取りつぶし　武家諸法度　徳川家光　日光東照宮　200　500

①（ 武家諸法度 ）②（ 取りつぶし ）③（ 徳川家光 ）
④（ 200 ）⑤（ 日光東照宮 ）

ヒント 1 (3) Ⓒは、江戸から見て、どのような場所に配置されているか、地図から読み取りましょう。



できたかな？
□徳川家康が江戸幕府を開いた過程《かてい》について説明してみよう。
□江戸幕府の支配が安定した理由について説明してみよう。

おうちのかたへ
信長、秀吉のもとで力をつけ有力な大名となった家康が天下統一を完成させ江戸幕府を開きました。３代将軍家光のころには、幕府のしくみや大名に対する統制など、250年以上に及ぶ支配体制が整えられました。

## 練習　57ページ

1 (3)江戸の近くや重要地には親藩、譜代大名を配置し、遠方に外様大名を配置しました。
(4)江戸幕府は、金の出る佐渡鉱山《さどこうざん》や経済《けいざい》都市の大阪・堺《さかい》、天皇《てんのう》のいる京《きょう》都《と》などを直接支配しました。

2 ①最初の武家諸法度は、1615年に定められました。
②取りつぶしは、親藩や譜代であっても、武家諸法度に反した大名であれば行われましたが、関ヶ原の戦い後、徳川家康が征夷大将軍だった1605年までに取りつぶしを受けたほとんどの大名は外様でした。
③、④徳川家康のころ（1600〜1605年）には92家、２代将軍徳川秀忠のころ（1605〜1623年）には60家、３代将軍徳川家光のころ（1623〜1651年）には67家、合計219家の取りつぶしがありました。

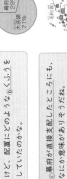

## 58ページ

ぴったり1 準備

2. 日本の歴史
7 江戸幕府《えどばくふ》と政治の安定②

学習日

◎めあて
江戸幕府が定めた参勤交代の制度と、江戸時代の人々のくらしを理解しよう。

教科書 歴80～83ページ　答え 30ページ

次の（　）に入る言葉や数字を、下から選びましょう。

### 1 大名《だいみょう》の取りしまりと参勤交代《さんきんこうたい》
教科書 歴80～81ページ

**参勤交代の制度**

- 徳川家光《とくがわいえみつ》が将軍《しょうぐん》のころ、大名が（① 領地 ）と江戸の間を行き来する参勤交代を制度として定めた。
- 大名は（② 1 ）年おきに江戸のやしきに住むように命じられ、将軍への服従《ふくじゅう》の態度を示した。
- 大名の（③ 妻と子ども ）は江戸のやしきでくらすことが義務づけられた。

参勤交代の様子

**ワンポイント　大名の負担《ふたん》と参勤交代の効果**

- 大名にとって、参勤交代で領地と江戸を行き来することや、江戸での生活には多くの費用がかかり、大きな負担だった。
- 幕府からさまざまな（④ 土木工事 ）を命じられ、その費用や労力も負担した。
- 幕府は、江戸と各地を結ぶ（⑤ 五街道 ）をはじめとする主な道路を整備した。
- 街道には、参勤交代の行列だけでなく旅人や飛脚《ひきゃく》も行き来し、宿場町《しゅくばまち》が栄え、江戸の文化が各地に広まった。

### 2 人々のくらしと身分
教科書 歴82～83ページ

**江戸時代の社会**

- 社会は、武士、百姓《ひゃくしょう》、町人《ちょうにん》のほか公家《くげ》や宗教《しゅうきょう》者など、さまざまな（⑥ 身分 ）の人々によって構成されていた。
- 城下町《じょうかまち》に、武士や町人が集められるなど、身分によって住む場所が決められていた。
- 町人地では、町人たちが、商業や手工業などさまざまな仕事を営んだ。

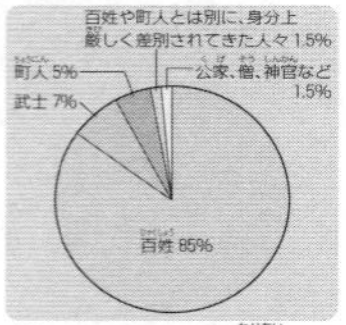


身分ごとの人口の割合《わりあい》
＊江戸時代の終わりごろ

**百姓の生活**

- 江戸時代の百姓は、全人口の（⑦ 80 ）%以上をしめていた。
- 百姓は、有力者である（⑧ 名主 ）（庄屋《しょうや》）を中心に、自分たちで村を運営した。
- 幕府や藩《はん》は、こうした村のしくみを利用して（⑨ 五人組 ）をつくらせて、重い年貢《ねんぐ》（税）や役《やく》（力仕事）を課した。
- 百姓は、このような状況《じょうきょう》の中でも、（⑩ 農具 ）の改良や肥料のくふうをして、農業技術を進歩させた。百姓や町人とは別に、厳《きび》しく差別されてきた身分の人々もいたが、差別の中でも社会を支える仕事にはげんだ。

選んだ言葉に✓
□農具　□五人組《ごにんぐみ》　□名主《なぬし》　□1　□80
□領地　□五街道《ごかいどう》　□妻と子ども　□身分　□土木工事



## 59ページ

ぴったり2 練習

学習日

ぴたトリビア
100万石《ごく》の加賀藩《かがはん》（石川《いしかわ》県）は、藩の力を示す意味もあって、参勤交代のときには非常に長い行列で江戸に入りました。

教科書 歴80～83ページ　答え 30ページ

**1 次の資料と絵を見て、あとの問いに答えましょう。**

> 一　大名は、毎年４月に□すること。近ごろは、□の人数が多すぎるので、少なくすること。

(1) 上の資料は、従来の武家諸法度《ぶけしょはっと》に加えられた条文です。どの将軍のときに加えられたものですか。人物の名前を書きましょう。（ 徳川家光 ）

(2) 右上の絵は、文中の□にあてはまる言葉を表しています。その言葉を、□から選びましょう。（ 参勤交代 ）

使節派遣《しせつはけん》　参勤交代　江戸視察《えどしさつ》　表敬訪問《ひょうけいほうもん》

(3) (2)の制度によって、大名は何年おきに領地と江戸を往復することになりましたか。（ 1年おき ）

(4) (2)の制度によって、大名の妻と子どもに義務づけられた内容を、簡単《かんたん》に書きましょう。
（(例)江戸のやしきでくらすこと。）

(5) この当時、(4)以外で大名が負担させられていたことはどのようなことですか。簡単に書きましょう。
（(例)さまざまな土木工事の費用や労力。）

**2 右のグラフを見て、次の問いに答えましょう。**

(1) グラフ中のⒶ～Ⓒにあてはまる身分を書きましょう。
Ⓐ（ 百姓 ）　Ⓑ（ 武士 ）
Ⓒ（ 町人 ）

(2) Ⓐの人々は有力者を中心に、自分たちで村を運営していました。この有力者のことを何といいますか。（ 名主(庄屋) ）

(3) 幕府や藩は、こうした村のまとまりを利用して、あるしくみをつくらせました。その名前を書きましょう。（ 五人組 ）

(4) 当時は、身分によって住むところが決められていましたが、ⒷやⒸの人々はどこに集められてくらしていましたか。□から選びましょう。（ 城下町 ）

門前町《もんぜんまち》　宿場町　城下町　港町《みなとまち》

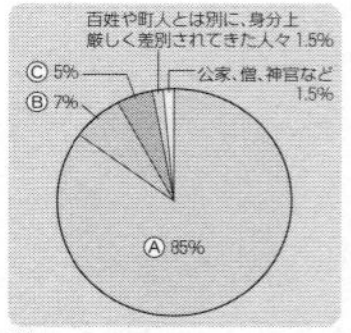


身分ごとの人口の割合
※江戸時代の終わりごろ

ヒント
1 (5) こうした負担によって、大名の力がずいぶんと弱められました。
2 (4) 政治・経済《けいざい》の中心である地域《ちいき》を考えましょう。



**できたかな？**
□江戸幕府が大名に定めた参勤交代の制度について説明してみよう。
□江戸時代の人々のくらしについて説明してみよう。

## 練習　59ページ

**1** (1)、(2)参勤交代の制度は、３代将軍徳川家光が武家諸法度に追加しました。参勤交代で、大名が大勢の家来を引き連れて行き来したことによって、東海道《とうかいどう》などの五街道をはじめとする街道や宿場町が整備されていきました。また、江戸の文化が各地に広まっていきました。
(3)江戸と領地の往復と、二重生活には、ばく大な費用がかかりました。
(5)大名は、江戸城の修理や河川《かせん》の治《ち》水《すい》工事などにもあたりました。

**2** (1)Ⓐ江戸時代の百姓に課せられた年貢は、収穫《しゅうかく》の半分にもなる重いものでした。
(3)村のまとまりを利用し、年貢や役を負担させました。

ぴったり1

# 準備

2. 日本の歴史

## 7 江戸幕府《えどばくふ》と政治の安定③

学習日 60ページ

◎めあて
鎖国までの流れと、江戸時代の琉球と蝦夷地について理解しよう。

教科書 歴84～87ページ　答え 31ページ

次の（　　）に入る言葉を、下から選びましょう。

### 1 キリスト教の禁止と鎖国《さこく》　教科書 歴84～85ページ

**キリスト教の禁止**

- 幕府は初め、大名《だいみょう》や商人に許可状（（① 朱印状 ））をあたえて外国との貿易をさかんにした。その結果、東南《とうなん》アジアの各地には（② 日本町 ）がつくられた。
- しかし、国内にキリスト教の信者が増えていくと、幕府は信者たちが幕府の命令に従《したが》わなくなることを心配して、キリスト教を禁止し信者を取りしまった。
- 宣教師《せんきょうし》や貿易船の出入りを制限し、日本人の海外渡航《とこう》や海外からの帰国も禁止した。
- （③ 島原・天草 ）一揆《いっき》…キリスト教の信者を中心に３万人以上の人々が、重い年貢《ねんぐ》の取り立てに反対して起こした一揆。徳川家光《とくがわいえみつ》は、大軍を送ってこの一揆をおさえた。

**鎖国への道**

- （④ 絵踏み ）で信者をさがし出し、キリスト教を厳《きび》しく取りしまった。
- 貿易の相手を、キリスト教を広めるおそれのないオランダと中国《ちゅうごく》に限定した。貿易船の出入りを長崎《ながさき》に限って認《みと》め、オランダとは（⑤ 出島 ）で、中国とは唐人《とうじん》（中国人）やしきで貿易を行った。
- このような政策《せいさく》は、のちに鎖国とよばれた。
- 以後の貿易は、幕府が貿易で得られる利益や海外からの情報をほぼ独占《どくせん》する形となった。

絵踏《えふ》みの様子

### 2 江戸時代の琉球《りゅうきゅう》と蝦夷地《えぞち》 ひろげる　教科書 歴87ページ

**琉球王国**

- 室町《むろまち》時代のころ、琉球王国は、日本、中国、朝鮮《ちょうせん》、東南アジアの国々との貿易で栄えていた。
- 江戸時代初め、琉球は（⑥ 薩摩藩 ）に征服《せいふく》されたが、幕府が異国《いこく》と見なしたため、中国との貿易は続けた。
- 薩摩藩《さつまはん》は、琉球の国王や幕府の将軍《しょうぐん》がかわるごとに、琉球の（⑦ 使節 ）を江戸に連れて行き、将軍にあいさつさせた。

首里城《しゅりじょう》（復元、写真は2003年）

**蝦夷地**

- 江戸時代、蝦夷地とよばれた北海道《ほっかいどう》には（⑧ アイヌ ）の人々が住み、狩《か》りや漁で得たものを日本や中国の商人と取り引きしていた。
- 17世紀半ば、不正な取り引きを行った（⑨ 松前藩 ）に対して、アイヌの人々は**シャクシャイン**を中心に戦いを起こした。

選んだ言葉に✓　□薩摩藩　□松前藩《まつまえ》　□使節　□出島《でじま》　□朱印状《しゅいんじょう》　□アイヌ　□絵踏み　□日本町《にほんまち》　□島原《しまばら》・天草《あまくさ》



ぴったり2

# 練習

学習日 61ページ

ぴたトリビア
朝鮮とは、対馬藩《つしまはん》（長崎《ながさき》県）を通じて貿易や外交が行われ、将軍がかわると数百人の使節団が江戸をおとずれました。

教科書 歴84～87ページ　答え 31ページ

**1 右の年表を見て、次の問いに答えましょう。**

| 年 | 主なできごと |
| --- | --- |
| 1612 | ⓐ（①）を禁止する |
| 1616 | ヨーロッパ船の来航を（②）、平戸《ひらど》に制限する |
| 1624 | スペイン船の来航を禁止する |
| 1635 | 日本人の海外渡航・帰国を禁止する |
| 1637 | ⓑ（③）一揆が起こる |
| 1639 | ポルトガル船の来航を禁止する |
| 1641 | ⓒ平戸のオランダ商館を（④）に移す |

(1) 年表中の①～④にあてはまる言葉を、［　］からそれぞれ選びましょう。

［出島　長崎　島原・天草　キリスト教］

①（キリスト教）　②（ 長崎 ）
③（島原・天草）　④（ 出島 ）

(2) 1612年以前、幕府は外国との貿易を保護していました。貿易を行う大名や商人にあたえていたものは何ですか。

（許可状(朱印状)）

(3) 下線部ⓑについて、この一揆の中心となったのはどんな人々でしたか。

（ キリスト教の信者 ）

(4) 下線部ⓑの後、(1)の①をいっそう厳《きび》しく取りしまるために行われたことを書きましょう。

（ 絵踏み ）

(5) 下線部ⓒについて、これによって幕府の政策は完成しました。この政策はのちに何とよばれましたか。漢字２字で書きましょう。

（ 鎖国 ）

**2 次の文と地図を見て、あとの問いに答えましょう。**

Ⓐ 室町時代のころ、（①）は、日本や中国をはじめアジアの国と貿易をして栄えた。江戸時代初め、（②）に征服されたが幕府が異国と見なしたため、中国との貿易を続けた。

Ⓑ 江戸時代、（③）とよばれていた土地には、（④）の人々が狩りや漁でくらし、日本や中国と取り引きをしていた。

(1) 文中の①～④にあてはまる言葉を、［　］からそれぞれ選びましょう。

［蝦夷地　薩摩藩　琉球王国　アイヌ］

①（ 琉球王国 ）　②（ 薩摩藩 ）
③（ 蝦夷地 ）　④（ アイヌ ）

(2) Ⓐ、Ⓑの文は、地図中のどの地域《ちいき》を指していますか。地名を書きましょう。

Ⓐ（ 沖縄県 ）
Ⓑ（ 北海道 ）

ヒント ２ (2)Ⓑ (1)の④の人々が、どこに住んでいたかを考えましょう。



できたかな？

□鎖国までの流れについて説明してみよう。
□江戸時代の琉球と蝦夷地について説明してみよう。

## 練習　61ページ

**1** (1)③天草四郎《あまくさしろう》（益田時貞《ますだときさだ》）という少年をかしらに、３万数千人の一揆勢が原城《はらじょう》に立てこもりました。

④幕府は、貿易の相手をキリスト教を広めるおそれのないオランダと中国に限り、貿易も長崎の出島や唐人（中国人）やしきで行って、役人や一部の商人しか出入りを許しませんでした。

(4)絵踏みに使われた像（踏《ふ》み絵《え》）には、キリストやマリアのすがたが刻《きざ》まれていました。

(5)鎖国中も、オランダや中国などとの交流は続けていました。

**2** (1)江戸時代、海外と交流していた窓口として、長崎、対馬藩、薩摩藩、松前藩の４つがありました。

ぴったり3

# 確かめのテスト。

2. 日本の歴史
7 江戸幕府《えどばくふ》と政治の安定

## 62ページ

/100 合格80点

教科書 歴76〜87ページ 答え 32ページ

**1** 次の歌には、3人の武将《ぶしょう》の天下統一《てんかとういつ》の様子がよまれています。歌を読んで、あとの問いに答えましょう。　(1)1つ3点、(2)1つ4点 (18点)

「(①)がつき　羽柴《はしば》がこねし　天下もち　すわりしままに　食ふ《(う)》は(②)」

(1) 歌の中の①・②にあてはまる武将の名字を書きましょう。
①( 織田 ) ②( 徳川 )

(2) 次の①〜③の仕事を果たした武将の名前を書きましょう。

① 天下を取るチャンスを最後までじっと待ち、250年以上続く幕府を開いた。　( 徳川家康 )

② 新しい武器や戦い方を用いて、武力で天下統一を進めた。　( 織田信長 )

③ 検地《けんち》や刀狩《かたながり》など、知恵《ちえ》を働かせて、社会のしくみをつくった。　( 豊臣秀吉 )

**2** よく出る 右の年表を見て、次の問いに答えましょう。　(1)1つ4点、(2)・(3)5点 (22点)

(1) 年表中の①〜③にあてはまる言葉を、[　　]からそれぞれ選びましょう。

武家諸法度《ぶけしょはっと》　キリスト教　鎖国《さこく》

①( キリスト教 ) ②( 武家諸法度 ) ③( 鎖国 )

(2) 下線部ⓐについて、この戦いは、どのような戦いといわれましたか。　( 天下分け目の戦い )

記述 (3) 下線部ⓑについて、幕府は何を心配してこれを行いましたか。簡単《かんたん》に書きましょう。　思考・判断・表現

( (例) キリスト教信者たちが、幕府の命令に従わなくなること。 )

| 年 | 主なできごと |
| --- | --- |
| 1600 | ⓐ関ケ原《せきがはら》の戦い |
| 1603 | 江戸幕府が開かれる |
| 1612 | ⓑ(①)を禁止する |
| 1615 | (②)を定める |
| 1623 | 家光《いえみつ》が3代将軍《しょうぐん》になる |
| 1635 | (②)を改め、参勤交代の制度を加える |
| 1636 | 各大名《だいみょう》に江戸城《えどじょう》の修理を命じる |
| 1641 | (③)が完成する |



## 63ページ

学習日

**3** 右の資料を読んで、次の問いに答えましょう。　1つ3点、(2)・(5)6点 (30点)

(1) 1615年、父の家康《いえやす》とともに右の法令を定めた人物の名前を書きましょう。　( 徳川秀忠 )

記述 (2) 右の法令は、どのような目的で定められたものですか。簡単に書きましょう。　思考・判断・表現

( (例) 全国の大名を取りしまるため。 )

(3) 資料中の①〜④にあてはまる言葉を、[　　]からそれぞれ選びましょう。　技能

結婚《けっこん》　参勤交代　幕府　修理

①( 参勤交代 ) ②( 修理 )
③( 結婚 ) ④( 幕府 )

法令（部分要約）
—＊大名は、毎年4月に(①)すること。近ごろは、(①)の人数が多すぎるので、少なくすること。
— 自分の領地の城《しろ》を(②)する場合、届《とど》け出ること。
— 将軍の許可なしに、大名の家どうしで(③)してはいけない。
—＊すべて(④)の法令に従《したが》い、全国どこでもそれを守ること。
(＊印は、家光のとき加えた)

(4) (3)の①の制度の内容として正しいものを、㋐〜㋓から選びましょう。　( ㋑ )

㋐ 大名は、つねに江戸に住み、幕府の職につかなければならない。
㋑ 大名は、1年おきに領地と江戸との間を行き来しなければならない。
㋒ 大名の妻子は、領地のやしきでくらさなければならない。
㋓ 大名は、将軍に土木工事を任せることができる。

(5) 法令に従わなかった場合、大名は幕府から処分《しょぶん》を受けました。どのような処分か、書きましょう。　( 取りつぶし )

**4** 次の文と絵を見て、あとの問いに答えましょう。　1つ3点、(3)・(4)5点 (30点)

幕府は鎖国の間も、外国と交流をしていた。オランダ・中国《ちゅうごく》とは(①)で貿易をし、朝鮮《ちょうせん》とは(②)を通じて貿易が行われていた。
また、琉球《りゅうきゅう》は(③)に征服《せいふく》された後も、中国との貿易を続け、蝦夷地《えぞち》では(④)がアイヌの人々と交易を行っていた。

(1) 文中の①〜④にあてはまる言葉を書きましょう。
①( 長崎 ) ②( 対馬藩 ) ③( 薩摩藩 ) ④( 松前藩 )

(2) よく出る 右上の絵は、(1)の①の港につくられた人工の島です。名前を書きましょう。　( 出島 )

記述 (3) てきたらスゴイ! 鎖国の中でも、オランダ・中国が貿易を許された理由を、簡単に書きましょう。　思考・判断・表現

( (例) キリスト教を広めるおそれがなかったから。 )

(4) 鎖国によって、幕府は何をほぼ独占《どくせん》しましたか。(　)にあうように2つ書きましょう。
●貿易で得られる( 利益 )　●海外からの( 情報 )

ふりかえり 3(4)がわからないときは、58ページの1にもどって確認《かくにん》してみよう。



## 確かめのテスト　62〜63ページ

**1** (1)3人の武将の特ちょうをよく表している歌です。

**2** (3)キリスト教の信者たちが、神への信仰《しんこう》を重んじるばかりに幕府の命令に従わなくなることを心配し、キリスト教を禁止して信者を取りしまるようになりました。

**3** (3)②幕府は豊臣《とよとみ》氏をほろぼした後、武家諸法度を定める前に、全国に一《いっ》国一城令《こくいちじょうれい》を出し、大名の住む城以外の城の破壊《はかい》を命じています。
(4)㋐幕府の重要な職には、古くからの徳川《とくがわ》家の家来である譜代《ふだい》大名などを任命しました。
(5)「領地をかえられる」という解答でもよいです。

**4** (1)④松前藩《まつまえはん》は、幕府からアイヌの人々との交易の独占を許され、大きな利益を得ていました。
(3)オランダはプロテスタント(新教)を信仰し、キリスト教の布教にはあまり力を入れていませんでした。

### 記述問題のプラスワン

**4** (3)日本に来航したヨーロッパの国として、戦国時代に日本にやってきたスペインやポルトガル、17世紀前半に日本との貿易を許されたオランダ・イギリスがあります。イギリスはオランダとの競争に敗れて日本から引きあげました。キリスト教の布教に力を入れていたスペインとポルトガルは幕府から来航を禁止されたため、オランダのみが日本との関わりをもち続けられることになったのです。あわせて覚えておきましょう。

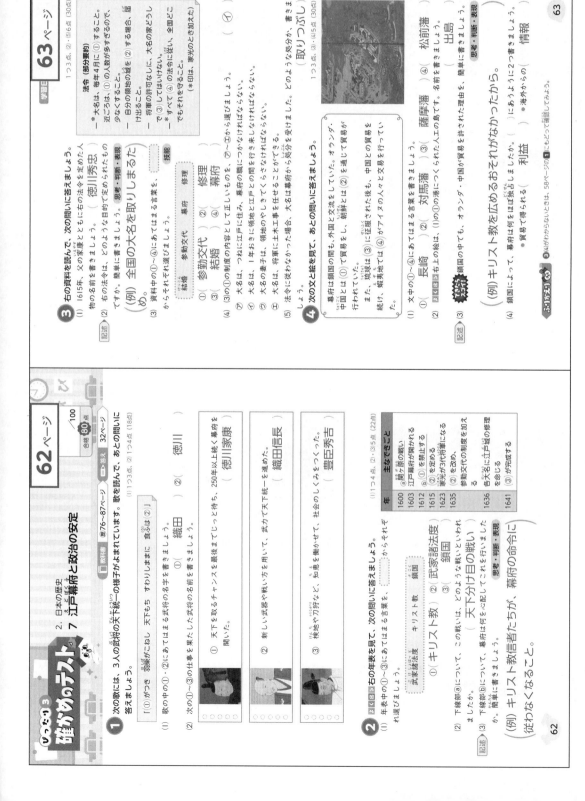

ぴったり1
# 準備

2．日本の歴史
## 8 町人《ちょうにん》の文化と新しい学問①



◎めあて
江戸や大阪のまちの様子や、歌舞伎や浮世絵の流行を理解しよう。

教科書 歴90〜93ページ　答え 33ページ

次の（　）に入る言葉を、下から選びましょう。

### 1 江戸《えど》や大阪《おおさか》のまちと人々のくらし　教科書 歴90〜91ページ

**江戸・大阪の繁栄《はんえい》**

- 平和が続き、社会が安定するにともなって、江戸や大阪のまちは、政治や経済《けいざい》の中心地としてにぎわった。
- 各藩《かくはん》の大名《だいみょう》やしきが置かれた江戸は、武士や町人などで、人口が100万人になった。
- 大阪は「（① 天下の台所）」といわれ、全国から米や産物が集められ、多くのものが江戸に運ばれた。
- 商業が発達し、武士以外にも文化や学問に親しむ人々が現れた。

江戸の両国橋《りょうごくばし》付近の様子

**ワンポイント　新しい文化や学問**

- （② 歌舞伎）という演劇《えんげき》が人気を集め、芝居《しばい》小屋は町人でにぎわった。
- （③ 浮世絵）という多色刷りの版画も人々の間で流行した。
- （④ 蘭学）や国学《こくがく》という学問が広まり、杉田玄白《すぎたげんぱく》や本居宣長《もとおりのりなが》らが活やくした。

### 2 人々が歌舞伎《かぶき》や浮世絵《うきよえ》を楽しむ　教科書 歴92〜93ページ

**芝居見物**

- 江戸時代中ごろから、芝居見物は人々の楽しみとなり、芝居小屋は大いににぎわっていた。
- 歌舞伎や（⑤ 人形浄瑠璃）は人気を集め、作者である（⑥ 近松門左衛門）は、「曽根崎心中《そねざきしんじゅう》」や「冥途《めいど》の飛脚《ひきゃく》」などで力をつけてきた町人のすがたや義理人情をえがき、人々に親しまれた。

歌舞伎を楽しむ人々

**多色刷り版画**

- 浮世絵は、大量に刷られて安く売られたので、多くの人々が買い求めた。
- （⑦ 歌川広重）が東海道《とうかいどう》の名所風景をえがいた「（⑧ 東海道五十三次）」は、みやげとしても買い求められ、多くの人々の手にわたった。
- 名所風景をえがいた浮世絵の流行には、力をつけた町人や百姓《ひゃくしょう》たちがお寺や神社へのお参りの旅に行けるようになったことが背景《はいけい》にあった。
- 浮世絵は、ゴッホなどのヨーロッパの有名な画家にもえいきょうをあたえた。

選んだ言葉に✓
□浮世絵　□歌川広重《うたがわひろしげ》　□歌舞伎　□蘭学《らんがく》　□天下の台所　□人形浄瑠璃《じょうるり》　□近松門左衛門《ちかまつもんざえもん》　□東海道五十三次《とうかいどうごじゅうさんつぎ》



ぴったり2
# 練習



ぴたトリビア
歌舞伎の始まりは、出雲《いずも》の阿国《おくに》による「かぶき踊《おど》り」とされ、約400年の歴史をもっています。

教科書 歴90〜93ページ　答え 33ページ

**1 次の問いに答えましょう。**

(1) ①〜③の説明として正しいものを、それぞれ線で結びましょう。

① 蘭学・国学
② 歌舞伎
③ 浮世絵

㋐芝居小屋の前に人がたくさん集まって、にぎわっているね。
㋑多色刷りの版画は、あざやかできれいだね。海外の人にも鑑賞《かんしょう》されたそうだよ。
㋒この時代、杉田玄白や本居宣長が活やくしたんだね。

(2) 江戸時代中ごろからさまざまな文化や学問がさかんになった理由を、㋐〜㋒から選びましょう。（㋑）
㋐ 海外に派遣《はけん》されていた人たちが、新しい文化を持ち帰ったから。
㋑ 平和が続き、社会が安定してきたから。
㋒ ききんが続き、不安をふき払《はら》う新しい文化が求められたから。

(3) 江戸時代中ごろ、江戸の人口はどのくらいでしたか。（100万人）

(4) 全国から産物が集められた大阪は、何とよばれていましたか。（天下の台所）

**2 右の絵を見て、次の問いに答えましょう。**

(1) 歌舞伎や人形浄瑠璃の作者である、Ⓐの人物の名前を書きましょう。（近松門左衛門）

(2) Ⓐの作品ではないものを、㋐〜㋒から選びましょう。（㋒）
㋐ 曽根崎心中　㋑ 冥途の飛脚　㋒ 源氏物語《げんじものがたり》

(3) 風景・名所をえがいたⒷの作品名を、［　］から選びましょう。（東海道五十三次）
長篠合戦図屏風《ながしのかっせんずびょうぶ》　天橋立図《あまのはしだてず》　東海道五十三次

(4) Ⓑの浮世絵をえがいた人物の名前を書きましょう。（歌川広重）

Ⓐ

Ⓑ

ヒント
1 (2) いろいろな人が文化に親しめる社会でした。
2 (3) 江戸日本橋《にほんばし》から京都《きょうと》三条大橋《さんじょうおおはし》までの全55枚の名所風景画です。



## 練習　65ページ

**1** (1)①蘭学を学んだのが、医者の杉田玄白です。
②、③歌舞伎は、性別、身分をこえて、多くの人々に自由に楽しまれました。また、ひいきの役者の浮世絵に人気が集まりました。
(4)江戸の発展《はってん》は、大阪からの物資に支えられていました。

**2** (1)近松門左衛門は義理と人情を主題にして、町人のいきいきとしたすがたをえがきました。
(2)㋒の「源氏物語」は、平安時代の紫式部《むらさきしきぶ》の著作です。
(4)浮世絵は、絵師《えし》、彫師《ほりし》、摺師《すりし》が分業で作成していました。歌川広重はその中の絵師にあたります。

**できたかな？**
□江戸時代の江戸や大阪のまちの様子を説明してみよう。
□江戸時代の歌舞伎や浮世絵を説明してみよう。

**おうちのかたへ**
平和が続き、安定した世の中に芽生えたのが生き生きとした町人文化です。しかし、少しずつ幕府の体制が崩れていき、明治維新へと動き出します。

## ぴったり1 準備

2. 日本の歴史
8 町人《ちょうにん》の文化と新しい学問②

学習日 66ページ

めあて
蘭学や国学がどのような学問なのかを理解しよう。

教科書 歴94〜99ページ　答え 34ページ

次の（　　）に入る言葉を、下から選びましょう。

### 1 新しい学問・蘭学《らんがく》

教科書 歴94〜95ページ

**医学の発達**

- （① 鎖国 ）により、ヨーロッパの新しい知識や技術を学ぶ機会は少なかったが、江戸《えど》時代の中ごろには洋書の輸入ができるようになり、西洋の学問である（② 蘭学 ）を学ぶ人々が増えた。
- 小浜藩《おばまはん》（福井《ふくい》県）の医者（③ 杉田玄白 ）や中津《なかつ》藩（大分《おおいた》県）の医者前野良沢《まえのりょうたく》らは、オランダ語の医学書を苦心してほん訳《やく》し、「（④ 解体新書 ）」と名づけて出版した。

杉田玄白《すぎたげんぱく》

**その他の学問**

- 医学のほかにも、ヨーロッパの地理学や天文学、兵学などの新しい知識や技術を役立てようとする人々が現れた。
- 佐原《さわら》（千葉《ちば》県）の名主《なぬし》だった（⑤ 伊能忠敬 ）は、全国を測量して日本地図の作成にこうけんした。

伊能忠敬《いのうただたか》

### 2 国学《こくがく》の発展《はってん》と新しい時代への動き／江戸時代の武士の学校 ひろげる

教科書 歴96〜99ページ

**国学の広がり**

- 蘭学に加え、古くからの日本人の考え方を研究する学問である（⑥ 国学 ）が広がっていった。
- （⑦ 本居宣長 ）は、35年間「古事記《こじき》」の研究に力をつくし「古事記伝《でん》」を完成させた。
- 国学の考え方が広まるにつれ、天皇《てんのう》を尊《とうと》いものとし、政治の現状《げんじょう》を批判《ひはん》する人も現れた。

本居宣長《もとおりのりなが》

**政治改革《かいかく》への動き**

- 江戸時代後半になると、大きなききんが起こり、物価も上がって、百姓一揆《ひゃくしょういっき》や（⑧ 打ちこわし ）が全国各地で起きた。
- 元大阪《おおさか》の役人だった（⑨ 大塩平八郎 ）は、人々を救おうとしない役人を批判し、反乱《はんらん》を起こした。
- 幕府《ばくふ》や藩に問題解決の力がなくなってきたことで、長州《ちょうしゅう》藩（山口《やまぐち》県）や薩摩《さつま》藩（鹿児島《かごしま》県）などでは、藩の政治を改革する動きが出てきた。

打ちこわしの様子

**教育の普及《ふきゅう》**

- 全国で藩校《はんこう》や私塾《しじゅく》、（⑩ 寺子屋 ）がさかんにつくられた。

選んだ言葉に✔
□国学　□打ちこわし　□本居宣長　□大塩平八郎《おおしおへいはちろう》　□鎖国《さこく》
□蘭学　□杉田玄白　□解体新書《かいたいしんしょ》　□伊能忠敬　□寺子屋《てらこや》



## ぴったり2 練習

学習日 67ページ

ぴたトリビア
江戸時代のききんでは、18世紀後半の天明《てんめい》のききんがいちばんひどく、90万人以上の人々が飢《う》えでなくなったといわれています。

教科書 歴94〜99ページ　答え 34ページ

**1 次の文を読んで、あとの問いに答えましょう。**

Ⓐ　小浜藩の医者で、満足な辞書もない時代に、苦心してオランダ語の医学書をほん訳した。４年の間に11回も書き改めて、出版にこぎつけた。
Ⓑ　佐原の名主で、江戸で新しい学問を学んだ。72才までの間に全国を測量し、74才でなくなってしまったが、友人や弟子《でし》たちが引きついだ日本地図の作成は1821年に完成した。

(1)　Ⓐ、Ⓑの文にあてはまる人物の名前を書きましょう。
Ⓐ（ 杉田玄白 ）　Ⓑ（ 伊能忠敬 ）

(2)　Ⓐといっしょにほん訳に力をつくした、中津藩の医者の名前を書きましょう。
（ 前野良沢 ）

(3)　Ⓐと(2)の二人がほん訳して、出版した本の名前を書きましょう。
「（ 解体新書 ）」

(4)　右の写真は、Ⓑが測量に使用した羅針盤《らしんばん》という道具です。これは何をする道具ですか。㋐〜㋒から選びましょう。
（ ㋐ ）

㋐　方角を測る。
㋑　星の位置を測り、緯度《いど》を計算する。
㋒　きょりを測る。

(5)　この時代には、ⒶやⒷのように西洋の学問を学ぶ人だけでなく、古くからの日本人の考えを知ろうとする学問も広まりました。この学問を何といいますか。
（ 国学 ）

**2 右の絵を見て、次の問いに答えましょう。**

(1)　絵は、ききんや物価の上昇《じょうしょう》で生活が苦しくなった百姓や町人たちが、米屋をおそっている様子をえがいています。このような行動を何といいますか。
（ 打ちこわし ）

(2)　武士の中にも、町人たちを助けようと、役人たちを批判し、反乱を起こした人がいました。反乱を起こした元大阪の役人の名前を書きましょう。
（ 大塩平八郎 ）

(3)　人々は新しい政治について考えるようになり、藩の政治を改革する動きが出てきました。そのような動きが高まった藩を２つ書きましょう。
(順不同)（ 長州藩 ）（ 薩摩藩 ）

ヒント　1 (5)　本居宣長は「古事記」の研究にはげみました。



**できたかな？**
□蘭学がどのような学問なのかを説明してみよう。
□国学がどのような学問なのかを説明してみよう。

## 練習　67ページ

**1**
(1)Ⓐ杉田玄白は、オランダ語の医学書をほん訳して「解体新書」を出版した医者です。
Ⓑ伊能忠敬は、江戸で天文学や測量術を学びました。その後、幕府の命で全国各地を測量し、日本地図の作成にこうけんしました。
(4)さまざまな道具を使って海岸線を測量し、正確な日本地図をつくりました。

**2**
(1)打ちこわしは、米の買い占《し》めなどで、物価が上がったことで生活が苦しくなった百姓や町人たちが起こしました。
(2)幕府が直接支配する大阪で反乱が起きたことに、幕府は衝撃《しょうげき》を受けました。
(3)この２つの藩は、幕末から明治時代の政治において大きな役割《やくわり》を果たしていきます。

ぴったり3
# 確かめのテスト。

2. 日本の歴史
## 8 町人《ちょうにん》の文化と新しい学問

68ページ

/100 合格80点

教科書 90～99ページ　答え 35ページ

**1 次の文と絵を見て、あとの問いに答えましょう。** 1つ5点（30点）

平和が続き、社会が安定するにともなって、江戸《えど》や大阪《おおさか》のまちは、政治や（　　）の中心地として大いに発展《はってん》した。町人の中にも、文化や学問に親しむ人々が現れるようになった。

Ⓐ

大阪を出る船の様子

Ⓑ

芝居小屋の様子

(1)（　　）にあてはまる言葉を、書きましょう。
（ 経済 ）

(2) 当時、江戸の人口は、どのくらいでしたか。［　　］から選びましょう。
（ 100万人 ）

［ 1万人　10万人　100万人　1000万人 ］

(3) Ⓐの絵は、(1)の中心地としてにぎわった大阪の様子です。全国各地から産物が集まった大阪は、何とよばれていましたか。書きましょう。
（ 天下の台所 ）

(4) Ⓑの絵は、人々でにぎわっている芝居《しばい》小屋の様子です。芝居小屋では、人々の人気を集めた演劇《えんげき》が上演されていました。その演劇を2つ書きましょう。
（順不同）（ 歌舞伎 ）（ 人形浄瑠璃 ）

(5) 多くの人々に親しまれた、多色刷りの版画を何といいますか。
（ 浮世絵 ）

**2 よく出る 次の文にあてはまる人物を、［　　］からそれぞれ選びましょう。** 1つ5点（25点）

(1) 人々の人気を集めていた演劇の作者で、歴史上の物語や実際の事件を題材に、約150編の脚本《きゃくほん》を書いた。代表作に「曽根崎心中《そねざきしんじゅう》」がある。
（ 近松門左衛門 ）

(2) 江戸の下級武士に生まれ、絵の勉強をして人気の絵師になった。「東海道五十三次《とうかいどうごじゅうさんつぎ》」をえがいた。
（ 歌川広重 ）

(3) 元大阪の役人で、天保《てんぽう》の大ききんのとき、まちの人々を救おうとしない役人たちを批判《ひはん》し、反乱《はんらん》を起こした。
（ 大塩平八郎 ）

(4) 佐原《さわら》の名主《なぬし》で、50才のときに家業を息子にゆずり、江戸で天文学や測量技術を学んだ。72才までの間に全国を測量し、日本地図の作成にこうけんした。
（ 伊能忠敬 ）

(5) 国学《こくがく》を学び、「古事記《こじき》」の研究に全力を注ぎ、35年かけて「古事記伝《こじきでん》」を完成させた。のちに、社会や政治にも関心を広げ、統治者の心構えを説いた。
（ 本居宣長 ）

［ 本居宣長《もとおりのりなが》　伊能忠敬《いのうただたか》　歌川広重《うたがわひろしげ》　近松門左衛門《ちかまつもんざえもん》　杉田玄白《すぎたげんぱく》　葛飾北斎《かつしかほくさい》　大塩平八郎《おおしおへいはちろう》　前野良沢《まえのりょうたく》 ］



学習日　69ページ

**3 右の絵を見て、次の問いに答えましょう。** 1つ5点、(4)8点（23点）

Ⓐ

Ⓑ
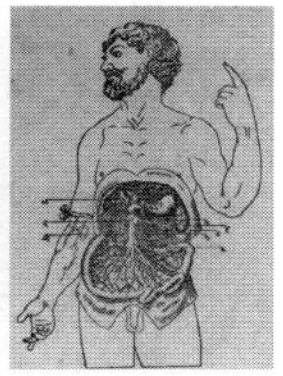

(1) 右の2つの解剖図《かいぼうず》は、当時使われていた中国《ちゅうごく》の医学書と、オランダ語の医学書をほん訳《やく》した本にのっている図です。中国の医学書の図にあてはまるものを、Ⓐ・Ⓑから選びましょう。
（ Ⓐ ）

(2) 杉田玄白や前野良沢らがオランダ語の医学書を苦心してほん訳し、出版した本の名前を書きましょう。
「（ 解体新書 ）」

(3) 杉田玄白が、ほん訳の苦労や人体の解剖を初めて見学したときの感動を記した本の名前を書きましょう。
「（ 蘭学事始 ）」

記述 (4) てきたらスゴイ！ 蘭学《らんがく》を学んだ人たちの中には、幕府《ばくふ》のある動きに対する批判をしたために、厳しくばっせられた人もいました。幕府のどのような動きを批判したのですか。「外国船」という言葉を使って、簡単《かんたん》に書きましょう。 思考・判断・表現

（(例) 日本沿岸に現れた外国船を打ちはらった動き。）

**4 右のグラフと絵を見て、次の問いに答えましょう。** 1つ5点、(3)7点（22点）

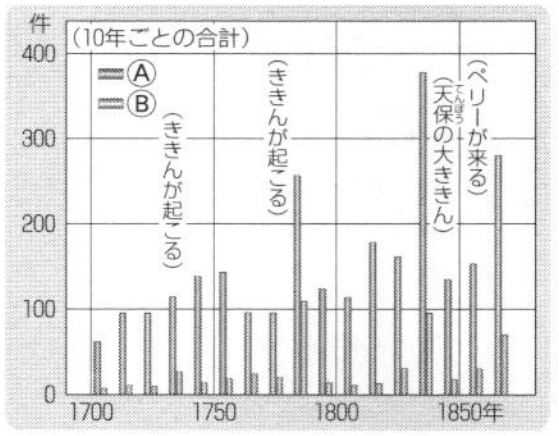


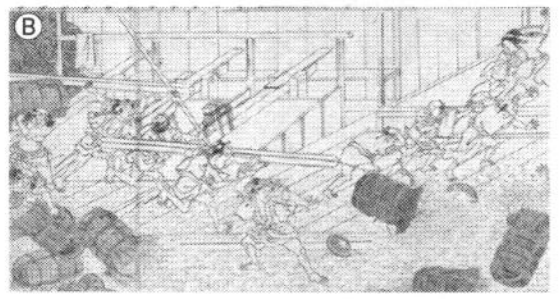

(1) グラフ中のⒶは、何が起こった件数を示していますか。
（ 百姓一揆 ）

(2) Ⓑの絵は、町人たちが米屋をおそっている様子で、グラフ中のⒷと同じものを指しています。こうした行動を何といいますか。
（ 打ちこわし ）

記述 (3) ⒶやⒷが起こる主な原因をグラフを参考に、簡単に書きましょう。 思考・判断・表現

（(例) ききんが起こり、物価が大きく上がったから。）

(4) ⒶやⒷに関連するできごととして正しいものを、㋐～㋓から選びましょう。
（ ㋒ ）

㋐ 幕府や藩《はん》は社会の問題を次々に解決していった。

㋑ 岡山《おかやま》藩は財政が豊かだったので、ⒶやⒷは起こらなかった。

㋒ 長州《ちょうしゅう》藩や薩摩《さつま》藩などでは、藩の政治を改革《かいかく》する動きが起こった。

㋓ 武士の中には、幕府や藩を批判する人はいなかった。

ふりかえり　4(3)がわからないときは、66ページの2にもどって確認《かくにん》してみよう。



## 確かめのテスト　68～69ページ

**1** (2)江戸は、当時の世界の都市の中でもトップクラスの人口でした。

(3)諸藩《しょはん》は年貢米《ねんぐまい》などを大阪の蔵屋敷《くらやしき》に運びました。

(4)人形浄瑠璃は、三味線《しゃみせん》のばん奏《そう》で語られる物語に合わせて、人形をあやつる芸能です。

**2** (1)近松門左衛門は、武士の身分を捨《す》てて、芝居の世界に飛びこみました。

(4)伊能忠敬の作成した地図は、現在の地図と比べてもほぼ正確でした。

(5)本居宣長は、日本古来の精神を「まごころ」として尊《とうと》びました。

**3** (4)渡辺華山《わたなべかざん》や高野長英《たかのちょうえい》らは、外国船を打ちはらった幕府を批判し、厳しくばっせられました。

**4** (1)、(2)米がとれなくても年貢を厳しく取り立てた役人に対する抵抗《ていこう》が百《ひゃく》姓一揆《しょういっき》です。米を買い占《し》め、物価の上昇《じょうしょう》をねらう商人に対して、百姓や町人たちが商家をおそうのが打ちこわしです。

(4)㋐幕府や藩の力は弱まっていました。

㋑岡山藩では渋染《しぶぞめ》一揆が起こりました。

**記述問題のプラスワン**

**3** (4)問題文に「外国船」という語句を使用するという指定があるので、忘れずに解答に含《ふく》めましょう。当時、ロシアやイギリス、アメリカなどの船が日本のすぐそばに現れており、幕府はこの動きを警戒《けいかい》しました。

## 70ページ

ぴったり1 準備

2. 日本の歴史
9 明治《めいじ》の国づくりを進めた人々①

◎めあて 江戸から明治への変化や明治維新を進めた人々を理解しよう。

教科書 歴102〜105ページ　答え 36ページ

次の（　）に入る言葉を、下から選びましょう。

### 1 江戸《えど》から明治へ　教科書 歴102〜103ページ

**学校の変化**

- 江戸時代の末ごろの（① 寺子屋 ）と明治時代初めの小学校では、学ぶ様子がことなっている。
- 明治時代の小学校の先生は、（② 洋服 ）を着て、頭の毛も短く切っていた。

**まちの変化**

- 乗り物として、（③ 馬車 ）や人力車《じんりきしゃ》が走っている。
- まちを照らす（④ ガス灯 ）ができている。
- 外国の文化や制度を取り入れていき、わずか20〜30年で政治や外交、まちの様子が大きく変化した。
- こうした大きな変化を（⑤ 明治維新 ）とよんでいる。

明治時代初めの日本橋《にほんばし》近くの様子

### 2 若《わか》い武士たちが幕府《ばくふ》をたおす　教科書 歴104〜105ページ

ワンポイント　ペリー来航

- 1853年、アメリカ合衆国《がっしゅうこく》からペリーが4せきの軍艦《ぐんかん》を率いて浦賀《うらが》（神奈川《かながわ》県）に現れ、幕府に（⑥ 開国 ）を求めた。
- 幕府は翌《よく》1854年、（⑦ 日米和親条約 ）を結んで国交を開き、鎖国《さこく》の状態が終わった。
- 1858年、（⑧ 日米修好通商条約 ）をアメリカと結び、さらに多くの国々とも条約を結んだ。
- 外国との貿易は、国内の物価を急上昇《じょうしょう》させ、町人《ちょうにん》や下級武士の生活を苦しめた。

ペリー

**江戸幕府の終わり**

- 外国との差を実感した長州藩《ちょうしゅうはん》の木戸孝允《きどたかよし》や薩摩《さつま》藩の西郷隆盛《さいごうたかもり》、大久保利通《おおくぼとしみち》らは、強い国づくりを進めるため、幕府をたおし新しい政府をつくる運動を始めた。
- 15代将軍《しょうぐん》（⑨ 徳川慶喜 ）は、1867年に政権《せいけん》を朝廷《ちょうてい》に返し、260年余り続いた江戸幕府は終わった。
- 新政府軍と旧幕府軍の間に戦いが起こったが、新政府軍が勝利した。
- 新政府は1868年、明治天皇《てんのう》の名で政治の方針《ほうしん》である（⑩ 五箇条の御誓文 ）を定め、新しい時代が始まった。

| 選んだ言葉に✓ | | | | | |
|---|---|---|---|---|---|
| | □開国 | □ガス灯《とう》 | □徳川慶喜《とくがわよしのぶ》 | □明治維新《いしん》 | □五箇条の御誓文《ごかじょうのごせいもん》 |
| | □馬車 | □寺子屋《てらこや》 | □洋服 | □日米和親条約 | □日米修好通商条約 |



## 71ページ

ぴったり2 練習

ぴたトリビア　貿易などを通じて長州藩、薩摩藩と交流があった坂本龍馬《さかもとりょうま》は、犬猿《けんえん》の仲《なか》といわれた両藩の同盟をうながしました（薩長同盟《さっちょうどうめい》）。

教科書 歴102〜105ページ　答え 36ページ

**1 右の絵を見て、次の①〜⑥にあてはまる言葉を、［　］からそれぞれ選びましょう。**

Ⓐと Ⓑの絵を見比べると、江戸時代末ごろの ① と明治時代初めの ② では、学ぶ様子がまったくちがうね。

Ⓑの絵の明治時代の ② の先生は ③ を着て、頭の毛も ④ 切っているね。

明治時代になると、まちの様子が洋風になっているね。Ⓒの絵では ⑤ が走ったり、通りには ⑥ ができたりしているよ。

［短く　馬車　小学校　ガス灯　洋服　寺子屋］

①（ 寺子屋 ）②（ 小学校 ）
③（ 洋服 ）④（ 短く ）
⑤（ 馬車 ）⑥（ ガス灯 ）

Ⓐ

Ⓑ

Ⓒ

**2 右の絵を見て、次の問いに答えましょう。**

2度目の来航の様子

(1) 1853年、アメリカ合衆国の使者として浦賀にやって来た人物の名前を書きましょう。（ ペリー ）
(2) アメリカの使者は、日本に何を求めましたか。（ 開国 ）
(3) 1854年、日本は何という条約を結んで国交を開き、鎖国の状態を終えましたか。（ 日米和親条約 ）
(4) (3)に加え、1858年にアメリカと結んだ条約の名前を書きましょう。（ 日米修好通商条約 ）
(5) この当時、幕府をたおし新しい政府をつくろうとした長州藩の人物の名前を書きましょう。（ 木戸孝允 ）
(6) 倒幕《とうばく》の動きに対して、朝廷に政権を返した15代将軍の名前を書きましょう。（ 徳川慶喜 ）
(7) 1868年、新政府が明治天皇の名で定めた政治方針を何といいますか。（ 五箇条の御誓文 ）

ヒント
1 ③、④ 服装《ふくそう》や髪型《かみがた》などに注意して比べてみましょう。
2 (6) 「大政奉還《たいせいほうかん》」といわれ、260年余り続いた江戸幕府が終わりました。



できたかな？
□江戸から明治への変化を説明してみよう。
□江戸幕府が終わるまでの動きを説明してみよう。

## 練習　71ページ

1 Ⓐの絵は江戸時代末ごろの寺子屋の様子、Ⓑの絵は明治時代初めの小学校の様子、Ⓒの絵は明治時代初めの日本橋近くの様子です。

2 (1)、(2)ペリーは、日本の開国を求める第13代アメリカ大統領フィルモアの手紙をもって、浦賀に来航しました。

(5)貿易に反対していた薩摩藩や長州藩は、外国との戦いに敗れ、実力のちがいを思い知りました。

(7)この方針では、会議《かいぎ》を開き、みんなの意見を聞いて政治を進めていくことなどが示されました。

2. 日本の歴史

# 9 明治《めいじ》の国づくりを進めた人々②

◎めあて 明治政府が行ったさまざまな改革や明治時代の人々の生活の変化を理解しよう。

教科書 歴106〜109ページ　答え 37ページ

次の（　　）に入る言葉を、下から選びましょう。

## 1 大久保利通《おおくぼとしみち》と明治新政府の改革《かいかく》

教科書 歴106〜107ページ

**ワンポイント** さまざまな改革

- 政府は、大名《だいみょう》の領地である藩《はん》と領民を天皇《てんのう》に返させる（① 版籍奉還　）を実施《じっし》した。
- 1871年、政府は藩を廃止《はいし》し、新たに県や府を置き、政府が任命した役人に治めさせる（② 廃藩置県　）を行い、国の体制を整えた。
- （③ 大久保利通　）や木戸孝允《きどたかよし》らは、工業をさかんにし、強い軍隊をもつこと（富国強兵《ふこくきょうへい》）に力を入れ、ヨーロッパの国々に追いつこうとした。
- 1871年、**大久保利通**らは欧米視察《おうべいしさつ》に出発し、近代的な政治制度や工業を約２年にわたり調査。帰国後、近代的な工業をさかんにする（④ 殖産興業　）の方針《ほうしん》のもと、外国人技師を招き、製糸、紡績《ぼうせき》、兵器製造などで国が運営する官営《かんえい》工場を開いた。
- 近代的な軍隊をつくるために（⑤ 徴兵令　）を出し、20才になった男子に３年間軍隊に入ることを義務づけた。
- 国の収入《しゅうにゅう》を安定させるため、（⑥ 地租改正　）を行って土地に対する税のしくみを改め、土地の価格の３％の税を現金で納《おさ》めさせた。

官営富岡《とみおか》製糸場（群馬《ぐんま》県）

## 2 新しい世の中の文化や生活

教科書 歴108〜109ページ

### 人々の生活の変化

- 明治時代になると、西洋の考え方がしょうかいされ、西洋の制度や技術も導入された。
- （⑦ 文明開化　）として、西洋風なものに人気が集まった。
- 福沢諭吉《ふくざわゆきち》は「学問のすゝ《(す)》め」を書き、人間は生まれながらにして平等であると説いた。
- 国民は平等であるとして、江戸《えど》時代の身分制度が改められ、職業や住む場所の自由な選択《せんたく》が認《みと》められた。
- 身分制度のもとで苦しめられていた人々も、法令により制度の上では平等とされた。
- 電報や郵便《ゆうびん》の制度が整い、新橋《しんばし》・横浜《よこはま》間に（⑧ 鉄道　）が開通した。

鉄道の開通

### 教育政策《せいさく》

- 1872年に（⑨ 学制　）が公布され、６才以上の男女が小学校に通うことが定められた。
- 政府は、西洋の学問や政治のしくみを学ばせるため、**津田梅子《つだうめこ》**などの留学生を海外に送った。

選んだ言葉に✔
□地租改正《ちそかいせい》　□文明開化《ぶんめいかいか》　□鉄道　□徴兵令《ちょうへいれい》　□学制《がくせい》
□版籍奉還《はんせきほうかん》　□廃藩置県《はいはんちけん》　□大久保利通　□殖産興業《しょくさんこうぎょう》





ぴたトリビア
政府は1871年に廃藩置県を行い、全国261の藩を廃して府県を置きました。まず全国３府302県が置かれ、同年末までに３府72県となりました。

教科書 歴106〜109ページ　答え 37ページ

**1 次の問いに答えましょう。**

(1) 次の①〜④は、明治新政府が行った改革を表しています。①〜④の説明として正しいものを、それぞれ線で結びましょう。

① 富国強兵
② 殖産興業
③ 徴兵令
④ 地租改正

㋐国の収入を安定させるために、土地に対する税のしくみを改めた。
㋑近代的な工業を始めるために、外国の機械を買い、技師を招いて、官営工場を開いた。
㋒20才になった男子に、３年間、軍隊に入ることを義務づけた。
㋓ヨーロッパ諸国《しょこく》に追いつくため、経済《けいざい》力と軍事力の強化に重点を置いた。

(2) 殖産興業について、政府が模範《もはん》的な製糸場として群馬県につくった工場で、現在、世界文化遺産《いさん》に登録されている工場の名前を書きましょう。（富岡製糸場）

(3) 地租改正について、税は現金で納めることになりました。その割合《わりあい》は、最初、土地の価格の何％でしたか。数字を書きましょう。（　3　）％

**2 右の年表を見て、次の問いに答えましょう。**

(1) 年表中の①〜③にあてはまる言葉を、［　］からそれぞれ選びましょう。

［学制　鉄道　郵便］

①（　郵便　）
②（　鉄道　）
③（　学制　）

| 年 | 主なできごと |
|---|---|
| 1869（明治2） | パンの店ができる<br>公衆《こうしゅう》電報が始まる |
| 1870 | 日刊新聞の発行 |
| 1871 | （①）制度が始まる |
| 1872 | （②）が開通する<br>ガス灯《とう》がつく<br>（③）が公布される<br>「学問のすゝ《(す)》め」が出版される<br>太陽暦《たいようれき》を取り入れる |

(2) 明治時代になると、欧米に追いつこうとする意識が、生活や文化の面におよび、西洋風のものがもてはやされました。これを何とよびますか。（　文明開化　）

(3) 江戸時代の身分制度が改められ、国民は何を自由に選べるようになりましたか。１つ書きましょう。（　職業　）（住む場所）

ヒント ❶ (2) フランス人の技師を招き、1872年、群馬県に工場が完成しました。



できたかな？
□明治政府が行ったさまざまな改革を説明してみよう。
□明治時代の人々の生活の変化を説明してみよう。

## 練習 73ページ

❶ (2)富岡製糸場は、1872年に群馬県の富岡につくられた官営の製糸場で、2014年には「富岡製糸場と絹《きぬ》産業遺《い》産《さん》群」の名で世界文化遺産に登録されました。

(3)地租は初め３％でした。その後、重い負担《ふたん》に苦しむ民衆の反対一揆《いっき》が起こり、2.5％に改められました。

❷ (1)①郵便制度は、1871年に東京《とうきょう》・大《おお》阪《さか》間で始まり、翌年《よくねん》には全国に郵便が届《とど》くようになりました。

②鉄道は、1872年、新橋・横浜間に開通しました。

(2)チョンマゲを切っただけのザンギリ頭が流行し、「ザンギリ頭をたたいてみれば、文明開化の音がする」といわれ、文明開化のシンボルとなりました。

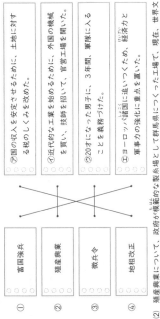

ぴったり1 準備

2．日本の歴史

# 9 明治《めいじ》の国づくりを進めた人々③

めあて
自由民権運動の広がりや、大日本帝国憲法制定までの流れを理解しよう。

教科書 歴110～113ページ 答え 38ページ

次の（　　）に入る言葉を、下から選びましょう。

## 1 板垣退助《いたがきたいすけ》と自由民権《じゆうみんけん》運動

教科書 歴110～111ページ

### 政府への不満

- 政府の改革《かいかく》により、収入《しゅうにゅう》を失い、苦しい生活を強いられた士族《しぞく》たちは、各地で反乱《はんらん》を起こした。
- 1877年、（① 西郷隆盛 ）を中心に、士族最大の反乱である（② 西南戦争 ）が起こった。
- 反乱はおさえられ、以降《いこう》は、武力による反乱から（③ 言論 ）での主張に変わっていった。

西南《せいなん》戦争

### 国会開設への動き

- 政府の指導者だった（④ 板垣退助 ）らは、国会を開くことを主張し、人々の間にも政治参加の要求が高まってきた。
- 国会を開き、憲法《けんぽう》をつくることなどを求める動きは、（⑤ 自由民権運動 ）として各地に広がった。
- 政府はさまざまな条例（法律《ほうりつ》）を定めて、演説会や新聞などを厳《きび》しく取りしまったが、1881年、ついに政府は、1890年に国会を開設することを約束した。

演説の中止を求める警察官

## 2 伊藤博文《いとうひろぶみ》と国会開設、大日本帝国《ていこく》憲法

教科書 歴112～113ページ

### 国会開設の準備

- 板垣退助は自由党《じゆうとう》、（⑥ 大隈重信 ）は立憲改進党《りっけんかいしんとう》をつくり、国民の意見を反映《はんえい》した政治を行う準備をした。
- 一方、政府の中心的人物であった（⑦ 伊藤博文 ）は、皇帝《こうてい》の権力《けんりょく》が強いドイツの憲法を学んで帰国した。

**ワンポイント** 憲法制定と国会開設

- 伊藤博文は、まず行政《ぎょうせい》を担当《たんとう》する内閣《ないかく》制度をつくり、明治天皇《てんのう》から初代内閣総理大臣に任命された。
- 1889年、天皇が国民にあたえるという形で、（⑧ 大日本帝国憲法 ）が発布《はっぷ》された。
- この憲法では、国を治める主権《しゅけん》や、軍隊を率い、条約を結ぶ権限《けんげん》は天皇にあるとされた。
- 国会は貴族院《きぞくいん》と（⑨ 衆議院 ）からなり、衆議院《しゅうぎいん》議員は国民の選挙で選ばれた。
- 一定の税金を納《おさ》めた25才以上の男子だけに、（⑩ 選挙権 ）があたえられた。
- 1890年、初めての選挙が行われ、第１回の国会が開かれた。

選んだ言葉に☑

| | | | | |
|---|---|---|---|---|
| □大隈重信《おおくましげのぶ》 | □伊藤博文 | □選挙権《せんきょけん》 | □衆議院 | □自由民権運動 |
| □西郷隆盛《さいごうたかもり》 | □西南戦争 | □言論《げんろん》 | □板垣退助 | □大日本帝国憲法 |





ぴったり2 練習

ぴたトリビア
さまざまな憲法草案《そうあん》が作成されましたが、その中でも五日市《いつかいち》憲法は、全204条のうち150条が基本的人権《じんけん》についてふれたものでした。

教科書 歴110～113ページ 答え 38ページ

**1** 右の絵と写真を見て、次の問いに答えましょう。

(1) Ⓐの絵は、1877年に起きた士族による最大の反乱をえがいています。反乱の名前を書きましょう。（ 西南戦争 ）

(2) Ⓐの反乱ではだれが中心となりましたか。中心人物の名前を書きましょう。（ 西郷隆盛 ）

(3) 武力による反乱がしずめられ、世の中はどのように変わりましたか。㋐～㋓から選びましょう。（ ㋑ ）

㋐ 政府の方針《ほうしん》どおりに従《したが》うようになった。
㋑ 武力ではなく、言論で主張するようになった。
㋒ 武力による反政府活動が増えていった。
㋓ 士族以外の者も武力を備えるようになった。

(4) 国会を開くことを主張した、Ⓑの人物の名前を書きましょう。（ 板垣退助 ）

(5) 国会を開き、憲法をつくることなどを求める運動のことを何といいますか。（ 自由民権運動 ）

**2** 右の絵を見て、次の問いに答えましょう。

(1)の発布

(1) 右の絵は、1889年に憲法が発布されたときの様子をえがいています。このとき発布された憲法を何といいますか。（ 大日本帝国憲法 ）

(2) (1)はドイツの憲法を学んだ人物を中心につくられました。この人物の名前を書きましょう。（ 伊藤博文 ）

(3) (1)では国を治める主権はだれがもつとされましたか。（ 天皇 ）

(4) (3)のもつ権限をほかに２つ書きましょう。
(順不同)（(例)軍隊を率いること。）
（(例)条約を結ぶこと。）

(5) 当時の衆議院の選挙権をもつ者の条件を、㋐～㋒から選びましょう。（ ㋐ ）

㋐ 一定の税金を納めた25才以上の男子
㋑ 一定の税金を納めた25才以上の女子
㋒ 一定の税金を納めた25才以上の男女

ヒント ❷(2) この人物は、初代内閣総理大臣に任じられました。



できたかな？
□自由民権運動の展開を説明してみよう。
□大日本帝国憲法の制定までの流れを説明してみよう。

## 練習 75ページ

❶ (1)士族の反乱は、西郷隆盛を中心とした西南戦争で終息しました。
(3)士族は、はじめは武力によって自分たちの主張を通そうとしましたが、徴兵令《ちょうへいれい》で集められた新政府軍に敗れた後は、言論による主張に向かいました。

❷ (1)天皇の権限は大きく、国民の権利《けんり》は制約《せいやく》の多い憲法でした。
(4)ほかに、議会の協力で法律をつくることもできました。
(5)選挙権をもつ者は、直接国税15円以上の税金を納めた25才以上の男子に限られていたため、有権者は当時の国民の1.1%しかいませんでした。

ぴったり3 確かめのテスト

2．日本の歴史
# 9 明治《めいじ》の国づくりを進めた人々

/100 合格80点

教科書 歴102～113ページ　答え 39ページ

**1** よく出る **右の年表を見て、次の問いに答えましょう。**　1つ3点、(4)6点（27点）

(1) 年表中の①～③にあてはまる言葉を書きましょう。
①（ペリー）
②（日米和親条約）
③（五箇条の御誓文）

| 年 | 主なできごと |
|---|---|
| 1853 | （①）が浦賀《うらが》に来る |
| 1854 | アメリカと（②）を結ぶ |
| Ⓐ | ⓐ日米修好通商条約を結ぶ<br>四か国と同様の条約を結ぶ |
| 1866 | ⓑ薩長同盟《さっちょうどうめい》が成立 |
| 1867 | ⓒ幕府《ばくふ》が政権《せいけん》を朝廷《ちょうてい》に返す |
| 1868 | 新政府軍と旧幕府軍が戦う<br>明治天皇《てんのう》の名で（③）を定める |

(2) (1)の②によって、日本のどのような状態が終わりましたか。
（鎖国）

(3) 年表中のⒶにあてはまる年代を、西暦《せいれき》で書きましょう。
（1858）

記述 (4) 下線部ⓐについて、外国との貿易が始まり、日本国内はどのようになりましたか。　思考・判断・表現
（(例)物価が急上昇して、人々の生活が苦しくなった。）

(5) 下線部ⓑについて、犬猿《けんえん》の仲《なか》といわれた薩摩藩《さつまはん》と長州藩《ちょうしゅう》の同盟《どうめい》を取りもった人物の名前を書きましょう。
（坂本龍馬）

(6) 下線部ⓒについて、このときの15代将軍《しょうぐん》の名前を書きましょう。
（徳川慶喜）

**2** **明治新政府の改革《かいかく》をまとめた右の図を見て、次の問いに答えましょう。**　1つ3点（24点）

(1) 図中の①～⑤にあてはまる言葉を、［　　］からそれぞれ選びましょう。　技能

徴兵令《ちょうへいれい》　地租改正《ちそかいせい》　廃藩置県《はいはんちけん》
学制《がくせい》　富国強兵《ふこくきょうへい》　殖産興業《しょくさんこうぎょう》

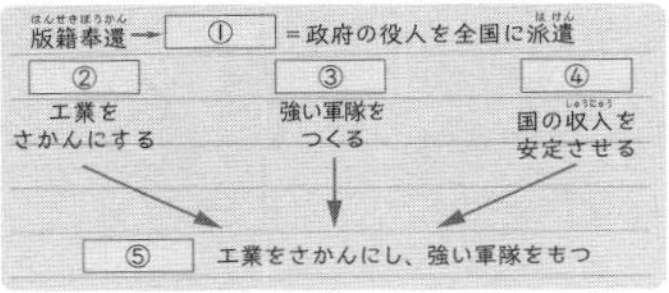


①（廃藩置県）②（殖産興業）③（徴兵令）
④（地租改正）⑤（富国強兵）

(2) 当時の日本の徴兵令について説明した次の文を読み、｛　｝の中にあてはまる数字を◯で囲みましょう。

> 武士にかわって、訓練された近代的な軍隊をもつために、徴兵令が出された。このときの徴兵令では①｛18・⑳｝才になった男子が、②｛1・③｝年間軍隊に入ることが義務づけられた。

(3) 地租改正について、最初、税は土地の価格の何%を現金で納《おさ》めましたか。数字を書きましょう。
（3）%





**3** **次の資料を読んで、あとの問いに答えましょう。**　1つ3点、(4)7点（25点）

> 今の政府は、（①）と（②）などの一部の者によって動かされている。広く（③）の意見を聞いて政治にいかすように、（④）を開くべきだ。

(1) 資料中の①～④にあてはまる言葉を、［　　］からそれぞれ選びましょう。　技能

会議　薩摩藩　幕府　武士
長州藩　国民　議会（国会）

（①、②は順不同）①（薩摩藩）②（長州藩）
③（国民）④（議会（国会））

(2) 上の資料は、右の写真の人物が主張したものです。この人物を、㋐～㋓から選びましょう。
（㋒）

㋐ 勝海舟《かつかいしゅう》　㋑ 伊藤博文《いとうひろぶみ》　㋒ 板垣退助《いたがきたいすけ》　㋓ 大隈重信《おおくましげのぶ》

(3) (2)の人物が中心となって起こした運動は、全国に広がっていきました。この運動を何といいますか。
（自由民権運動）

記述 (4) (3)の運動に対して政府が最初にとった対応はどのようなものでしたか。簡単《かんたん》に書きましょう。　思考・判断・表現
（(例) 条例 (法律) を定めて、演説会や新聞を厳しく取りしまった。）

**4** **右の資料を見て、次の問いに答えましょう。**　1つ3点、(5)6点（24点）

(1) よく出る 右の資料の憲法《けんぽう》の名前を書きましょう。
（大日本帝国憲法）

(2) 資料中の①～③にあてはまる言葉を、［　　］からそれぞれ選びましょう。

国民　法律《ほうりつ》　天皇

①（天皇）②（国民）
③（法律）

**憲法の主な内容（要約）**
第1条　日本は、永久に続く同じ家系《かけい》の（①）が治める。
第3条　（①）は神のように尊《とうと》いものである。
第4条　（①）は、国の元首《げんしゅ》であり、この憲法の規定にのっとり、国や（②）を治める権限《けんげん》をもつ。
第5条　（①）は、議会の協力で（③）をつくる。
第11条　（①）が陸海軍を統率《とうそつ》する。
第29条　（②）は、（③）の範囲《はんい》の中で、言論《げんろん》、出版、集会、結社の自由をもつ。

(3) だれが中心となって、この憲法をつくりましたか。
（伊藤博文）

(4) 憲法にもとづいて、1890年に初めての選挙《せんきょ》が行われ、第1回の国会が開かれました。貴族院《きぞくいん》と衆議院《しゅうぎいん》のうち、選挙で選ばれるのはどちらの議員ですか。
（衆議院）

記述 (5) (4)の選挙のときの選挙権《けん》をもつ者の条件を、簡単に書きましょう。　思考・判断・表現
（(例)一定の税金を納めた25才以上の男子。）

ふりかえり ❸(4)がわからないときは、74ページの❶にもどって確認《かくにん》してみよう。



**記述問題のプラスワン**

**4** (5)現在では、18才以上のすべての男女に選挙権があたえられていますが、1890年当時選挙権をもつことができたのは、25才以上の男子で、一定の税金を納めた人だけでした。これは当時の人口の約1.1%にあたります。

## 確かめのテスト　76～77ページ

**1** (3)1858年の日米修好通商条約は、朝廷の許可なく結ばれました。
(4)輸出品を中心とする物資の不足に、米の買い占《し》めなどが重なり、人々の生活は苦しくなりました。

**2** (1)①明治新政府が地方を直接治める国家をつくるための政策《せいさく》です。
④国家の年間収入の大部分を占め、財政を安定させました。

**3** (1)①②明治維新《いしん》に功績のあった薩摩藩や長州藩などの下級武士が役人となって、新政府の実権《じっけん》をにぎっていました。
(2)板垣退助は、新政府の重要な役職についていましたが、辞職し、国会を開くことを主張しました。
(3)言論によって政府を批判《ひはん》し、憲法制定と国会開設を通して、国民の意見を政治に反映《はんえい》させようとした運動です。

**4** (2)天皇は、立法・行政《ぎょうせい》・司法の統治《とうち》権《けん》を行使し、陸海軍を統率する権限をもっていました。
(3)伊藤博文らは、天皇主権《しゅけん》の政治をめざしていたので、皇帝《こうてい》の権力が強いドイツの憲法を手本として、憲法をつくりました。

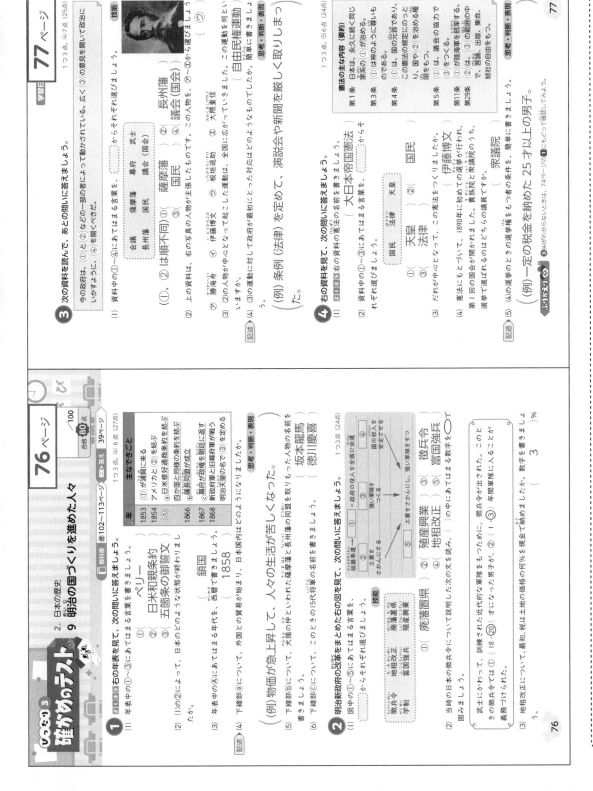

ぴったり1 準備

2．日本の歴史
# 10 世界に歩み出した日本①

3分でまとめ

◎めあて 条約改正をめぐる動きや日本の産業の発展を理解しよう。

教科書 歴116～119ページ　答え 40ページ

次の（　）に入る言葉を、下から選びましょう。

## 1 条約改正を目指して

教科書 歴116～117ページ

### ノルマントン号事件

- 1886年、和歌山《わかやま》県沖《おき》で（① イギリス ）の貨物船ノルマントン号がちんぼつした。
- 西洋人の船員は、全員ボートに乗って助かり、日本人の乗客は、全員なくなったが、船長は、イギリスの領事裁判《りょうじさいばん》で、軽いばつを受けただけだった。
- 日本人は、（② 不平等条約 ）の改正を強く求めた。

ノルマントン号事件を風刺《ふうし》したまんが

**ワンポイント** 条約改正

- ノルマントン号事件は、江戸《えど》時代の終わりに幕府《ばくふ》が欧米諸国《おうべいしょこく》と結んだ不平等条約である（③ 修好通商条約 ）と深いかかわりがあった。
- （④ 領事裁判権 ）を認《みと》めているため、外国人が日本国内で罪をおかしても、日本の法律《ほうりつ》でさばくことができなかった。
- （⑤ 関税自主権 ）がないため、外国からの輸入品にかける税金を、日本が自由に決める権利《けんり》が認められていなかった。
- 明治《めいじ》政府は、日本の独立を守り産業を発展《はってん》させるため、条約改正の交渉《こうしょう》を重ねたが、日本の近代化のおくれなどを理由に、交渉は進まなかった。

## 2 発展していく日本

教科書 歴118～119ページ

### 産業の発展

- 不平等条約の改正には、産業を発展させ、欧米諸国のような近代的な国づくりをすることが必要だった。
- 1880年代、（⑥ 製糸業 ）と紡績業《ぼうせきぎょう》がさかんになり、各地に工場が建てられた。
- 19世紀末から20世紀初めにかけて、日本はアジアで最も工業のさかんな国となった。

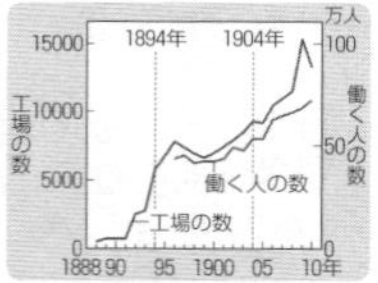

工業の発展

### 一部改正の成功

- 1894年、外務大臣の（⑦ 陸奥宗光 ）はイギリスと交渉して、領事裁判権をなくすことに成功した。
- 交渉成功の背景《はいけい》には、アジアへの進出をめぐってイギリスが（⑧ ロシア ）と対立していたという事情があった。
- その後、ほかの国々とも同じ改正が実現した。

選んだ言葉に✓

| | | | |
|---|---|---|---|
| □陸奥宗光《むつむねみつ》 | □ロシア | □修好通商条約 | □領事裁判権 |
| □イギリス | □製糸業 | □関税自主権《かんぜいじしゅけん》 | □不平等条約 |





ぴったり2 練習

ぴたトリビア
ノルマントン号の船長や船員は全員助かりましたが、日本人の乗客25人は船内に残されおぼれてしまったとされています。

教科書 歴116～119ページ　答え 40ページ

**1** 次の会話文を読んで、あとの問いに答えましょう。

江戸時代の終わりに結んだ条約では、外国人が日本国内で（①）をおかしたとき、ⓐ日本の法律ではなく、その外国人の国の法律・裁判所でさばく権利を外国に認めていたそうだよ。

ⓑ外国からの輸入品にかける（②）を、日本が自由に決める権利も認められていなかったよ。

(1) 会話文中の①、②にあてはる言葉を、［　］からそれぞれ選びましょう。

［税金　罪　利益　命令］

①（ 罪 ）②（ 税金 ）

(2) 下線部ⓐについて、この権利を何といいますか。
（ 領事裁判権 ）

(3) 下線部ⓑについて、この権利を何といいますか。
（ 関税自主権 ）

(4) 右の絵の事件は、会話文中の下線部ⓐ、ⓑのどちらと関係がありますか。
（ ⓐ ）

ノルマントン号事件を風刺したまんが

**2** 次の文を読んで、あとの問いに答えましょう。

不平等条約を改正するために、政府は日本の産業を発展させ、近代的な国づくりを目指した。1880年代には、（①）と（②）がさかんになり、各地に工場が建てられた。19世紀末から20世紀初めにかけて、日本はアジアで最も（③）のさかんな国になった。

(1) 文中の①～③にあてはまる言葉を、［　］からそれぞれ選びましょう。

［工業　製糸業　改正　紡績業］（①、②は順不同）

①（ 製糸業 ）②（ 紡績業 ）③（ 工業 ）

(2) 1894年、日本はイギリスとの交渉で、条約の一部改正に成功しました。このときイギリスと交渉した日本の外務大臣の名前を書きましょう。また、改正した内容を書きましょう。

人物（ 陸奥宗光 ）
内容（（例）領事裁判権をなくす）

ヒント **1** (3) 国内の産業を、安い外国製品から守るために必要な権利です。



**できたかな？**

□条約改正をめぐる動きを説明してみよう。
□日本の産業の発展を説明してみよう。

**おうちのかたへ**

この単元では、国の独立を守り、日本の産業を発展させるため、幕府が欧米諸国と結んだ不平等条約の改正に、明治政府がどのように取り組み、努力したのかを捉えます。

## 練習 79ページ

**1** (1)江戸時代の終わりに、欧米《おうべい》諸国は自分たちに有利な条約を日本に結ばせました。

(4)ノルマントン号事件では、船がちんぼつした際にイギリス人の船長ら乗組員はボートに乗って脱出し、無事でした。日本人の乗客はなくなりましたが、イギリス人の船長は、軽いばつを受けただけですみました。

**2** (1)1872年に、群馬《ぐんま》県に富岡《とみおか》製糸場が完成するなど、政府は殖産興業《しょくさんこうぎょう》の政《せい》策《さく》をおし進めました。工場では、多くの工女《こうじょ》（女性の労働者）が長時間働きました。

(2)日英通商航海条約を結んで、領事裁判権の廃止《はいし》に成功しました。

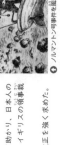

学習日 **80ページ**

ぴったり1 **準備**

2．日本の歴史

## 10 世界に歩み出した日本②

めあて 日清戦争・日露戦争と、世界の中の日本の立場の変化を理解しよう。

教科書 歴120～123ページ　答え 41ページ

次の（　　）に入る言葉を、下から選びましょう。

### 1 中国《ちゅうごく》やロシアと戦う　教科書 歴120～121ページ

**中国との戦争**

- 日本は朝鮮《ちょうせん》に不平等な条約を結ばせ、勢力をのばそうとした。
- 朝鮮では（① 中国(清)）のえいきょうが強かったので、日本と清《しん》との対立が深まり、1894年、朝鮮に起こった内乱《ないらん》をきっかけに、（② 日清戦争）が始まった。
- 勝利した日本は、清から多額の賠償金《ばいしょうきん》を受け取り、台湾《たいわん》などを日本の（③ 植民地）にしたが、中国東北《とうほく》部（満州《まんしゅう》）に勢力をのばしたロシアの干渉《かんしょう》で、日本は領土の一部を清に返還《へんかん》した。

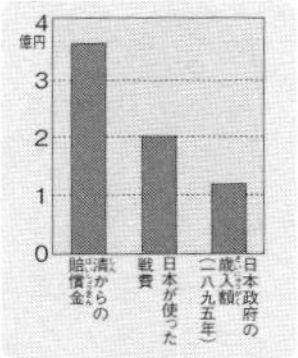

清から得た賠償金と戦費

**ロシアとの戦争**

- 朝鮮（韓国《かんこく》）にも勢力をのばしてきたロシアとの対立が深まり、1904年、（④ 日露戦争）が始まった。
- 与謝野晶子《よさのあきこ》は、「君死にたまふ《(う)》ことなかれ」という詩を発表して、戦争に反対した。
- 日本海での戦いで（⑤ 東郷平八郎）がロシア艦隊《かんたい》を破るなど、日本は多くの戦死者を出しながらも勝利した。
- 日本は樺太《からふと》（サハリン）の南部、満州の鉄道などを得て、韓国を勢力下に置いたが、戦争の費用負担《ふたん》に苦しんだ国民の不満は高まった。
- 日清《にっしん》戦争・日露《にちろ》戦争の勝利は、欧米諸国《おうべいしょこく》に日本の力を認《みと》めさせた。

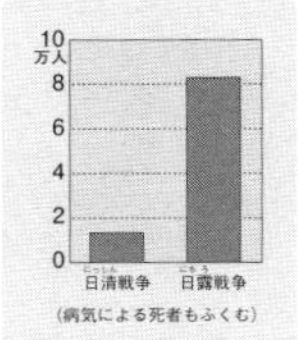

二つの戦争での日本の戦死者

### 2 世界へ進出する日本　教科書 歴122～123ページ

**朝鮮（韓国）の植民地化**

- 1910年、日本は人々の抵抗《ていこう》を軍隊でおさえ、（⑥ 韓国併合）を行った。
- 日本語教育を始め、朝鮮の文化や歴史の教育は制限された。
- 土地制度の改正によって土地を失った人々は、日本人地主《じぬし》の小作人《こさくにん》になったり、仕事を求めて日本などに移住したりした。
- 朝鮮の人々は、日本の支配に対する独立運動を続けた。

**日本の国際的地位の向上**

- 1911年、外務大臣の（⑦ 小村寿太郎）は条約改正に成功し、（⑧ 関税自主権）を回復した。
- 条約改正、医学などの発展《はってん》を通し、日本の**国際的地位の向上**が図られた。

| | |
|---|---|
| 北里柴三郎《きたさとしばさぶろう》 | 破傷風《はしょうふう》の治療法《ちりょうほう》の発見 |
| 志賀潔《しがきよし》 | 赤痢菌《せきりきん》の発見 |
| 野口英世《のぐちひでよ》 | 黄熱病《おうねつびょう》の研究 |

医学で活やくした日本人

選んだ言葉に✓　□韓国併合《へいごう》　□中国(清)　□関税自主権《かんぜいじしゅけん》　□東郷平八郎《とうごうへいはちろう》　□日清戦争　□日露戦争　□植民地　□小村寿太郎《こむらじゅたろう》



学習日 **81ページ**

ぴったり2 **練習**

ぴたトリビア
1920年、国際平和のために国際連盟《れんめい》が設立されました。新渡戸稲造《にとべいなぞう》は、事務局次長を６年間務め、国際社会発展のために努力しました。

教科書 歴120～123ページ　答え 41ページ

**1 右のグラフを見て、次の問いに答えましょう。**

(1) グラフ中のⒶ、Ⓑにあてはまる戦争名を書きましょう。

Ⓐ（ 日清戦争 ）
Ⓑ（ 日露戦争 ）

(2) 次の文について、それぞれⒶ、Ⓑどちらの戦争に関係がありますか。

①（ Ⓐ ）朝鮮の内乱がきっかけとなって、戦争が始まった。
②（ Ⓑ ）戦争に勝利した後、朝鮮を日本の勢力下に置いた。
③（ Ⓑ ）ロシアが満州に軍隊を送り、朝鮮（韓国）にも勢力をのばしてきたことが原因で、戦争が始まった。
④（ Ⓐ ）戦争後、日本は台湾などを植民地にした。
⑤（ Ⓑ ）東郷平八郎が、日本海での戦いに勝利した。
⑥（ Ⓐ ）日本は、多額の賠償金を得た。
⑦（ Ⓑ ）戦争後、日本は樺太（サハリン）の南部と満州の鉄道などを得た。

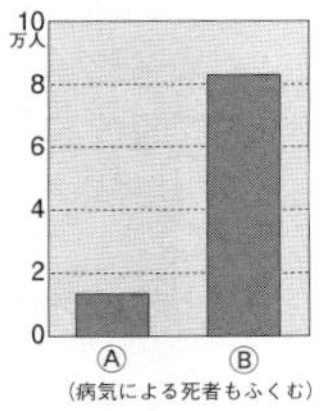

二つの戦争での日本の戦死者

**2 右の年表を見て、次の問いに答えましょう。**

(1) 年表中の①～④にあてはまる言葉を、［　　］からそれぞれ選びましょう。

日露戦争　陸奥宗光《むつむねみつ》　日清戦争　小村寿太郎

①（ 陸奥宗光 ）②（ 日清戦争 ）
③（ 日露戦争 ）④（ 小村寿太郎 ）

(2) 下線部ⓐについて、この改正により廃止《はいし》に成功した権利《けんり》を何といいますか。

（ 領事裁判権 ）

(3) 下線部ⓑについて、次の文中の①、②にあてはまる言葉を書きましょう。

> 日本の植民地になった朝鮮では、土地制度が変えられ、人々は土地を失った。人々は、日本人地主の（①）になったり、（②）を求めて日本などに移住したりした。

①（ 小作人 ）②（ 仕事 ）

(4) 下線部ⓒについて、この改正により日本が回復した権利を何といいますか。

（ 関税自主権 ）

| 年 | 主なできごと |
|---|---|
| 1886 | ノルマントン号事件<br>条約改正に何度も失敗する |
| 1894 | （①）がイギリスとのⓐ条約の一部を改正する<br>（②）が始まる |
| 1902 | 日英同盟《にちえいどうめい》を結ぶ |
| 1904 | （③）が始まる |
| 1910 | ⓑ朝鮮（韓国）を併合 |
| 1911 | （④）がⓒ条約改正を達成する |

ヒント
1 (2)② 朝鮮における日本の優越権《ゆうえつけん》を認めた国を考えます。ここから併合へと向かっていきます。
2 (2)(4) 幕末《ばくまつ》に結んだ不平等条約の２つの権利が入ります。どちらの改正が先か思い出しましょう。



できたかな？
□日清戦争・日露戦争の展開《てんかい》を説明してみよう。
□日清戦争・日露戦争後の日本の立場の変化を説明してみよう。

**練習　81ページ**

1 (1)日本は２つの戦争で勝利しましたが、約10万人もの戦死者を出して、大きな損害を受けました。

(2)①④⑥朝鮮の内乱をきっかけとして始まった日清戦争の結果、日本は台湾などを植民地とし、多額の賠償金を得ました。

②③⑤⑦満州や朝鮮(韓国)をめぐって、日本とロシアが対立し、日露戦争が始まりました。戦争の結果、日本は樺太（サハリン）南部や満州の鉄道などを得ましたが、賠償金は得られませんでした。

2 (1)日本は、産業の発展と戦争の勝利により、欧米諸国に日本の力を認めさせ、条約改正へ向かっていきました。

(2)大日本帝国憲法《ていこくけんぽう》の発布《はっぷ》や国会の開設など、近代的な国づくりも、条約改正にこうけんしました。

ぴったり1 準備

2. 日本の歴史

## 10 世界に歩み出した日本③

学習日 82ページ

◎めあて 産業の発展による人々の生活や社会の変化を理解しよう。

教科書 歴124～127ページ 答え 42ページ

次の(　　)に入る言葉を、下から選びましょう。

### 1 生活や社会の変化

教科書 歴124～125ページ

**産業の発展《はってん》**

- 官営(① 八幡製鉄所 )(福岡《ふくおか》県北九州《きたきゅうしゅう》市)は、中国《ちゅうごく》(清《しん》)の鉄鉱石と九州《きゅうしゅう》の石炭を使って生産を行い、国内の鉄鋼《てっこう》生産の約80%をしめた。
- 日本の産業の発展により、都市部の生活は近代化し、東京《とうきょう》や大阪《おおさか》では、働く女性が増加して女性にも洋服が広がっていった。人々の情報源《げん》として、ラジオ放送が始まった。

重工業の発達

**社会問題の発生**

- 産業の発展は、労働条件の悪さなど、さまざまな社会問題も引き起こした。
- 栃木《とちぎ》県の足尾《あしお》銅山の(② 鉱毒問題 )は、大きな被害《ひがい》をもたらし、農民の生活にも深刻《しんこく》なえいきょうをあたえた。
- 衆議院《しゅうぎいん》議員の(③ 田中正造 )は、農民の生活を守るために献身《けんしん》的な努力をした。

田中正造《たなかしょうぞう》

**社会参加への動き**

- 1914年にヨーロッパで第一次世界大戦が起こると、輸出が増え、国内は好景気をむかえたが、物価の上昇《じょうしょう》が続いて米などの値段《ねだん》が急に高くなった。人々は生活を守るため、各地で民衆《みんしゅう》運動を起こした。
- 人々の(④ 民主主義 )への意識は高まり、(⑤ 普通選挙 )を求める運動が展開《てんかい》され、25才以上のすべての男子が衆議院議員の選挙権《せんきょけん》をもつようになった。
- (⑥ 平塚らいてう )や市川房枝《いちかわふさえ》らを中心に女性運動もさかんになり、選挙権などの権利《けんり》の獲得《かくとく》をめざしていった。
- 差別され苦しめられてきた人々は、(⑦ 全国水平社 )をつくり立ち上がった。

### 2 日本の経済《けいざい》や産業の発展にこうけん ひろげる

教科書 歴127ページ

**渋沢栄一《しぶさわえいいち》の功績《こうせき》**

- 埼玉《さいたま》県深谷《ふかや》市出身の**渋沢栄一**は、江戸幕府《えどばくふ》に仕え、27才のときにヨーロッパの国々をおとずれて西洋の技術や文化、政治や経済のしくみなどを学んだ。
- 明治《めいじ》政府の役人となり、税金や貨幣《かへい》の制度、郵便《ゆうびん》の制度、鉄道の開通などにこうけんした。
- 明治政府からはなれた後、日本で最初の銀行である(⑧ 第一国立銀行 )の設立をはじめ、500以上の会社の設立や経営にたずさわるなど、日本の経済や産業の発展にこうけんした。
- 身よりのない人々を保護《ほご》する施設《しせつ》や病院、学校などの設立にも力をつくした。

選んだ言葉に✓

□平塚《ひらつか》らいてう(ちょう)　□全国水平社《ぜんこくすいへいしゃ》　□田中正造　□鉱毒《こうどく》問題
□八幡《やはた》製鉄所　□普通《ふつう》選挙　□民主主義　□第一国立銀行



ぴったり2 練習

学習日 83ページ

ぴたトリビア

1923年9月1日、関東《かんとう》地方南部で関東大震災《かんとうだいしんさい》が起こりました。この地震《じしん》により、死者・行方《ゆくえ》不明者約11万人もの被害が出ました。

教科書 歴124～127ページ 答え 42ページ

**1 次のⒶ～Ⓓの文を読んで、あとの問いに答えましょう。**

Ⓐ 日本の産業の発展は、人々に近代的な生活をもたらした。東京や大阪では、(①)が増加し、(②)を着る人も増えた。

Ⓑ 重工業が発達する一方で、足尾銅山の(③)や、工場で働く人の(④)の悪さなど、さまざまな社会問題が発生した。

Ⓒ ヨーロッパで起きた(⑤)は、日本に好景気をもたらしたが、米などの値段が急に高くなり、人々は生活を守るために、各地で(⑥)を起こした。

Ⓓ 人々の(⑦)への意識は高まり、普通選挙を求める運動がさかんになっていった。

(1) 文中の①～⑦にあてはまる言葉を、[　]からそれぞれ選びましょう。

鉱毒問題　働く女性　民衆運動　第一次世界大戦
労働条件　洋服　民主主義

①( 働く女性 )　②( 洋服 )
③( 鉱毒問題 )　④( 労働条件 )
⑤( 第一次世界大戦 )　⑥( 民衆運動 )
⑦( 民主主義 )

(2) Ⓐについて、このころ新聞と並《なら》ぶ情報源となったものは何ですか。　(ラジオ放送)( ラジオ )

(3) Ⓑについて、足尾銅山で起きた公害問題を政府にうったえ、一生を農民のためにささげた人物の名前を書きましょう。　( 田中正造 )

(4) Ⓒについて、(1)の⑤は何年に始まった戦争ですか。[　]から選びましょう。

1894年　1904年　1914年　1939年

( 1914年 )

(5) Ⓓについて、1925年に実現した普通選挙によって選挙権が認《みと》められた人々を、㋐～㋒から選びましょう。　( ㋑ )

㋐ 一定の税金を納《おさ》めた25才以上の男子　㋑ 25才以上のすべての男子
㋒ 20才以上のすべての男女

**2 次の問いに答えましょう。**

(1) 渋沢栄一が明治政府の役人であったころに関わっていないものを、㋐～㋒から選びましょう。　( ㋑ )

㋐ 郵便の制度　㋑ 条約の改正　㋒ 鉄道の開通

(2) 渋沢栄一が設立した日本最初の銀行の名前を書きましょう。　( 第一国立銀行 )

ヒント 1 (1)⑥ 米を求めて、米を売る店におしかける騒動《そうどう》が全国に広がりました。



できたかな?

□産業の発展による人々の生活や社会の変化を説明してみよう。

## 練習 83ページ

1 (1)産業の発展によって、さまざまな社会問題が起きたことで、普通選挙や女性の地位向上、差別をなくす運動などがさかんとなり、人々の民主主義への意識が高まりました。

(3)田中正造は衆議院議員をやめ、明治天皇《てんのう》に直接、公害運動についてうったえました。

(4)1914年、サラエボでオーストリア皇太子《こうたいし》夫妻がセルビアの青年に暗殺されたことがきっかけで、第一次世界大戦が始まりました。

(5)㋒女性が選挙権をもつようになるのは第二次世界大戦後です。

2 (1)、(2)渋沢栄一は、日本の経済や産業を発展させるとともに、社会全体の豊かさや国民の幸せを大切に考え、身よりのない人々を保護する施設や病院、学校などの設立などにも努めました。

ぴったり3 確かめのテスト

2. 日本の歴史

## 10 世界に歩み出した日本

／100 合格 80 点

教科書 歴116〜127ページ　答え 43ページ

**1** よく出る **右の年表を見て、次の問いに答えましょう。**　1つ3点（30点）

| 年 | 主なできごと |
| --- | --- |
| 1858 | ⓐ修好通商条約を結ぶ |
| | ↕ X |
| 1886 | （①）事件が起こる…………Ⓐ |
| 1894 | ⓑイギリスとの条約の一部を改正する |
| | 日清《にっしん》戦争が起こる（〜1895） |
| | ↕ Y |
| 1904 | 日露《にちろ》戦争が起こる（〜1905） |
| 1910 | 朝鮮《ちょうせん》（韓国《かんこく》）を併合《へいごう》する……Ⓑ |
| 1911 | ⓒ条約改正を達成する |
| | ↕ Z |
| 1923 | （②）が起こる |
| 1925 | 普通《ふつう》選挙制度が定められる…Ⓒ |

(1) 年表中の①、②にあてはまる言葉を、［　］からそれぞれ選びましょう。　技能

エルトゥールル号　関東大震災《かんとうだいしんさい》
ノルマントン号　阪神《はんしん》・淡路《あわじ》大震災

①（　ノルマントン号　）
②（　関東大震災　）

(2) 下線部ⓐについて、この条約は日本にとって不平等条約といわれています。不平等な内容を２つ書きましょう。

（（例）領事裁判権を認める。）
（（例）関税自主権がない。）

(3) 下線部ⓑについて、条約改正の交渉《こうしょう》にあたった外務大臣の名前を書きましょう。（　陸奥宗光　）

(4) 下線部ⓒについて、条約改正に成功した外務大臣の名前を書きましょう。

（小村寿太郎）

(5) 次の文に関係のあることがらを、年表中のⒶ〜Ⓒからそれぞれ選びましょう。

①（　Ⓑ　）土地を失った人々は小作人《こさくにん》になったり、日本へ移住したりした。
②（　Ⓒ　）25才以上のすべての男子が、衆議院《しゅうぎいん》議員の選挙権《せんきょけん》をもった。
③（　Ⓐ　）イギリス人の船長が、自国の裁判《さいばん》で軽いばつで許された。

(6) ヨーロッパで第一次世界大戦が起こった時期を、年表中のX〜Zから選びましょう。

（　Z　）

**2** **次の文にあてはまる人物を、㋐〜㋗からそれぞれ選びましょう。**　1つ3点（24点）

(1)（　㋕　）赤痢菌《せきりきん》を発見し、その治療《ちりょう》法を確立した。
(2)（　㋖　）歌人の立場で戦争に疑問《ぎもん》を投げかけ、弟を思う詩を発表した。
(3)（　㋓　）日本海での戦いでロシア艦隊《かんたい》を破り、日本を勝利に導いた。
(4)（　㋒　）破傷風《はしょうふう》の治療法を発見し、若《わか》い医師たちを育てた。
(5)（　㋔　）へび毒の研究や黄熱病《おうねつびょう》の調査研究をした。
(6)（　㋐　）国際連盟《れんめい》の事務局次長を６年間務め、国際社会発展《はってん》のために力をつくした。
(7)（　㋑　）足尾《あしお》銅山の鉱毒《こうどく》問題で力をつくし、農民のために戦った。
(8)（　㋗　）新婦人協会《しんふじんきょうかい》を設立し、女性や母親の権利《けんり》を守ることをうったえた。

㋐ 新渡戸稲造《にとべいなぞう》　㋑ 田中正造《たなかしょうぞう》　㋒ 北里柴三郎《きたさとしばさぶろう》　㋓ 東郷平八郎《とうごうへいはちろう》
㋔ 野口英世《のぐちひでよ》　㋕ 志賀潔《しがきよし》　㋖ 与謝野晶子《よさのあきこ》　㋗ 平塚《ひらつか》らいてう《(ちょう)》





**3** **右のグラフを見て、次の問いに答えましょう。**　1つ3点（24点）

(1) 次の文は、グラフⒶとそれに関連する内容を説明しています。｛　｝の中の正しい言葉を◯で囲みましょう。

工場の数や働く人の数が年とともに①｛増えて・減って｝いる。また、1894年と1904年を境に大きくのびていることが分かる。1894年は②｛日清戦争・日露戦争｝が始まった年であり、1904年は③｛日清戦争・日露戦争｝が始まった年である。
日本は、19世紀末から20世紀初めにかけてアジアで最も④｛工業・農業｝のさかんな国になった。

Ⓐ
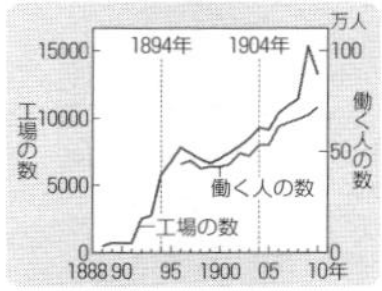

工業の発展

Ⓑ
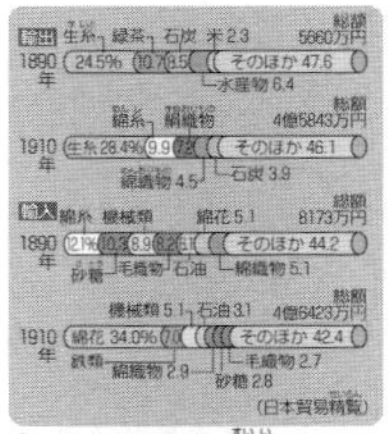

主要な貿易品目の推移《すいい》

(2) グラフⒷについて、1890年と1910年に共通して最も多い輸出品目を書きましょう。（　生糸　）

(3) グラフⒷについて、1890年と比べて1910年に大きく増えた輸入品目を書きましょう。（　綿花　）

(4) グラフⒷについて、(2)、(3)と関わりのある、この時代に大きく発展した工業を２つ書きましょう。

（順不同）（　製糸業　）（　紡績業　）

**4** **次の文とグラフを見て、あとの問いに答えましょう。**　1つ3点、(4)10点（22点）

日本は朝鮮（韓国）への進出をめぐって、中国《ちゅうごく》（清）やロシアと対立し、２つの戦争が起きた。この２つの戦争に勝利した日本は、ⓐ賠償金《ばいしょうきん》やⓑ植民地を得て、欧米諸国《おうべいしょこく》に日本の力を認《みと》めさせ、欧米の支配に苦しむアジアの国々を勇気づけた。

(1) 下線部ⓐについて、右のグラフから読み取れることとして正しいものを、㋐〜㋒から選びましょう。（　㋐　）

㋐ この戦争で、日本は歳入額《さいにゅうがく》の約３倍の賠償金を得た。
㋑ この戦争で、日本は歳入額の約半分を戦費として使った。
㋒ この戦争で、日本は清に賠償金として約３億円を支払《しはら》った。

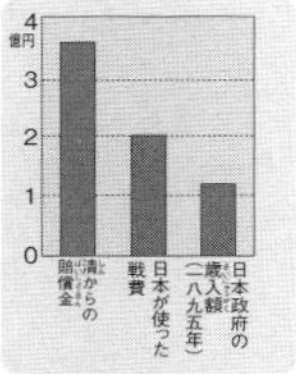

清から得た賠償金と戦費

(2) 下線部ⓑについて、中国（清）から得た領土を、［　］から選びましょう。（　台湾　）

朝鮮　樺太《からふと》（サハリン）　台湾《たいわん》　満州《まんしゅう》

(3) ロシアとの戦争で、日本がロシアから得たものを２つ書きましょう。

（樺太(サハリン)）の南部（　満州　）の鉄道

記述 (4) できたらスゴイ！ ロシアとの戦争で、日本国民の間に大きな不満が残りました。その理由を簡単《かんたん》に書きましょう。　思考・判断・表現

（（例）日本は多数の戦死者を出し、戦費負担にも苦しめられたのに、ロシアから得られたものが少なかったから。）

ふりかえり ❹(4)がわからないときは、80ページの❶にもどって確認《かくにん》してみよう。



この本の終わりにある「冬のチャレンジテスト」をやってみよう！

**記述問題のプラスワン**

**4** (4)「ロシアから得られたものが少なかった」は、「賠償金がなかった」でもいいです。日本国民は、ロシアから賠償金が得られることを期待しましたが、ロシアからの賠償金は得られず、国民は戦争の費用負担《ふたん》のための増税と物価高に苦しみました。

## 確かめのテスト　84〜85ページ

**1** (1)①日本人の乗客は、全員がなくなりました。
(2)日本国内で外国人が重大な罪をおかしても日本の法律《ほうりつ》・裁判所《さいばんしょ》でさばけない、外国からの輸入品にかける税金を自由に決める権利が認められていない、など日本にとって不利なものでした。
(5)①1910年から行った土地調査事業で、朝鮮人から土地を取り上げました。

**2** (2)与謝野晶子は「君死にたまふ《(う)》こと なかれ」で、戦争反対の気持ちを表しました。
(4)北里柴三郎は、1890年、ドイツ留学中に破傷風の治療法を発見しました。

**3** (1)工場の数や働く人の数の変化をグラフから読み取ります。工業の発展に戦争が関わっていることがわかります。1894年は日清戦争、1904年は日露戦争が起こった年です。
(4)製糸業や紡績業などの軽工業は、1880年代にさかんになりました。

**4** (1)㋑戦費は、歳入額の約２倍です。

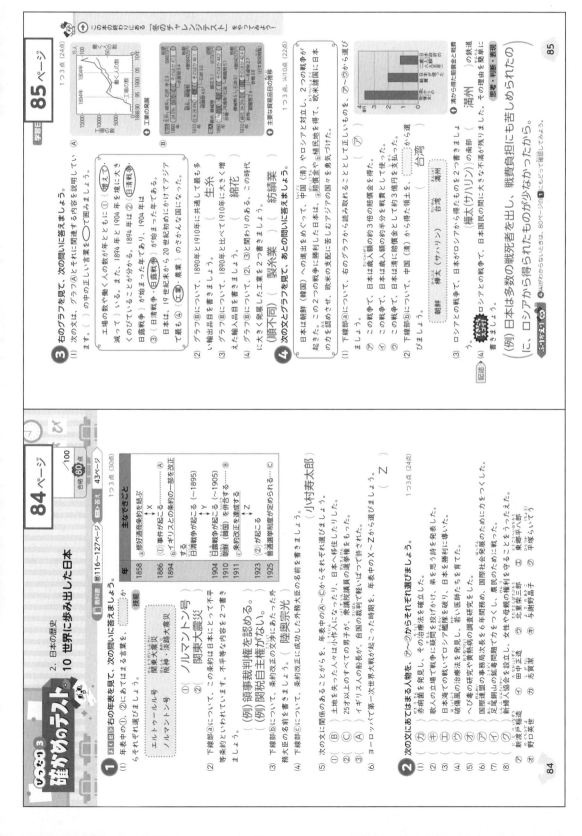

ぴったり1
# 準備

3分でまとめ

2. 日本の歴史

## 11 長く続いた戦争と人々のくらし①

学習日

86ページ

めあて
日中戦争や太平洋戦争にいたった過程を理解しよう。

教科書 歴128～133ページ　答え 44ページ

次の(　　)に入る言葉を、下から選びましょう。

### 1 世界文化遺産《いさん》の原爆《げんばく》ドーム／中国《ちゅうごく》との戦争が広がる　教科書 歴128～131ページ

**原爆ドーム**

- 1945（昭和《しょうわ》20）年８月６日、広島《ひろしま》に世界で最初の(① 原子爆弾 )が落とされた。
- まちはいっしゅんで破壊《はかい》され、多くの人々がなくなった。
- 原爆ドームは、(② 核兵器 )をなくし、世界平和を目指すちかいのシンボルとして保存《ほぞん》され、1996年に世界文化遺産に登録された。

現在の原爆ドーム

**中国との戦争**

- 昭和時代になると、世界中が(③ 不景気 )になり、日本でも生活に苦しむ人が増えた。
- 日本は中国に勢力をのばし、景気の回復をはかろうとした。
- (④ 満州 )（中国東北部《とうほく》）での日本の権利《けんり》や利益を守らなくてはならないという動きの中で、1931（昭和6）年、日本軍が中国軍を攻撃《こうげき》し、(⑤ 満州事変 )になった。
- 日本は、満州《まんしゅう》を満州国として独立させ、政治の実権《じっけん》をにぎったが、(⑥ 国際連盟 )がこれを認《みと》めなかったため、日本は国際連盟《れんめい》を脱退《だったい》し、国際的な孤立《こりつ》を深めた。
- 1937年、日本軍と中国軍がペキン（北京《べきん》）郊外《こうがい》でしょうとつし、(⑦ 日中戦争 )となった。

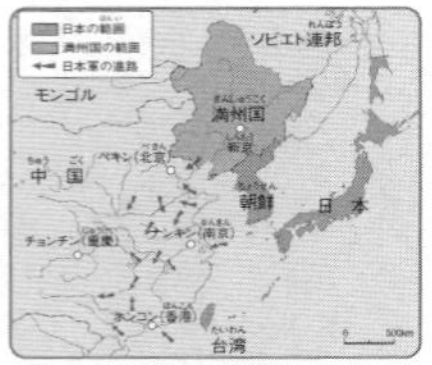


中国との戦争の広がり

### 2 戦争が世界に広がる　教科書 歴132～133ページ

**第二次世界大戦へ**

- ヨーロッパでは、(⑧ ヒトラー )が率いるドイツが周辺の国々を侵略《しんりゃく》し、1939年、イギリスやフランスなどと戦争になり、第二次世界大戦が始まった。
- 日本は、石油などの資源《しげん》を得るために東南アジアへと軍隊を進め、ドイツ・イタリアと軍事同盟《どうめい》を結び、イギリス・アメリカと激《はげ》しく対立した。
- 1941年、日本はハワイの(⑨ 真珠湾 )のアメリカ軍港やマレー半島のイギリス軍を攻撃して、(⑩ 太平洋戦争 )が始まった。
- 戦争は激しさを増していき、多くの男性が兵士として戦場に送られた。
- 日本が敗戦しても正しい情報は国民に知らされず、多くの国民が戦争に協力した。

| 選んだ言葉に✓ | | | | |
|---|---|---|---|---|
| □真珠湾《しんじゅわん》 | □国際連盟 | □日中戦争《にっちゅう》 | □ヒトラー | □満州事変《じへん》 |
| □原子爆弾《げんしばくだん》 | □核兵器《かくへいき》 | □不景気 | □満州 | □太平洋戦争《たいへいよう》 |



ぴったり2
# 練習

学習日

87ページ

ぴたトリビア
「赤紙《あかがみ》」とよばれた召集令状《しょうしゅうれいじょう》が届《とど》けられた国民は、兵士として戦地に行くことになりました。

教科書 歴128～133ページ　答え 44ページ

**1 次の文と地図を見て、あとの問いに答えましょう。**

昭和時代になると、世界中が(①)になり、日本は景気の回復をはかるために、中国に勢力をのばそうとした。そのような動きの中で、1931年に(②)が起こり、中国各地に戦争が広がっていった。

(1) 文中の①、②にあてはまる言葉を、[　]からそれぞれ選びましょう。

| | |
|---|---|
| 満州事変 | 好景気 |
| 日清戦争《にっしん》 | 不景気 |

①( 不景気 )　②( 満州事変 )

(2) (1)の②によって満州を占領《せんりょう》した日本は、そこに国を建てました。国の名前を書きましょう。また、その位置を、右の地図中の㋐～㋓から選びましょう。

国名( 満州国 )　位置( ㋐ )

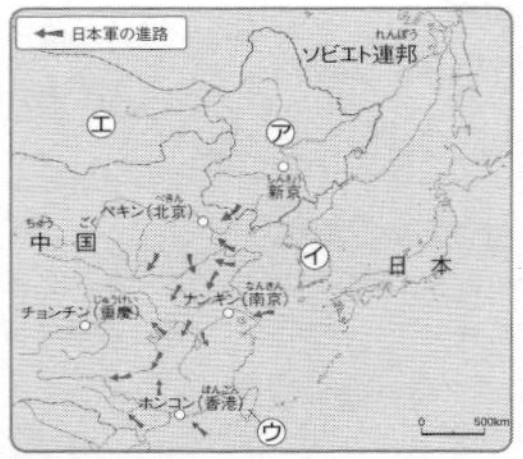


中国との戦争の広がり

(3) 国際連盟は、(2)の国の独立を認めませんでした。これに対して、日本はどのような行動をとりましたか。あてはまる言葉を書きましょう。

国際連盟を( 脱退 )した。

(4) (3)の後、1937年に日本軍と中国軍がペキン（北京）郊外で戦いを始めました。この戦いは中国各地に広がり、何という戦争に発展しましたか。

( 日中戦争 )

**2 右の年表を見て、次の問いに答えましょう。**

| 年 | 主なできごと |
|---|---|
| 1939 | ⓐ(①)がまわりの国を侵略する |
| 1940 | 日本が(①)、(②)と軍事同盟を結ぶ |
| 1941 | ハワイの(③)を攻撃<br>マレー半島のイギリス軍を攻撃<br>ⓑアメリカ、イギリスと戦争を始める |
| 1942 | ミッドウェー海戦敗北 |
| 1943 | ガダルカナル島撤退《てったい》 |
| 1944 | サイパン島の日本軍守備隊全滅《ぜんめつ》 |

(1) 年表中の①～③にあてはまる言葉を書きましょう。

①( ドイツ )
②( イタリア )
③(真珠湾(アメリカ軍港))

(2) 下線部ⓐについて、こうして始まった戦争を何といいますか。

( 第二次世界大戦 )

(3) 下線部ⓑについて、東南アジアや太平洋を戦場にして戦った、この戦争を何といいますか。

( 太平洋戦争 )

ヒント　1 (2) 中国の東北部に建てられました。



できたかな？
□日中戦争が始まるまでの流れを説明してみよう。
□太平洋戦争が始まるまでの流れを説明してみよう。

## 練習　87ページ

1 (1)①1929年10月に世界恐慌《きょうこう》が起こり、世界的に不景気になりました。

(2)満州は日本の「生命線」と考えられていました。満州国の実権は日本がにぎっていました。

(3)国際連盟を脱退した日本は、国際的な孤立を深めました。

(4)ペキン（北京）郊外で始まった戦いはシャンハイ（上海）にまで拡大《かくだい》し、日中戦争は長期化していきました。

2 (1)①、②日本は、日独伊《にちどくい》三国同盟を結び、アジア地域《ちいき》を支配しようとしました。

(2)ドイツのポーランド侵攻をきっかけに始まりました。

ぴったり1 準備

2. 日本の歴史

# 11 長く続いた戦争と人々のくらし②

学習日 **88ページ**

◎めあて 戦争中の人々の暮らしや空襲による被害、戦争終結までの動きを理解しよう。

教科書 歴134～139ページ 答え 45ページ

次の（　）に入る言葉を、下から選びましょう。

## 1 すべてが戦争のために／空襲《くうしゅう》で日本の都市が焼かれる

教科書 歴134～137ページ

**戦時中のくらし**

- 政府は人々を戦争に協力させるために、（① 戦時体制 ）を強めていった。非常時として、国民が一丸となって戦争に協力することが求められ、協力しないと厳《きび》しく取りしまられた。また、さまざまな情報が制限された。
- 小学生も学校で戦争の訓練を行った。
- 中学生くらいになると、（② 労働力不足 ）を補《おぎな》うために工場などで働くようになり、大学生も戦場で戦うようになった。
- 都市部の小学生は空襲をさけ、地方へ（③ 集団疎開 ）した。
- 戦争が長引くにつれ、食料や衣類などを国が管理する（④ 配給制 ）になった。

まちに立てられた看板《かんばん》

**空襲の被害《ひがい》**

- 1944年になると、アメリカ軍の飛行機による空襲が激《はげ》しくなり、軍事施設《しせつ》や工場だけでなく、住宅地《じゅうたくち》も被害にあった。
- （⑤ 焼夷弾 ）は、日本の木造の建物に大きな被害をあたえ、火災によって多くの人々の命がうばわれた。

国民みんなが戦争のために協力していたんだね。

## 2 原爆《げんばく》投下と戦争の終わり

教科書 歴138～139ページ

**沖縄戦《おきなわせん》**

- 1945（昭和《しょうわ》20）年3月以降《いこう》、沖縄はアメリカ軍の激しい攻撃《こうげき》を受けた。
- 一般《いっぱん》の市民や中学生くらいの生徒も戦争に動員された。
- 地上戦が始まると、（⑥ ひめゆり学徒隊 ）として女子生徒も陸軍病院に動員され、看護《かんご》にあたった。
- 県民60万人のうち12万人以上の人がぎせいになった。
- 戦いは6月23日まで続き、最後はアメリカ軍に占領《せんりょう》された。

玉音《ぎょくおん》放送を聞く人々
＊ラジオ放送で昭和天皇《しょうわてんのう》が終戦を伝えた

**日本の降伏《こうふく》**

- アメリカ軍は、1945年8月6日に広島《ひろしま》、9日に長崎《ながさき》に（⑦ 原子爆弾 ）を投下した。
- 8月8日、たがいに戦わないという条約を破り、（⑧ソビエト連邦(ソ連)）軍が満州《まんしゅう》にせめこみ、やがて樺太《からふと》南部、千島《ちしま》列島にもせめこんだ。
- （⑨ 8月15日 ）、日本はついに降伏し、15年にわたる戦争が終わった。
- 台湾《たいわん》と朝鮮《ちょうせん》の植民地支配も終わった。

選んだ言葉に☑

□焼夷弾《しょういだん》　□ひめゆり学徒隊　□8月15日　□原子爆弾《げんしばくだん》(原爆)
□戦時体制　□ソビエト連邦《れんぽう》(ソ連)　□労働力不足　□配給制　□集団疎開《そかい》



ぴったり2 練習

学習日 **89ページ**

ぴたトリビア
東京《とうきょう》への空襲は合計で100回以上におよび、なかでも1945年3月10日の東京大空襲の死傷者《ししょうしゃ》は約12万人といわれます。

教科書 歴134～139ページ 答え 45ページ

**1 右の写真を見て、次の問いに答えましょう。**

(1) 右の看板は、どのようなことを国民に求めた標語ですか。㋐～㋒から選びましょう。（ ㋑ ）

㋐ 外国の製品を積極的に買うこと。
㋑ 国民が一丸となって戦争に協力すること。
㋒ 親のいない子どもたちを助けること。

(2) 戦争が激しくなるにつれ、食料や衣類などの生活必需品《ひつじゅひん》が不足して、国が管理するようになりました。この制度を何といいますか。（ 配給制 ）

(3) このころ、学校生活はどのようになりましたか。次の文中の①～③にあてはまる言葉を、［　］からそれぞれ選びましょう。

（①）も学校で戦争の訓練をし、中学生は勉強のかわりに（②）で働き、大学生も（③）へかりだされた。

戦場　小学生　工場

①（ 小学生 ）②（ 工場 ）③（ 戦場 ）

(4) 都市部での空襲が激しくなってきたとき、小学生は学校ごとに地方へ避難《ひなん》しました。これを何といいますか。漢字4字で書きましょう。（ 集団疎開 ）

**2 右の写真を見て、次の問いに答えましょう。**

(1) Ⓐの写真について、アメリカ軍が上陸し、多くの住民を巻《ま》きこんだ地上戦が行われたのはどこですか。（ 沖縄(島) ）

(2) (1)での地上戦が始まって、多くの女子生徒が陸軍病院に動員されました。この女子生徒を何といいますか。（ ひめゆり学徒隊 ）

(3) Ⓑの写真について、新型爆弾《しんがたばくだん》が落とされた都市にある建物です。この爆弾の名前と投下された都市の名前を書きましょう。

爆弾名（原子爆弾(原爆)）
都市名（ 広島 ）

(4) (3)の3日後にはほかの都市に新型爆弾が落とされました。この都市の名前を書きましょう。（ 長崎 ）

Ⓐ

Ⓑ

ヒント
1 (2) 戦争を最優先《さいゆうせん》にしていたので、物不足が深刻《しんこく》だったことがわかります。
2 (2) 222人の女子生徒が動員され、その多くが命を落としました。



できたかな？
□戦争中の人々の暮らしを説明してみよう。
□空襲によって受けた被害を説明してみよう。
□戦争が終結するまでの動きを説明してみよう。

おうちのかたへ
戦争はアジア、太平洋地域に拡大され、全国の都市への空襲、原爆投下、ソ連参戦などを経て、日本の降伏となります。

## 練習 89ページ

1 (1)戦争中の国内では、国民全体を戦争に積極的に参加させる体制がとられました。
(2)軍需《ぐんじゅ》品の生産が優先されたので、生活必需品が不足していき、配給制がとられました。
(4)都市部の小学生は、空襲をさけるため、親元をはなれて地方のお寺や農村などへ集団で疎開しました。

2 (1)日本でゆいいつ沖縄だけが、地上戦の被害を受けました。
(2)県立第一高等女学校と沖縄師範《しはん》学校女子部の女子生徒が「ひめゆり学徒隊」として動員されました。
(3)、(4)広島は1945年8月6日に、長崎は8月9日に原子爆弾（原爆）の被害にあいました。

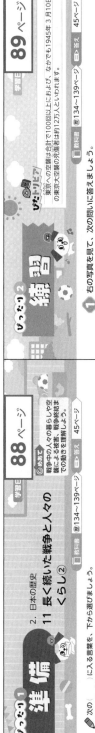

## 90ページ

ぴったり3 確かめのテスト

2. 日本の歴史

11 長く続いた戦争と人々のくらし

/100 合格80点

教科書 歴128～139ページ　答え 46ページ

**1** よく出る 右の年表を見て、次の問いに答えましょう。　1つ3点、(2)4点（25点）

(1) 年表中の①～③にあてはまる言葉を、［　］からそれぞれ選びましょう。　技能

太平洋《たいへいよう》戦争　日中《にっちゅう》戦争　原爆《げんばく》投下
満州事変《まんしゅうじへん》　日露《にちろ》戦争　大空襲《だいくうしゅう》

①（ 満州事変 ）②（ 日中戦争 ）③（ 太平洋戦争 ）

| 年 | 主なできごと |
|---|---|
| 1931 | （①）が起こる |
| 1932 | 満州が満州国《まんしゅうこく》として独立 |
| 1933 | 日本、ⓐ国際連盟に脱退を通告する |
| 1934 | 満州国に皇帝《こうてい》を就任《しゅうにん》させる |
| 1937 | （②）が始まる<br>日本、ナンキン（南京）を占領《せんりょう》 |
| 1939 | ⓑ第二次世界大戦が始まる |
| 1941 | ハワイのアメリカ軍、マレー半島のイギリス軍を攻撃《こうげき》<br>（③）が始まる |
| 1944 | 主要都市への空襲《くうしゅう》が激化《げきか》 |
| 1945 | ⓒ日本が降伏する |

記述 (2) 下線部ⓐについて、日本はなぜ国際連盟《れんめい》に脱退《だったい》を通告したのですか。簡単《かんたん》に書きましょう。

（(例) 国際連盟が満州国の独立を認めなかったから。）

(3) 下線部ⓑについて、この戦争が始まった原因を、㋐～㋓から選びましょう。（ ㋑ ）

㋐ イギリスがドイツとの貿易を制限したから。
㋑ ドイツがまわりの国々を侵略《しんりゃく》したから。
㋒ 中国《ちゅうごく》での権益《けんえき》をめぐって対立したから。
㋓ ロシアで起こった革命《かくめい》運動が拡大《かくだい》したから。

(4) 下線部ⓒについて、ラジオ放送で戦争の終結を伝えた人はだれですか。（ 昭和天皇 ）

(5) 下線部ⓒについて、日本の降伏《こうふく》によって植民地支配から解放された地域《ちいき》を２つ書きましょう。
(順不同)（ 朝鮮 ）（ 台湾 ）

**2** 右の地図を見て、①～⑤の文にあてはまる地域を、地図中の㋐～㋔からそれぞれ選びましょう。また、その地名も書きましょう。　1つ3点（30点）

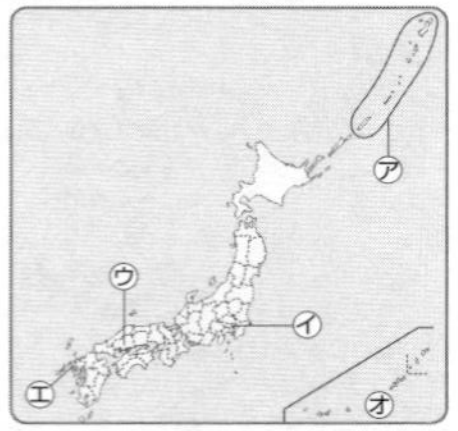


① アメリカ軍が上陸して、激《はげ》しい地上戦がくり広げられ、多くの人がぎせいとなった。（ ㋔ ）地名（ 沖縄 ）

② 1945年３月10日、死傷者《ししょうしゃ》12万人といわれる大きな空襲を受けた。（ ㋑ ）地名（ 東京 ）

③ 1945年８月９日、原子爆弾《げんしばくだん》が投下され、多くの人がなくなった。（ ㋓ ）地名（ 長崎 ）

④ ソ連軍がたがいに戦わないという条約を破り、日本の領土にせめこんできた。（ ㋐ ）地名（ 千島列島 ）

⑤ 1945年８月６日、アメリカ軍によって世界で最初の原子爆弾が投下され、いっしゅんにして多くの命がうばわれた。（ ㋒ ）地名（ 広島 ）

90

## 91ページ

学習日

**3** 次の写真を見て、あとの問いに答えましょう。　(1)1つ4点、(2)5点（25点）

Ⓐ

Ⓑ

Ⓒ

Ⓓ

Ⓔ

(1) 次の文は、戦争中の様子を表しています。文に関係のある写真を、Ⓐ～Ⓔからそれぞれ選びましょう。

①（ Ⓓ ）学校生活も軍隊式のものになり、戦争の訓練などもさかんに行われた。
②（ Ⓔ ）戦争が長引くにつれ、生活物資が不足して、米や野菜、衣類なども国が管理する配給制になってきた。
③（ Ⓑ ）男性は兵隊として戦場にかり出され、働き手が不足してきた。その労働力不足を補《おぎな》うために女子生徒も工場などで働いた。
④（ Ⓒ ）戦争への協力をよびかける看板《かんばん》が、まち中に置かれた。
⑤（ Ⓐ ）空襲が激《はげ》しくなり、都市部の小学生たちは、地方へ集団で疎開《そかい》した。

記述 (2) 政府が進めた戦時体制について、「国民」と「一丸」という言葉を使って、簡単に書きましょう。　思考・判断・表現

（(例) 非常時として、国民が一丸となって戦争に協力することを求めた。）

**4** 次の文を読んで、あとの問いに答えましょう。　1つ5点（20点）

1941年、日本軍はⓐハワイのアメリカ軍港やマレー半島のイギリス軍を攻撃して、ⓑ太平洋戦争が始まった。日本は初め勝利を続けていたが、しだいに敗戦を重ねることになった。多くの国民は、この戦争をⓒ「正しい戦争である」と信じて、協力した。

(1) 下線部ⓐについて、アメリカ軍港があった湾《わん》の名前を書きましょう。（ 真珠湾 ）

記述 (2) できたらスゴイ！ 下線部ⓑについて、この戦争で日本は何を獲得《かくとく》しようとしたのですか。

（(例)（東南アジアの）石油などの資源。）

(3) 下線部ⓑについて、国民を兵士として召集《しょうしゅう》するための令状《れいじょう》は何とよばれましたか。漢字２字で書きましょう。（ 赤紙 ）

記述 (4) 下線部ⓒについて、なぜ国民は政府を信じて、戦争に協力したのですか。「情報」という言葉を使って、簡単に書きましょう。　思考・判断・表現

（(例) 戦争の正しい情報が国民に知らされなかったから。）

ふりかえり ❸(2)がわからないときは、88ページの❶にもどって確認《かくにん》してみよう。

91

## 確かめのテスト　90～91ページ

❶ (1)①日本は中国東北《とうほく》部の満州に勢力をのばすことで、不景気を回復しようとしました。
(2)国際連盟は日本や満州、中国へ調査団を送り、その報告書をもとに日本軍の引きあげを求めました。
(3)ドイツは、1938年にオーストリアを併合《へいごう》、1939年にチェコスロバキアを解体し、ポーランドにも侵攻《しんこう》しました。

❷ ①沖縄では日本でゆいいつの地上戦がくり広げられました。

❸ (1)、(2)戦争中の人々の生活を問う問題です。生活のすべてが戦争のために制限されました。

❹ (1)1941年12月８日に日本軍が攻撃した場所です。
(2)イギリス、フランスがドイツとの戦争で勢いがなくなると、日本はこれらの植民地がある東南アジアに軍隊を進め、石油やゴムなどの資源を獲得しようとしました。

### 記述問題のプラスワン

❸ (2)問題文に「国民」「一丸」という語句を使用するという指定があるので、忘れずに解答に含《ふく》めましょう。

❹ (4)問題文に「情報」という語句を使用するという指定があるので、忘れずに解答に含めましょう。情報が制限され、日本国民は、この戦争はアジアを欧米諸国《おうべいしょこく》の植民地支配から解放するものと信じていました。

## 92ページ

ぴったり1 準備

2. 日本の歴史
## 12 新しい日本、平和な日本へ①

学習日

めあて 戦後に行われた改革や、日本の復興や国際社会への復帰を理解しよう。

教科書 歴142〜147ページ　答え 47ページ

次の(　　)に入る言葉を、下から選びましょう。

### 1 終戦直後の人々のくらし／民主主義による国を目指して　教科書 歴142〜145ページ

**終戦後の日本**

- 戦争は終わったが、(① 空襲 )で都市は破壊《はかい》され、田畑はあれ果ててしまった。
- 人々は家や家族を失い、食べ物や日常品にも不自由する生活をしていた。
- 戦争で親をなくして、孤児《こじ》になった子どももたくさんいた。
- 満州《まんしゅう》に移住していた人々の中には、日本に帰れず中国《ちゅうごく》に残された(② 中国残留孤児 )も多くいた。

**ワンポイント** 戦後改革《かいかく》

- 日本は、アメリカなどの(③ 連合国軍 )に占領《せんりょう》された。
- 日本政府は、連合国軍の指導により、民主主義国家として再出発するために**戦後改革**を行った。
- 選挙《せんきょ》制度…20才以上の男女に平等に選挙権《けん》が保障《ほしょう》された。
- 学校教育…小学校の６年間、中学校の３年間の９年間が(④ 義務教育 )とされ、子どもが教育を受ける権利が保障された。
- (⑤ 日本国憲法 )…1946（昭和《しょうわ》21）年11月３日に公布され、翌年《よくねん》５月３日から施行《しこう》された。国民主権《しゅけん》・基本的人権《じんけん》の尊重《そんちょう》・平和主義が三つの原則とされた。

初めて投票する女性

### 2 再び世界の中へ　教科書 歴146〜147ページ

**主権の回復**

- 第二次世界大戦後、国際社会の平和を守るため(⑥ 国際連合 )がつくられた。
- 米ソ対立の中、朝鮮《ちょうせん》は韓国《かんこく》と北朝鮮《きたちょうせん》に分かれ、1950（昭和25）年に朝鮮戦争が起こった。
- 1951年、アメリカのサンフランシスコで開かれた講和会議で48か国と(⑦ 平和条約 )を結び、同時にアメリカと安全保障条約を結んだ。翌年、日本は主権を回復した。
- 1956年、日本の**国際連合**への加盟《かめい》が認《みと》められ、再び国際社会に復帰した。

**産業の発展《はってん》**

- 国際社会に復帰した日本は、産業を急速に発展させた。
- 1950年代後半、人々の生活も豊かになり、「(⑧ 三種の神器 )」とよばれた、白黒テレビや電気冷蔵庫《れいぞうこ》、電気洗濯機《せんたくき》などの電化製品が広まった。
- 中学校を卒業後、都会の工場などに集団就職《しゅうしょく》する若者《わかもの》は「金《きん》の卵《たまご》」といわれた。

選んだ言葉に✓
□国際連合　□平和条約　□三種《さんしゅ》の神器《じんぎ》　□義務教育
□空襲《くうしゅう》　□連合国軍　□日本国憲法《けんぽう》　□中国残留孤児



## 93ページ

ぴったり2 練習

学習日

ぴたトリビア 二度と戦争をしないことをちかって軍隊を解散し、小作《こさく》農家が自分の土地をもつ（農地改革）などの戦後改革が行われました。

教科書 歴142〜147ページ　答え 47ページ

**1 次の会話文を読んで、あとの問いに答えましょう。**

(①)に ⓐ選挙権が保障された初めての選挙は、1946 年４月に行われたんだ。このとき(①)の国会議員が 39 名選ばれたそうだよ。

教育の目標や ⓑ制度が大きく変わったんだ。(②)の考えにもとづき、平和な国や社会をつくる国民を育てるための教育の目標が立てられたんだね。

(1) 会話文中の①、②にあてはまる言葉を、[　　]からそれぞれ選びましょう。

天皇　女性　憲法

①( 女性 )　②( 憲法 )

(2) 下線部ⓐについて、このとき選挙制度はどのように変わりましたか。㋐〜㋒から選びましょう。　( ㋑ )
㋐ 18才以上の男性に平等に選挙権が保障された。
㋑ 20才以上の男女に平等に選挙権が保障された。
㋒ 25才以上の男女で、一定の税金を納《おさ》めた者に選挙権が保障された。

(3) 下線部ⓑについて、学校教育はどのように変わりましたか。正しくないものを、㋐〜㋓から選びましょう。　( ㋓ )
㋐ 子どもが教育を受ける権利が保障された。
㋑ 小・中学校の９年間が義務教育になった。
㋒ 男女共学が法律《ほうりつ》で定められた。
㋓ 年齢《ねんれい》に関係なく大学に入学できるようになった。

**2 次の文を読んで、{ }の中の正しい言葉を、◯で囲みましょう。**

(1) 第二次世界大戦後、国際社会の平和を守るため、{ 国際連盟《れんめい》・(国際連合) }がつくられた。
(2) 朝鮮は、アメリカが支援《しえん》する韓国と、ソ連《れん》が支援する北朝鮮に分かれて対立し、1950年、{ 太平洋《たいへいよう》戦争・(朝鮮戦争) }が起こった。
(3) 日本は、アメリカの{ ワシントン・(サンフランシスコ) }で開かれた講和会議で、48か国と平和条約を結び、翌年主権を回復した。
(4) (3)の平和条約を結ぶと同時に、日本は{ ソ連・(アメリカ) }と安全保障条約を結んだ。
(5) 1950年代後半、人々の生活は豊かになっていき、{ ３Ｃ《シー》・(三種の神器) }とよばれた、白黒テレビ、電気冷蔵庫、電気洗濯機などの電化製品が広まった。

ヒント 1 (2) 戦争後は、男女平等とされる世の中になりました。



できたかな？
□戦後に行われた改革を説明してみよう。
□日本の復興や国際社会への復帰を説明してみよう。

## 練習　93ページ

**1** (1)①戦前は、女性には参政権《さんせいけん》がありませんでした。
(2)㋑2016年には、選挙権の年令が20才以上から18才以上に引き下げられました。

**2** (1)国際連合は1945年に発足しました。国際連盟《れんめい》は、第一次世界大戦後の1920年に設立された、平和を守るための機関です。
(2)朝鮮戦争は、1953年に休戦協定が調印されました。
(3)このとき中国、ソ連などとは平和条約を結ぶことができませんでした。
(4)安全保障条約を結んだあとも、アメリカ軍は引き続き、日本に駐留《ちゅうりゅう》しました。
(5)「３C」は、カー（乗用車）、クーラー、カラーテレビで、1960年代以降70年代にかけて広まりました。

ぴったり1 **準備**

2．日本の歴史

## 12 新しい日本、平和な日本へ②



めあて 高度経済成長期の生活の変化や、世界や日本の今後の課題を理解しよう。

教科書 歴148〜153ページ　答え 48ページ

次の（　　）に入る言葉を、下から選びましょう。

### 1 高度経済《けいざい》成長の中の東京《とうきょう》オリンピック・パラリンピック

教科書 歴148〜149ページ

**東京オリンピック・パラリンピック**

- アジアで初めての**東京オリンピック**が、1964(昭和《しょうわ》39）年に開かれた。
- 開催《かんさい》に向けて、（① 高速道路 ）や地下鉄が新たにつくられた。東海道《とうかいどう》（② 新幹線 ）が、東京・大阪《おおさか》間につくられた。
- 同年、第２回**パラリンピック**が東京で開かれた。
- 日本の復興《ふっこう》を世界に伝え、世界からも認《みと》められた。

東京オリンピックの開会式の様子(1964年)

**経済の発展《はってん》**

- 1960年、政府は（③ 国民所得倍増計画 ）を発表し、産業を急速に発展させた。
- 重化学コンビナートがつくられ港が整備された。貿易の拡大《かくだい》、輸出の増加にも力を入れた。
- 1968年、（④ 国民総生産 ）額がアメリカに次いで、世界第２位になった。
- 1960年代以降、国民の生活も豊かになり、三種《さんしゅ》の神器《じんぎ》にかわり、カー（車)、クーラー、カラーテレビの（⑤ 3C ）が、多くの家庭に広まった。
- 産業の発展の一方で、水や空気が汚染《おせん》され、公害などの環境《かんきょう》問題を生んだ。

### 2 変化の中の日本／これからの日本を考えよう

教科書 歴150〜153ページ

**変化する日本**

- 世界は、アメリカ側とソ連《れん》側で対立していたが、1989年、大きな対立は終わった。
- しかし、世界各地で紛争《ふんそう》が起こるようになり、国際連合を中心に、解決に向けてさまざまな努力がなされている。
- 日本は、1980年代後半から（⑥ バブル経済 ）となったが、1991年に崩壊《ほうかい》し、その後、長く不景気が続いた。
- 平成《へいせい》時代に入り、1995年に阪神《はんしん》・淡路大震災《あわじだいしんさい》、2011年に（⑦ 東日本大震災 ）という自然災害が発生し、大きな被害《ひがい》をもたらした。
- 被災地《ひさいち》には、たくさんの（⑧ ボランティア ）が支援《しえん》のために集まり、人々を支えた。

**日本とまわりの国がかかえる問題**

- ロシア連邦《れんぽう》…日本固有の領土である（⑨ 北方領土 ）の返還《へんかん》問題が残されている。
- 韓国《かんこく》…1954年から、日本固有の領土である竹島《たけしま》を不法に占領《せんりょう》している。
- 北朝鮮《きたちょうせん》…日本人を連れ去った（⑩ 拉致問題 ）や核兵器《かくへいき》の問題が残されている。
- 中国《ちゅうごく》…日本固有の領土である尖閣諸島《せんかくしょとう》の領有を主張している。

選んだ言葉に☑　□バブル経済　□国民総生産　□北方領土《ほっぽうりょうど》　□東日本《ひがしにほん》大震災　□国民所得倍増計画　□高速道路　□新幹線　□拉致《らち》問題　□ボランティア　□3C《シー》



ぴったり2 **練習**



ぴたトリビア　1970年には大阪府で日本万国博覧会が開かれ、6400万人以上の人が来場しました。

教科書 歴148〜153ページ　答え 48ページ

**1 右の写真を見て、次の問いに答えましょう。**

(1) 写真Ⓐは、1964年にアジアで初めて開催されたスポーツの祭典《さいてん》の開会式の様子です。この祭典の名前を書きましょう。

（(東京)オリンピック）

(2) (1)に向けて、東京－大阪間で開通した高速鉄道を何といいますか。

（(東海道)新幹線）

Ⓐ

Ⓑ

(3) 写真Ⓑは、コンビナートの工場群です。1960年代から70年代にかけての日本の社会の変化に関する次の①〜⑤の説明のうち、正しいものには○を、まちがっているものには×をつけましょう。

①（ × ）日本は、国際連合への加盟《かめい》が認められて、再び国際社会に復帰した。

②（ ○ ）政府は、国民所得倍増計画を発表し、産業を急速に発展させる政策《せいさく》を進めた。

③（ ○ ）政府は貿易の拡大、輸出の増加を進め、国民総生産額がアメリカに次いで世界第２位になった。

④（ × ）家庭では、「三種の神器」とよばれた、白黒テレビ、電気冷蔵庫《れいぞうこ》、電気洗濯機《せんたくき》などの電化製品が広まった。

⑤（ ○ ）国民生活が豊かになり、３Ｃ（カー、クーラー、カラーテレビ）が多くの家庭に広まった。

**2 右の年表を見て、次の問いに答えましょう。**

| 年 | 主なできごと |
| --- | --- |
| 1980年代後半 | バブル経済が始まる |
| 1989 | （①）の対立が終わる<br>元号が（②）から平成《へいせい》になる |
| 1991 | ⓐバブル経済が崩壊する |
| 1995 | ⓑ阪神・淡路大震災が起こる |
| 2011 | ⓒ東日本大震災が起こる |

(1) 年表中の①、②にあてはまる言葉を、［　］からそれぞれ選びましょう。

［米ソ　日米　令和《れいわ》　昭和］

①（ 米ソ ）②（ 昭和 ）

(2) 下線部ⓐの後、日本の経済はどうなりましたか。簡単《かんたん》に書きましょう。

（(例)不景気が長く続いた。）

(3) 下線部ⓑ、ⓒについて、被災地に支援のために集まった人たちを何といいますか。カタカナで書きましょう。

（ ボランティア ）

ヒント　1 (2) 外国から来る選手や観客をむかえるために、交通機関が整備されました。



## 練習　95ページ

**1** (1)10月の第18回オリンピックに続き、11月には第２回パラリンピックが開かれました。

(2)東海道新幹線の開業当初は約４時間で東京－大阪間を結んでいました。現在は、約２時間30分で行き来できます。

(3)①日本が国際連合への加盟を認められたのは1956年です。

④「三種の神器」とよばれた白黒テレビ、電気冷蔵庫、電気洗濯機などの電化製品が広まったのは1950年代後半です。

**2** (2)平成不況《ふきょう》といわれ、失業者が多くなりました。

(3)2011年の東日本大震災後、被災地には日本だけにとどまらず外国からも多くのボランティアが支援のために集まり、たき出しやがれきの撤去《てっきょ》などを行い、人々を支えました。

**できたかな？**

□高度経済成長期の生活の変化を説明してみよう。

□今後の世界や日本の課題を説明してみよう。

**おうちのかたへ**

戦後の日本の社会の変化について、学習したことをふり返りながらおさえておくとよいです。また、これからの日本にどのような課題があるかについて考えることが大切です。

ぴったり3

# 確かめのテスト。

2. 日本の歴史
## 12 新しい日本、平和な日本へ

96ページ

/100 合格80点

教科書 歴142～153ページ　答え 49ページ

**1** よく出る 右の年表を見て、次の問いに答えましょう。　1つ3点、(2)5点（35点）

(1) 年表中の①～⑤にあてはまる言葉を、□からそれぞれ選びましょう。

平和条約　沖縄《おきなわ》　日本国憲法《けんぽう》　国際連合　安全保障《ほしょう》条約

①（日本国憲法）②（平和条約）
③（安全保障条約）④（国際連合）
⑤（沖縄）

| 年 | 主なできごと |
|---|---|
| 1945 | 日本が降伏《こうふく》する<br>ⓐ選挙《せんきょ》法が改正される |
| 1946 | （①）が公布される |
| 1947 | （①）が施行《しこう》される |
| 1950 | ⓑ朝鮮《ちょうせん》戦争が起こる |
| 1951 | ⓒ講和会議で（②）を結ぶ<br>アメリカと（③）を結ぶ |
| 1956 | 日本が（④）に加盟《かめい》する |
| 1964 | ⓓ東京オリンピック開催《かいさい》 |
| 1972 | （⑤）が日本に復帰する |
| 1989 | 元号が昭和《しょうわ》から平成《へいせい》に変わる |
| 1995 | 阪神《はんしん》・淡路大震災《あわじだいしんさい》が起こる |
| 2011 | 東日本大震災《ひがしにほんだいしんさい》が起こる |

記述 (2) 下線部ⓐについて、改正された内容を、簡単《かんたん》に書きましょう。　思考・判断・表現

（(例)(20才以上の)男女に平等に選挙権が保障された。）

(3) 下線部ⓑについて、朝鮮が南北に分断されてできた2国を書きましょう。

(順不同)（韓国）（北朝鮮）

(4) 下線部ⓒについて、講和会議はどこで行われましたか。国名と都市名を書きましょう。

国名（アメリカ）都市名（サンフランシスコ）

(5) 下線部ⓓについて、オリンピックに向けて、高速道路や地下鉄が新たにつくられました。このとき、東京《とうきょう》と大阪《おおさか》の間に開通したものを書きましょう。（(東海道)新幹線）

**2** 戦後の日本について、次の問いに答えましょう。　1つ3点（24点）

(1) 日本が民主主義国家として再出発するため、連合国軍の指導のもと行われたさまざまな改《かい》革《かく》を何といいますか。（戦後改革）

(2) 右の年表は、(1)として行われたできごとを表しています。①～④の文にかかわるできごとを、年表中のⒶ～Ⓓからそれぞれ選びましょう。

①（Ⓑ）小作《こさく》農家も自分の農地をもてるようになった。
②（Ⓓ）小学校6年間、中学校3年間の計9年間が義務教育になった。
③（Ⓐ）二度と戦争をしないために行った。
④（Ⓒ）天皇《てんのう》から国民へ、主権《しゅけん》が変わった。

| 年 | 月 | 主なできごと |
|---|---|---|
| 1945 | 9 | 軍隊を解散……………Ⓐ |
| | 10 | 連合国軍が民主化を指示 |
| | 11 | 政党《せいとう》を復活 |
| | 12 | 女性の参政権《さんせいけん》を認《みと》める<br>労働者の権利《けんり》を保障<br>農地改革が始まる………Ⓑ |
| 1946 | 11 | 新しい憲法《けんぽう》を公布………Ⓒ |
| 1947 | 3 | 教育制度が変わる………Ⓓ |
| | 5 | 新しい憲法を施行 |

(3) Ⓒについて、この憲法の3つの原則を書きましょう。（国民主権）（基本的人権の尊重）（平和主義）
(順不同)



学習日

97ページ

**3** 右のグラフと写真を見て、次の問いに答えましょう。　1つ3点、(4)5点（17点）

(1) グラフ中の①、②にあてはまる電化製品の名前を書きましょう。①（電気冷蔵庫）
②（カラーテレビ）

(2) 1950年代後半、白黒テレビ、電気洗濯機《せんたくき》、(1)の①の電化製品が広まりました。3つの電化製品を何といいましたか。

（三種の神器）

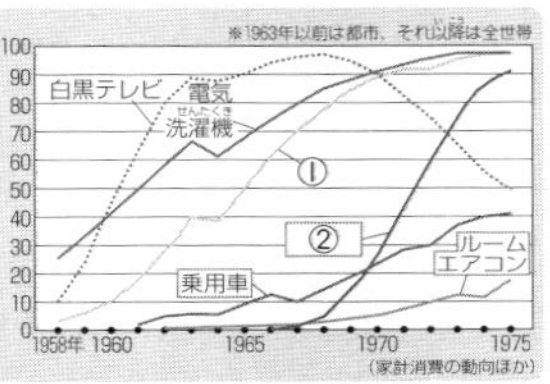


電化製品のふきゅうの様子

(3) 1968年に起こったできごとを、㋐～㋒から選びましょう。（㋒）

㋐ 政府が国民所得倍増計画を発表した。
㋑ 個人所得が戦前水準に回復した。
㋒ 国民総生産額が世界第2位になった。

記述 (4) 右の写真は、コンビナートの工場群です。政府は産業を急速に発展《はってん》させる政策《せいさく》を進めましたが、一方で大きな問題もかかえました。その問題を簡単《かんたん》に書きましょう。　思考・判断・表現

（(例)水や空気が汚染され、公害などの環境問題が生じた。）

**4** 次の文を読んで、あとの問いに答えましょう。　1つ3点（24点）

Ⓐ 1965年に朝鮮半島を代表する政府として条約を結び、国交を正常化して友好を深めている。一方、日本固有の領土である（①）を不法に占領《せんりょう》している。
Ⓑ 1972年に国交が正常化され、1978年には平和友好条約を結んだ。一方、日本固有の領土である（②）の領有を主張しているが、ここは日本が有効に支配している。
Ⓒ 1956年に国交を回復し、交流が続いている。一方、日本固有の領土である（③）の返《へん》還《かん》問題が残されている。
Ⓓ いまだ国交はなく、2002年に初の首脳《しゅのう》会談が開かれた。日本人を無理やり連れ去った（④）問題や核兵器《かくへいき》の開発などの多くの問題が残されている。

(1) Ⓐ～Ⓓにあてはまる国を、□からそれぞれ選びましょう。　技能

ロシア連邦《れんぽう》　韓国《かんこく》　中国《ちゅうごく》　北朝鮮《きたちょうせん》　台湾《たいわん》

Ⓐ（韓国）Ⓑ（中国）
Ⓒ（ロシア連邦）Ⓓ（北朝鮮）

(2) 文中の①～④にあてはまる言葉を、□からそれぞれ選びましょう。　技能

尖閣諸島《せんかくしょとう》　北方領土《ほっぽうりょうど》　拉致《らち》　竹島《たけしま》

①（竹島）②（尖閣諸島）
③（北方領土）④（拉致）

ふりかえり **3**(4)がわからないときは、94ページの**1**にもどって確認《かくにん》してみよう。



## 確かめのテスト　96～97ページ

**1** (1)①現在、11月3日は「文化の日」、5月3日は「憲法記念日」として、国民の祝日になっています。
④国際連合は、1945年、51か国が参加して発足しました。
(3)正式な国名は、大韓民国《だいかんみんこく》、朝鮮民《ちょうせんみん》主主義人民共和国《しゅしゅぎじんみんきょうわこく》です。
(4)日本は、吉田茂《よしだしげる》が首席全権《しゅせきぜんけん》として平和条約に調印しました。

**2** (2)①Ⓑの農地改革によって、自作地が約90%となり、日本の農業は、自作農中心となりました。

**3** (1)、(2)三種の神器のうち、電気洗濯機と電気冷蔵庫《れいぞうこ》のふきゅうは、女性の社会進出をうながしたといわれています。
(3)㋐は1960年、㋑は1956年に起こったできごとです。
(4)四大公害病などの発生を受けて、1967年に公害対策《たいさく》基本法が制定されました。

**4** (1)Ⓒ国交を回復した当時の国名はソビエト連邦でした。
(2)③北方領土とは、国後島《くなしりとう》、択捉島《えとろふとう》、色丹島《しこたんとう》、歯舞群島《はぼまいぐんとう》の4つの島をいいます。

**記述問題のプラスワン**

**1** (2)1946年4月、選挙法改正後初めて衆議院《しゅうぎいん》議員総選挙が行われました。この選挙では、初めて女性に選挙権《せんきょけん》が保障されるとともに、女性の国会議員が39名選ばれました。

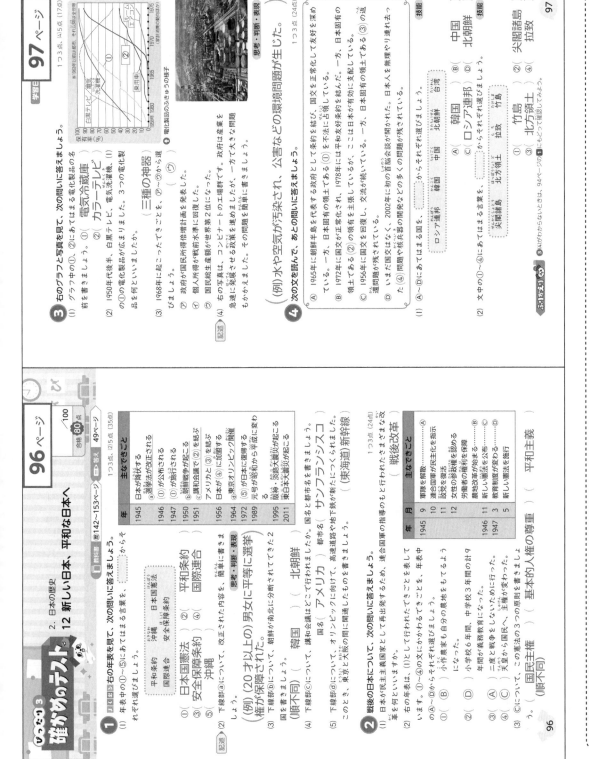

3．世界の中の日本

## 1 日本とつながりの深い国々①

学習日

ⓒめあて 日本とのつながりのある国、アメリカの社会や生活について理解しよう。

教科書 政60～71ページ　答え 50ページ

次の（　　）に入る言葉を、下から選びましょう。

### 1 人類共通の願い／日本と関係の深い国を探《さが》そう／調べる国を決めよう　教科書 政60～65ページ

**国際社会とのかかわり方**

- 国と国との紛争《ふんそう》や環境《かんきょう》（① 汚染 ）、限りある資源《しげん》、飢《う》えや貧困《ひんこん》など、多くの問題をかかえる国際社会において、日本のわたしたちが果たすべき役割《やくわり》を考える必要がある。

**日本と関係の深い四つの国**

- （② アメリカ合衆国 ）…日本が自動車や精密《せいみつ》機械を多く輸出。幕末《ばくまつ》にはペリーが来航。日本人の野球選手がメジャーリーグで活やく。
- （③ フランス ）…多くの観光客が来日。ゴッホの絵に江戸《えど》時代の浮世絵《うきよえ》がえがかれている。明治《めいじ》時代に広まった横浜《よこはま》のガス灯《とう》はフランスから伝来。
- （④ 中華人民共和国（中国） ）…人口の多い中国市場に日本の企業《きぎょう》が進出。古くは遣隋使《けんずいし》や遣唐使《けんとうし》により文化が伝来。横浜や神戸《こうべ》に「中華街《ちゅうかがい》」。
- （⑤ ブラジル ）…日本は鳥肉を多く輸入。日本人の移民、日系《にっけい》人が多い。多くの日本の企業が進出。

| | アメリカ合衆国 | 中華人民共和国 | フランス | ブラジル |
|---|---|---|---|---|
| 国旗 | | | | |
| 首都 | ワシントンD.C. | （⑥ ペキン ） | パリ | （⑦ブラジリア） |
| 面積 | 約983万km² | 約960万km² | 約55万km² | 約852万km² |
| 人口 | 約3億3800万人（2022年） | 約14億2600万人（2022年） | 約6500万人（2022年） | 約2億1500万人（2022年） |
| 主な言語 | 英語 | 中国語 | フランス語 | ポルトガル語 |

### 2 アメリカの学校の様子／人々の生活と年中行事／広い国土を生かした産業と多文化社会　教科書 政66～71ページ

**アメリカの学校**

- 幼稚園《ようちえん》から高等学校までが義務教育で、教科書や授業料は（⑧ 無償 ）。移民や先住民などいろいろな民族や文化のちがう子どもが学んでいる。ディベートの授業がさかん。

**人々の生活や年中行事**

- ハロウィン・感謝祭・クリスマスといった行事は、家族や親せきが集まって祝う。
- アメリカで生まれたジーンズやハンバーガーは世界中に広まっている。
- （⑨ グローバル化 ）が進んでおり、世界の政治や経済《けいざい》にあたえるえいきょうは大きい。

**産業と多文化社会**

- 広い土地を生かし、大型機械を使った（⑩ 農業 ）で、小麦や大豆を世界に輸出。
- 外国から異《こと》なる文化をもった人々が集まる**多文化社会**になっている。

選んだ言葉に✓　□グローバル化　□ペキン　□アメリカ合衆国　□ブラジル　□農業　□ブラジリア　□汚染《おせん》　□中華人民共和国（中国）　□フランス　□無償《むしょう》





学習日

ぴたトリビア　日本は、中国、アメリカ、ドイツ、オランダに次ぐ世界第5位の貿易額（輸出入額）です（2021年）。

教科書 政60～71ページ　答え 50ページ

**1 次の問いに答えましょう。**

(1) 右の表は、日本人が多く住む海外の国を表したものです。1位のアメリカと、2位の中国の首都をそれぞれ書きましょう。

アメリカ（ ワシントン D.C. ）
中国（ ペキン ）

（2021年　外務省資料）

| 順位 | 国名 | 人数 |
|---|---|---|
| 1 | アメリカ合衆国 | 42万9889人 |
| 2 | 中華人民共和国 | 10万7715人 |
| 3 | オーストラリア | 9万3451人 |
| 4 | タイ | 8万2574人 |
| 5 | カナダ | 7万892人 |

(2) ①～④の文を読んで、日本とつながりの深い国の名前を答えましょう。

① 多くの観光客が日本に来ている。また、パリでえがかれたゴッホの絵には江戸時代の浮世絵がえがかれている。（ フランス ）

② 日本の輸出相手国第2位（2020年）の国で、幕末にはこの国からペリーがやってきて、長く続いた日本の鎖国《さこく》の状態が終わった。（アメリカ合衆国）（ アメリカ ）

③ 日本人の移民、日系人が多く住んでおり、多くの日本の企業が進出している。また、日本はこの国から鳥肉を多く輸入している。（ ブラジル ）

④ 古くから遣隋使や遣唐使によってこの国の文化が伝わった。また、横浜や神戸には「中華街」とよばれる観光スポットがある。（中華人民共和国）（ 中国 ）

**2 アメリカに関する①～④の言葉の説明として正しいものを、それぞれ線で結びましょう。**

① グローバル化
② 広大な国土と産業
③ 多文化社会
④ 学校と生活

㋐大型機械を使った農業で小麦や大豆などがつくられ、宇宙《うちゅう》開発の研究やコンピューター産業などがさかんだね。
㋑幼稚園から高等学校までが義務教育だよ。スピーチやディベートの授業が日本より多く、飛び級もあるよ。
㋒アメリカの映画《えいが》や音楽が世界で楽しまれるなど、アメリカの動きが世界の経済などにえいきょうをあたえるよ。
㋓異なる文化をもった人々が集まっていて、ロサンゼルスにはチャイナタウンやリトルトーキョーがあるよ。

ヒント　1 (1) アメリカ合衆国の首都は、ニューヨークではありません。
2 ① 最近では、ハロウィンが日本でも親しまれています。



**できたかな？**

□日本と関係の深い四つの国について、国ごとに特《とく》ちょうを説明してみよう。
□アメリカと日本の関係や、アメリカと日本で同じこと、ちがっていることをまとめてみよう。

**おうちのかたへ**

日本と関係の深いほかの国々についても、首都、言語、面積、人口の規模などについて、調べる機会をつくるとよいです。

## 練習 99ページ

**1** (2)①パリはフランスの首都です。

②幕末にはアメリカ合衆国の使者であるペリーが軍艦《ぐんかん》を率いてやってきて、日本は国交を開きました。

③南半球にあるブラジルは、世界第5位の広大な面積の国です。

④日本の企業は、人口の多い中国の市場に数多く進出しています。また、日本の輸出・輸入とともに相手国第1位は中国です（2021年）。

**2** ①国境をこえて、人、物、情報が結びついて、えいきょうをあたえることをグローバル化といいます。

③さまざまな国や民族の文化がともにある社会のことを多文化社会といいます。

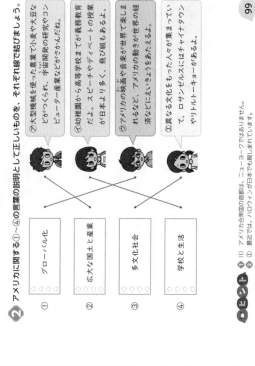

# ぴったり1 準備　100ページ

3. 世界の中の日本
1 日本とつながりの深い国々②

学習日

めあて：中国とフランスの社会や生活について理解しよう。

教科書 政72〜83ページ　答え 51ページ

次の(　　)に入る言葉を、下から選びましょう。

## 1 中国《ちゅうごく》の人々の生活と学校の様子／中国の伝統的な文化／経済《けいざい》が発展《はってん》した中国と人々の生活　教科書 政72〜77ページ

**中国の小学校と人々の生活**
- 1年生から900字以上の(① 漢字 )を覚える。
- 2016年まで行われていた(② 一人っ子政策 )のえいきょうで、きょうだいのいない子どもが多く、少子高齢化《しょうしこうれいか》が進んでいる。

中国の位置

**中国の文化や行事**
- 50以上の民族がいて、服装《ふくそう》、言語、習慣などがちがう。主な民族は漢族（漢民族）で、いっぱんに「中国語」は漢語をさす。
- 伝統的な行事…(③ 春節 )は日本のお正月にあたる。
- 中華《ちゅうか》料理…地域《ちいき》により味付けや料理の方法がちがう。

**中国から伝わったもの**
お茶、毛筆書写と漢字、シューマイ、ギョーザ、漢方薬《かんぽうやく》 など

**経済発展した中国**
- 日本の重要な貿易相手国。ペキンではオリンピック・パラリンピックが2回開かれた。
- 税金や貿易で優遇《ゆうぐう》されている(④ 経済特区 )を中心に、多くの海外の企業《きぎょう》が進出している。シェンチェンは最先端《さいせんたん》技術を取り入れたIT特区《アイティーとっく》ともいわれる。

## 2 フランスの学校の様子／フランスの人々の生活の様子／農業と観光業がさかんなフランス　教科書 政78〜83ページ

**フランスの学校**
- 学年の終わりには学校のお祭り(⑤ ケルメス )がある。
- 柔道《じゅうどう》、フェンシング、バレエなどの習い事がさかんである。
- フランスには、ビズというおたがいのほほにキスをするあいさつがある。また、鼻をすすることはマナーに反するとされている。

フランスの位置

**フランスの人々の生活**
- パリは、地下鉄、バスなど交通が発達し、(⑥ マルシェ )とよばれる市場や(⑦ ブロカント )とよばれる古道具市がある。
- 公共の場では特定の宗教《しゅうきょう》を表に出さないかわりに、信仰《しんこう》の自由などが保障《ほしょう》されてきたが、移民が増えて、そのような原則になじめない人も多くなり、社会問題になっている。

**フランスの農業と観光業**
- 農業がさかんで、食料自給率が高い。バター、チーズ、ワインなどは輸出もさかんである。
- TGV《テジェベ》という日本の新幹線のような高速列車で各地に行くことができる。
- 観光業がさかんで、(⑧ ルーブル美術館 )などの美術館や博物館に世界中から人々が観光に訪《おとず》れている。

選んだ言葉に☑
□経済特区　□ブロカント　□ルーブル美術館　□春節《しゅんせつ》
□ケルメス　□一人っ子政策《せいさく》　□マルシェ　□漢字



# ぴったり2 練習　101ページ

学習日

ぴたトリビア：中国でも食事のときにはしを使いますが、中国のはしは、日本のはしよりも長くて太いです。

教科書 政72〜83ページ　答え 51ページ

**1 中国について、次の問いに答えましょう。**

(1) 中国の正式な国名を書きましょう。（ 中華人民共和国 ）

(2) 中国には50以上の民族がいます。右のグラフ中の(　)にあてはまる民族名を書きましょう。（漢族(漢民族)）

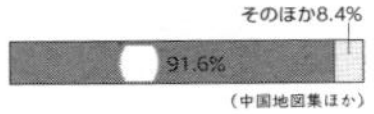


(3) 中国の春節は日本の何にあたりますか。[　]から選びましょう。

お正月　お盆《ぼん》　クリスマス　ハロウィン

（ お正月 ）

(4) 「一人っ子政策」が行われた結果、中国ではどのようなことが進んでいますか。（ 少子高齢化 ）

(5) 中国で、税金などの面で優遇され、日本や外国の企業が多く進出している地区を何といいますか。（ 経済特区 ）

**2 次の問いに答えましょう。**

(1) フランスについて話している内容にあう言葉を、[　]からそれぞれ選びましょう。

①( ケルメス )　9月から始まる学年が終わるころの6月末に、保護者、先生も参加する学校のお祭りがあるよ。

②( ブロカント )　フランスではものを大切に使う習慣があり、使わなくなったものは古道具市で売り買いされるよ。

③( マルシェ )　パリにはたくさんの市場があり、野菜や肉、魚やチーズなどはお気に入りの店で買う人が多いよ。

ケルメス　ブロカント　マルシェ

(2) 次の文中の(　　)にあてはまる言葉を書きましょう。
① フランスでは、鼻をすすることは( マナー )に反するとされる。
② 公共の場で特定の( 宗教 )を表に出さないかわりに、信仰の自由などが保障されていたが、移民のなかにはこの原則になじめない人もいて、社会問題になっている。
③ ルーブル美術館、国立自然史博物館などの美術館や博物館のほか、美しい古城などがあり、世界中からフランスに多くの人が( 観光 )で訪れている。

ヒント 1 (5) この地区の1つであるシェンチェンでは、自動運転のバスや店員のいないコンビニなど、最先端の技術が取り入れられています。



## 練習　101ページ

1 (2)中国で一番多い民族は漢族で、漢族の言語である漢語が、いっぱんに「中国語」といわれています。
(3)春節は、日本のお正月にあたり、中国では重要な祝日です。人々はお祝いに爆竹《ばくちく》を鳴らしたり、ごちそうを食べたりします。
(5)シェンチェンは1980年に経済特区に指定され、最先端技術を取り入れたＩＴ特区ともいわれています。

2 (2)①マナーは自分とまわりの人をいやな気持ちにさせないための礼儀《れいぎ》や作法のことです。国や地域によってマナーがちがうので、注意が必要です。
③観光することで、新しい知識を得たり、土地の人々と交流したりすることができ、異文化《いぶんか》の理解につながります。

**できたかな？**
□中国・フランスの特徴《とくちょう》や、日本と同じこととちがうことなどをまとめてみよう。

**おうちのかたへ**
中国・フランスで現在問題になっている少子高齢化や移民問題などについて、日本ではどうなっているのかを一緒に考えてみてください。

ぴったり1 準備

3．世界の中の日本
1 日本とつながりの深い国々③

学習日 **102ページ**

めあて ブラジルの社会や生活、いろいろな国際交流について理解しよう。

教科書 政84～91ページ　答え 52ページ

次の(　　)に入る言葉を、下から選びましょう。

## 1 ブラジルの学校の様子／大都市とアマゾンの様子／日本とかかわりが深い産業

教科書 政84～89ページ

**ブラジルの学校と生活**

- (① 南半球 )にあり、夏と冬の季節が日本と逆なので、夏にクリスマスがやってくる。また、2月に新学期が始まる。国語はポルトガル語を学ぶ。
- 学校が終わると、サッカーをして遊んだり、サンバのダンスを習ったりする。
- 2月ごろにはサンバのダンスが有名な(② カーニバル )、6月には演劇《えんげき》のお祭りであるブンバ・メウ・ボイが行われる。

ブラジルの位置

**ブラジルのくらし**

- 日本からの移民が多く、日本にルーツのある人々は(③ 日系人 )とよばれる。
- 世界最大の熱帯林に(④ アマゾン川 )が流れている。アマゾンでは先住民族の半数が生活。伝統的な生活様式に現代社会の生活様式を取り入れ森を大切にし生活していたが、近年、開発のために森林の伐採《ばっさい》が行われて環境破壊《かんきょうはかい》が進み、伝統的な生活を守れなくなっている。
- 開発で河口に人口100万人の大都市ができた。
- アマゾン料理のタカカーが食べられている。

**ブラジルの産業**

- コーヒー豆や砂糖《さとう》、牛肉、鳥肉などの輸出量が世界一。貿易では、適正な価格で取り引きする(⑤ フェアトレード )が求められている。
- さとうきびなどの植物から生産される(⑥ バイオエタノール )が自動車の燃料などに活用され、輸出されている。

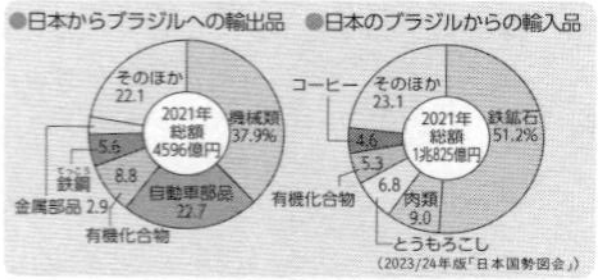

日本とブラジルとの貿易

## 2 いろいろな国際交流

教科書 政90～91ページ

**いろいろな国際交流**

- 全国各地にある(⑦ 国際交流協会 )がいろいろなイベントを開いている。
- 2021年の東京オリンピック・パラリンピックのときに、(⑧ ホストタウン )としてさまざまな国の選手を受け入れた地域《ちいき》では、経済《けいざい》や文化などの面で交流が行われた。

**国際交流の方法と役割《やくわり》**

- スポーツを通じた国際交流には平和を守る役割が、地域の国際交流協会のイベントにはおたがいを理解し合う役割がある。また、ほかの国の文化や芸術を伝え合うことで、それらを尊《そん》敬《けい》し、守る役割がある。

選んだ言葉に✓
□南半球　□国際交流協会　□アマゾン川　□バイオエタノール
□日系人《にっけい》　□ホストタウン　□カーニバル　□フェアトレード



ぴったり2 練習

学習日 **103ページ**

ぴたトリビア
ブラジルの国名は、この土地にたくさんあった赤い染料《せんりょう》の原料となる木であるパウ・ブラジルにちなんで、名づけられました。

教科書 政84～91ページ　答え 52ページ

**1 ブラジルについて、次の問いに答えましょう。**

(1) 右の地図で、熱帯林を流れているⒶの川の名前を書きましょう。 ( アマゾン川 )

(2) アマゾンの説明としてまちがっているものを、㋐～㋓から選びましょう。 ( ㋐ )

㋐ すべての先住民族が森林で生活をしている。
㋑ アマゾンでは森林が伐採され、環境が破壊された。
㋒ 開発の結果、河口に大都市ができた。
㋓ アマゾン料理のタカカーが食べられている。

(3) 学校が終わった後に子どもが習いに行くこともある、カーニバルで有名なダンスを何といいますか。 ( サンバ )

(4) ブラジルなどに多く住んでいる、日本にルーツのある人々のことを何といいますか。 ( 日系人 )

(5) 右のグラフ中の①、②にあてはまるものを、次の説明を読んで書きましょう。

- ブラジルの①は鉄分の割合《わりあい》が高く、品質がよい。
- ②は世界の生産量の約3分の1がブラジルで生産されている。

①( 鉄鉱石 )　②( コーヒー（コーヒー豆） )

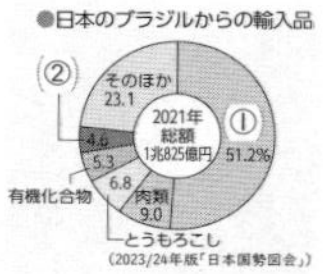


(6) ブラジルで、砂糖やエタノールの原料となっている植物は何ですか。 ( さとうきび )

**2 次の会話の①～③にあてはまる言葉を、[　　]からそれぞれ選びましょう。**

①( スポーツ )　オリンピックやパラリンピックなどの①を通じた国際交流により平和が守られることもあるよ。

②( 歌舞伎 )　海外で日本の②が公演されるなど、文化を伝え合うことで文化を尊敬し、守ることができるよ。

③( 国際交流協会 )　地域の③が行うイベントで、外国人と交流することは、おたがいを理解し合うきっかけになるよ。

歌舞伎《かぶき》　国際交流協会　スポーツ

ヒント 1 (5)② 世界一の生産量をほこっています。



**できたかな？**
□ブラジルと日本の関係について説明してみよう。
□国際交流にはどのようなものがあり、どのような特色をもつかをまとめてみよう。

**おうちのかたへ**
興味のある国について調べ学習をしたり、身近な国際交流について話し合ったりしてみてください。

## 練習 103ページ

**1** (1)アマゾン川は、ブラジルの北部を流れる川で、その長さは世界第2位です。

(2)㋐かつては約80万人といわれる先住民族のおよそ半数が森林で生活していましたが、開発が進んだこともあり、土地を追われた人も多くいます。

(4)ブラジルは、日本からの移民が多い国です。日本から移住し、そこで生活する日本にルーツのある人々を日系人といいます。

(6)ブラジルでは、さとうきびからつくられるバイオエタノールが、石油にかわる燃料として広く活用されています。

**2** ③全国各地に国際交流協会、国際化協会などの団体があり、外国との交流や地域《ちいき》に住む外国人の支援《しえん》をしています。

ぴったり3

# 確かめのテスト

3. 世界の中の日本

## 1 日本とつながりの深い国々

/100 合格80点

教科書 ㊪60～91ページ　答え 53ページ

**1 次のⒶ～Ⓓの文は、ある国の国旗について説明したものです。これを読んで、あとの問いに答えましょう。**

＊(1)Ⓐ～Ⓓは記号と国名で完答　1つ4点（24点）

Ⓐ　白は国王、青と赤は(①)市民を表している。3色の組み合わせはトリコロールとよばれる。

Ⓑ　赤と白の横線は独立したときの13州、星は現在の50州を表している。

Ⓒ　緑は林業と農業、黄は鉱業、27個の星は首都と26州を表し、帯には公用語である(②)で「秩序《ちつじょ》と発展《はってん》」と書かれている。

Ⓓ　大きな星は共産党《きょうさんとう》、小さな星は労働者、農民などの国民を表している。

(1)　Ⓐ～Ⓓの文にあてはまる国旗を次の㋐～㋓から選び、記号とその国名を書きましょう。　技能

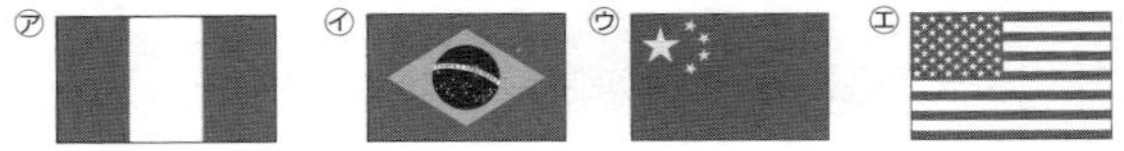


(完答)Ⓐ　記号(　㋐　)　国名(　フランス　)

Ⓑ　記号(　㋓　)　国名(　アメリカ合衆国　)

Ⓒ　記号(　㋑　)　国名(　ブラジル　)

Ⓓ　記号(　㋒　)　国名(中華人民共和国(中国))

(2)　文中の①にあてはまる首都を書きましょう。　(　パリ　)

(3)　文中の②にあてはまる言葉を書きましょう。　(　ポルトガル語　)

**2 次の問いに答えましょう。**　1つ4点、(2)6点（26点）

(1)　次の①～④は、アメリカ合衆国《がっしゅうこく》、中国《ちゅうごく》、フランス、ブラジルの子どもたちの生活について説明したものです。①～④にあてはまる国名を書きましょう。

①　学年が終わるころの6月末に、ケルメスという学校のお祭りが開かれる。

②　1年生からたくさんの漢字を覚え、英語やコンピューターの授業が重視《じゅうし》されている。

③　学校が終わると、サッカーをしたり、サンバのおどりを習いに行ったりする人もいる。

④　スピーチやディベートの授業がさかんで、コンピューターの授業が重視されている。

①(　フランス　)　②(　中国　)

③(　ブラジル　)　④(　アメリカ合衆国　)

記述 (2)　中国が2016年に一人っ子政策《せいさく》をやめた理由を、簡単《かんたん》に書きましょう。　思考・判断・表現

(（例）少子高齢化が進んだから。)

(3)　よく出る　ブラジルやハワイ、南北アメリカなどに移り住んだ日本にルーツのある人々を何といいますか。　(　日系人　)





**3 右のグラフは、アメリカ、中国、フランス、ブラジルから日本への輸入品を表しています。グラフを見て、次の問いに答えましょう。**　1つ5点（25点）

(1)　次の①～④にあてはまるグラフを、Ⓐ～Ⓓからそれぞれ選びましょう。　技能

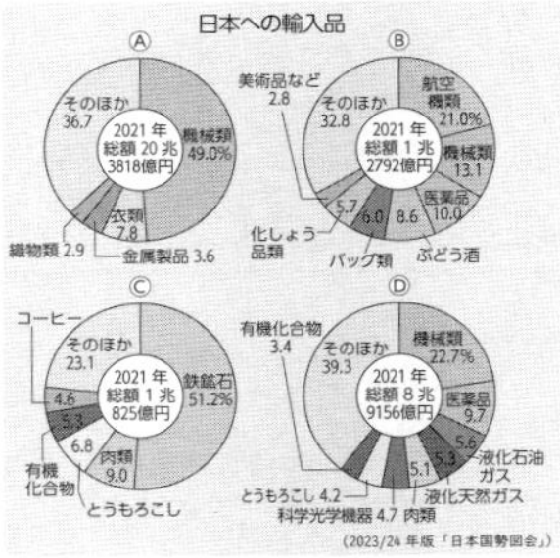


①(　Ⓓ　)　アメリカからは機械類が最も多く日本に輸入されているが、生産量が世界一のとうもろこしも輸入されている。

②(　Ⓐ　)　中国は日本の最大の貿易相手国で、電化製品や衣類などが輸入されている。

③(　Ⓑ　)　フランスでは農業がさかんで、日本にもワインなどの加工品が輸入されている。

④(　Ⓒ　)　ブラジルからはとうもろこし、牛肉や鳥肉などの肉類、コーヒーなどの農産物のほか、鉄鉱石が輸入されている。

(2)　よく出る　対等な立場で貿易を行い、適正な価格で取り引きすることを何といいますか。

(　フェアトレード　)

**4 次の文を読んで、あとの問いに答えましょう。**　1つ5点（25点）

アメリカ、フランス、ブラジルは、ほかの国から移り住んできた(①)が多く、インターネットなどの発達で世界が一つになる(②)が進んだ結果、多文化社会となっている。どの国も_ⓐ伝統的な行事を大切にしている点では日本と似ているが、習慣や_ⓑ文化など異《こと》なる点も多い。わたしたちはさまざまな国の人と積極的に交流し、おたがいの文化や習慣を尊重《そんちょう》しなければならない。そのために、わたしたちは本やインターネットなどでさまざまな国について知ると同時に、ほかの国の人に日本について説明できるように、(③)ことが大切である。

(1)　文中の①、②にあてはまる言葉を書きましょう。

①(　移民　)　②(　グローバル化　)

(2)　下線部ⓐについて、アメリカで11月の第4木曜日に行われる、17世紀にイギリスからアメリカにやってきた人々の苦労を思い、それを助けた先住民に感謝する行事を何といいますか。

(　感謝祭　)

(3)　下線部ⓑについて、共通する文化や言語、生活様式、宗教《しゅうきょう》などをもつ人々の集団を何といいますか。

(　民族　)

記述 (4)　文中の③にあてはまる文を簡単に書きましょう。　思考・判断・表現

(（例）日本についてもっと知る)

ふりかえり　❶(1)がわからないときは、98ページの❶にもどって確認《かくにん》してみよう。



## 確かめのテスト　104～105ページ

**1** (1)それぞれの文と国旗を照らし合わせていけば、区別できます。日本とつながりの深い国々の国旗は覚えておきましょう。

Ⓑ国名の「アメリカ合衆国」は「アメリカ」でもよいです。アメリカの国旗の星は州の数を表し、Ⓓ中国の国旗の星は、中国共産党と国民を表しています。

**2** (2)近年は3人まで子どもをもうけることが認《みと》められるようになりました。

(3)日系人は、ブラジル以外に、ハワイや南北アメリカにも数多くいます。

**3** (2)フェアトレードは「公正な貿易」という意味です。生産者に適正な価格を支払《しはら》って貿易を行うことで、生産者や地域《ちいき》の自立をめざします。

**4** (3)言語や生活様式、宗教などの文化的な特色によって分類された人々の集団を民族といい、多くの国が複数の民族で構成されています。

### 記述問題のプラスワン

**2** (2)中国でとられた一人っ子政策とは、人口の増加をおさえるための政策です。1組の夫婦《ふうふ》の間にもうける子どもを一人に制限した結果、人口の増加はおさえられましたが、高齢者《こうれいしゃ》が増加して子どもの数が減少する少子高齢化《しょうしこうれいか》が進みました。

**4** (4)日本についてもっと知ることで、ほかの国との共通点や異なる点がわかり、ほかの国のことについてもより理解できるようになります。

ぴったり1 準備

3. 世界の中の日本
## 2 世界の未来と日本の役割《やくわり》①

学習日 106ページ

めあて
SDGsと、それを定めた国際連合について理解しよう。

教科書 ㊐96〜99ページ　答え 54ページ

次の（　　）に入る言葉を、下から選びましょう。

### 1 SDGs《エスディージーズ》の達成に向けて　教科書 ㊐96〜97ページ

**SDGs（持続可能な開発目標）の達成のための取り組み**

- さまざまな課題を解決し、地球を将来《しょうらい》にわたって持続させるために、2015年に（① 国際連合（国連））本部で開かれた「持続可能な開発サミット」で「**SDGs（持続可能な開発目標）**」が定められた。
- （② 地球温暖化）などの地球環境《かんきょう》問題や紛争《ふんそう》、貧困《ひんこん》や教育の問題があり、国連などと協力して取り組まなければならない。

SDGs（持続可能な開発目標）

### 2 国際連合で働く人々　教科書 ㊐98〜99ページ

**世界の平和と安全を守る国際連合（国連）**

- 国際連合（国連）…1945年に51か国が参加して発足《ほっそく》し、日本は1956年に加盟《かめい》した。2022年の加盟国は193か国。
- 本部はアメリカの（③ ニューヨーク）市にある。
- 全体に関わることは、すべての加盟国が参加する総会で決められる。
- 経済《けいざい》、社会、文化、環境、人権《じんけん》などの分野で、国連の機関が活動しており、厳《きび》しいくらしをしている地域《ちいき》の子どもたちを助けるための（④ ユニセフ）（国連児童基金）や、教育、科学、文化を通じて平和な社会をつくるための（⑤ ユネスコ）などがある。
- 国連は戦争や紛争の予防や調停、復興支援《しえん》などの活動をしており、日本は世界各地の（⑥ 平和維持活動）に参加してきた。
- 国連の活動は、加盟国からの（⑦ 分担金）と人々の募《ぼ》金《きん》などに支えられている。

**国際連合憲章《けんしょう》（要旨《ようし》）**
- 世界の平和と安全を守り、国と国との争いは、話し合いによって解決する。
- すべての国は平等であり、世界の国々がなかよく発展《はってん》していくことを考える。
- 経済や社会、文化などの点で起きた問題を解決するために、各国は協力する。

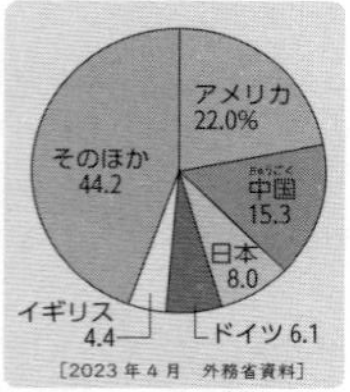

国連分担金の国別割合《わりあい》

**日本の役割**

- 多くの核兵器《かくへいき》があるなか、（⑧原子爆弾（原爆））の被害《ひがい》を受けた世界でただ一つの国である日本は、平和の大切さと軍備の縮《しゅく》小《しょう》をうったえている。

選んだ言葉に ✓
□地球温暖化《おんだんか》　□ユニセフ　□ニューヨーク　□原子爆弾《ばくだん》（原爆）
□分担金《ぶんたんきん》　□ユネスコ　□平和維持《いじ》活動　□国際連合（国連）



ぴったり2 練習

学習日 107ページ

ぴたトリビア
国際連合（United Nations）という名前は、アメリカのフランクリン・D・ルーズベルト大統領が提案したものです。（国連資料）

教科書 ㊐96〜99ページ　答え 54ページ

**1 次の問いに答えましょう。**

(1) 17の目標（ゴール）と、それらを達成するための169の具体的な取り組み（ターゲット）が設定されている、持続可能な開発サミットで定められた目標を何といいますか。アルファベットで書きましょう。（ SDGs ）

(2) 次の①〜③の世界の課題の説明として正しいものを、それぞれ線で結びましょう。

① 環境問題
② 貧困問題
③ 紛争問題

㋐まちや世界遺産《いさん》が破壊《はかい》されたり、避《ひ》難《なん》して難民《なんみん》になる人々もいたりするね。
㋑地球温暖化や、洗剤《せんざい》の流入による川の汚染《おせん》なども大きな問題だね。
㋒食料不足や、教育の機会がない子どもなどに対する援助《えんじょ》も行われているよ。

**2 国際連合（国連）について説明した次の文と図を見て、あとの問いに答えましょう。**

国際連合は、世界の平和と安全を守り、人々のくらしをよりよいものにするために、1945年に発足した。2022年現在、世界約200か国のうち、193か国が加盟している。
国連の全体にかかわることはすべての加盟国が参加する（①）で決められる。
国連には、世界遺産の登録を行っている（②）や、戦争や食料不足による飢《う》えなど、厳しいくらしをしている地域の子どもたちを助ける目的でつくられた（③）など、多くの国連機関がある。
日本は、1956年に加盟した。最近は国連の活動にかかわる日本人も増えている。

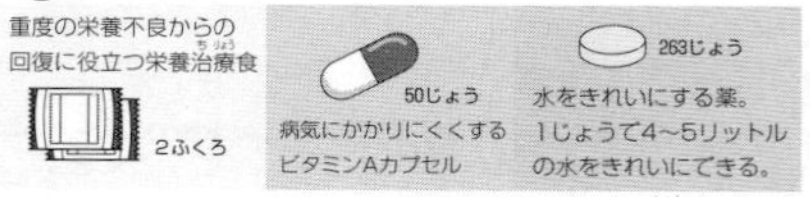

（③手帳2022年版）

(1) 国際連合の本部があるアメリカの都市名を書きましょう。（ ニューヨーク ）市

(2) 文中の①にあてはまる言葉を書きましょう。（ 総会 ）

(3) 文中の②、③にあてはまる国連機関名を、それぞれカタカナで書きましょう。②（ ユネスコ ）③（ ユニセフ ）

(4) 国際連合の活動は、加盟国からの分担金だけでなく、上の図のように、人々の④によってもまかなわれています。④にあてはまる言葉を書きましょう。（ 募金 ）

ヒント 2 (3)③ この国連機関は、東日本大震災《ひがしにほんだいしんさい》で被災《ひさい》した子どもたちの支援も行いました。



できたかな？
□SDGsについて説明してみよう。
□国際連合の役割について説明してみよう。

おうちのかたへ
SDGsについて、身近な視点と世界的な視点から、どのようなことが求められているか、また自分たちに何ができるのかを話し合ってみてください。

## 練習　107ページ

**1** (2)③世界遺産であるアンコールワットでは内戦で仏像や参道《さんどう》などが破壊されましたが、ユネスコを通じた日本政府の国際協力事業で修復工事が行われました。

**2** (2)国際連合加盟国全体に関わることは、加盟国のすべてが参加する総会で決められます。
(3)②ユネスコ（国連教育科学文化機関）は、教育、科学、文化を通じて平和な社会をつくることを目的とした機関です。
③ユニセフ（国連児童基金）は、厳しいくらしをしている世界の子どもたちの命と健康を守るために活動している機関です。

ぴったり1
# 準備
3. 世界の中の日本
## 2 世界の未来と日本の役割《やくわり》②

学習日 **108ページ**

めあて 環境問題に対する取り組みや、日本の国際協力の活動について理解しよう。

教科書 政100〜107ページ　答え 55ページ

次の（　　）に入る言葉を、下から選びましょう。

### 1 地球の環境《かんきょう》を守るために　教科書 政100〜101ページ

**持続可能な社会の実現に向けて**

- 地球がかかえている（① 環境問題 ）は、一つの国や被害《ひがい》を受けている地域《ちいき》だけではなく、地球全体で解決に向けて取り組む必要がある。
- 豊かな生活と環境とのバランスを考えながら**持続可能な社会**を実現するために、国連などの計画にもとづいた国際的な協力が必要である。

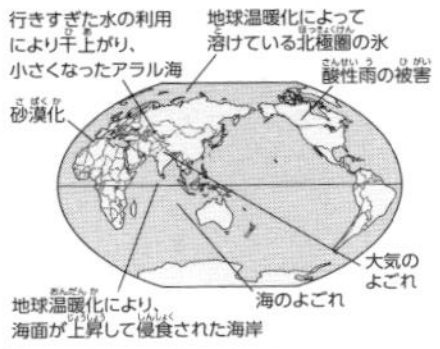

世界のさまざまな環境問題

**ワンポイント** 環境を守るための取り組み

| | |
|---|---|
| SDGs《エスディージーズ》（持続可能な開発目標） | 2015年、国連の（② 持続可能な開発サミット ）で定められた。 |
| 国連気候変動枠組《わくぐみ》条約 | 2015年に（③ パリ協定 ）を結び、温室効果ガスの削減《さくげん》目標を定めた。 |
| ラムサール条約 | 動物や植物のすみかである湿地《しっち》を保護する。日本では、（④ 釧路湿原 ）が最初に登録された。 |

### 2 国際協力の分野で活やくする人々／世界の課題の解決に向けて　教科書 政102〜107ページ

**国際協力で活やくする人々**

- （⑤ ODA ）（政府開発援助《えんじょ》）…政府による国際協力の活動で、社会環境の整備が十分ではない国に対して資金や技術の提供《ていきょう》を行う。
- （⑥ 青年海外協力隊 ）…日本のODAの活動の一つで、教育や医療《いりょう》、農業などの分野で、自分の知識や技術を生かしたい人たちが、アジアやアフリカ、中・南アメリカなど（⑦ 発展途上 ）の国や地域《ちいき》で活やくしている。
- （⑧ NGO ）（非政府組織）…国連や各国の政府から独立して活動している民間の団体。
- 日本の技術を学ぶ外国人を受け入れることも、国際協力の一つである。

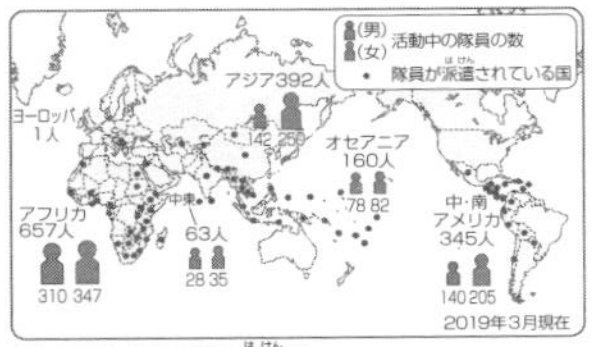

青年海外協力隊の派遣《はけん》国

NGOは募金《ぼきん》や寄付金、ボランティアに支えられているよ。

**世界の課題の解決に向けて**

- 「だれひとり取り残さない」を理念とするSDGsの17の目標を参考に、世界のさまざまな課題と解決に向けた取り組みを見直し、ひとりひとりが何ができるか考えることが必要である。

選んだ言葉に✓
□発展途上《はってんとじょう》　□青年海外協力隊　□ODA《オーディーエー》　□パリ協定
□環境問題　□持続可能な開発サミット　□NGO《エヌジーオー》　□釧路湿原《くしろしつげん》



ぴったり2
# 練習

学習日 **109ページ**

ぴたトリビア
SDGsの目標の達成を目指して、飲食店などではプラスチックから紙ストローへの変更《へんこう》や、エコバックの使用の促進《そくしん》などが行われています。

教科書 政100〜107ページ　答え 55ページ

**1 地球の環境問題について、次の問いに答えましょう。**

(1) 環境問題の説明として正しいものを、それぞれ線で結びましょう。

① 地球温暖化《おんだんか》
② 酸性雨
③ 水のよごれ

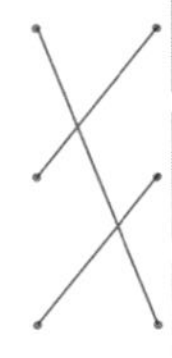

・木や植物がかれたり、湖や沼《ぬま》などに住む魚が命をうばわれたりすることが問題になっている。
・海の生き物が、海の中のプラスチックごみを食べたり傷《きず》ついたりすることが問題になっている。
・北極圏《ほっきょくけん》の氷が溶《と》けたり、海面が上昇《じょうしょう》して海岸が侵食《しんしょく》されたりするなどの問題が起きている。

(2) 環境問題に対する国際的な取り組みについて説明した次の文の①〜③にあてはまる言葉を書きましょう。

豊かな生活と環境とのバランスを考えながら（①）な社会を実現するために、国連を中心にさまざまな取り組みが行われている。SDGs（（①）な開発目標）が示されたほか、国連気候変動枠組条約を結んだ国々は会議を行い、（②）の削減目標を定めた。これにもとづき、日本は二酸化炭素を出さない水素自動車のバスを採用するなどした。また、（③）によって、動物や植物のすみかである湿地の保護が行われている。

①（ 持続可能 ）②（ 温室効果ガス ）③（ ラムサール条約 ）

**2 日本の国際協力について説明した次の文を読んで、あとの問いに答えましょう。**

Ⓐ 政府は、支援《しえん》の必要な国に対して、社会環境の整備のために資金や技術を提供している。その活動の一つで、教育・医療・農業などの分野で知識や技術を生かして、リハビリや農作業などの指導を発展途上の国や地域で行っている人たちを（①）という。
Ⓑ 政府から独立した民間の団体で、その活動は主に募金や（②）金、ボランティアなどに支えられている。日本には、医療や環境など専門性《せんもんせい》を生かした分野で、世界各地で国際協力の活動をしている団体が多くある。
Ⓒ 最近では日本の技術を学ぶ（③）を受け入れており、こうした人たちは、日本で働き手になったり、自分の国にもどった後に、学んだ技術を生かしたりしている。

(1) 文中の①〜③にあてはまる言葉を書きましょう。
①（ 青年海外協力隊 ）②（ 寄付 ）③（ 外国人 ）

(2) Ⓐ・Ⓑはそれぞれ何について書かれていますか。アルファベットで書きましょう。
Ⓐ（ ODA ）Ⓑ（ NGO ）

ヒント 1 (2)② 地球温暖化の原因の一つとされており、代表的なものに二酸化炭素があります。



**できたかな？**
□地球環境問題について、現在、どこで、どのようなことが問題になっているのかを説明してみよう。
□どのような国際協力があるか、まとめてみよう。

**おうちのかたへ**
地球環境問題、国際協力に対して学びを深めたら、実際の生活のなかで何ができるのかを話し合ってみてください。

## 練習　109ページ

**1** (1)①南太平洋《たいへいよう》にあるツバルは、地球温暖化による海面上昇のため、将来《しょうらい》的に国全体が海にしずむおそれがあるともいわれています。
(2)②2015（平成《へいせい》27）年、国連気候変動枠組条約を結んだ国々の会議で、すべての参加国が温室効果ガスの削減目標を定めることが決められました。
③日本では釧路湿原（北海道《ほっかいどう》）などがラムサール条約に登録されています。

**2** (1)①青年海外協力隊は、アジアやアフリカ、中・南アメリカなど、発展途上の国や地域で活やくしています。
(2)ⒶODA（政府開発援助）、ⒷNGO（非政府組織）の説明です。

ぴったり3
# 確かめのテスト
3. 世界の中の日本
## 2 世界の未来と日本の役割《やくわり》

110ページ

/100 合格80点

教科書 96〜107ページ　答え 56ページ

**1 世界の各地で起こっているさまざまな紛争《ふんそう》や世界の課題について、次の文の説明が正しいものには○を、まちがっているものには×をつけましょう。** 1つ5点（25点）

(1)（ × ）世界の各地で起こっている紛争の原因は、すべて自分の国とほかの国の領土の問題からである。

(2)（ ○ ）内戦などによって、その土地をはなれなければならなくなり、ほかの国に避難《ひなん》する人々を難民《なんみん》という。

(3)（ ○ ）環境《かんきょう》問題や貧困《ひんこん》問題を解決するために、日本などの先進国が社会環境の整備されていない国に対して援助《えんじょ》をしている。

(4)（ × ）地球温暖化《おんだんか》は、特に発展途上《はってんとじょう》の国々の問題である。

(5)（ × ）紛争や環境などの問題を解決するために、自衛隊は、募金《ぼきん》を集めたり、世界遺産《いさん》を修復したりする活動を行っている。

**2 次の資料は、ある国際組織の基本となる文書を、わかりやすくまとめたものです。これを読んで、あとの問いに答えましょう。** 1つ5点（25点）

- 世界の平和と安全を守り、国と国との争いは、話し合いによって解決する。
- すべての国は平等であり、世界の国々がなかよく発展していくことを考える。
- 経済《けいざい》や社会、文化などの点で起きた問題を解決するために、各国は協力する。

(1) よく出る 世界の平和と安全を守り、人々のくらしをよりよいものにするために設立された国際組織の名前を漢字4字で書きましょう。（ 国際連合 ）

(2) よく出る この国際組織の本部はどこにありますか。都市名を書きましょう。（ ニューヨーク ）市

(3) この国際組織についての説明として正しいものを、㋐〜㋓から選びましょう。（ ㋑ ）

㋐ 世界中のすべての国がこの組織に加盟《かめい》している。

㋑ すべての加盟国が参加する総会で全体に関わることを決める。

㋒ 日本の自衛隊は平和維持《いじ》活動に参加することができない。

㋓ この組織の活動は世界中の人たちからの募金ですべてまかなわれている。

(4) 次の2つの文は、この国際組織の中にある機関について説明したものです。Ⓐ、Ⓑにあてはまる機関の名前を、それぞれカタカナで書きましょう。

Ⓐ 戦争や食料不足による飢えなど、厳《きび》しいくらしをしている地域《ちいき》の子どもを助けるためにつくられた。

Ⓑ 教育、科学、文化を通じて平和な社会をつくることを目的としている。

Ⓐ（ ユニセフ ）Ⓑ（ ユネスコ ）

110

学習日　111ページ

**3 次の文を読んで、あとの問いに答えましょう。** 1つ5点、(3)6点（26点）

地球は今、ⓐ多くの環境問題をかかえている。環境問題を解決し、ⓑ持続可能な社会を実現するためには、国連などの計画にもとづいた国際的な協力が必要になる。

2015年には、国連本部で「（①）」が開かれた。2030年までの行動計画の中心として、「だれひとり取り残さない」という理念のもと、「貧困をなくそう」「飢餓《きが》をゼロに」といった目標が「SDGs《エスディージーズ》（持続可能な開発目標）」として示された。

また、（②）を結んだ国々は、会議を開き、ⓒ温室効果ガスの削減《さくげん》目標を定めるなどしている。日本もこうした国際的な取り組みに参加し、さまざまな取り組みを行っている。

(1) 文中の①、②にあてはまる言葉を、［　］からそれぞれ選びましょう。

国連気候変動枠組《わくぐみ》条約　持続可能な開発サミット　ラムサール条約　平和維持活動

①（ 持続可能な開発サミット ）②（ 国連気候変動枠組条約 ）

(2) 下線部ⓐについての説明として正しいものを、㋐〜㋓から選びましょう。（ ㋓ ）

㋐ 地球温暖化により、海のよごれが問題になっている。

㋑ 熱帯林の伐採《ばっさい》が進み、アラル海が干上《ひあ》がり小さくなった。

㋒ 先進国の協力で、発展途上の国では大気のよごれの問題が解決した。

㋓ 酸性《さんせい》雨によって木がかれるなどの被害《ひがい》が出ている。

記述 (3) てきたらスゴイ！ 下線部ⓑについて、「持続可能な社会を実現する」とはどのようなことですか。「環境」という言葉を使って、簡単《かんたん》に書きましょう。 思考・判断・表現

（(例)環境や資源を大切にし、現在から未来にわたって、多くの人々が豊かな生活を送ることのできる社会をつくるよう努力すること。）

(4) 下線部ⓒについて、日本での取り組みについて、次の文中の（　）にあてはまる言葉を書きましょう。

日本では、温室効果ガスの削減のために、（ 二酸化炭素 ）を出さない水素自動車のバスが使われている。

**4 右の地図は、青年海外協力隊の派遣《はけん》国と隊員数を表しています。これを見て、次の問いに答えましょう。** 1つ6点（24点）

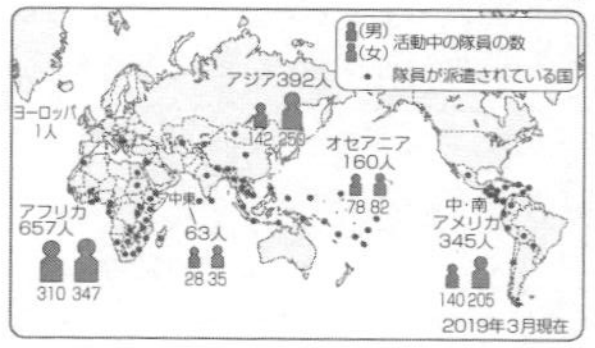


(1) 青年海外協力隊が最も多く派遣されている地域を書きましょう。（ アフリカ ）

(2) 青年海外協力隊について説明した文として、正しいものには○を、まちがっているものには×をつけましょう。

①（ ○ ）アジアやアフリカなどの発展途上の国で活やくしている。

②（ × ）国際連合の機関の一つである。

③（ ○ ）主に社会環境が整備されていない国に派遣される。

ふりかえり ②(3)がわからないときは、106ページの②にもどって確認《かくにん》してみよう。

この本の終わりにある「春のチャレンジテスト」をやってみよう！

この本の終わりにある「学力診断《しんだん》テスト」をやってみよう！

111

# 確かめのテスト 110〜111ページ

**1** (1)紛争の原因は、領土問題のほかにも、政治・経済的な理由、民族、宗《しゅう》教《きょう》の問題などがあります。

(4)地球温暖化は、全世界の国々に関わる問題です。2015年のパリ協定では、すべての参加国が温室効果ガスの削減目標を定めることが決められました。アメリカは協定から離脱《りだつ》した時期もありましたが、2021年に復帰しています（2023年現在）。

(5)自衛隊は日本の平和と安全を守るために活動しています。

**2** (3)㋐世界の約200か国のうち、193か国が国連に加盟しています（2022年現在）。

㋒自衛隊も平和維持活動に参加できます。

㋓加盟国の負担《ふたん》する国連分担金《ぶんたんきん》が国連の財政の中心です。

**3** (2)㋐海のよごれではなく、海面が上《じょう》昇《しょう》して海岸が侵食《しんしょく》されることなどが問題になっています。

㋑アラル海が干上がったのは、行きすぎた水の利用などが原因です。

㋒発展途上の国では、現在、大気のよごれが大きな問題となっています。

**4** (2)②青年海外協力隊は、国際連合の機関ではありません。

**記述問題のプラスワン**

**3** (3)まず、「持続可能」とは、「いつまでも続けられる」という意味であるので、「未来にわたって」や「将来《しょうらい》ずっと」といった言葉が必要です。また、問題中に「環境」という言葉を使うように指示があるので、必ず指定された言葉を使いましょう。環境を守り、将来の人々も豊かにくらしていけるように努める、という内容が書けていればよいです。

# 夏のチャレンジテスト

教科書 （政治・国際編）6〜53ページ、（歴史編）4〜33ページ

名前　　　月　　日

時間 40分

| 知識・技能 | 思考・判断・表現 | 合格80点 |
| --- | --- | --- |
| ／70 | ／30 | ／100 |

答え57ページ

3については、学習の状況《じょうきょう》に応じてA・Bどちらかを選んでやりましょう。

知識・技能　70点

## 1 日本国憲法《けんぽう》について答えましょう。

(1)1つ2点、(2)1つ1点(12点)

(1) 日本国憲法の三つの原則を書きましょう。　(順不同)

（国民主権）（基本的人権の尊重）（平和主義）

(2) 次の①〜⑥のうち、国民の義務には㋐を、国民の権利《けんり》には㋑を書きましょう。

① 働く人が団結する。　② 教育を受ける。
③ 裁判《さいばん》を受ける。　④ 税金を納《おさ》める。
⑤ 健康で文化的な生活を営む。
⑥ 子どもに教育を受けさせる。

①［㋑］　②［㋑］　③［㋑］
④［㋐］　⑤［㋑］　⑥［㋐］

## 2 国の政治のしくみと選挙について答えましょう。

(1)1つ1点、(2)(3)2点(10点)

(1) 次の①〜⑥のうち、国会の仕事には㋐を、内閣《ないかく》の仕事には㋑を、裁判所《さいばんしょ》の仕事には㋒を書きましょう。

① 内閣総理大臣を指名する。　② 外国と条約を結ぶ。
③ 最高裁判所の長官を指名する。
④ 法律《ほうりつ》が憲法に違反《いはん》していないかを調べる。
⑤ 政治が憲法に違反していないかを調べる。
⑥ 衆議院《しゅうぎいん》の解散を決める。

①［㋐］　②［㋑］　③［㋑］
④［㋒］　⑤［㋒］　⑥［㋑］

(2) 国会には、衆議院と（　）という2つの話し合いの場があります。（　）にあてはまる言葉を書きましょう。

（参議院）

(3) 選挙権《せんきょけん》は、何才以上の国民に認《みと》められていますか。数字で書きましょう。

（18）才以上

## 3のA 埼玉県《さいたま》さいたま市の政治について答えましょう。

1つ2点(10点)

(1) 右の図中の①、②にあてはまる言葉を書きましょう。

①（市議会）
②（市役所）

あいぱれっとの建設に向けた働き

(2) (1)の①の仕事を、㋐〜㋔から2つ選びましょう。

㋐ 法律をつくる。　㋑ 市の予算を決める。
㋒ 国会議員を選ぶ。　㋓ 条例を制定する。
㋔ 市長を選ぶ。

(順不同)［㋑］［㋓］

(3) 右のグラフは、さいたま市の収入《しゅうにゅう》の内訳《うちわけ》です。Ⓐにあてはまる言葉を書きましょう。

（税金）

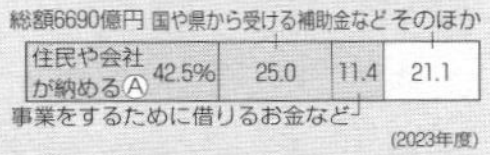


## 3のB 東日本大震災《ひがしにほんだいしんさい》への対応について答えましょう。

(1)4点、(2)1つ2点(10点)

(1) 災害発生直後、被災《ひさい》者を保護し社会秩序《ちつじょ》を守るために、国が都道府県などと協力して応急的に救助活動が行えるようにつくられた法律を何といいますか。

（災害救助法）

(2) 復旧・復興《ふっこう》に向けた政治の働きについて、次の図中の①〜③にあてはまる言葉を、［　］からそれぞれ選びましょう。

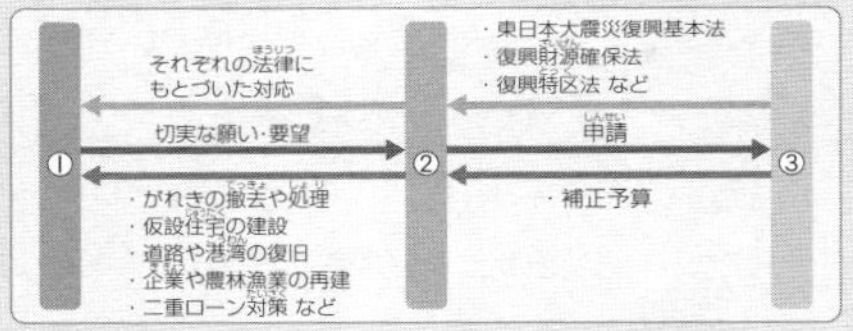


［国　被災した人々　県や市町村］

①（被災した人々）　②（県や市町村）　③（国）



裏にも問題があります。



# 夏のチャレンジテスト　表

**1** (1)基本的人権《じんけん》とは、だれもが生まれながらにしてもっている、人間らしく生きるための権利のことです。

(2)日本国憲法には、国民の義務として、税金を納める義務（④）、子どもに教育を受けさせる義務（⑥）、仕事について働く義務の3つが定められています。一方、権利として、働く人が団結する権利（①）、教育を受ける権利（②）、健康で文化的な生活を営む権利（生存権《せいぞんけん》）（⑤）などが定められています。

**2** (1)①国会は、内閣総理大臣を指名します。

②③⑥内閣は衆議院の解散を決定したり、最高裁判所の長官を指名したり、外国と条約を結んだりします。条約を承認《しょうにん》するのは国会です。

④⑤裁判所は、国会のつくった法律や内閣の行う政治が憲法に違反していないかどうかを判断します。

(2)2つの議院があることで、より慎重《しんちょう》に話し合うことができるとされています。

**3**のA (1)市役所は、市民の願いを聞きながら専門委員会とともに計画書をつくり、市議会がその計画書を議決します。

(2)㋐国会が法律を制定します。

㋒国会議員は国民の選挙により選ばれます。

㋔市長は市民の選挙により選ばれます。

**3**のB (1)東日本大震災にも災害救助法が適用され、救助のほか、食料や生活物資などの支援《しえん》が行われました。

(2)復旧・復興に向けて国は法律を制定したり特別な予算を立てたりし、それを受けて県や市町村が具体的な取り組みを行います。

**おうちのかたへ** 2016年7月の参議院議員選挙より、それまで20才以上だった選挙権年齢が18才以上に引き下げられました。国民が刑事裁判に参加する裁判員制度の裁判員の年齢は、民法改正による成人年齢の引き下げに合わせ、2022年4月から18才以上に引き下げられています。

## 4 右の資料を見て答えましょう。

1つ2点(12点)

(1) Ⓐ、Ⓑのような道具が使われていた時代は、それぞれ何時代ですか。

Ⓐ

Ⓐ（縄文時代） Ⓑ（弥生時代）

(2) Ⓑの道具が使われていたころに邪馬台国《やまたいこく》というくにを治めていた女王の名前を書きましょう。

Ⓑ

（卑弥呼）

(3) Ⓒは、強い力をもっていたものの墓のまわりに並《なら》べられました。そのような墓を何といいますか。

Ⓒ

（古墳）

(4) Ⓒがつくられたころの様子について、次の文中の①、②にあてはまる言葉を書きましょう。

（ ① ）という政府が、近畿《きんき》地方を中心として、九州《きゅうしゅう》地方から東北《とうほく》地方南部までの広いはんいで大きな力をもっていた。また、この時代には、（ ② ）とよばれる人々が中国《ちゅうごく》や朝鮮《ちょうせん》半島から日本列島にわたり、大陸の文化を伝えた。

①（大和朝廷（大和政権）） ②（渡来人）

## 5 次の年表を見て答えましょう。

1つ2点(14点)

| | | |
|---|---|---|
| | 589 | （ ② ）が中国を統一する |
| （ ① ）時代 | 593 | 聖徳太子《しょうとくたいし》が天皇《てんのう》を助ける役職につく |
| | 603 | （ ③ ）を定め、家柄《いえがら》に関係なく能力や功績《こうせき》で役人を取り立てるしくみをつくる |
| | 604 | 役人の心構えを示すために（ ④ ）を定める |
| | 607 | 小野妹子《おののいもこ》らを使者として（ ② ）に送る |
| | | 法隆寺《ほうりゅうじ》を建て、（ ⑤ ）の教えを人々の間に広める |
| | 618 | （ ② ）がほろび、唐《とう》がおこる |
| | 645 | 中大兄皇子《なかのおおえのおうじ》らが（ ⑥ ）氏をたおす |

(1) 年表中の①～⑥にあてはまる言葉を書きましょう。

①（飛鳥） ②（隋） ③（冠位十二階）

④（十七条の憲法） ⑤（仏教） ⑥（蘇我）

(2) 中大兄皇子と中臣鎌足《なかとみのかまたり》が、天皇中心の国づくりをするために行った改革《かいかく》を何といいますか。

（大化の改新）

## 6 8世紀ごろの様子について答えましょう。

1つ2点(12点)

(1) 8世紀初めに中国にならって新たにつくられた、国を治めるための法律《ほうりつ》を何といいますか。

（律令）

(2) 次の①～③は、このころの人々が納《おさ》めていた税です。税の種類を、㋐～㋒からそれぞれ選びましょう。

㋐ 租《そ》
㋑ 調《ちょう》
㋒ 庸《よう》

① 年間に10日都で働くかわりに、布を納める。
② 稲《いね》の収穫《しゅうかく》高の約3%を納める。
③ 織物や地方の特産物を納める。

①［㋒］ ②［㋐］ ③［㋑］

(3) 右の写真の木簡《もっかん》とよばれる木の札は、今でいう何の代わりに使われていましたか。

（手紙（書類、紙））

(4) このころの都（平城京《へいじょうきょう》）の場所を、右の地図中の㋐～㋒から選びましょう。

㋐
㋒
㋑

［㋑］

思考・判断・表現　30点

## 7 次の問いに答えましょう。

(1)(2)5点、(3)(4)10点(30点)

(1) 右の資料は、聖武《しょうむ》天皇が国ごとに建てた寺の分布です。この寺を何といいますか。

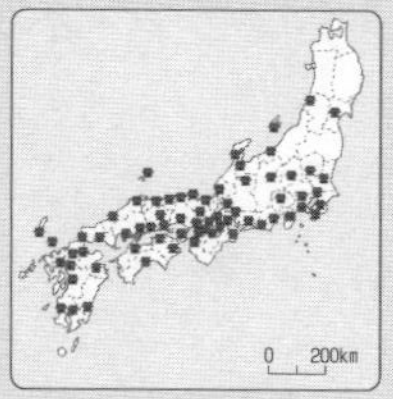
0 200km

（国分寺）

(2) 資料からわかることを、㋐～㋒から選びましょう。

㋐ 当時の国は、今の青森《あおもり》県まで置かれていた。
㋑ 寺は中国の文化のえいきょうを受けていた。
㋒ 東北地方から九州地方まで、国が置かれていた。

［㋒］

(3) 聖武天皇の大仏《だいぶつ》づくりに協力した僧《そう》の名前を書きましょう。

（行基）

(4) 聖武天皇が資料の寺や大仏をつくった理由を、このころの社会の様子にふれて、簡単《かんたん》に書きましょう。

（(例)病気や災害、反乱が起こっていたため、仏教の力で社会の不安をしずめて国を治めようとしたから。）

# 夏のチャレンジテスト　裏

**4** (2)卑弥呼《ひみこ》の名前は、中国の歴史書に書かれています。

(3)Ⓒははにわで、この他にもいろいろな形があります。

(4)大和朝廷《やまとちょうてい》（大和政権《せいけん》）の力の広がりは、「ワカタケル大王」の名前が刻《きざ》まれた刀剣《とうけん》が埼玉《さいたま》県と熊本《くまもと》県から出土したことからわかります。

**5** (1)②聖徳太子は、隋《ずい》の進んだ制度や文化、学問を取り入れることが必要だと考え、小野妹子らを遣隋使《けんずいし》として送りました。

**6** (1)律令《りつりょう》により、天皇を中心とした全国を支配するしくみが整えられました。人々はさまざまな税や兵役を負担《ふたん》しました。

(4)平城京は奈良《なら》県につくられ、東西南北にのびる道路で碁盤《ごばん》の目のように区切られていました。

**7** (2)聖武天皇は、ばく大な費用をかけて国ごとに国分寺《こくぶんじ》を建てました。資料から、東北地方から四国《しこく》、九州地方まで国があったことがわかります。青森県には国分寺は置かれていなかったため、㋐はまちがいです。

(3)行基《ぎょうき》は大仏だけでなく、人々のために橋や道、池や水路などもつくりました。

(4)このころ全国各地で病気や災害、反乱《はんらん》が起こるなど、社会全体に不安が広がっていました。聖武天皇は社会を安定させるために次々と都を移しましたが、いっこうによくならないため、国分寺を建てることを命じました。

**おうちのかたへ** 東大寺にある正倉院には、聖武天皇が愛用したものなど多くの宝物があります。毎年秋に奈良国立博物館で開催される正倉院展では、貴重な宝物を目にすることができます。

# 冬のチャレンジテスト

教科書 （歴史編）36〜127ページ

名前　　　　月　　日

時間 40分

| 知識・技能 | 思考・判断・表現 | 合格80点 |
| --- | --- | --- |
| /70 | /30 | /100 |

答え59ページ

知識・技能　70点

## 1 次の問いに答えましょう。

1つ2点(6点)

(1) 右のような貴族《きぞく》の生活ぶりをえがいた絵を何といいますか。

（ 大和絵 ）

(2) この絵がかかれたころ、漢字からつくられた日本独自の文字が使われるようになりました。この文字を何といいますか。

（ かな文字 ）

(3) 小説「源氏物語《げんじものがたり》」の作者を、㋐〜㋒から選びましょう。

㋐ 清少納言《せいしょうなごん》　㋑ 紫式部《むらさきしきぶ》　㋒ 藤原道長《ふじわらのみちなが》

［ ㋑ ］

## 2 源 頼朝《みなもとのよりとも》の年表を見て答えましょう。

1つ2点(10点)

| 年 | 主なできごと |
| --- | --- |
| 1159 | ⓐ平氏《へいし》との戦いに敗れる |
| 1185 | ⓑ壇ノ浦《だんのうら》の戦いで平氏をほろぼす<br>（ ① ）・地頭《じとう》を置く |
| 1192 | （ ② ）になる |
| 1199 | 死去 |

(1) 下線部ⓐの戦いを、㋐〜㋒から選びましょう。

㋐ 平治《へいじ》の乱《らん》　㋑ 屋島《やしま》の戦い　㋒ 元寇《げんこう》

［ ㋐ ］

(2) 下線部ⓑの壇ノ浦の場所を、右の地図中の㋐〜㋒から選びましょう。

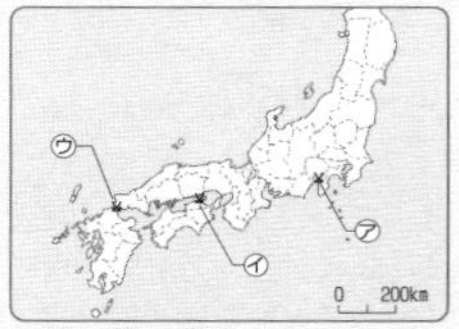


［ ㋒ ］

(3) 年表中の①、②にあてはまる言葉を書きましょう。

①（ 守護 ）②（ 征夷大将軍 ）

(4) ①や地頭の仕事につき、頼朝（将軍《しょうぐん》）や幕府《ばくふ》と「ご恩《おん》と奉公《ほうこう》」の関係で結ばれていた、家来の武士を何といいますか。

（ 御家人 ）

## 3 次の資料を見て答えましょう。

1つ2点(12点)

Ⓐ

Ⓑ

Ⓒ

(1) Ⓐのような部屋のつくりを何といいますか。

（ 書院造 ）

(2) Ⓐのつくりについて、現在の和室と共通しているところを2つ書きましょう。

(この中から2つ)（ たたみ、障子、ふすま、違い棚、付け書院 ）

(3) Ⓑのような絵を何といいますか。また、それを大成させた人物の名前を書きましょう。

絵（ すみ絵(水墨画) ）人物（ 雪舟 ）

(4) Ⓒは栃木《とちぎ》県にあった学問を学ぶ場所です。ここでは僧《そう》たちが中国《ちゅうごく》の学問である漢学を学びました。Ⓒの名前を㋐〜㋒から選びましょう。

㋐ 寺子屋《てらこや》　㋑ 足利《あしかが》学校　㋒ 学制《がくせい》

［ ㋑ ］

## 4 右の資料を見て答えましょう。

1つ3点(12点)

(1) 資料は、織田《おだ》・徳川《とくがわ》の連合軍が武田《たけだ》氏の軍勢と戦っている様子です。①この戦いを何といいますか。また、②この戦いのころから新しく使われるようになった武器は何ですか。

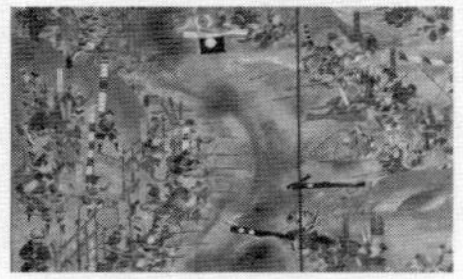

①（ 長篠の戦い ）②（ 鉄砲 ）

(2) (1)の戦いの翌年《よくねん》に織田信長が築いた城《しろ》を、㋐〜㋒から選びましょう。

㋐ 安土城《あづちじょう》　㋑ 大阪《おおさか》城　㋒ 江戸《えど》城

［ ㋐ ］

(3) 信長は、(2)の城下町《じょうかまち》での自由な商売を認《みと》めました。このことを何といいますか。

（ 楽市・楽座 ）



裏にも問題があります。

# 冬のチャレンジテスト　表

**1** (1)平安《へいあん》時代にかかれた大和絵《やまとえ》です。

(2)ひらがなは漢字をくずしてつくられ、カタカナは漢字の一部を省略してつくられました。

(3)㋐清少納言は「枕草子《まくらのそうし》」という随筆《ずいひつ》を書きました。

㋒藤原道長は、平安時代に大きな力をもった貴族です。

**2** (1)㋑は源義経《よしつね》が屋島にいた平氏を破った戦いです。

㋒は鎌倉《かまくら》時代に元《げん》の大軍が九州《きゅうしゅう》北部にせめてきたできごとです。

(2)㋐は富士川《ふじがわ》の戦い、㋑は屋島の戦いの場所です。

(4)御家人《ごけにん》は、頼朝の「ご恩」に対して「奉公」をちかい、戦いが起これば、「いざ鎌倉」とかけつけました。

**3** (1)(2)書院造《しょいんづくり》は、客をもてなす専用《せんよう》の部屋のつくりとして発達し、現在の和室につながっています。

(4)㋐は、江戸《えど》時代に町人《ちょうにん》や百姓《ひゃくしょう》の子どもたちが読み書きやそろばんを学んだ教育機関です。

㋒は明治《めいじ》政府が公布した、6才以上の男女を小学校に通わせることを定めた制度です。

**4** (1)長篠《ながしの》の戦いで、大量の鉄砲《てっぽう》が組織的に使われました。

(2)織田信長は、安土（滋賀《しが》県）に城を築きました。

㋑は豊臣秀吉《とよとみひでよし》が大阪に築き、政治の拠点《きょてん》とした城です。

㋒は徳川家康《いえやす》が築いた城です。

(3)信長は、安土城下での商売の自由を認めるとともに、往来する商人たちに対し、城下の道路を通り、城下にとまるよう義務づけました。

おうちのかたへ　室町時代には、現在の和室につながる書院造以外にも、能や狂言、生け花や茶の湯といった日本を代表する伝統芸能が発展しました。また、1日3回食事する習慣が起こってきました。

## 5 次の年表を見て答えましょう。

(1)1つ2点、(2)(3)(4)1つ3点(15点)

| 年 | 主なできごと |
|---|---|
| 1600 | ⓐ関ヶ原《せきがはら》の戦い |
| 1612 | ( ① )教を禁止する |
| 1635 | 武家諸法度《ぶけしょはっと》を改め、ⓑ参勤交代《さんきんこうたい》の制度を加える |
| 1641 | ⓒ鎖国《さこく》の状態となる |

(1) 下線部ⓐの戦いに勝ったのち、徳川家康《とくがわいえやす》は江戸幕府《えどばくふ》による支配体制を整えました。次の地図中のA～Cの大名《だいみょう》をそれぞれ何といいますか。

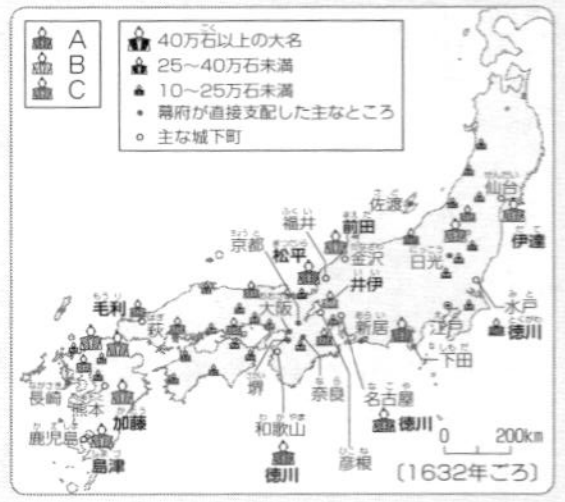


A( 親藩 )

B( 譜代 )

C( 外様 )

(2) 年表中の①にあてはまる言葉を書きましょう。 ( キリスト )

(3) 下線部ⓑの参勤交代の内容としてあうものを㋐～㋒から選びましょう。

㋐ 五人組《ごにんぐみ》というしくみをつくらせ、共同で責任を負わせた。

㋑ 大名には、1年おきに江戸と領地の間を行き来させた。

㋒ 中国《ちゅうごく》にならった法律《ほうりつ》で、九州《きゅうしゅう》を守る兵士の役の負担《ふたん》があった。

( ㋑ )

(4) 下線部ⓒの鎖国の状態のときに、幕府が交流を禁止していた国を、㋐～㋓から選びましょう。

㋐ オランダ　㋑ 朝鮮《ちょうせん》

㋒ スペイン　㋓ 中国

( ㋒ )

## 6 次の問いに答えましょう。

(1)1つ2点、(2)1つ3点(15点)

(1) 次の①～③の文は、明治《めいじ》政府が行ったことです。説明にあうものを、右上の㋐～㋓からそれぞれ選びましょう。

① 近代的な工業を始めるために、国が運営する官営《かんえい》工場を開いた。 ( ㋑ )

② 20才になった男子に、3年間軍隊に入ることを義務づけた。 ( ㋓ )

③ 国の収入《しゅうにゅう》を安定させるために、土地に対する税のしくみを改めた。 ( ㋒ )

㋐ 廃藩置県《はいはんちけん》　㋑ 殖産興業《しょくさんこうぎょう》

㋒ 地租改正《ちそかいせい》　㋓ 徴兵令《ちょうへいれい》

(2) 次の資料を見て答えましょう。

> 第4条　天皇は、国の元首《げんしゅ》であり、国や( Ⓐ )を治める権限をもつ。
> 第5条　天皇は、議会の協力で法律をつくる。
> 第29条　( Ⓐ )は、法律の範囲《はんい》の中で、言論《げんろん》、出版、集会、結社の自由をもつ。

① 資料は、何の一部ですか。㋐～㋒から選びましょう。

㋐ 日本国憲法《けんぽう》

㋑ 国会開設の要望書

㋒ 大日本帝国《ていこく》憲法

( ㋒ )

② 資料中のⒶにあてはまる言葉を書きましょう。 ( 国民 )

③ ①をつくるために、ドイツにわたって学んだ人物の名前を書きましょう。 ( 伊藤博文 )

思考・判断・表現　30点

## 7 次の資料を見て答えましょう。

1つ4点、(3)10点(30点)

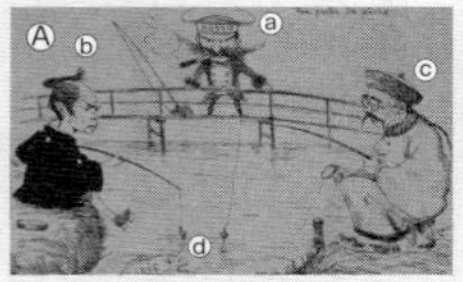


> Ⓑあゝ《(あ)》を《(お)》とうとよ、
> 君を泣く、
> 君死にたまふ《(う)》ことなかれ、
> 末に生れし君なれば
> 親のなさけはまさりしも、…

(1) Ⓐは、日清《にっしん》戦争直前の4つの国の関係を表しています。ⓐ～ⓓの国名を書きましょう。

ⓐ( ロシア )　ⓑ( 日本 )

ⓒ( 中国(清) )　ⓓ( 朝鮮 )

(2) Ⓑの詩を発表した人物の名前を書きましょう。 ( 与謝野晶子 )

(3) 日本は日露《にちろ》戦争に勝利したにもかかわらず、国民には不満が残りました。その理由を、右の資料から考えて簡単《かんたん》に書きましょう。

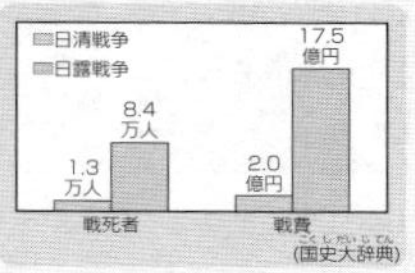


( (例) 日清戦争と比べて戦死者や戦費が多く、国民に負担がかかったから。 )



# 冬のチャレンジテスト　裏

**5** (1)親藩《しんぱん》は徳川家の親せき、譜代《ふだい》は古くからの徳川家の家来、外様《とざま》は関ヶ原の戦い後に徳川家に従《したが》った大名です。外様は江戸から遠い土地に配置されました。

(2)幕府は、キリスト教の信者たちが幕府の命令に従わなくなることをおそれ、キリスト教を禁止しました。

(3)㋐の五人組は、幕府が村のまとまりを利用しつくらせたしくみです。

㋒は奈良《なら》時代の律令《りつりょう》です。

(4)オランダと中国とは長崎《ながさき》で貿易を行いました。朝鮮との貿易や外交は対馬《つしま》藩（長崎県）を通して行われました。

**6** (2)②大日本帝国憲法では、国民の自由は、法律の範囲内で認められていました。

③伊藤博文《いとうひろぶみ》は、皇帝《こうてい》の権力《けんりょく》が強いドイツの憲法を学びました。

**7** (1)日本と中国（釣《つ》り人）が朝鮮（魚）をめぐって対立し、上からロシアがねらっている様子を、皮肉《ひにく》をこめてえがいています。

(3)戦争には勝利しましたが、費用負担《ふたん》で苦しんだ国民には不満が残りました。

**おうちのかたへ** 鎖国とよばれる体制下でも、オランダ・中国とは長崎、朝鮮とは対馬藩、琉球とは薩摩藩、蝦夷地とは松前藩を通じて貿易や交流を行っていました。これら「四つの窓口」を確認しておきましょう。

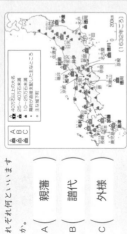

# 春のチャレンジテスト

教科書 (歴史編)128〜153ページ、(政治・国際編)60〜107ページ

名前　　　月　　日

時間 40分

| 知識・技能 | 思考・判断・表現 | 合格80点 |
| --- | --- | --- |
| /60 | /40 | /100 |

答え61ページ

知識・技能　60点

## 1 次の年表を見て答えましょう。

1つ2点(20点)

| 年 | 社会の動き・戦争の流れ | 国民生活 |
| --- | --- | --- |
| 1931 | ( ① )にいた日本軍が中国軍《ちゅうごく》を攻撃《こうげき》する | |
| 1932 | ( ① )の主要部を占領《せんりょう》する | |
| 1933 | ( ② )に脱退《だったい》を通告する | |
| 1937 | 日本軍と中国軍がペキン(北京)郊外《こうがい》でしょうとつして、( ③ )となる | |
| 1938 | | ⓐ国民全員を総動員する法律《ほうりつ》を出す |
| 1941 | ハワイ真珠湾《しんじゅわん》を攻撃し、( ④ )が始まる | 米が( ⑤ )になる |
| 1944 | | 小学生が( ⑥ )をする |
| 1945 | ⓑアメリカ軍により原子爆弾《げんしばくだん》が投下される | |

(1) 年表中の①〜⑥にあてはまる言葉を、㋐〜㋗からそれぞれ選びましょう。

㋐ 日英同盟《にちえいどうめい》　㋑ 日清《にっしん》戦争
㋒ 配給制　㋓ 太平洋《たいへいよう》戦争
㋔ 日中《にっちゅう》戦争　㋕ 満州《まんしゅう》
㋖ 集団疎開《そかい》　㋗ 国際連盟

① ㋕　② ㋗
③ ㋔　④ ㋓
⑤ ㋒　⑥ ㋖

(2) 下線部ⓐに関連して、次の文中の①、②にあてはまる言葉を書きましょう。

> 戦争が長引くにつれ、多くの男性が( ① )として戦地に送られ、今の中学生くらいの年令になると、勉強をしないで学校や工場などで働いた。戦争が長引くと、( ② )生も戦場に行って戦った。

①( 兵隊(兵士) )　②( 大学 )

(3) 下線部ⓑについて、原子爆弾が投下された都市を、㋐〜㋕から2つ選びましょう。

(順不同) ㋓　㋔

## 2 次の年表を見て答えましょう。

1つ2点(16点)

| 年 | 主なできごと |
| --- | --- |
| 1945 | ⓐ軍隊が解散させられる |
| | ↕ Ⓐ |
| 1952 | 日本が主権《しゅけん》を回復する |
| | ↕ Ⓑ |
| 1964 | 東京《とうきょう》オリンピック・パラリンピックが開かれる |
| | ↕ Ⓒ |
| 1972 | ( ① )が日本に復帰する |
| 1989 | ⓑアメリカとソ連《れん》の対立が終わる |

(1) 日本国憲法《けんぽう》が公布された時期を、年表中のⒶ〜Ⓒから選びましょう。　Ⓐ

(2) 下線部ⓐについて、日本の戦後改革《かいかく》の説明として正しいものには○を、まちがっているものには×をつけましょう。

① 女性の参政権《さんせいけん》が認《みと》められ、一定の税金を納《おさ》めた25才以上の国民は選挙権《せんきょけん》をもった。　×

② 農地改革により、小作《こさく》農家が自分の農地をもつようになった。　○

③ 小学校6年間、中学校3年間の9年間が義務教育となった。　○

(3) 年表中のⒷの時期に日本が加盟《かめい》した、多くの国々が協力して国際的な問題を解決する組織の名前を書きましょう。

( 国際連合 )

(4) 年表中の①にあてはまる言葉を書きましょう。

( 沖縄 )

(5) (4)が日本に復帰してからも、まだ問題をかかえています。「アメリカ軍」という言葉を使って、かかえる問題を簡単《かんたん》に書きましょう。

( (例) 沖縄県にアメリカ軍の基地が残されたままになっていること。 )

(6) 下線部ⓑについて、下の写真は、どこの国で起こったできごとを写したものですか。㋐〜㋒から選びましょう。

㋐ フランス
㋑ ドイツ
㋒ イギリス

㋑

Ⓒ裏にも問題があります。



# 春のチャレンジテスト　表

**1** (1)②国際連盟が満州国の独立を認めないと決議したため、日本は国際連盟に脱退を通告しました。

㋐は、1902年に日本とイギリスが結んだ同盟です。

㋑日清戦争は、1894年に起きた、日本と中国(清)との戦いです。

(2)①召集令状《しょうしゅうれいじょう》(赤紙《あかがみ》)がとどくと、戦場に行かなくてはなりませんでした。

②非常時として、国民が一丸となって戦争に協力することを求められ、協力しないと、日本国民ではないと非難《ひなん》されました。戦争が長引くと、1943年には大学生が戦場に送られるようになりました。

(3)㋓の広島《ひろしま》市と㋔の長崎《ながさき》市です。

**2** (1)日本国憲法は、太平洋戦争が終わった翌年《よくねん》に公布されました。

(2)①20才以上のすべての男女が選挙権をもつようになりました。

(3)国際連合は1945年に発足しましたが、日本が加盟したのは1956年です。

(4)(5)1972(昭和《しょうわ》47)年に沖縄《おきなわ》が返還《へんかん》されましたが、現在も県の面積の約8%にアメリカ軍基地が残されたままになっています。基地の移転問題など、多くの課題があります。

(6)写真は、アメリカとソ連の対立の象徴《しょうちょう》だった、ドイツにあるベルリンの壁《かべ》が崩壊《ほうかい》した様子です。

> **おうちのかたへ** 第二次世界大戦後、敗戦した日本はアメリカなどの連合国軍に占領され、連合国軍の指導のもと、戦後改革が行われました。日本国憲法の制定や女性の参政権が認められたことは、その一つです。

**3** 次の資料は、アメリカ、フランス、中国《ちゅうごく》、ブラジルの国旗です。あとの問いに答えましょう。　1つ2点(24点)

㋐　㋑　㋒　㋓

(1) ①中国と②ブラジルの国旗を、㋐～㋓から選びましょう。また、それぞれの国の首都名を書きましょう。

① 国旗（㋒）　首都（ペキン）

② 国旗（㋐）　首都（ブラジリア）

(2) 次の①～④の文にあう国を4か国から選び、国名を書きましょう。

① 日本から自動車や機械類が多く輸出されている。幕末《ばくまつ》にこの国の使者としてペリーが来航したことをきっかけに、鎖国《さこく》が終わった。

② 古くから日本と交流のあったこの国は、現在、経済《けいざい》が発展《はってん》し、日本の重要な貿易相手国となっている。

③ 美しい古城や庭園、美術館などが多く、観光業がさかんである。

④ 日本からの移民が多く、日本にルーツのある日系人が200万人以上いるといわれている。

①（アメリカ）　②（中国）

③（フランス）　④（ブラジル）

(3) 次の①、②について答えましょう。

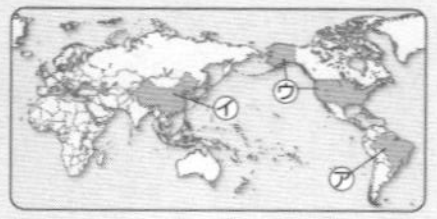


① ブラジルの場所を、地図中の㋐～㋒から選びましょう。（㋐）

② ブラジルが世界第2位の生産国（2022年）である、植物などから生産されるエタノールを何といいますか。（バイオエタノール）

(4) フランスで、野菜や肉、魚などの食品を売っている市場を何といいますか。（マルシェ）

(5) 世界の国々において、共通する文化や言語、宗教《しゅうきょう》などをもつ人々の集団を何といいますか。（民族）

思考・判断・表現　40点

**4** 次の問いに答えましょう。

1つ4点、(1)②12点(40点)

(1) 次の文は、日本の国際協力について説明しています。

・青年海外協力隊は、ⓐ政府開発援助の1つであり、自分の知識や技術を生かしたいという意欲《いよく》をもった人たちが、発展途上《はってんとじょう》の国や地域《ちいき》で活やくしている。一方で、（　）支《し》援《えん》や植林活動、自然災害の復興《ふっこう》支援などのさまざまな分野で、ⓑ非政府組織《ひせいふそしき》の活動も目立っている。

① 下線部ⓐ、ⓑを別名で何といいますか。それぞれアルファベット3字で書きましょう。

ⓐ（ODA）　ⓑ（NGO）

② 下線部ⓐと下線部ⓑの大きなちがいを、簡単《かんたん》に書きましょう。

（(例) 政府開発援助は政府が主体となって行う活動で、非政府組織は政府からは独立した民間の団体のことである。）

③ 文中の（　）には、「政治的・経済的な理由、民族、宗教などの問題から起こった紛争《ふんそう》などが原因で、住む場所をはなれたり追いやられたりした人々」という意味の言葉が入ります。このような人々を何といいますか。漢字2字で書きましょう。（難民）

(2) 国際連合について、戦争や食料不足による飢《う》えなどに苦しむ地域の子どもたちを助けることを目的としてつくられた機関をカタカナで答えましょう。（ユニセフ）

(3) 次の文を読んで、問いに答えましょう。

・地球温暖化《おんだんか》や熱帯雨林の減少、砂漠化《さばくか》や酸性雨《さんせいう》などの地球規模《きぼ》の環境《かんきょう》問題が生じるなか、生活と環境のバランスを考えた（　）な社会の実現が緊急《きんきゅう》の課題となっている。

① 国連気候変動枠組《わくぐみ》条約を結んだ国々は、2015年に何の削減《さくげん》目標を定めましたか。（温室効果ガス）

② 文中の（　）にあてはまる言葉を、漢字4字で書きましょう。（持続可能）

③ ②な社会を実現するため、2015年に国連で開かれたサミットで示された17の目標を何といいますか。アルファベット4字で書きましょう。（SDGs）





# 春のチャレンジテスト　裏

**3** (1)㋑はアメリカ、㋓はフランスの国旗です。

(2)①貿易がさかんなことと、幕末に日本に来たペリーをもとに考えます。

②「日本の重要な貿易相手国」から考えます。

③「美術館」「観光業」をもとに考えます。

④「移民」「日系人」をもとに考えます。

(3)②ブラジルでは、さとうきびを原料にして砂糖とエタノールを生産しています。

(4)フランスでは、食品はマルシェ、日用品はスーパーマーケットで買うほか、ブロカントとよばれる古道具市のようなフリーマーケットも人気です。

**4** (1)①ⓐ政府が行う援助はODA《オーディーエー》で、青年海外協力隊はその一つです。ⓑ民間の団体が寄付金やボランティアで活動しているのがNGO《エヌジーオー》です。

②ODAは政府の援助であること、NGOは政府などから独立していることが書けていればよいです。

(2)ユニセフの活動は民間の寄付金に支えられており、学校で集められた募金《ぼきん》もその活動に役立っています。

(3)①国連気候変動枠組条約のすべての参加国が温室効果ガスの削減目標を定めることを決めた「パリ協定」が、2015年に結ばれました。

**おうちのかたへ** 世界の宗教の分布などは中学校の地理で学習します。小学6年生では、宗教や文化、習慣に違いがあることを知り、互いに認め合うことの必要性を学んでいきます。

## 6年 社会のまとめ　学力診断《しんだん》テスト

月　日　名前

時間 40分　合格70点　／100

答え63ページ

**1** 日本国憲法《にほんこくけんぽう》《にっぽんこく》と政治について答えましょう。　1つ3点(15点)

(1) 憲法の三つの原則の中の平和主義に関係する、日本政府が出した「核兵器《かくへいき》をもたない、つくらない、もちこませない」という方針《ほうしん》を何といいますか。（ 非核三原則 ）

(2) 右の資料は、国の政治の重要な役割《やくわり》を分担《ぶんたん》する、3つの機関の関係を表しています。次の問いに答えましょう。

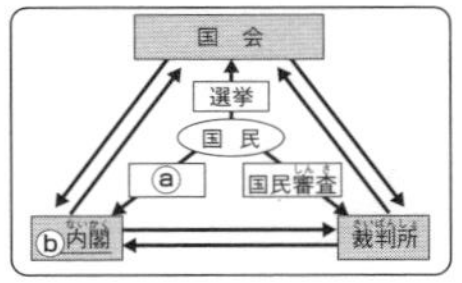


① 資料のようなしくみを何といいますか。（ 三権分立 ）

② 資料中のⓐにあう言葉を、漢字2字で書きましょう。（ 世論 ）

③ 下線部ⓑのもとに属している省庁《ちょう》のうち、国民の健康や働く人の安全などに関する仕事をしている役所を何といいますか。（ 厚生労働省 ）

(3) 税金の使い道ではないものを、㋐～㋓から選びましょう。

㋐ 学校などの教育　㋑ 警察《けいさつ》や消防
㋒ 被災地《ひさいち》の復興　㋓ 百貨店の建設

［ ㋓ ］

**2** 次の㋐～㋔の文を読んで答えましょう。　1つ2点、(2)8点(完答)(20点)

㋐ （ ① ）は仏教の力で国を守ろうと考え、東大寺《とうだいじ》を建て、大仏をつくった。
㋑ 聖徳太子《しょうとくたいし》は、役人の心構えを示した（ ② ）を定めた。
㋒ （ ③ ）は平氏《へいし》を破り、朝廷《ちょうてい》から征夷大将軍《せいいたいしょうぐん》に任命された。
㋓ 邪馬台国《やまたいこく》の女王（ ④ ）は、30ほどのくにを従えた。
㋔ （ ⑤ ）時代の人々は、縄目《なわめ》の文様《もんよう》がつけられた土器を使って暮《く》らしていた。

(1) ①～⑤にあう言葉を書きましょう。

①（ 聖武天皇 ）②（ 十七条の憲法 ）③（ 源頼朝 ）
④（ 卑弥呼 ）⑤（ 縄文 ）

(2) ㋐～㋔を年代の古い順に並《なら》べかえましょう。

［ ㋔ ］→［ ㋓ ］→［ ㋑ ］→［ ㋐ ］→［ ㋒ ］

(3) ㋓について、この時代の大規模《だいきぼ》な集落あとが発見された吉野ヶ里遺跡《よしのがりいせき》は、現在の何県にありますか。（ 佐賀県 ）

**3** 次の資料を見て答えましょう。　1つ2点(8点)

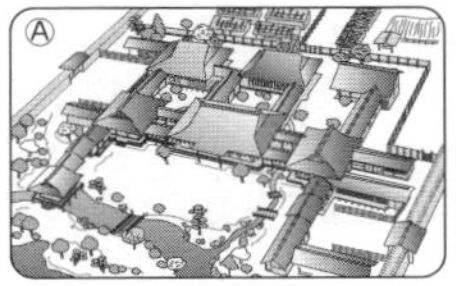


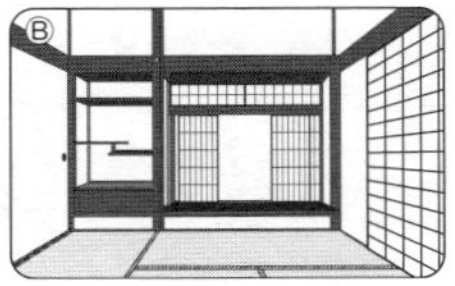


(1) Ⓐについて、①このような屋しきのつくりを何といいますか。また、②この屋しきがつくられた時代に起こったできごとを、㋐～㋓から選びましょう。

㋐ 天下統一を目ざして、各地で戦国大名《せんごくだいみょう》が争った。
㋑ 足利《あしかが》氏が京都《きょうと》に幕府《ばくふ》を開いた。
㋒ 藤原《ふじわら》氏が政治の権力《けんりょく》をにぎった。
㋓ 大王《おおきみ》や豪族《ごうぞく》の墓である古墳《こふん》が各地につくられた。

①（ 寝殿造 ）②［ ㋒ ］

(2) Ⓑについて、①現代の和室のもととなったこの部屋の建築様式を何といいますか。また、②この時代に始まり、現在まで受けつがれている文化や芸能を1つ書きましょう。

①（ 書院造 ）②（(例)生け花、能、狂言、茶(の湯)、水墨画などから1つ）

**4** 学問・文化について、次の①～⑤の「わたし」にあう人物の名前を書きましょう。　1つ2点(10点)

① わたしは、浮世絵《うきよえ》の「東海道五十三次《とうかいどうごじゅうさんつぎ》」をかきました。
② わたしは、破傷風《はしょうふう》という病気の治療法《ちりょうほう》を発見しました。
③ わたしは、随筆《ずいひつ》の「枕草子《まくらのそうし》」をかな文字で書きました。
④ わたしは、日本古来の考え方を研究し、「古事記伝《こじきでん》」を書きました。
⑤ わたしは、「学問のすゝ《(す)》め」を書き、人は生まれながらにして平等であることを主張しました。

①（ 歌川広重 ）②（ 北里柴三郎 ）③（ 清少納言 ）
④（ 本居宣長 ）⑤（ 福沢諭吉 ）



裏にも問題があります。



## 学力診断《しんだん》テスト　表

**1** (2)①権力を分散して、濫用《らんよう》を防ぐという目的があります。
②世論《よろん》《せろん》とは、多くの人々の意見のことです。
③厚生労働省は、「健康、薬、食品の安全、職場の安全、子育て、障《しょう》がい者、介護《かいご》、年金、保険」などに関するはば広い仕事をあつかっています。

**2** (1)③鎌倉《かまくら》に幕府を開いた人物です。
(2)㋔（縄文《じょうもん》時代）→㋓（弥生《やよい》時代）→㋑（飛鳥《あすか》時代）→㋐（奈良《なら》時代）→㋒（鎌倉時代）の順番です。

**3** (1)寝殿造《しんでんづくり》は平安《へいあん》時代の貴族《きぞく》の屋しきにみられます。平安時代は貴族が中心の時代であり、藤原氏が権力をにぎっていました。
(2)①書院造《しょいんづくり》は室町《むろまち》時代にみられる建築様式で、たたみやふすま、障《しょう》子《じ》などが使われ、現在の日本の和室のもとにもなっています。

**4** ①江戸《えど》時代に浮世絵をえがいた人物です。
②破傷風の治療法を発見し、伝染病《でんせんびょう》研究所を設立した人物です。
③平安時代に天皇《てんのう》のきさきに仕え、「枕草子」を書いた人物です。
④「古事記」を研究し、「古事記伝」を書いた江戸時代の学者です。
⑤明治《めいじ》時代初めに、西洋の学問・思想を紹介《しょうかい》した人物です。

**おうちのかたへ**　わたしたちの暮らしを支える政治のはたらきや、歴史上の人物やできごとから学んだことなど、一緒に話し合ってみてください。

A

## 5 次の年表を見て答えましょう。

1つ2点(10点)

| 年 | 主なできごと |
|---|---|
| 1894 | 日清《にっしん》戦争が起こる………㋐ |
| 1904 | 日露《にちろ》戦争が起こる………㋑ |
| 1911 | ⓐ関税自主権を回復する |
| 1937 | 日中《にっちゅう》戦争が起こる………㋒ |
| 1941 | ⓑ太平洋《たいへいよう》戦争が起こる |
| 1950 | 朝鮮《ちょうせん》戦争が起こる………㋓ |
| 1964 | 東京《とうきょう》( ① )が開かれる…㋔ |

(1) 下線部ⓐに成功した外務大臣の名前を書きましょう。

( 小村寿太郎 )

(2) 下線部ⓑで、アメリカ軍が上陸したのはどこですか。県名を書きましょう。

( 沖縄県 )

(3) 与謝野晶子《よさのあきこ》が弟を思い、戦争に反対する詩を出した戦争を、㋐～㋓から選びましょう。

[ ㋑ ]

(4) ①にあう言葉を、カタカナで書きましょう。

( オリンピック(・パラリンピック) )

(5) ㋔のころ、日本では経済《けいざい》が成長し、暮《く》らしが豊かになる一方で、工業の発展《はってん》による人々への健康被害《ひがい》が問題となりました。このような被害を、何といいますか。漢字2字で書きましょう。

( 公害 )

## 6 次の地図中の㋐～㋔は、日本と関係の深い国です。あとの①、②にあう国を選びましょう。また、その国名も書きましょう。

1つ3点(12点)

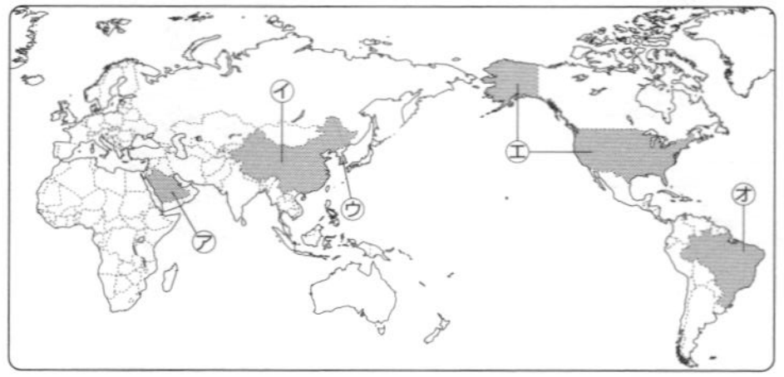


① 多くの移民を受け入れてきた多文化社会の国家。ハンバーガーやジーンズの生まれた国でもある。

② 人口がとても多く、日本とは古くから人やものがさかんに行き来した。

①記号 [ ㋓ ] 国名( アメリカ )

②記号 [ ㋑ ] 国名( 中国 )

(活用力をみる)

## 7 次の資料を見て答えましょう。

1つ5点(10点)

(1) 資料Ⓐの戦いで、織田信長《おだのぶなが》らの軍は、武田《たけだ》軍をどのようにして破りましたか。資料を参考にして、簡単《かんたん》に書きましょう。

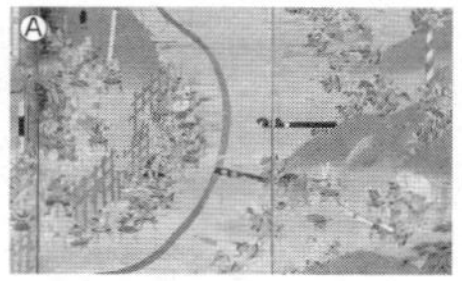


( (例)鉄砲を組織的に利用した戦術をとった。 )

(2) 資料Ⓑは、江戸《えど》時代の大名《だいみょう》の配置を表しています。関ヶ原《せきがはら》の戦い以降《いこう》に徳川《とくがわ》氏に従《したが》った大名が㋐～㋒のどれかを明記して、そのような配置にした理由を、簡単に書きましょう。

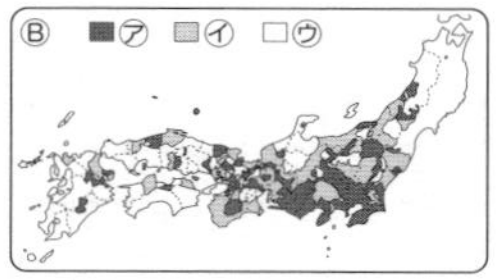


( (例)㋒の外様がむほんを起こす(幕府に対して反抗する)のを防ぐため。 )

## 8 次の文章を読んで答えましょう。

1つ5点、(2)②完答(15点)

太平洋戦争で敗戦した後、ⓐ日本国憲法《にほんこくけんぽう》《にっぽんこく》を制定して再出発した日本は、経済的な発展《はってん》をとげました。現在は、ⓑ世界中の多くの国々と、持続可能な社会を実現するため努力しています。

(1) 下線部ⓐと大日本帝国《だいにっぽんていこく》《にほん》憲法における、天皇《てんのう》の地位のちがいを、次の資料を参考にして、簡単に書きましょう。

| 大日本帝国憲法(要約) | 日本国憲法(要約) |
|---|---|
| 第4条　天皇は、国の元首《げんしゅ》であり、憲法に従って国を統治する権利をもつ。 | 第1条　天皇は日本国の象徴《しょうちょう》であり日本国民統合の象徴であって、この地位は、主権をもつ国民の総意にもとづく。 |

( (例)大日本帝国憲法では天皇は国を治める主権者となっているが、日本国憲法では象徴となっている。 )

(2) 下線部ⓑについて、右下の資料は、世界の国々が加盟《かめい》する機関で2015年に定められた17項目《こうもく》の目標の一部です。次の問いに答えましょう。

① この目標を定めた機関を書きましょう。

( 国際連合(国連) )

② 2つの目標のうち、どちらか1つを選んで、その目標を実現するために自分にどのようなことができるか、考えて書きましょう。

番号 [ 11 ] ( (例)道路のごみを拾う。 )

番号…14 (例)プラスチックごみを捨てない。



# 学力診断《しんだん》テスト　裏

**5** (1)不平等条約の改正は、1894年の領事裁判権《りょうじさいばんけん》(治外法権《ちがいほうけん》)の撤廃《てっぱい》(陸奥宗光《むつむねみつ》)、1911年の関税自主権の回復(小村寿太郎《こむらじゅたろう》)で達成されました。

(2)「上陸」というのがポイントです。東京や大阪《おおさか》は空襲《くうしゅう》は受けましたが、地上戦は行われていません。

(3)日露戦争中に、与謝野晶子は戦争に反対する思いを詩にしました。

**6** ①日本とアメリカは、太平洋戦争後結びつきを強めています。

**7** (1)資料Ⓐは、1575年の長篠《ながしの》の戦いの様子を表しています。この戦いで織田信長・徳川家康《いえやす》は鉄砲《てっぽう》を使い、武田軍の騎馬《きば》隊をたおしました。さくを利用したことを書いていても正解です。

(2)徳川氏は一族である親藩《しんぱん》と、古くからの家来である譜代《ふだい》を江戸の近くなどに置き、関ヶ原の戦い以降に家来になった外様《とざま》を、江戸から遠くはなれた場所に置きました。

**8** (1)日本国憲法では、天皇は形式的・儀礼《ぎれい》的な国事行為《こうい》を行うのみで、政治的な権限は一切《いっさい》もっていません。

(2)①持続可能な開発目標(SDGs《エスディージーズ》)は、2015年、創設《そうせつ》70周年をむかえた国連の総会で採択《さいたく》されました。17の項目の目標があります。

②11…公園や図書館を正しく使うなど、住みやすい地域《ちいき》社会にするために自分ができることが書けていればよいです。

14…水を大切にする、海にごみを捨てない、など自分の考えが書けていればよいです。

**おうちのかたへ** 6年生の社会科で学習したことをふり返り、現在起こっているできごとと、これまで学習してきたこととのつながりについて、気づいたことなどを話し合ってみてください。

付録　取りはずしてお使いください。

# 社会 歴史年表ドリル

## 6年

このドリルを使って
歴史の流れを
マスターしよう。

年　組

# ① 縄文時代《じょうもんじだい》・弥生《やよい》時代・古墳《こふん》時代

◎（　　　）にあてはまることがら（人物やものの名前、できごとなど）を書きましょう。

| 年 | できごと |
|---|---|
| 1万年前《まんねんまえ》ごろ | 狩《か》りや漁のくらしが行われる |
| | ①（　　　　　　　）土器《どき》や石器《せっき》がつくられる |
| 2300年前《ねんまえ》ごろ | 米づくりの技術が発展《はってん》する |
| | ②（　　　　　　　）土器《どき》や鉄器《てっき》、青銅器《せいどうき》が使われるようになる |
| 239 | 邪馬台国《やまたいこく》の③（　　　　　　　）が魏《ぎ》（中国《ちゅうごく》）に使いを送る |
| 4世紀《せいき》ごろ | 大和政権《やまとせいけん》（大和朝廷《やまとちょうてい》）が成立し、支配が広がる |
| | 各地の豪族《ごうぞく》が④（　　　　　　　）をつくる |

## ☑用語チェック

縄《じょう》文《もん》時《じ》代《だい》　弥生《やよい》時《じ》代《だい》　邪《や》馬《ま》台《たい》国《こく》

魏《ぎ》　大和《やまと》政《せい》権《けん》（朝《ちょう》廷《てい》）　豪《ごう》族《ぞく》

◎ 卑弥呼《ひみこ》にインタビューをしてみましょう！

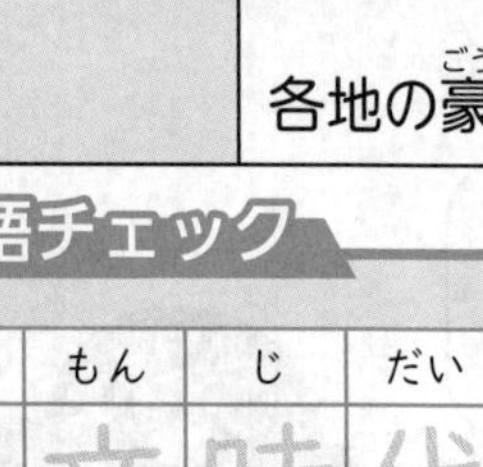

（2世紀末～3世紀前期）

●卑弥呼に質問《しつもん》したいことを書《か》きましょう。

---------------------------------

---------------------------------

●卑弥呼の答《こた》えを予想《よそう》して書《か》いてみましょう。

---------------------------------

---------------------------------

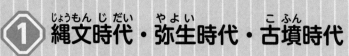

# ② 飛鳥時代《あすかじだい》

◎（　　　）にあてはまることがら（人物やものの名前、できごとなど）を書きましょう。

| 年 | できごと |
|---|---|
| 6世紀ごろ | 大陸から仏教《ぶっきょう》が伝わる |
| | 蘇我氏《そがし》の勢いが強くなる |
| 593 | ①（　　　　　　　）が天皇《てんのう》を助ける役職につく |
| 604 | ②（　　　　　　　）が定められる |
| 607 | ③（　　　　　　　）が遣隋使《けんずいし》として隋《ずい》にわたる |
| | 奈良《なら》に④（　　　　　　　）ができる |
| 645 | ⑤（　　　　　　　）や中臣鎌足《なかとみのかまたり》による大化《たいか》の改新《かいしん》 |

## ☑ 用語チェック

天《てん》皇《のう》

遣《けん》隋《ずい》使《し》

中《なか》臣《とみの》鎌《かま》足《たり》

大《たい》化《か》の改《かい》新《しん》

## ◎ 聖徳太子《しょうとくたいし》にインタビューをしてみましょう！

(574～622)

●聖徳太子に質問したいことを書きましょう。

-------------------------------

-------------------------------

●聖徳太子の答えを予想して書いてみましょう。

-------------------------------

-------------------------------

# ③ 奈良時代《ならじだい》・平安《へいあん》時代

◎（　　）にあてはまることがら（人物やものの名前、できごとなど）を書きましょう。

| 年 | できごと |
|---|---|
| 710 | ①（　　　　　　）に都《みやこ》を移す　奈良時代 |
| | 『古事記《こじき》』『日本書紀《にほんしょき》』ができる |
| 752 | 東大寺《とうだいじ》の大仏《だいぶつ》の開眼式《かいげんしき》が行われる |
| | 唐《とう》から来た②（　　　　　　）が唐招提寺《とうしょうだいじ》をつくる |
| 794 | ③（　　　　　　）に都を移す　平安時代 |
| 894 | 菅原道真《すがわらのみちざね》の意見で遣唐使《けんとうし》をやめる |
| | かな文字の使用が広まる |
| | 日本風《にほんふう》の文化（国風文化《こくふうぶんか》）が育つ |
| | ④（　　　　　　）が『枕草子《まくらのそうし》』をあらわす |
| | ⑤（　　　　　　）が『源氏物語《げんじものがたり》』をあらわす |
| 1016 | ⑥（　　　　　　）が摂政《せっしょう》になる |
| | この頃《ころ》から武士《ぶし》の力が強くなる |
| 1053 | 藤原頼通《ふじわらのよりみち》が宇治《うじ》に平等院鳳凰堂《びょうどういんほうおうどう》をつくる |

## ☑ 用語チェック

| こ | じ | き |
|---|---|---|
| 古 | 事 | 記 |

| こく | ふう | ぶん | か |
|---|---|---|---|
| 国 | 風 | 文 | 化 |

| げん | じ | もの | がたり |
|---|---|---|---|
| 源 | 氏 | 物 | 語 |

◎ 藤原道長《ふじわらのみちなが》にインタビューをしてみましょう！

(966~1027)

●藤原道長に質問したいことを書きましょう。

●藤原道長の答えを予想して書いてみましょう。

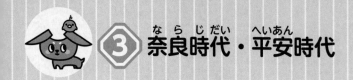

# ④ 平安《へいあん》時代《じだい》・鎌倉《かまくら》時代

◎（　　　）にあてはまることがら（人物やものの名前、できごとなど）を書きましょう。

| 年 | できごと | |
|---|---|---|
| 1167 | ①（　　　　　　）が太政大臣《だいじょうだいじん》になる | 平安時代 |
| 1185 | 源氏《げんじ》が平氏《へいし》をほろぼす | |
| 1192 | ②（　　　　　　）が征夷大将軍《せいいたいしょうぐん》になる | 鎌倉時代 |
| | 北条氏《ほうじょうし》が鎌倉幕府《かまくらばくふ》の実権《じっけん》をにぎる | |
| | →③（　　　　　　）（将軍《しょうぐん》を助ける役職）となり政治を行う | |
| | 中国《ちゅうごく》から禅宗《ぜんしゅう》が伝わる | |
| | 新しい仏教《ぶっきょう》がおこる | |
| 1274 | 元《げん》がせめてくる ─ ④（　　　　　　） | |
| 1281 | 元が再びせめてくる ─ ④ | |
| 1333 | 鎌倉幕府《かまくらばくふ》がほろぶ | |

## ☑ 用語チェック

| かま | くら | じ | だい |
|---|---|---|---|
| 鎌 | 倉 | 時 | 代 |

| げん | じ |
|---|---|
| 源 | 氏 |

| せい | い | たい | しょう | ぐん |
|---|---|---|---|---|
| 征 | 夷 | 大 | 将 | 軍 |

| ほう | じょう | し |
|---|---|---|
| 北 | 条 | 氏 |

| ぜん | しゅう |
|---|---|
| 禅 | 宗 |

| ぶっ | きょう |
|---|---|
| 仏 | 教 |

◎ 源 頼朝《みなもとのよりとも》にインタビューをしてみましょう！

(1147～1199)

●源頼朝に質問したいことを書きましょう。

------------------------------------

------------------------------------

●源頼朝の答えを予想して書いてみましょう。

------------------------------------

------------------------------------

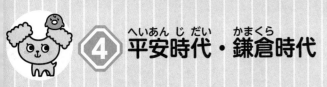

# ⑤ 室町《むろまち》時《じ》代《だい》

◎（　）にあてはまることがら（人物やものの名前、できごとなど）を書きましょう。

| 年 | できごと |
|---|---|
| 1333 | 鎌倉幕府《かまくらばくふ》がほろぶ |
| 1338 | ①（　　　　　　　　）が征夷大将軍《せいいたいしょうぐん》になる |
| 1397 | ②（　　　　　　　　）が金閣《きんかく》をつくる |
| 1404 | 中国《ちゅうごく》との貿易《ぼうえき》（勘合《かんごう》貿易）をはじめる |
| 1467 | 応仁《おうにん》の乱《らん》が起こる（～1477） |
| | 水墨画《すいぼくが》がさかんになる |
| | 各地で一揆《いっき》が発生《はっせい》する |
| 1489 | ③（　　　　　　　　）が銀閣《ぎんかく》をつくる |
| 1543 | 種子島《たねがしま》に鉄砲《てっぽう》が伝わる |
| 1549 | ④（　　　　　　　　　　　　）がキリスト教《きょう》を伝える |
| 1573 | ⑤（　　　　　　　　）が室町幕府《むろまちばくふ》をほろぼす |

## ☑ 用語チェック

室《むろ》町《まち》時《じ》代《だい》

金《きん》閣《かく》

勘《かん》合《ごう》貿《ぼう》易《えき》

水《すい》墨《ぼく》画《が》

銀《ぎん》閣《かく》

◎ 足利義満《あしかがよしみつ》にインタビューをしてみましょう！

(1358～1408)

●足利義満に質問したいことを書きましょう。

---------------------------------

---------------------------------

●足利義満の答えを予想して書いてみましょう。

---------------------------------

---------------------------------

# ⑥ 安《あ》土《づち》桃《もも》山《やま》時《じ》代《だい》

◎（　　　）にあてはまることがら（人物やものの名前、できごとなど）を書きましょう。

| 年 | できごと |
|---|---|
| 1575 | 長篠《ながしの》の戦《たたか》いが起こる |
| 1577 | 織《お》田《だ》信長《のぶなが》によって安土《あづち》の城下町《じょうかまち》で自由な商工業《しょうこうぎょう》をみとめる |
| | ①（　　　　　　　　）が行われる |
| | 検地《けんち》・刀狩《かたながり》が行われる |
| 1590 | ②（　　　　　　　　）が全国《ぜんこく》を統一《とういつ》する |
| 1592・97 | ②が朝鮮《ちょうせん》にせめこむ |
| 1600 | ③（　　　　　　　　）の戦いが起こる |

## ☑ 用語チェック

種《た》子《ねが》島《しま》　鉄《てっ》砲《ぽう》　室《むろ》町《まち》幕《ばく》府《ふ》

安《あ》土《づち》桃《もも》山《やま》時《じ》代《だい》　検《けん》地《ち》　刀《かたな》狩《がり》

◎ 豊臣秀吉《とよとみひでよし》にインタビューをしてみましょう！

(1537～1598)

●豊臣秀吉に質問したいことを書きましょう。

------------------------------------------

------------------------------------------

●豊臣秀吉の答えを予想して書いてみましょう。

------------------------------------------

------------------------------------------

# ⑦ 江戸時代《えどじだい》・前半《ぜんはん》

◎（　）にあてはまることがら（人物やものの名前、できごとなど）を書きましょう。

| 年 | できごと |
|---|---|
| 1603 | ①（　　　　　　　）が征夷大将軍《せいいたいしょうぐん》になり、江戸幕府《えどばくふ》を開く |
|  | 日光《にっこう》に①をまつる東照宮《とうしょうぐう》ができる |
| 1635 | 参勤交代《さんきんこうたい》の制度ができる |
| 1637 | 島原《しまばら》・天草一揆《あまくさいっき》が起こる（～1638） |
| 1641 | 鎖国《さこく》が完成する |
|  | 大阪《おおさか》を中心に町人文化《ちょうにんぶんか》がさかえる |
|  | ②（　　　　　　　　　　）が歌舞伎《かぶき》などの脚本《きゃくほん》をあらわす |
| 1774 | ③（　　　　　　　）や前野良沢《まえのりょうたく》らが『解体新書《かいたいしんしょ》』をあらわす |

## ☑ 用語チェック

江《え》戸《ど》時《じ》代《だい》　参《さん》勤《きん》交《こう》代《たい》　解《かい》体《たい》新《しん》書《しょ》

## ◎ 徳川家康《とくがわいえやす》にインタビューをしてみましょう！

(1542～1616)

●徳川家康に質問したいことを書きましょう！

－－－－－－－－－－－－－－－－－－－－－－－－

－－－－－－－－－－－－－－－－－－－－－－－－

●徳川家康の答えを予想して書いてみましょう。

－－－－－－－－－－－－－－－－－－－－－－－－

－－－－－－－－－－－－－－－－－－－－－－－－

# ⑧ 江戸時代《えどじだい》・後半《こうはん》

◎（　　）にあてはまることがら（人物やものの名前、できごとなど）を書きましょう。

| 年 | できごと |
|---|---|
| | 江戸で町人文化《ちょうにんぶんか》がさかえる |
| 1798 | ①（　　　　　　）が『古事記伝《こじきでん》』を完成させる |
| 1821 | ②（　　　　　　）の死後《しご》、日本地図が完成する |
| | 葛飾北斎《かつしかほくさい》が『富嶽三十六景《ふがくさんじゅうろっけい》』をえがく |
| 1833 | 天保《てんぽう》の大ききんがおこる（～1839） |
| | 百姓一揆《ひゃくしょういっき》や打ちこわしが増える |
| | 歌川広重《うたがわひろしげ》が『東海道五十三次《とうかいどうごじゅうさんつぎ》』をえがく |
| 1837 | 大阪《おおさか》で③（　　　　　　）の乱《らん》が起こる |
| 1853 | ④（　　　　　　）が黒船《くろふね》で浦賀《うらが》に来る |
| 1858 | 各国と不平等《ふびょうどう》な条約《じょうやく》を結ぶ |
| 1867 | ⑤（　　　　　　）が朝廷《ちょうてい》に政権《せいけん》を返す（大政奉還《たいせいほうかん》） |

## ☑ 用語チェック

百《ひゃく》姓《しょう》一《いっ》揆《き》　歌《うた》川《がわ》広《ひろ》重《しげ》　大《たい》政《せい》奉《ほう》還《かん》

◎ 伊能忠敬《いのうただたか》にインタビューをしてみましょう。

（1745～1818）

●伊能忠敬に質問したいことを書きましょう。

---

---

●伊能忠敬の答えを予想して書いてみましょう。

---

---

## 9 明治時代《めいじじだい》

◎（　）にあてはまることがら（人物やものの名前、できごとなど）を書きましょう。

| 年 | できごと |
| --- | --- |
| 1868 | 明治維新《めいじいしん》　→ 江戸《えど》を東京《とうきょう》と改める |
| | 西洋文化《せいようぶんか》が入ってくる → 文明開化《ぶんめいかいか》 |
| 1871 | 岩倉具視《いわくらともみ》らが①（　　　　　　　　）諸国《しょこく》を視察《しさつ》する（〜1873） |
| 1872 | ②（　　　　　　　　）が『学問《がくもん》のすゝ《(す)》め』をあらわす |
| 1877 | 西南戦争《せいなんせんそう》が起こる |
| | 自由民権運動《じゆうみんけんうんどう》がさかんになる |
| 1889 | ③（　　　　　　　　）が発布《はっぷ》される |
| 1891 | ④（　　　　　　　　）が足尾銅山《あしおどうざん》の鉱毒事件《こうどくじけん》での解決に取り組む |
| 1894 | 条約改正《じょうやくかいせい》で領事裁判権《りょうじさいばんけん》が撤廃《てっぱい》される |
| 1894 | ⑤（　　　　　　　　）が起こる（〜1895） |
| 1904 | ⑥（　　　　　　　　）が起こる（〜1905） |
| 1910 | 韓国併合《かんこくへいごう》が行われる |
| 1911 | 条約改正《じょうやくかいせい》で関税自主権《かんぜいじしゅけん》を回復する |

### ☑ 用語チェック

明《めい》治《じ》維《い》新《しん》　文《ぶん》明《めい》開《かい》化《か》　自《じ》由《ゆう》民《みん》権《けん》運《うん》動《どう》

◎ 田中正造《たなかしょうぞう》にインタビューをしてみましょう。

(1841〜1913)
国立国会図書館「近代日本人の肖像」

●田中正造に質問したいことを書きましょう。

●田中正造の答えを予想して書いてみましょう。

# ⑩ 大正《たいしょう》時《じ》代《だい》

◎（　　）にあてはまることがら（人物やものの名前、できごとなど）を書きましょう。

| 年 | できごと |
|---|---|
| 1914 | 日本《にほん》が①（　　　　　　　　）に参戦《さんせん》する（～1918） |
|  | 民主主義《みんしゅしゅぎ》への意識が高まる |
| 1918 | 米《こめ》そうどうが起こる |
| 1920 | 国際連盟《こくさいれんめい》に加盟《かめい》する |
| 1922 | 全国水平社《ぜんこくすいへいしゃ》ができる |
| 1923 | 関東《かんとう》地《ち》方《ほう》で②（　　　　　　）が起こる |
| 1925 | ③（　　　　　　）制度《せいど》が定《さだ》められる |
| 1925 | ラジオ放送《ほうそう》が始《はじ》まる |

## ☑ 用語チェック

| たい | しょう | じ | だい |
|---|---|---|---|
| 大 | 正 | 時 | 代 |

| こく | さい | れん | めい |
|---|---|---|---|
| 国 | 際 | 連 | 盟 |

| ぜん | こく | すい | へい | しゃ |
|---|---|---|---|---|
| 全 | 国 | 水 | 平 | 社 |

| かん | とう | だい | しん | さい |
|---|---|---|---|---|
| 関 | 東 | 大 | 震 | 災 |

◎ 平塚《ひらつか》らいてう《(ちょう)》にインタビューをしてみましょう！

(1886～1971)　日本近代文学館

●平塚らいてう《(ちょう)》に質問したいことを書きましょう。

●平塚らいてう《(ちょう)》の答えを予想して書いてみましょう。

# ⑪ 昭和時代《しょうわじだい》

◎（　）にあてはまることがら（人物やものの名前、できごとなど）を書きましょう。

| 年 | できごと |
| --- | --- |
| 1931 | 満州事変《まんしゅうじへん》が起こる |
| 1937 | 日中戦争《にっちゅうせんそう》が起こる（～1945） |
| 1941 | ①（　　　　　　）が起こる（～1945） |
| 1945 | 広島《ひろしま》と長崎《ながさき》に原子爆弾《げんしばくだん》が投下《とうか》される |
| 1945 | ポツダム宣言《せんげん》を受け入れ降伏《こうふく》する |
| 1946 | ②（　　　　　　）が公布《こうふ》される |
| 1951 | ③（　　　　　　）平和条約《へいわじょうやく》と日米安全保障条約《にちべいあんぜんほしょうじょうやく》を結ぶ |
| 1953 | テレビ放送《ほうそう》（白黒《しろくろ》）がはじまる |
| 1956 | ソ連《れん》と国交《こっこう》を回復《かいふく》、国際連合《こくさいれんごう》に加盟《かめい》する |
| 1960 | テレビのカラー放送《ほうそう》が正式にはじまる |
| 1964 | 東海道新幹線《とうかいどうしんかんせん》が開業《かいぎょう》する |
| 1964 | オリンピック・パラリンピック東京大会《とうきょうたいかい》が開かれる |
| 1965 | 韓国《かんこく》と日韓基本条約《にっかんきほんじょうやく》を結《むす》び国交《こっこう》を正常化《せいじょうか》 |
| 1970 | 大阪《おおさか》で日本万国博覧会《にほんばんこくはくらんかい》が開かれる |
| 1972 | 冬季《とうき》オリンピック札幌大会《さっぽろたいかい》が開かれる |
| 1972 | ④（　　　　　　）が日本に復帰《ふっき》する |
| 1972 | 中国《ちゅうごく》と国交《こっこう》を正常化《せいじょうか》 |
| 1978 | 中国《ちゅうごく》と日中平和友好条約《にっちゅうへいわゆうこうじょうやく》を結ぶ |

## ☑ 用語チェック

日《にち》米《べい》安《あん》全《ぜん》保《ほ》障《しょう》条《じょう》約《やく》

国《こく》際《さい》連《れん》合《ごう》

東《とう》海《かい》道《どう》新《しん》幹《かん》線《せん》

日《にっ》中《ちゅう》平《へい》和《わ》友《ゆう》好《こう》条《じょう》約《やく》

# ⑫ 平成時代《へいせいじだい》・令和《れいわ》時代

◎（　　）にあてはまることがら（人物やものの名前、できごとなど）を書きましょう。

| 年 | できごと |
| --- | --- |
| 1991 | ソ連《れん》が解体《かいたい》する |
| 1993 | 法隆寺《ほうりゅうじ》や姫路城《ひめじじょう》などが日本で初めて①（　　　　　　　　）に登録される |
| 1993 | EU（ヨーロッパ連合《れんごう》）ができる |
| 1994 | 日本が子どもの権利条約《けんりじょうやく》を承認《しょうにん》する |
| 1995 | 阪神《はんしん》・淡路大震災《あわじだいしんさい》が起こる |
| 1996 | 広島県《ひろしまけん》にある②（　　　　　　　　）が①に登録される |
| 1998 | 冬季《とうき》オリンピック・パラリンピック大会が③（　　　　　　　　）で開かれる |
| 2000 | 九州《きゅうしゅう》・沖縄《おきなわ》サミットが開かれる |
| 2001 | アメリカで同時多発《どうじたはつ》テロが起こる |
| 2002 | サッカーワールドカップ大会《たいかい》が日韓共同《にっかんきょうどう》で開かれる |
| 2003 | イラク戦争が起こる |
| 2004 | イラクの復興支援《ふっこうしえん》に自衛隊《じえいたい》が派遣《はけん》される |
| 2005 | 愛知県《あいちけん》で日本国際博覧会《にほんこくさいはくらんかい》が開かれる |
| 2011 | ④（　　　　　　　　）大震災《だいしんさい》が起こる |
| 2021 | オリンピック・パラリンピック大会が⑤（　　　　　　　　）で開かれる |

## ☑ 用語チェック

法《ほう》隆《りゅう》寺《じ》

姫《ひめ》路《じ》城《じょう》

阪《はん》神《しん》・淡《あわ》路《じ》大《だい》震《しん》災《さい》

# ⑬ 資料読み取り問題

◎ 次の絵を見て、あとの問いに答えましょう。

皇居三の丸尚蔵館収蔵

この絵は「蒙古《もうこ》襲来《しゅうらい》絵詞《えことば》」という作品です。鎌倉《かまくら》時代《じだい》後半に、モンゴル人が日本に攻《せ》めてきた時の日本の武士《ぶし》たちの戦《たたか》いの様子《ようす》がえがかれています。

●モンゴル人は絵の左右どちらにえがかれていますか。

●日本の武士を○でかこみましょう。

●絵を見て気づいたことを書きましょう。